Himmel und Erde

Jürgen Dollase

Himmel und Erde

In der Küche eines Restaurantkritikers

Fotografiert von Thomas Ruhl

AT Verlag

Für Bärbel, Sophie und Sheila

© 2014
AT Verlag, Aarau und München
Fotos: Thomas Ruhl, www.ruhl-studios.de
Grafische Gestaltung und Satz: AT Verlag
Bildaufbereitung: Vogt-Schild Druck, Derendingen
Druck und Bindearbeiten: Printer Trento, Trento
Printed in Italy

ISBN 978-3-03800-814-9

www.at-verlag.ch

Inhaltsverzeichnis

7 VORWORT

EINLEITUNG

10 Warum ich koche oder warum ein Restaurantkritiker gar nicht gut genug kochen kann

19 *Die Grundlagen meiner Küche 1: Produkte und Einkauf*

GEMÜSE

26 Einleitung: Die neue Sinnlichkeit
28 Wirsing, nichts als Wirsing – die neue Gemüseküche
34 Winterliches: Die Rosenkohlvariation
39 Winterliches: Winterlicher Gemüseteller
44 Gemüsepâtisserie
50 Filderkraut mit Melone und Roter Bete, geröstetem Lauch und Kohlrabistängeln
53 *Die Grundlagen meiner Küche 2: Meine Küche und ihre Ausstattung*
57 *Die Grundlagen meiner Küche 3: Meine Arbeitsweise zu Hause*

FAST NICHTS – EINFACH, ABER GENIAL

70 Einleitung: Warum Carpaccio nicht gleich Carpaccio ist
73 Kartoffeln wie aus dem Kartoffelfeuer
74 Roger Souvereyns und eine geniale Kombination
77 Pizza ohne Pizza
79 Coulis fraîcheur
80 Coulis von Tomate und Olive
82 Exkurs: Schnelle Spitzenküche
85 Auster und Apfelschaum
89 Kohlrabicreme mit Rosmarin-Infusion
88 Warme Vinaigrette
92 Schweinefilet mit Meersalz und Nussbutter, marinierter Birne, Tofu, Feta und Schokolade
95 Court-Bouillon für die Krustentiergarung
98 *Die Grundlagen meiner Küche 4: Andere Orte, andere Herde*

OPTIMIERUNGEN UND GERICHTE, DIE ICH IMMER WIEDER KOCHE

104 Einleitung: Das virtuelle Menü
106 Geschmorter Tafelspitz mit glasierten Karotten
113 Wachtel – die Brust mit seltenen Pfeffern, die Keule konfiert in altem Banyuls und Sojasauce, Linsengemüse und Pilzmousse
116 Côte de Bœuf, Kartoffeln »wie aus dem Kartoffelfeuer«, Kohlrabicreme mit Rosmarin-Infusion
120 Maispoularde aus dem Zedernholzfeuer mit Bärlauch und Sauerampfer
124 Pot-au-feu de volaille blanc, Melange von Zitrusfrüchten und seltenen Pfeffern, Rosmarin und Lavendel
128 Umami-Jakobsmuscheln
132 Räucherlachscarpaccio mit Coulis von Birne, Zucchini und Apfel
134 Lamm mit Tomatenvariation, karamellisiertem Fenchel, Schafskäse und zerdrückten Oliven-Kartoffeln
139 *Grundsätzliches 1: Anmerkungen zu Salz und Pfeffer*

EINFACHE PRODUKTE

144 Einleitung: Im Bratwursthimmel
146 Bratwurst »seriös« mit Kräutern, Karotten und schwarzem Knoblauch

148	Pot-au-feu von Bratwurst		**NEUE KONZEPTE**
152	Bratwurst-Füllhorn	240	Einleitung: Die Gedanken sind frei
154	Blutwurst-Variation		
158	Spaghetti mit Tomatensauce »vertikal«		*Monasterio*
		241	Einleitung
162	*Grundsätzliches 2: Anmerkungen zum Garen von Fleisch*	242	Brotgulasch
		245	Reis – Wasser – Essig
		248	Kartoffelpüree in Variationen
	GRENZWERTIGES	250	Huhn mit Huhn
170	Einleitung: Die Psyche isst mit		
172	Blut oder Bete		*Essbare Bilder*
177	Der Speckteller	253	Einleitung
		254	Schmorbraten
181	*Grundsätzliches 3: Geschmackskurven*	255	Kräuterkissen
186	*Grundsätzliches 4: Deko oder Mikro?*	258	Kugeln und Kugeliges
	SENSORIK		*Degustationsreihen*
192	Von der Variation der Aggregatzustände	259	Einleitung
194	Sensorisches Ragout von der Tomate	260	Grün zu Gemüse
198	Klassische Aromen und moderne Sensorik: Steinbutt, Buchenpilze, Spargel	264	Milch zu Käse
			Andere Formate
206	Überraschungskroketten	266	Das neue Hauptgericht?
208	Tramezzini 1: Bolognaise und Tapenade	268	Regio-Tapas
209	Tramezzini 2: Schweinefilet »tonnato«	271	Neue Menükonzepte
212	Tramezzini 3: Muscheln, Crème fraîche, Forellenkaviar		**DESSERTS**
213	Tramezzini 4: Ein schlechtes Beispiel?	280	Einleitung: Auf der Suche nach andersartigen Desserts
216	Spargel und Mikroelemente	282	Exotische Früchte mit Kräutern, Curry und Frucht-Gewürz-Coulis
	NOVA REGIO	288	Trébizonde
222	Einleitung: Eine Idee für die Zukunft, keine skandinavische Marotte	292	Ungebackener Kuchen
224	Steckrübe: Zur Emanzipation eines Produktes	298	Bezugsquellen
225	Fasan und Mais I: »Moderne Klassik«	299	Danksagungen
230	Fasan und Mais II: »Avantgarde«	301	Namensverzeichnis
232	*Grundsätzliches 5: Der Aufbau von Gerichten*		

Vorwort

Liebe Leserinnen, liebe Leser,

»Himmel und Erde« ist nicht nur ein rheinisches Gericht, bei dem Kartoffeln für die Erde und Äpfel für den Himmel stehen. Ich habe den Titel meines neuen Buches nicht nur wegen meiner rheinischen Heimat gewählt, sondern auch, weil er analog für vieles steht, was ich bisher gemacht habe. Musik, Kunst, Kochkunst sind die drei Bereiche, mit denen ich mein ganzes Leben lang zu tun hatte – von der klassischen Ausbildung an Klavier und Kontrabass über den Jazz bis zur Rockmusik mit meiner Band »Wallenstein« und von der Kunstakademie Düsseldorf bis zum eigenen Kochen und dem Schreiben über die Kochkunst. In allen drei Bereichen gibt es einerseits einen wichtigen handwerklichen Aspekt, andererseits aber auch die Möglichkeit, so viel nachzudenken und so tiefe und komplexe Erlebnisse zu haben, wie man es eben will oder erreichen kann. Ich persönlich habe mich immer am besten gefühlt, wenn die beiden Bereiche, wenn Himmel und Erde in einer guten Balance sind.

In diesem Buch geht es um meine Art, praktisch in der Küche zu arbeiten und darum, dass diese Art davon geprägt ist, dass ich ständig über Essen und Kochen schreibe und reflektiere. Und weil es dabei eine Menge an Dingen zu überlegen gibt, werden Sie viele Aspekte der Kochkunst vorfinden, von denen Sie vielleicht bisher kaum etwas gehört haben. Und auch da gibt es wieder Himmel und Erde. Es gibt Überlegungen zu einfachen, aber sehr effektiven Rezepten, auch zu den »Klassikern« meiner Küche, die ich zu Hause häufiger koche, oder zur kreativen Arbeit mit einfachen Produkten, die man überall kaufen kann. Es gibt aber auch Überlegungen und Rezepte dazu, was sein könnte, wenn man ein Stück weiter denkt und den Gedanken freies Spiel lässt. Ich bin immer der Meinung gewesen, dass uns die Kochkunst nicht nur fantastische Erlebnisse bescheren kann, sondern auch ein ganzes Universum an Möglichkeiten für uns bereithält. Und dass wir nicht nur in einem engen Zirkel von antrainierten Vorlieben und deren Erfüllung leben müssen, sondern im kulinarischen Bereich über bisher noch kaum erforschte Wahrnehmungsmöglichkeiten verfügen. Der Begriff »sinnlich« bedeutet für mich, wirklich die Sinne zu nutzen und sich dem zu öffnen, was dem Menschen möglich ist. Auch über meine mittlerweile schon weit verbreiteten Theorien zum Schmecken werden Sie vieles erfahren, vor allem in den Reflektionen über die Sensorik von Gerichten.

Nun noch ein paar Anmerkungen zu den Rezepten. Sie werden schnell merken, dass hier anders als üblich mit den Rezepten umgegangen wird, nämlich sehr viel komplexer kommentiert und eingeordnet. Das kann so weit gehen, dass jedes Detail eines Rezeptes begründet und diskutiert wird. Manchmal geht es mehr um kochtechnische Fragen, manchmal mehr um die Konzeption, manchmal um die Fantasie und manchmal mehr um die Psychologie der Rezeption. Wie ein roter Faden zieht sich durch die Rezepturen das, was ich bei meinen vielen Treffen und Gesprächen mit den besten Köchen der Welt erfahre, was mich dazu anregt, ihre Ideen praktisch umzusetzen oder auch weiter in die Zukunft zu denken. Um ein Nachkochen der Rezepte grundsätzlich möglich zu machen, benutze ich fast ausschließlich Produkte, die im Handel erhältlich sind. Sie werden alle Details über meine Arbeit erfahren, von der Ausstattung meiner Küche über meine Arbeitsweise zu Hause bis hin zu Erlebnissen und Erfahrungen an den Quellen bester Produkte. Für die Fotos habe ich alle Rezepte selbst gekocht und so angerichtet, wie ich es mache, wenn ich für unsere Gäste oder für meine Frau und mich koche. »Form follows function«: Die Optik ist eine Folge der sensorischen Überlegungen. In keinem Fall wurde etwas auf den Teller gelegt, »damit es besser aussieht«. Ich habe gekocht und angerichtet und Thomas Ruhl, einer der weltbesten Foodfotografen, hat die fotografische Inszenierung übernommen. Also kein Bepinseln der Blättchen mit Wasser, sondern vor und hinter der Kamera pures Handwerk und Kreativität.

Wenn in diesem Buch übrigens von Sophie die Rede ist, handelt es sich um unsere Welsh-Terrier-Hündin, die uns nun schon seit über elf Jahren auf allen Reisen begleitet. Die Präzision ihrer Nase ist mir ein großes Vorbild, und ich versuche nach wie vor, ebenfalls schon aus drei Metern Entfernung feinste Nuancen wahrzunehmen. Und wer weiß – der Mensch hat bei der Wahrnehmung von kulinarischen Genüssen sein Potenzial bei Weitem noch nicht ausgeschöpft. Wir arbeiten daran. In diesem Buch werden Sie eine Menge darüber finden. Ich wünsche viel Vergnügen und allzeit einen guten Appetit!

Im Sommer 2014, Jürgen Dollase

Einer von beiden ist hier der Chef. Jürgen Dollase und seine Welsh-Terrier-Hündin Sophie.

Warum ich koche oder warum ein Restaurantkritiker gar nicht gut genug kochen kann

Unter den nicht-professionellen wie den professionellen Restaurantbesuchern gibt es sehr unterschiedliche Meinungen dazu, ob ein Restaurantkritiker gut kochen können muss oder nicht. Und weil viele von ihnen nicht besonders gut kochen können, herrscht bei ihnen die Meinung vor, dass es so sei, wie bei den Kritikern von Oper oder Konzert oder Ballett. Von diesen Kritikern würde man schließlich auch nicht erwarten, dass sie virtuos ein Instrument beherrschen oder Pirouetten drehen können. Das klingt einigermaßen plausibel, ist aber sehr ungenau. Wenn man sich zum Beispiel Kritiker aus diesen anderen ästhetischen Fächern und ihre Ausbildung ansieht, gibt es doch sehr oft klare Zusammenhänge zwischen der Ausbildung und der Tätigkeit als Kritiker. Nehmen wir einmal den ziemlich häufig vorkommenden Fall, dass ein Kritiker, der über klassische Musik schreibt, Musikwissenschaft studiert hat. Er ist dann vielleicht kein hervorragender Solist, hat aber in seinem Studium neben viel Theorie auch ein instrumentales Haupt- und ein Nebenfach studiert. Im Hauptfach (in der Regel Klavier) muss er schon über einige Fähigkeiten verfügen, weil es unter anderem auch um das recht schwierige Partiturspiel oder das Spielen vom Blatt geht. Setzt man das grob parallel zur Restaurantkritik, würde das mindestens bedeuten, dass der Kritiker auf einem deutlich höheren Niveau kochen können müsste als etwa ein guter Hobbykoch. Aber das ist nur ein kleines Detail. In meinem Verständnis muss man erst einmal eine grundsätzliche Frage klären, nämlich die, ob es sich um einen Restauranttester oder einen Kritiker handelt.

DER UNTERSCHIED ZWISCHEN TESTER UND KRITIKER

Es gibt einen großen Unterschied zwischen Leuten, die sich als Tester für Restaurantführer oder Zeitungen betätigen und Kritikern. Die Tester beziehen – durchaus verständlich und aus gutem Grund – die Position des Vorkosters. Sie essen also, bewerten das Essen aus der Position des Gastes und geben dann Hinweise für die zukünftigen Gäste des Restaurants. Das klingt plausibel und sinnvoll. Manche schreiben vielleicht auch noch, was sie dabei alles erlebt haben, manche nicht (wie etwa beim Marktführer, dem »Guide Michelin«). Aber nur in den seltensten Fällen wird wirklich transparent, wie die Bewertungen eigentlich zustande kommen. Es gibt Restaurantführer, die nur eine Art globale Richtlinie für ihre Arbeit bekanntgeben, und es gibt andere, die offensichtlich nicht Information im Sinn haben, sondern eine bestimmte Politik verfolgen. Sie streben also letzten Endes nicht wirklich eine objektivierende Information an, die die verschiedenen Küchenstile mit ebenso verschiedenen Gästen zusammenbringt, sondern wollen eine ganz bestimmte Vorstellung davon durchsetzen, was gutes Essen sei. Wie sie das machen, ist für den Laien (und auch für die Köche) zuweilen sehr undurchsichtig.

Ich verstehe mich nicht als Tester, sondern als Kritiker, und das macht in meinen Augen einen großen Unterschied. Als Kritiker muss ich die Kochkunst in allen Facetten kennen, um das, was ich in den Restaurants als konkrete Beispiele vorfinde, so gut wie möglich einordnen zu können. Wenn man so will, sehe ich mich eher im Dienst der Kochkunst (wie immer man sie auch definieren mag). Ich esse mit Blick auf die Kochkunst und das ganze System, in dem sich die Kochkunst abspielt.

Dabei kommt es vor allem darauf an, die Kochkunst möglichst präzise zu erfassen, möglichst umfangreiche Informationen weiterzugeben, die Kochkunst zu vermitteln, aber auch das zu begreifen, was sich zwischen ihr und den Essern abspielt. Der Kritiker wird also den gesamten kommunikativen Prozess im Auge haben – also Sender, Botschaft und Empfänger – und natürlich auch die vielfältigen Wechselbeziehungen und Einflussfelder, die es in diesem Prozess gibt. Es ist vollkommen klar, dass er bei dieser Aufgabenstellung von einem Maximum an Kenntnissen nur profitieren kann.

SPEZIALFACH RESTAURANTKRITIK

Was die praktische Seite angeht, ist die Restaurantkritik ein Fach, das sich deutlich von anderen Fächern der Kritik unterscheidet. Es geht hier einfach um sehr viel mehr konkrete Details als dort. Das liegt in erster Linie daran, dass der Bereich Essen – selbst wenn es sich um ein kreatives Spitzenrestaurant handelt – sehr viel konkreter im täglichen Leben aller Beteiligten verwurzelt ist, als dies zum Beispiel Konzert, Oper oder Theater sind. Jeder isst jeden Tag und hat selbstverständlich dezidierte Meinungen zu dem, was er in einem Restaurant vorgesetzt bekommt. Auf diese Weise hat die Kochkunst im Grunde genommen immer auch eine wunderbar konkrete Erdung. Und wenn sie diese Erdung gut nutzt, hat sie gleichzeitig die Chance, bis in konkrete Details des täglichen Lebens wirksam zu werden. Dass zum Beispiel die Spitzenküche dies unablässig tut, ist den meisten Leuten gar nicht klar. Fast jede neue Idee, die auf den Markt kommt – egal ob als Fertiggericht, als neue Eissorte, als Teil der Speisekarte vieler auch einfacherer Restaurants oder sogar der Systemgastronomie – stammt aus der Spitzenküche. Sie ist der Ideenlieferant und sonst so gut wie niemand. Auch vor diesem Hintergrund ist völlig klar: Je mehr konkrete Details der Kritiker kennt, umso besser wird er alle möglichen Zusammenhänge verstehen. Wenn er nicht mehr ist, als ein etwas routinierterer Vorkoster für potenzielle Gäste, fehlt ihm eine große Menge an Wissen. Und so hat man auch bei manchen Texten in den Restaurantführern das sichere Gefühl, die Autoren seien nicht in der Lage, wirkliche Begründungen für ihre Einschätzungen zu geben. Warum ein Restaurant bei euphorischen Texten dann am Ende doch eine niedrige Bewertung bekommt oder weshalb ein hervorragendes Restaurant so viel besser sein soll als andere, wird kaum jemals wirklich deutlich. Ein Tester hat das einmal sinngemäß so formuliert: Ein guter Tester wisse eben, wann etwas gut oder schlecht ist, sozusagen aus dem Bauch heraus. Das ist nun wirklich lächerlich und im Prinzip ein Rückschritt in ein autoritäres System. Mangelt es ihm etwa an der Fähigkeit, etwas sachgemäß zu beschreiben und zu begründen?

DIE BEDEUTUNG DES KOCHENS FÜR EINEN RESTAURANTKRITIKER

Man kann so viel Informationen ansammeln, wie man will: Beim Kochen ergibt nur der praktische Umgang mit dem Material die Kenntnisse, die man wirklich braucht, um die Zusammenhänge zu verstehen und detaillierte Kritiken zu verfassen. Eine detaillierte Kritik mit begründeten Kritikpunkten (egal, ob positiv oder negativ) hat natürlich nur dann eine Wirkung, wenn sie zum Beispiel auch Bestand hat. Bestand aber hat sie nur, wenn sie stimmt, also auch für die betroffenen Köche nachvollziehbar ist. Diese Form der Konkretisierung der Kritik scheuen viele Tester, nicht zuletzt deshalb,

weil sie dazu nicht in der Lage sind. Viele Köche klagen darüber, dass sie eine bestimmte Kritik in einem Restaurantführer überhaupt nicht nachvollziehen können, weil dort etwas behauptet werde, was in dieser Form einfach nicht zutrifft. Ich bin da jedenfalls völlig anders orientiert. Es war schon immer so, dass ich unbedingt alles wissen wollte, was irgendwo in der Kochwelt gemacht wird. Bis heute gebe ich mich mit dem Essen in einem Restaurant oft nicht zufrieden, sondern spiele die Erfahrungen zu Hause in der Küche zum besseren Verständnis praktisch durch.

Der entscheidende Punkt, weshalb ich selbst auch über den Nachvollzug von Kochtechniken, Neuheiten und Stilen noch ein gutes Stück in Richtung Experiment hinausgehe, ist ein anderer. Ein Kritiker, der sich der Kochkunst verpflichtet fühlt, wird automatisch immer wieder sowohl den Blick auf das Ganze suchen wie auch jedes Detail reflektieren. Man sieht zum Beispiel gewisse Ähnlichkeiten in den Gerichten von »neueren« Köchen und denkt über sich entwickelnde neue Stile nach. Man sieht vielleicht bestimmte kulinarische Qualitäten unter Druck (wie etwa das Garen von Fleisch ohne Vakuumieren und Niedrigtemperatur) und wird darüber nachdenken, wie man sich gegen den Verlust von Substanz engagieren kann. Man sieht Neues und wird nicht sofort alles verteufeln, sondern sorgfältig beobachten. Man wird auch über die Zukunft nachdenken und wird nicht nur Defizite in den Entwicklungen entdecken, sondern auch Entwicklungslinien, die in die Zukunft führen. Für die eigene Arbeit in der Küche bedeutet das folglich auch das Experimentieren mit neuesten Entwicklungen und darüber hinaus unter Umständen sogar das Experimentieren mit Ideen, die in dieser Form noch in keinem Restaurant angeboten werden. Kurz: Ein Kritiker, der seinen Beruf wirklich ernst nimmt, sollte schon mitten im kulinarischen Leben stehen und sich nicht nur – wie der Tester – mit einem winzigen Eckchen zufrieden geben.

Ein kleiner, und mit Sicherheit nicht unwichtiger Nebeneffekt der eigenen Arbeit am Herd ist, dass das Verhältnis zur Arbeit der Köche ein anderes, ein sehr »gesundes« und realistisches wird. Man lernt die Leistungen nicht nur einzuschätzen, sondern auch zu schätzen. Man bekommt eine große Achtung vor den ganz großen Köchen, die mit Individualität und Originalität aufwarten können, und man verliert – auch das ist für einen Kritiker nicht schlecht – den bewundernden »Laienblick« auf eher mittelprächtige Leistungen. Wenn man weiß, wie einfach ein paar Dinge zu machen sind, die das Publikum effektvoll beeindrucken, neigt man nicht unbedingt zu überschwänglichem Lob. Andererseits ist es auch nicht schlecht, wenn man in aller Nüchternheit von sich behaupten kann, dass man viele Fehler, die man entdeckt, auch schon selbst gemacht hat.

Natürlich koche ich auch, weil es mir sehr viel Spaß macht. Das allerdings möchte ich vom »Spaßkochen« in manchen TV-Sendungen oder vom Klischee des lustig zusammen kochenden Freundeskreises abgrenzen. Für einen Profi ist es einfach eine sehr erfüllende, konzentrierte, immer hochinteressante Arbeit, vor allem dann, wenn man – wie ich das tue – ständig an neuen Rezepturen arbeitet, Versuche und Experimente macht.

Bei der Arbeit. In Amsterdam.

DER WEG ZU WISSEN UND QUALITÄT

Gehen wir einmal etwas näher in die kulinarischen Details. Viele Leute haben die Vorstellung, die Köche hätten irgendwelche geheimen Tricks, mit denen sie ihre fantastischen Kreationen herstellen und die sie partout niemandem verraten wollen. Sie halten dann auch oft die Rezepte in den Kochbüchern für abgespeckte Versionen für Laien, aber nicht wirklich für eine Preisgabe der Küchengeheimnisse. Und wenn andererseits die Köche doch einmal hingehen und in ihren Büchern von »Geheimnissen« reden, haben selbst normale Hobbyköche oft schon das Gefühl, dass das nur ein dummes Spielchen mit den Erwartungen ist, in Wirklichkeit diese »Geheimnisse« aber ganz simple Kochtechniken sind, die schon in Hunderten von Büchern so oder ähnlich ausgebreitet wurden. In der Realität gibt es da allerdings schon eine kleine Unschärfe zwischen Rezepten und dem Kochen in der Restaurantküche – allerdings an einer anderen Stelle, an die so schnell niemand denkt. Es gibt viele Spitzenköche, die nicht wirklich nach Rezepten arbeiten, sondern eher nach vagen Notizen. Sie schreiben also zum Beispiel auf, welche Elemente sie benutzen und was sie – ganz grob – damit gemacht haben. Also etwa: Artischockenböden, in Vin-Santo-Essig mariniert. Es gibt keine Mengenangabe, nichts. Wenn sie dann nach einiger Zeit einmal wieder in Vin-Santo-Essig marinierte Artischockenböden einsetzen wollen, tun sie das mit dem Wissensstand und den geschmacklichen Präferenzen, die sie im Moment haben, die sich vielleicht inzwischen geändert haben und die sich in Zukunft vielleicht auch wieder ändern werden.

Die eigentlichen Unschärfen entstehen oft erst dann, wenn sie gezwungen sind, für eine Veröffentlichung ein Rezept für die üblichen vier Personen aufzuschreiben, also auch die Mengenangaben zu konkretisieren. Genau das machen sie sonst nie, und deshalb können die abgedruckten Rezepte auch einmal ein ganzes Stück von dem abweichen, was die Köche in der Realität produzieren.

Das eigentliche Geheimwissen liegt woanders: Die besten Köche verfügen über enorme Kenntnisse von Produktqualitäten. Gemeint sind hier zuerst einmal die Kenntnisse von hervorragendem Lamm, Kalb oder Geflügel, von den besten Fischen oder sensationell schmeckenden Reissorten. Der Laie muss davon ausgehen, dass in einem hervorragenden Restaurant buchstäblich kein Produkt zum Einsatz kommt, das er irgendwo im üblichen Handel kaufen kann. Wenn Köche davon sprechen, dass das Produkt im Mittelpunkt jedes guten Gerichtes stehe und die Qualität der Küche mit der Produktqualität steht und fällt, kann man das gar nicht ernst genug nehmen. Ein hervorragendes Produkt in einem hervorragenden Zustand ist tatsächlich so gut, dass es oft »von selbst« trägt, also in der Zubereitung gar nicht viel Aufwand nötig hat. Wenn der Laie sein Lamm in tiefgekühlter Form kauft, kann es passieren, dass es nicht richtig zart wird oder einen leicht faden Geschmack entwickelt oder nicht richtig »nach Lamm« schmeckt oder eine merkwürdige Konsistenz hat. Der Spitzenkoch weiß nicht nur genau, wo sein Lamm herkommt und verlässt sich in der Regel auf langjährig erprobte Lieferanten, sondern kennt im besten Fall auch exakt das Schlachtalter der Tiere, ihre Ernährung, das Schlachtdatum und die »Reifezeit« des Fleisches. Außerdem wird er es nur in einer bestimmten Art lagern und die Garung auf das Grad genau kontrollieren. Wenn dann alles zusammenpasst, hat man ein wunderschön zartes Stück

Fleisch mit einem wunderbar typischen Aroma und das Gefühl, dass es absolut natürlich schmeckt. Tatsächlich ist diese Qualität das Ergebnis einer großen Sorgfalt in vielen Stadien der Produktion und Weiterverarbeitung. Diese Kenntnisse über Produktqualitäten kann und sollte ein guter Kritiker natürlich ebenfalls haben.

Der zweite Bereich des speziellen Wissens um besondere Produkte und ihre Qualität (neben den Grund- oder Hauptprodukten) sind die diversen anderen, eher seltenen Zutaten. Wer die Karte eines guten Restaurants liest und vor allem dann die angerichteten Kompositionen betrachtet, wird oft feststellen, dass hier zu einem beträchtlichen Teil Produkte zum Einsatz kommen, die man noch nie in einem Geschäft gesehen hat. Im Moment etwa fermentierter schwarzer Knoblauch, Seegurke, Percebes, Mikrokräuter, japanische Balsamessige oder heller Dashi-Fond. Ich bin in der glücklichen Lage, über große Sammlungen von diesen speziellen Zutaten zu verfügen. Es geht sogar noch weiter, weil ich teilweise auch schon über Zutaten verfüge, bevor sie in den Handel kommen. Die Arbeit mit solchen Produkten ist ausgesprochen spannend. Ich verstehe sie allerdings als einen ganz normalen Teil meiner Forschung, bei der es – siehe oben – eben immer auch darum geht, einen Blick in die Zukunft zu werfen.

Eine weitere Facette von kulinarischem Wissen hat sich bei mir entwickelt, weil ich schon vor vielen Jahren begonnen habe, meine Informationen auf eine ganz konsequente Art zu sammeln. Ich habe immer alle internationalen Kochbücher von Spitzenköchen gekauft, deren ich irgendwie habhaft werden konnte – vor allem über die Verbindung zu dem leider nicht mehr existierenden Laden von Dieter Eckels »Buchgourmet« in Köln, dann aber auch über regelmäßige Einkäufe im Ausland, weil man in den normalen deutschen Buchhandlungen in dieser Richtung gar nichts bekommt. Diese Bücher habe ich regelrecht durchgearbeitet und mir dann – wie man das in der wissenschaftlichen Arbeit tut – auf Karteikarten Notizen speziell zur Kochtechnik und den Produktkombinationen gemacht.

Auf diesen Karten sammelt sich also das Wissen internationaler Spitzenköche an. Überraschenderweise wurde schnell klar, dass die Angaben teilweise widersprüchlich sind und durchaus nicht in allen Fällen quasi naturgesetzliche Regeln bestehen. Man kann es eben so oder so machen – je nachdem, welche Schwerpunkte man setzt, sehr gute Kochtechniken und sehr sorgfältige Arbeit natürlich immer vorausgesetzt. Wie unterschiedlich dabei gedacht wird, kann ein Beispiel verdeutlichen: Allgemein heißt es, dass man Fleisch zum Kurzbraten (also Filets, Koteletts usw.) etwa eine Stunde vor dem Braten aus dem Kühlschrank nehmen sollte, damit es Zimmertemperatur annehmen kann. Der thermische Schock sei dann geringer, und außerdem gare das Fleisch gleichmäßiger. Zu diesem doch scheinbar gesicherten Wissen kann man gleich mehrere Anmerkungen machen. Es kommt zum Beispiel darauf an, wie lange das Fleisch im Kühlschrank war und wie tief die Kerntemperatur gesunken ist. Wenn man es erst vor ein paar Stunden gekauft hat und es im Geschäft offen in einer Theke lag, wird es im Kern kaum die gleiche Temperatur haben wie die Kühlschranktemperatur. Wenn ein Stück Fleisch andererseits schon über Nacht im heimischen Kühlschrank lag, hat es vermutlich exakt die gleiche Kerntemperatur wie die eingestellte Kühlschrank-

EINLEITUNG

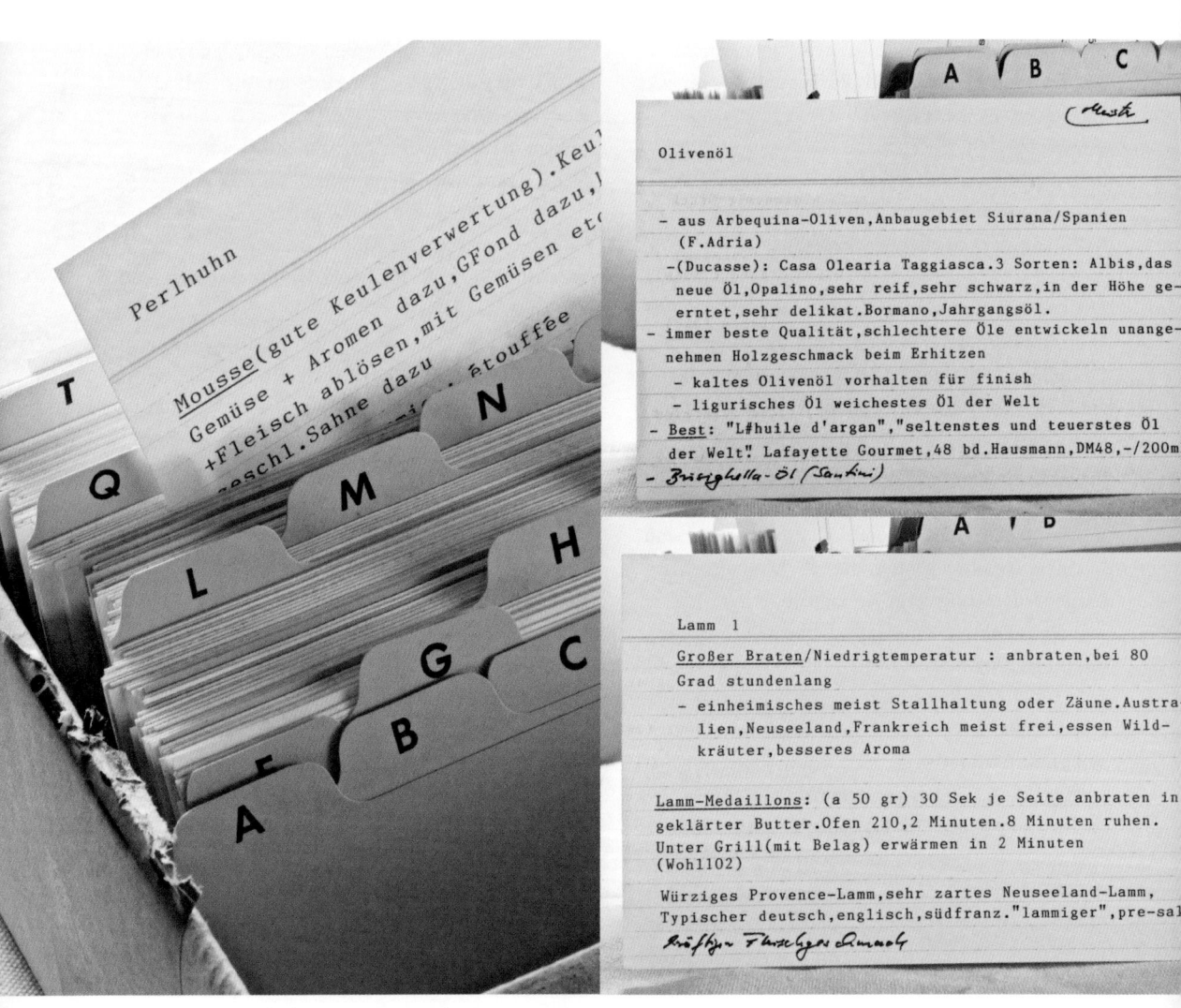

Die alte Kartei aus den Neunzigerjahren. Kochtechniken und Produkte von Spitzenköchen aus aller Welt.

temperatur. Zudem: Hat schon einmal jemand nachgemessen, ob das Fleisch nach einer Stunde außerhalb des Kühlschranks tatsächlich Zimmertemperatur hat? Hat es nicht, und das in beiden genannten Fällen, also nicht nur, wenn es über Nacht im Kühlschrank gelagert hat, sondern auch nach kurzer Lagerung von vielleicht ein oder zwei Stunden. Und während man noch den Kopf schüttelt über diese merkwürdigen, nie hinterfragten Praktiken, kommt ein anderer Koch und sagt genau das Gegenteil: Er empfiehlt vielleicht, das Rinderfilet vor dem Garen für eine halbe Stunde ins Tiefkühlfach zu legen, damit es etwas durchkühlt. Warum? Nun, wenn man relativ kleine Filets hat und wirklich kräftige Röstnoten bekommen will, kann es sein, dass ein Fleisch, das im Kern Zimmertemperatur hat (die Küche ist warm, sagen wir: 24 Grad), die endgültige Kerntemperatur bereits erreicht, bevor man noch mit dem Anrösten fertig ist. Bis man dann mit dem Anrösten fertig ist, ist das Fleisch also viel zu weit durchgegart. Ist es aber gut gekühlt, kann man von außen sehr viel mehr Hitze einwirken lassen, bis sich die Temperatur ins Innere des Fleisches »vorgearbeitet« hat. Die Konsequenzen aus diesem international zusammengesammelten Wissen waren sicherlich mit dafür verantwortlich, dass ich die Arbeit nach den Regeln der klassisch französischen Küche nicht grundsätzlich als Dogma angesehen habe, sondern in vielen Punkten lediglich als eine von diversen kochtechnischen Möglichkeiten. Auf diese Weise entstand bei mir schon frühzeitig eine gewisse Distanz zu Allgemeingültigkeitsansprüchen aller Art, sofern sie nicht wirklich auf allgemein gültige Grundlagen der Kochkunst bezogen waren (wie etwa Produktqualitäten, Proportionen, eine wohlüberlegte Funktion der Würze usw.).

Vor dem Hintergrund dieser genannten Punkte müsste sich die Frage, ob ein Restaurantkritiker gut kochen können muss, eigentlich sofort erübrigen. Natürlich muss er das, und er kann gar nicht gut genug sein. Seien Sie misstrauisch, wenn jemand etwas anderes behauptet.

Der dritte Bereich auf dem Weg zu Wissen und Qualität ist letztlich der alles entscheidende. Es geht ums Schmecken und die Ausbildung eines guten Geschmacks. Wie differenziert man schmecken kann, und was es dabei zu beachten gibt, werde ich im weiteren Verlauf des Buches noch ausführlich erläutern. Hier möchte ich mich erst einmal auf das beschränken, was man im kulinarischen Bereich unter einem guten Geschmack versteht. Und da muss man – wenn man sich langsam in die gute Küche hineinprobiert – erst einmal davon ausgehen, dass nicht das eigene Empfinden der Maßstab ist, sondern das, was in der Sicht von Profis als ein hervorragender Geschmack gilt. Ich selbst habe bis zu meinem fünfunddreißigsten Lebensjahr nur wenige Produkte und Gerichte und Fastfood gegessen. Als ich zum ersten Mal auf Jakobsmuscheln, Hummer, Wachtel oder Taube traf, hatte ich buchstäblich keinerlei Vergleichsmöglichkeiten. Kurze Zeit später war ich Gourmet, aß alles und habe auch schnell meine persönlichen Einschätzungen (die sich zwangsläufig einstellen) mit dem kritisch vergleichen können, was in der Spitzenküche und bei Restaurantführern wie dem »Guide Michelin« als gut galt. Für einen guten Restaurantkritiker bedeutet das einerseits, dass die Qualität seines Geschmacksurteils ganz entscheidend davon abhängig ist, wie komplett sein kulinarischer Erfahrungsschatz ist, wie viele Restaurants und unterschiedliche Küchen er also kennt. Andererseits kommt es aber auch darauf an, wie er diese Informationen verarbeitet. Es macht nicht immer Sinn, in Sekundenschnelle ein Essen einzuordnen und nicht weiter darüber nachzudenken. Man sollte Geschmack verstehen lernen, also wirklich hinschmecken, und das grundsätzlich und nicht nur bei Gerichten, die man toll findet. Schmecken heißt erst einmal wahrnehmen und nicht gleich beurteilen. Leider ist das Gegenteil sehr weit verbreitet – nicht nur bei Laien, die vielleicht auf etwas treffen, das sie noch nie gegessen haben, sondern auch bei Testern, die manchmal große Schwierigkeiten beim Einordnen von kreativer Küche zeigen. Wer aber nicht offen ist, auch Dinge wahrzunehmen und genau zu betrachten, die er noch nicht kennt, wird im kulinarischen Bereich schnell Schwierigkeiten bekommen. Für mich ist diese Offenheit eine der wichtigsten Regeln für einen Kritiker. Wer das Licht ausmacht, darf sich nicht wundern, dass er nichts mehr sieht.

Ganz davon abgesehen ist das Hinschmecken und die Entwicklung eines guten Geschmacks auch die wichtigste Voraussetzung für gutes Kochen. Einigermaßen gute Produkte kann man sich notfalls schnell zusammenkaufen, und Kochtechniken kann man erlernen. Vorauszusagen, was wann gut schmeckt oder was man machen muss, um einen guten Geschmack zu erreichen, ist eine ganz andere Sache. Vielleicht haben deshalb junge Köche manchmal Schwierigkeiten, sich von Erlerntem und dem Mainstream loszulösen: Sie haben noch nicht genug geschmackliche Erfahrungen, um auch in kulinarischem Neuland gut zu navigieren.

Die Grundlagen meiner Küche 1
Produkte und Einkauf

Nun aber zu meiner Küche, den Vorteilen und Problemen, den Besonderheiten und meiner Arbeitsweise, die stark von meinem Beruf geprägt ist. Wie wichtig die Kenntnis hervorragender Produkte ist und dass sie das Geheimnis vieler guter Restaurants sind, habe ich in der Einleitung dargestellt. Wenn es aber um die Produkte geht, mit denen ich zu Hause arbeiten kann, sieht die Sache – leider – nicht immer ganz so rosig aus. Auch ich koche oft mit Produkten, die aus eher normalen Quellen stammen, die gut sind, aber nicht unbedingt sensationell. Für mich ist das natürlich ein besonderes Problem, weil ich darauf trainiert bin, Produktqualitäten sehr präzise einzuschätzen, und dann eben auf Produkte treffe, die mich nicht vollständig zufriedenstellen. Das hat Folgen, zum Beispiel darin, dass man Gerichte kocht, die auf die Qualität der Produkte abgestimmt sind. Wenn ich hervorragendes Material habe, werde ich oft etwas minimalistischer bei den weiteren Zutaten und rücke das Produkt stärker in den Mittelpunkt der Komposition. Andererseits spielt oft auch eine Rolle, dass nicht jedes Produkt für jedes Gericht gleich gut geeignet ist. Da kann dann zum Beispiel das eine Lamm einfach zu mild für eine bestimmte Zubereitung schmecken und ein anderes zu kräftig. Es ist also vieles relativ, und es gilt bei der Einschätzung von Produktqualitäten immer sehr viele Parameter zu berücksichtigen.

Wie dem auch sei, und um es einmal salopp zu formulieren, ist das Problem oft, dass ich einfach zu viel weiß und zu viel Gutes kenne. Und wenn ich dann versuche, in den Geschäften in meiner Gegend gutes Material zu finden, wird es oft sehr, sehr schwierig. Meine Küche befindet sich übrigens in einem kleinen Dorf am Rande einer niederrheinischen Großstadt, in einem ehemaligen Bauernhaus aus dem Jahre 1730. Der Leser wird also erahnen, dass die Realitäten auch für mich gewisse Ähnlichkeiten mit dem »wirklichen Leben« haben. Ich bin vor allem wegen der vielen Termine in meiner Zeitplanung oft eingeschränkt – und das nicht nur mittelfristig, sondern gerade auch kurzfristig. Das führt zum Beispiel auch dazu, dass es für mich kaum sinnvoll ist, Produkte zu bestellen. Wenn ich gute Produkte bekommen kann, muss es für mich einen Zeitplan geben, wann ich sie verarbeite. Und genau das geht kaum. Selbst wenn ich mir fest vornehme, abends wieder vernünftig zu kochen, hat das Schreiben und alles, was damit zu tun hat, normalerweise Vorrang. Um nicht um 17.30 Uhr im nächsten Supermarkt zu stehen und einfach nichts zu finden, mit dem man spontan kochen möchte, verlasse ich mich möglichst wenig auf diese Quelle, sondern versuche, irgendwann zwischendurch unseren lokalen Großhandel anzusteuern (ein »Handelshof«, nur ein paar Kilometer entfernt). Dort finde ich eigentlich immer etwas – wenn nicht von allererster Qualität, dann wenigstens so, »dass man damit arbeiten kann«. Diese Formulierung benutze ich gerne, um klar zu machen, dass die Qualität ausreicht, ein gutes Essen daraus zu kochen, aber das Produkt nicht allerfeinste Behandlung zulässt. Ich kann mit solchen Produkten durchaus auch Rezepte entwickeln, weiß aber ganz genau, dass ich sie unter Umständen noch einmal überarbeiten muss, weil die Produktqualität des Hauptproduktes noch nicht gut genug war, um endgültige Aussagen über Feinheiten machen zu können.

KRITIK DES GANZ NORMALEN SUPERMARKTES

In einem »normalen« Supermarkt betreffen die Probleme mit der Produktqualität sehr viele Produktgruppen – von Pasta über Gemüse bis zu Fisch, Fleisch und Geflügel. Der Supermarkt, den ich meine, gilt hier in der Gegend durchaus nicht als schlechte Adresse. Ich sehe das etwas anders, weil ich auf Reisen interessehalber immer wieder die örtlichen Supermärkte besuche und zum Beispiel in vergleichbaren Supermärkten in Frankreich teilweise deutlich bessere Angebote vorfinde. Die Auswahl in meinem lokalen Supermarkt ist recht groß, und man versucht immer wieder, neue Produkte zu lancieren – auch solche besserer Qualität. Aber regelmäßig kommt es vor, dass dann die neuen Produkte wieder zu Sonderpreisen verramscht werden, weil sie nicht genügend Abnehmer gefunden haben. Die Qualität des Angebots kann man wirklich nur als sehr mäßig bezeichnen – und das selbst dann, wenn ich mich bemühe, nicht ganz so hart zu urteilen. Beim Gemüse gibt es nur die üblichen Sorten in mittelmäßiger Qualität und teilweise schlechtem Zustand. In Folie eingeschweißte Salate haben oft schon matschige Stellen, wenn es Spargel gibt, ist er zu alt, die Karotten sind aromafrei, und es gibt kaum jemals eine für anspruchsvollere Zubereitungen geeignete Kartoffelsorte. Das Obst ist oft unreif, und das selbst dann, wenn zum Beispiel auf den Mangos steht, dass sie »genussreif« seien. Bei Mangos aber bedeutet die Vollreife gegenüber früheren Phasen einen gewaltigen Gewinn an Aroma. Oder das Obst ist überreif und kann kaum noch eingesetzt werden (auf dem Markt sieht das wesentlich besser aus, auch wenn dort viele Händler ein sehr ähnliches, am Mainstream orientiertes Angebot führen). Absolut katastrophal ist das Fischangebot. Ich sehe mir die Auslagen immer wieder an, habe aber noch nie auch nur eine Sekunde mit dem Gedanken gespielt, etwas davon zu verwenden. Im Grunde ist es eine Unverschämtheit. Zwischen einer wirklich fangfrischen Qualität und dem Angebot in vielen deutschen Supermärkten liegen Welten. Beim Fleisch sieht es nicht viel besser aus. Wenn man das Angebot solider französischer Metzger (und dabei meine ich den Einzelhandel) gewöhnt ist, kann man bei uns in der Gegend kaum einkaufen. Was ich ab und zu kaufe, ist – lachen Sie nicht – Bratwurst. Süffisant könnte man anmerken, dass dort wenigstens ein paar Innereien und Fett beteiligt sind und das Ganze dann nicht übel schmeckt. Ich habe vor einiger Zeit begonnen, kreative Gerichte unter Verwendung von Bratwurst zu entwickeln (siehe Seite 148–152), um einmal zu sehen, was damit möglich ist. Und sie schmecken überraschend gut ... Zurück zu meinem Supermarkt. Die Käsetheke protzt – wie in Deutschland üblich – mit Sortenvielfalt, mittlerweile einer Wursttheke ganz ähnlich. Doch was nutzt das, wenn sich viele Sorten ähnlich sind, diverse Modekäse mit Füllungen oder sonstigen Aromatisierungen darunter sind und kaum jemals ein Stück, das wirklich von internationalem Niveau ist. Und wieder drängt sich der Vergleich mit den Franzosen auf: Dort findet man selbst in Supermärkten wenigstens ein paar Sorten von angenehmer Qualität. Hier ist das die Ausnahme. Ich staune immer wieder darüber, dass es von dieser oder jener Sorte tatsächlich so schwache Qualitäten gibt. Es scheint so, als würde irgendwo daran gearbeitet, wie man einen – sagen wir – Comté hinbekommt, der noch als Comté durchgeht, aber radikal billiger hergestellt wurde. Geflügel, um das Thema abzuschließen, kann man meiner Meinung nach generell nicht in solchen Läden kaufen. Was dort als Filets verkauft wird, hat mit einem gut produzierten Geflügel nichts zu tun. Und es geht so weiter – nicht nur im Frischebereich, sondern bei allen möglichen weiteren Produkten, von der ungesalzenen Butter bis zu Pasta, von Crème fraîche bis zu den Ölen und Essigen. Es macht einfach keinen Spaß.

WIE SICH DAS EICHHÖRNCHEN MÜHSAM SEINE NAHRUNG ZUSAMMENSUCHT

Es ist also in meiner Gegend nicht so einfach, gute Produkte zu finden. Ich habe im Sommer oft in der Bretagne, zum Beispiel in der gar nicht so großen Markthalle von Dinard, gestanden und mir gewünscht, dass es so etwas bei mir um die Ecke gäbe. Da könnte ich dann einfach hingehen, mich inspirieren lassen, mir die besten Produkte aussuchen und alles einkaufen, was ich für ein spontan entwickeltes Rezept brauche.

In der Realität habe ich drei wichtige Ressourcen für eine vernünftige Arbeit in der Küche. Erstens sind das die lokalen Quellen. Der »Handelshof« hat ab und zu ein gutes irisches Lamm (mit dem aus Neuseeland habe ich, von verschiedenen Herstellern, zu oft schlechte Erfahrungen gemacht), ab und zu ein gutes Mangalitza-Wollschwein, ein gutes Angebot an US-Beef, ein brauchbares Challans-Huhn und einige andere Standardqualitäten. In der Fischabteilung gibt es immer wieder positive Überraschungen, wie zum Beispiel frische Garnelen aus dem Golf von Genua oder ab und zu größere Fische. Man muss also sehen, was gerade da ist. Wenn man unbedingt ein bestimmtes Produkt braucht (zum Beispiel einen bestimmten Fisch), muss man es bestellen. Eine zunehmend wichtige Quelle ist ein lokaler Biobauer (Lenßenhof) mit einem nicht besonders ausgefallenen, aber meist in guter Qualität vorhandenen Gemüseangebot. Kräuter kommen fast ausschließlich aus dem eigenen Kräutergarten, in dem am milden Niederrhein selbst im Winter einige Sorten durchhalten, Wildkräuter auch von unserer großen Obstbaumwiese, die uns immer wieder mit »neuen« Sorten überrascht. Im Laufe des Jahres kaufen wir auch immer wieder Sorten dazu und haben manchmal eine geradezu üppige Vielfalt. Dazu gibt es natürlich eine ganze Reihe von Feinkostgeschäften in der Gegend (also auch im nahen Düsseldorf), in denen ich jeweils bestimmte Produkte kaufe.

Quelle Nummer zwei ergibt sich durch die Tatsache, dass wir (das sind meine Frau Bärbel und fast immer auch unsere Welsh-Terrier-Hündin Sophie) sehr viel auf Reisen sind und ich in vielen Städten oder Gegenden weiß, wo ich gute Sachen bekomme. Eine wichtige Rolle spielt dabei auch das nahe Belgien, in dem wir regelmäßig unterwegs sind. Die Innenstadt von Lüttich ist nur knapp eine Stunde entfernt, und dort gibt es ein ganz anderes, deutlich am französischen Markt orientiertes Angebot. In gewisser Weise habe ich also eine internationale Karte im Kopf, die sich in vielen Jahren ergeben hat und eine sehr große Hilfe ist. Ein klassisches Côte de Bœuf von sehr guter Reife und hervorragendem Geschmack habe ich zum Beispiel noch nirgendwo so gut bekommen wie bei einem bestimmten Händler in der Bretagne (in Saint-Broladre), der eigentlich Spezialist für Agneau de pré salé ist und um sein Rind gar kein großes Aufhebens macht. Aber es schmeckt sensationell. Die Materialbeschaffung funktioniert bei mir also nach einem offenen Schema. Wir sind in irgendeiner Gegend oder Stadt und irgendwann biege ich irgendwo ab und steuere eine der Quellen an.

Quelle Nummer drei speziell für die kreative Küche ist mein großer Vorrat an allen möglichen Zutaten. Dieser Vorrat hat teilweise eine Qualität, die man sich überhaupt nicht zusammenkaufen kann, weil es die Produkte oft nur bei Spezialisten gibt oder sie noch gar nicht im Handel sind. Hier profitiere ich ganz eindeutig von meinem Beruf. Ich kann mir – weil ich an verschiedenen Stellen auch darüber schreibe – nicht nur Proben von allen möglichen Produkten schicken lassen, sondern bekomme auch oft unaufgefordert Sendungen. Gerade die Verbindung zu Firmen mit einem schon fast experimentellen Produktprogramm sorgt dafür, dass ich wirklich bemerkenswerte Produkte in die Hand bekomme, die wegen ihrer Spezifität außergewöhnliche neue Zubereitungen ermöglichen.

Ich brauche also nur in meine Küche und meinen Vorratsraum zu gehen und nachzusehen, was dort gerade auf der Theke oder in den Regalen steht. Hier eine kleine, zufällige Liste:

- Yuzu Koshu, eine japanische Chili-Pfeffer-Paste
- Bärenklaupulver
- ein Meerwasserkonzentrat in Form eines weißen Pulvers. Es brennt auf der Zunge und schmeckt nicht wirklich nach Meerwasser ...
- Olivenöl von Antonella Demuru, einer Verkäuferin in einem Eiscafe, die aus Sardinien stammt, wo ihre Eltern eigenes Olivenöl produzieren
- Haselnussöl von Heiko Antoniewicz, mit einem wunderbar intensiv-klaren Aroma
- Apfelkernöl, Johannisbeerkernöl, Himbeerkernöl von Erwin Gegenbauer, ein ganz exzellentes Spitzenprodukt
- Holzkohlensenf vom Schweizer Avantgardisten Stefan Wiesner
- Flüssiges Mineralsalz, ein spanisches Produkt
- Produkte von Monsieur Dumaine aus dem »Vieux Sinzig« wie zum Beispiel Tannenspitzengelee, Mispelketchup und Kapuzinerkressepesto
- Die Fruchtessig-Box von Gegenbauer
- Die Balsamessig-Box von Gegenbauer
- Obrix Verjus aus Kanada, ein Produkt von sensationeller Qualität
- Würzöl-Muster einer deutschen Firma, mit den Aromen Schwarzer Kümmel, Wacholder, Anis, Verveine

Summa summarum könnte ich mir die Arbeit natürlich einfacher machen und den gleichen Weg einschlagen, wie ihn professionelle Köche gehen: Ich könnte die Listen der Großhändler studieren und mir alles ins Haus schicken lassen. Aber erstens ist das nicht gerade billig, wenn man sie normalerweise nur in kleinsten Mengen verarbeitet und die Sachen anschließend auch nicht verkauft, und zweitens gehört es einfach zu den Fixpunkten in unserem Leben, uns auf die Suche nach guten Produkten zu machen und immer wieder fündig zu werden. Ich finde es auch nach vielen Jahren der Beschäftigung mit dem Essen immer noch wunderbar, in manchen Gegenden und Städten regelrecht auf die Pirsch nach guten Produkten zu gehen. Um dann Dinge zu erleben, wie einmal in Saint-Remy in der Provence. Es war Dienstag und ich hatte mich kurz nach Mittag auf den Weg gemacht, etwas fürs Abendessen einzukaufen. Ich landete in einem Intermarché, weil ich wusste, dass es dort eine Fischabteilung gibt. Und wie ich in die Auslagen blicke, sehe ich ganz exzellente Doraden, mit prächtig frischen Augen und einem wunderbar festen Körper. Während eines Spaziergangs am Nachmittag begann ich dann – wie üblich – darüber nachzudenken, was ich mit der Dorade anstellen könnte, und das immer unter Berücksichtigung der küchentechnischen Möglichkeiten in dieser Ferienwohnung in einem alten provenzalischen »Mas« inmitten von Olivenhainen, Thymian, Lavendel und Rosmarin. Würde der merkwürdige alte Elektroherd als Ofen gut genug funktionieren? Auf alle Fälle sammelte ich am Wegesrand ganz jungen Fenchel und später auf dem Gelände des »Mas« auch noch Thymian. Allerbestes Olivenöl aus der Gegend hatte ich sowieso, dazu auch Salz aus der Camargue und anderes mehr. Die Dorade kam also mit Kräuterfüllung in gutem Öl in den Ofen. Als sie fertig war und wir die ersten Bissen davon aßen, war es fast wie ein – positiver – Schock. Es schmeckte sensationell gut, hochfein, absolut frisch und duftig. Es war der typische Fall einer referenziellen Produktqualität. Mit den Kräutern und den Ölen vielleicht nur an diesem Ort möglich, aber trotzdem ein Maßstab dafür, was ein wirklich sensationelles Produkt hervorbringen kann. Solches ist im Verlauf der Zeit regelmäßig passiert – ich suche ja geradezu an den Quellen nach solchen Qualitäten, um meine Sinne zu schärfen und Kriterien für optimale Qualitäten zu entwickeln. Und dann steht man zu Hause wieder vor dem Problem, überhaupt etwas annähernd Vernünftiges zu bekommen ...

Im folgenden ersten Kapitel wird es um Gemüse gehen. Natürlich denke ich etwas wehmütig an die Verhältnisse in Saint-Remy, an den Fenchel und den wild wachsenden Thymian. Aber wie heißt es so schön bei Äsop: *Hic Rhodos, hic salta!* Wir leben, wo wir leben, und es gibt gute Gründe dafür, sich mit den Produkten zu befassen, die uns an Ort und Stelle zur Verfügung stehen. Gute Küche kann man mit allem machen – vorausgesetzt, man versteht unter »guter Küche« nicht immer nur das Gleiche. Und wirkt es nicht immer wie ein Kunstprodukt, wenn es irgendwo in den Alpen oder auf nordfriesischen Inseln »mediterrane Küche« gibt? Es wird also nicht lange dauern, bis ich in meinen ersten Rezepten etwas mit Wirsing und Rosenkohl und Petersilienwurzel zu tun habe, Produkten, die hier am heimischen Niederrhein eine wichtige Rolle spielen. Vor allem aber möchte ich Sie motivieren, ebenfalls die Ressourcen ihrer eigenen Umgebung einer genaueren Betrachtung zu unterziehen.

GEMÜSE

Die neue Sinnlichkeit

Sie werden in diesem Buch häufig auf Begriffe wie »Sensorik«, »sensorisch« oder »Akkord« treffen. Es wird von zeitlichen Verläufen beim Schmecken die Rede sein und davon, dass es räumliche Geschmacksbilder gibt. Diese Begriffe gehören zu einer neuen Art, den Prozess des Essens und der kulinarischen Wahrnehmung zu beschreiben und zu begreifen. Früher war es üblich, fast immer nur ganz allgemein vom »Geschmack« eines Produkts oder eines Gerichts zu sprechen. Was man damit meinte, war vor allem das Aroma. Wenn eine Tomate »keinen Geschmack« hat, meint man also, dass sie kein Aroma hat, also nicht »wie Tomate schmeckt«. Die moderne Sehweise ist anders. Sie hat viel damit zu tun, dass sich bei der Wahrnehmung im Mund (Geruch und Optik sind noch ein weiteres Feld) nicht nur aromatische Informationen ergeben, sondern auch Informationen über die Temperatur und Textur der Dinge. Mit der »Textur« meint man den physikalischen Teil der Wahrnehmung, der erkennt, dass etwas zum Beispiel weich oder hart, kross oder schmelzend ist. Unsere Sinne liefern uns also mehr Informationen, als nur aromatische. Die Begriffe »Sensorik« und »sensorisch« beziehen sich genau darauf. Wenn es also zu einem der Rezepte »sensorische Anmerkungen« gibt, geht es darum, was sich bei diesem Gericht alles bei der sinnlichen Wahrnehmung abspielt. Wenn zum Beispiel auf einem weichen Stück Muschel eine Nuss liegt, ist festzustellen, dass das einige Zeit dauernde Zerkauen der festen Nuss die Wahrnehmung der weichen Muschel weitgehend verhindert. Oder wenn man einen Löffel Eis mit beispielsweise dem exotischen Aroma von Tonkabohnen in den Mund nimmt, wird man zuerst die Temperatur wahrnehmen und erst später das Aroma »entdecken«. Im Verlauf des Buches werde ich immer wieder auf die Sensorik zu sprechen kommen. Im Kapitel »Grundsätzliches 3« (Seite 181–183) erläutere ich anhand der Geschmackskurven, was räumliche Bilder und zeitliche Wahrnehmungen im Mund sind. Im Kapitel über die Sensorik (Seite 190ff.) geht es anhand von diversen Beispielen ganz explizit um diese »neue Sinnlichkeit«, diese veränderte Wahrnehmung, die uns ganz neue und tiefe Einblicke in die Architektur des Essens gibt. »Akkorde« beschreiben im Prinzip das Gleiche wie in der Musik, also den Zusammenklang oder das Zusammenspiel verschiedener Produkte und Elemente.

Illustrationen von Oliver Sebel aus meiner wöchentlichen Kolumne »Geschmackssache« im Feuilleton der FAZ.

Wirsing, nichts als Wirsing – die neue Gemüseküche

Seit ein paar Jahren gibt es einen enormen Zuwachs an Informationen über »neue« oder besser wiederentdeckte Gemüse. Dabei geht es aber nicht nur darum, dass das Gemüse im Zusammenhang mit der Landwelle, der Biowelle, Anti-Fleisch-Kampagnen oder Gesundheitswellen zu einem großen Thema geworden ist und man für Berge von Büchern und Zeitschriften Berge von Rezepten braucht. Es geht auch nicht nur darum, alte Sorten wiederzuentdecken und ein neues Gefühl für die Vielfalt von Sorten zu entwickeln, wie sie lange Jahre nicht mehr vorhanden war. Was mich am meisten fasziniert, ist eine Ausweitung dessen, was man alles mit Gemüse machen kann, und das in einer Form, wie wir sie in der Geschichte der Kochkunst noch nie erlebt haben.

Die Ideen für solche neue Ansätze kommen in erster Linie wieder einmal von den Avantgarde-Köchen, wie zum Beispiel René Redzepi vom »Noma« in Kopenhagen, Stefan Wiesner vom »Gasthof Rössli« in Escholzmatt in der Schweiz, Alain Passard vom »L'Arpège« in Paris, Michael Hoffmann vom »Margaux« in Berlin, Matthias Schmidt von der »Villa Merton« in Frankfurt (der wie Michael Hoffmann die Lokalität wechseln wird), Kobe Desramaults vom »In de Wulf« in Dranouter, Belgien, oder Andree Köthe und Yves Ollech vom »Essigbrätlein« in Nürnberg – um nur ein paar Namen zu nennen. Bei Köchen dieser Art erlebt man Gemüse in Zubereitungen, die weit jenseits dessen liegen, was wir normalerweise unter einer Gemüseküche verstehen. Das Spektrum reicht von Eis bis zur Asche von verbranntem Gemüse, von im Ganzen über Feuer gegarten Sellerieknollen bis zu karamellisierten Wurzeln von wilden Möhren, von Lauchwurzeln, die in Tempura ausgebacken werden bis zu Gerichten, die quasi nur aus einem einzigen Gemüse bestehen und trotzdem so gut sind, dass sie im Menü eines hoch dekorierten Restaurants präsentiert werden. Viele von diesen Kreationen sind hochinteressant, schmecken aber so ungewöhnlich, dass sich der eine oder andere Gast sicher erst einmal daran gewöhnen muss. Wenn man aber mit Offenheit an die Sache herangeht, kann man einen ganz neuen Kosmos erleben.

Aus diesem neuen Umgang mit Gemüse kann ein sehr gutes, sehr spannendes Essen entstehen, das vom Einkauf her nicht besonders teuer ist. Das hat dazu geführt, dass man den Gemüseköchen manchmal ein Missverhältnis vorwirft, wenn sie ihre Gerichte so teuer verkaufen wie herkömmliche Gerichte mit Fleisch oder Fisch. Das liegt jedoch – in fast allen Fällen – am Zeitaufwand, der bei vielen Gerichten der avancierten Gemüseküche sehr hoch ist.

Um mir selbst ein Bild von einigen typischen Möglichkeiten der neuen Gemüseküche zu machen, habe ich mich von einem Gericht mit Wirsing-Elementen im »Essigbrätlein« in Nürnberg anregen lassen. Dort war ich zum Beispiel sehr überrascht von der Qualität des Wirsingtrunks, den man in vielen klassischen Zubereitungen, bei denen nur die entgrateten Blätter verwendet, einfach herausschneidet und wegwirft. Das hat mir keine Ruhe gelassen und ich habe mir überlegt, welche Möglichkeiten man da hätte. Herausgekommen ist eine kleine Kollektion von Wirsingzubereitungen, eine Anregung, was möglich wäre, und das ohne viele weitere Hilfsmittel. Die Zubereitungen kann man ohne Weiteres auch zu einer Wirsing-Variation zusammenstellen.

Hier meine Kollektion von Wirsingzubereitungen – manche noch in Form von Kurznotizen, manche nur als Ideenskizze. Die Liste ist genau so in Rohform entstanden, ich habe hier nur ein paar kleine Erläuterungen hinzugefügt.

Gemüse aus Wirsingstreifen: Aus entgrateten Blättern gemacht, die in Streifen geschnitten und kurz blanchiert werden. Dazu eine klassische Cremesauce mit einer Infusion von etwas Muskatblüte herstellen und die Blattstreifen kurz vor dem Servieren durchschwenken.

Wirsingwickel, mit Wirsing gefüllt: Das Prinzip »Produkt in Produkt« (siehe auch »Huhn mit Huhn«, Seite 250). Kleine Wickel aus blanchierten Blättern machen. Eine Füllung aus Ragout mit puren Teilen, angerösteten Teilen, al dente gegarten Teilen vorbereiten. Die fertigen Wickel auf einer Seite anrösten, um die typischen Röstnoten des Wirsings zu erhalten.

Blanchierte runde Blattausschnitte: Mit einem kleinen Anrichteförmchen ausgestochen, dann blanchiert.

Strunk: Stücke, in wenig Wasser mit Butter und etwas Zitrone gegart, in der Textur wie Spargel gehalten.

Blattgräten: Vorgaren in wenig Wasser mit Butter und Zitrone, Flüssigkeit reduzieren, etwas Zucker zugeben und anrösten/karamellisieren.

Geröstete Stücke: Dunkel lackieren, zum Beispiel mit einem Mix aus Kalbsfond und Sojasauce oder einem Karamell.

Mit Butter und Kalbsfond konfierte Wirsingviertel: Spezialtechnik. Den Wirsing im Ganzen vierteln, die Viertel in etwa 30 g ungesalzener Butter und 80 ml Kalbsfond im Wechsel von beiden Seiten anbraten und unter mehrfacher Gabe von Kalbsfond weitergaren. Schlussglasur mit einer neuerlichen Gabe Butter. Man isst, so weit man kommt/so weit die Blätter konfiert sind.

Große Stücke, über offenem Feuer geröstet: Unregelmäßige Stücke über offenem Feuer rösten, kann ruhig grenzwertig sein und hin zum Brennen gehen, anschließend werden die Stücke heraus- und zurechtgeschnitten. Ab und an etwas lackieren, eventuell mit einem Mix aus Kalbsfond und Sojasauce.

Jus cru: In Stücke schneiden, pürieren und passieren oder entsaften.

Jus/Invers-Sauce: Erwärmten Jus aus dem rohen Produkt. (»Invers-Sauce« ist ein Begriff, den ich vor über zehn Jahren schon einmal für das umgekehrte Herstellen von Saucen verwendet habe: Man nimmt alle Bestandteile roh und erhitzt und reduziert sie dann gemeinsam. Der Geschmack ist deutlich anders als beim üblichen Verfahren.)

Jus von gerösteten Wirsingstücken: Blätter usw. schmoren, dann pürieren und passieren. Den Jus eventuell weiter bearbeiten, also zum Beispiel mit Fond oder Gemüsepürees anreichern.

Getrocknete Elemente: Am besten auch angeröstet, im Ofen hergestellt.

Weitere denkbare Techniken z. B.:
– räuchern
– getrocknete Elemente pulverisieren
– Gelees und Gele aller Art

- Schaum von roh passiertem Wirsingsaft mit Stabilisierung durch Lecithin
- Parfait, Eis, Mousse

Diese Liste kann man natürlich noch ein ganzes Stück fortsetzen. Mit dieser Art der Produktbehandlung am Beispiel von Wirsing lässt sich die Anzahl möglicher Zubereitungen von Gemüse vervielfachen. Es ist ohne Weiteres denkbar – aber bisher noch nie realisiert worden –, alle möglichen Gemüse einmal einer Analyse zu unterziehen und zu probieren, welche Zubereitungsformen mit ihnen realisierbar sind und einen interessanten neuen Aspekt ergeben. Die Perspektiven für die vegetarische Küche, aber auch für den Einsatz von Gemüse in anderen Küchenformen sind enorm. Wo man früher nur einige wenige Zubereitungsformen kannte, sammelt sich mit der neuen, ausgeweiteten Denkweise ein riesiger Vorrat an Möglichkeiten an.

Auf Seite 224–225 werde ich am Beispiel der Steckrübe noch einmal ganz konkret auf die Möglichkeiten der »Nova-Regio-Analyse« von Gemüse zurückkommen.

SENSORIK EINES AUSGEWEITETEN GEMÜSETELLERS

Zurück zu unserer Liste mit den verschiedenen Ideen zur Wirsingzubereitung. Man könnte sich angesichts dieser Liste natürlich fragen, ob das nicht alles »wie Wirsing schmeckt«, und was daran spannend sein soll. In einer traditionellen Denkweise mag das auf den ersten Blick so sein. Mit einem modernen sensorischen Verständnis sieht das aber sofort völlig anders aus. Wenn wir essen, haben wir es – vereinfacht und auf das Schmecken im engeren Sinne konzentriert – erst einmal mit Aromen, Texturen und Temperaturen zu tun. Normalerweise befassen wir uns in erster Linie mit den Aromen, und wenn wir sagen, dass etwas gut schmeckt, meinen wir vor allem die Aromen. Tatsächlich aber sind sie nur ein Teil unserer Wahrnehmung, und die anderen Teile, also Texturen und Temperaturen spielen oft eine ähnlich wichtige Rolle.

Dazu ein Beispiel, aus der oben angeführten Liste mit möglichen Verwendungsformen von Wirsing zusammengestellt. (Für Leser, die sich mit der Sensorik noch nicht intensiver befasst haben, empfiehlt sich an dieser Stelle vielleicht erst einmal ein Blick in das Kapitel über die Geschmackskurven, Seite 181–183.) Wenn man ein Wirsing-Eis oder -Parfait mit einem Stück vom gegarten Strunk kombiniert, passiert eine ganze Menge. Der erste Eindruck bei einer einigermaßen sinnvollen Proportion ist der der Kälte des Eises. Ein Aroma im engeren Sinne nehmen wir noch gar nicht wahr. In dem Maße, wie sich das Eis im Mund auflöst, nehmen wir auch sein Aroma wahr. Korrekter formuliert müsste man sagen: In dem Maße, wie sich das Eis unserer Körpertemperatur annähert, wird die Blockade der (aromatischen) Wahrnehmung durch die Kälte geringer und wir nehmen die Aromen wahr. Man könnte auch sagen, die Aromen blenden durch. Das Verhältnis zwischen dem Eis und dem leicht al dente gegarten Stück Wirsingstrunk ist dadurch geprägt, dass der Strunk aromatisch anders aufgeschlossen wird als das Eis. Das Eis schmilzt im Mund von selbst. Der Strunk schmilzt nicht, und wenn man ihn in den Mund nimmt und dort einfach nur festhält, bekommt man keinerlei aromatische Information (es sei denn, er wurde mit Butter glasiert – dann würde man die Butter wahrnehmen). Man muss das Aroma durch Zerkauen erst aufschließen. Und wenn man das einmal ganz genau – in einem separaten Versuch, noch ohne Eis – verfolgt, würde man bemerken, dass es auch nach dem Beginn des Zerkauens noch einige Sekunden dauert, bis sich ein Aroma einstellt. Wenn man das Stück relativ stark bissfest gegart hat, kann es sogar vorkommen, dass sich das Aroma aufschließt und danach wieder schwächer wird, während man im Mund mehr und mehr den Eindruck von vergleichsweise aromafreien Pflanzenfasern hat. Wenn man die beiden Elemente zusammenfügt und ihre »Mechanik« betrachtet, ergibt sich ein deutlicher zeitlicher Verlauf der Wahrnehmung. Den Anfang macht die Kälte des Eises, das zunehmend sein Aroma abgibt. Wir bekommen aber mit der Erwärmung des Eises den Eindruck, dass sich dieses »Schmelzen« mehr und mehr im Hintergrund abspielt, während wir im Vordergrund durch Kauen das Stück Strunk aromatisch aufschließen. Haben wir schließlich das Maximum des möglichen Aromas des Strunks erreicht, steht dieses wegen seiner größeren aromatischen Intensität im Vordergrund. Dann kommt die nächste Phase, eine Vermischung der Aromen von Eis und Strunk. Sie tritt dann ein, wenn sich die beiden Elemente sensorisch sehr ähnlich geworden sind, wenn also das Eis geschmolzen und der Strunk zu einer Art Püree geworden ist. Je nach Lage der Dinge (damit ist in diesem Fall die Aromatisierung der beiden Elemente gemeint) kann sich danach auch ein Durchblenden ergeben. Das Aroma des Eises verschwindet und das des Strunks setzt sich am Ende durch, weil es sich längere Zeit im Mund hält als das Eis.

So weit dieses Beispiel, das sich nur auf zwei Elemente bezieht. Wenn man jetzt an die große Liste mit unterschiedlichen Zubereitungsarten von Wirsing zurückdenkt, wird klar, was sich dort ergeben kann. Ein großer Teil der Zubereitungsarten hat individuelle Eigenschaften in Hinblick auf Textur, Temperatur und Aromen. Diese vielen unterschiedlichen Eigenschaften sorgen für jeweils unterschiedliche zeitliche Verläufe im Mund, die zunehmend komplexer werden, wenn mehrere von ihnen zusammenkommen. Und so wird auch eine reine Variation vom Wirsing bei geschicktem Aufbau zu einer hochinteressanten Angelegenheit.

Aber bleibt das Aroma nicht trotzdem gleich? Nein. Die Textur inszeniert das Aroma. Oder, wie wir das Aroma wahrnehmen, hängt zu einem großen Teil von der Textur ab, und was wir »Aroma« nennen, ist oft ein Aroma mit einer bestimmten Textur. Wenn man diesen Zusammenhang aufbricht oder erweitert, ergeben sich Aromeninszenierungen, die weit über das hinausgehen, was wir in »normalen« Zusammenhängen erleben. Wir empfinden zum Beispiel das Aroma von Wirsing, den wir in mehreren unterschiedlichen Texturen und Temperaturen gleichzeitig im Mund haben, als ganz besonders komplex, vollmundig und facettenreich. In meinem Buch »Geschmacksschule« aus dem Jahre 2005 habe ich solche Dinge detailliert und mit vielen Beispielen beschrieben. Dort finden sich auch die »Geschmackskurven« (siehe Seite 181–183) und zur Illustration der Phänomene Löffelgerichte von verschiedenen Spitzenköchen und von mir.

Man kann also festhalten: In dem Maße, wie man moderne sensorische Erkenntnisse nutzt, kann man auch mit einer Variation von einem einzelnen Produkt ein sehr spannendes und vielfältiges Gericht erzeugen – oder natürlich auch klassisch angelegte Gerichte erheblich erweitern.

Exkurs
Weitere Perspektiven und Nova-Regio-Küche

Eine ganz besondere Bedeutung hat diese Art der Ausweitung der Gemüsezubereitung in der Nova-Regio-Küche. Im Unterschied zu den traditionellen Formen der Regionalküche und auch im Unterschied zu ihren modernisierten Formen, bei denen meist Techniken der Spitzenküche ohne besonderes Konzept auf die Regionalküche angewandt werden, löst sich die Nova-Regio-Küche ein gutes Stück von den überlieferten Rezepturen und befasst sich mit allem, was eine Region hergibt. Natürlich können dabei auch traditionelle Rezepturen eine Rolle spielen. Neu ist aber, dass man sich im weitesten Sinne um die lokalen und regionalen Ressourcen kümmert und noch einmal aufs Neue daran geht, alles Essbare einer Region in der Küche zu verarbeiten. René Redzepi vom »Noma« durchstreift regelrecht die Gegend rund um Kopenhagen und findet zum Beispiel am Strand eine Muschelart (wie etwa die »Islandmuschel«), die man bisher in den heimischen Restaurants kaum verwendet hat, sammelt alles an essbaren Beeren, was er finden kann, und probiert aus, was man am besten mit ihnen machen kann. Oder er erfährt von einem Bauern, der in einer Miete Möhren eingelagert hat, die sich im Laufe der etwas zu langen Lagerung quasi selbst fermentiert und ein ganz besonderes Aroma entwickelt haben. Mit dieser ausgeweiteten Sehweise geht es also einerseits um seltene Produkte, die sonst kaum eine Rolle spielen, wie zum Beispiel alle möglichen Kräuter, Wurzeln, Pflanzen, Bäume, Blüten usw. Andererseits führt die neue Sensibilität auch dazu, dass man sich überlegt, was man alles mit den Produkten anfangen kann. Dazu zwei weitere Beispiele. In Spanien verwendet der international renommierte Spitzenkoch Joan Roca ein Destillat aus Waldboden, das er mit Hilfe des Rotaval, eines Rotationsverdampfers, gewinnt. Das konzentrierte Destillat kann man mit verschiedenen Produkten vermischen und auf diese Weise ein wunderbar erdiges, natürlich wirkendes Aroma erzielen. Oder der bereits genannte Stefan Wiesner vom »Rössli« in Escholzmatt bietet ein Gericht an, in dem er quasi alle Teile eines Nussbaumes verwendet. Wie detailliert man dabei denken kann, werde ich auf Seite 221ff. vertiefen. Es geht allerdings nicht darum, Redzepis oder Wiesners Rezepte zu importieren und zu kopieren, sondern darum, das Prinzip anzuwenden, sich also in der Nahumgebung mit dem zu befassen, was vorhanden ist.

Nun taucht natürlich die Frage auf, wie das alles eigentlich schmeckt. Wir bewegen uns bei diesem Thema im avantgardistischen Bereich der Spitzenküche, wo der Geschmack der Zubereitungen manchmal wenig mit dem zu tun hat, was man allgemein kennt. Es schmeckt oft sehr interessant, außergewöhnlich und oft nicht unbedingt so deutlich voneinander unterscheidbar, wie das zum Beispiel Aromen wie die von Sellerie, Rosmarin oder Schokolade tun. In vielen Fällen schaffen es die Köche mit diesen neuartigen Elementen allerdings, ihren Kreationen etwas Originelles, leicht Fremdartiges und ungemein Spannendes zu geben. Man schmeckt also nicht unbedingt Fremdes, sondern eine Abweichung, eine Interpretation von Bekanntem.

Ich finde diese Entwicklungen ausgesprochen faszinierend und im Grunde sogar revolutionär. Diese Ideen kommen plötzlich ganz nah in das Umfeld von jedem, der sich mit Kochen befasst, sie sind ein Thema, wenn man in den Garten oder irgendwo spazieren geht, wenn man am Strand nach Algen sucht, Blüten, Kräuter Wurzeln findet oder sich auf dem Markt überlegt, von einem

Gemüse eigentlich überhaupt nichts wegwerfen zu müssen (also auch nicht die Wurzeln vom Lauch), weil es für alles eine Verwendung gibt (was im Prinzip natürlich auch für Fisch und Fleisch gilt). So tut sich auf einmal eine unendliche Vielfalt an Ressourcen auf, und es kommt wieder mehr darauf an, was der Mensch mit den Dingen anfangen kann und weniger, ob er das Geld hat, sich irgendein Luxusprodukt zu kaufen.

Ich erinnere mich ganz genau, wie es war, als ich zum ersten Mal von Redzepi zurück auf unseren Hof kam. Meine Frau war nicht nach Kopenhagen mitgekommen, und ich hatte ihr versprochen, ein paar Sachen zu kochen, die einen ähnlichen Ansatz wie die Ideen von Redzepi haben. Ich ging in den Garten und fand unglaublich viel, die Ideen sprudelten und ich hatte das Gefühl, als sei eine ganz wichtige Türe geöffnet worden.

Also habe ich begonnen, mich mit dieser neuen Art der Gemüseküche zu befassen und bin auch heute noch immer wieder damit beschäftigt. Ich glaube, dass wir hier erst am Anfang einer riesigen Entwicklung stehen.

Aus einem Notizbuch, im Zug auf dem Weg nach Lech am Arlberg geschrieben. Teile der Ideen finden sich in den Rezepten im Kapitel »Nova Regio« (Seite 121ff.) wieder.

Winterliches: Die Rosenkohlvariation

Der Winter steht völlig zu Unrecht in dem Ruf, eine kargere Jahreszeit als Sommer oder Frühjahr zu sein. Es heißt immer, dass dann die Produktpalette kleiner ist und die Produkte irgendwie spröder sind. Dieser Meinung war ich nie. Im Gegenteil: Der Sommer ist vielleicht üppig, verführt aber auch zu oberflächlicher Arbeit. Da es dann eine Menge Produkte gibt, braucht man nirgendwo in die Tiefe zu gehen und zu überlegen, wie man aus einem begrenzten Angebot trotzdem eine hervorragende Küche machen kann. So gesehen ist der Winter eine sehr kulinarische Jahreszeit, und es macht mir ausgesprochen viel Vergnügen, den oft verpönten oder (in der Spitzenküche) nur als einzelne Blättchen kaschierten Rosenkohl gründlich zu emanzipieren.

Aus diesem Grund hat der winterliche Gemüseteller im nächsten Abschnitt zuerst einmal ein kleines Vorspiel, das man gut als Vorspeise zum Gemüseteller oder auch als Amuse-Bouche in einem größeren Menü einsetzen kann. Es handelt sich um eine Rosenkohl-Kollektion, bei der jedes Stück anders aromatisiert wird. Der Rosenkohl wird hier also genau so gut behandelt wie die Luxusprodukte, mit denen man ansonsten solche Variationen realisiert. Das Prinzip der Variation soll die Aufmerksamkeit auf differenzierte Abläufe und die große Spannbreite von Aromen lenken, die sich mit Rosenkohl realisieren lassen. Sie soll also der Aufwertung dieser vermeintlich ganz banalen, oft ungeliebten Gemüsesorte dienen.

VARIATION VON ROSENKOHL

ZUTATEN

Die Aromen für die Rosenkohlröschen werden jeweils nur in sehr geringen Mengen benötigt und sind deshalb hier nicht grammgenau festgelegt, selbst kleine Mengen reichen für 4 Personen.

Basis: Pro Person 9 Rosenkohlröschen möglichst mittlerer, gleicher Größe, Salzwasser, ungesalzene Butter

Aromen: Einige feine Zitronen- und Orangenzesten, 1 kleines Stück roher Schinken ohne Fettrand, einige Blättchen Majoran, Liebstöckel und Blattpetersilie, etwa 30 g Bitterschokolade (am besten Valrhona Guanaja) und 50 ml Milch, kandierter Ingwer und Datteln, 1 Scheibe Toastbrot, Butter, 1 Teelöffel Foie gras, Curry, Ingwerpulver und Kreuzkümmel, Hüttenkäse

VORBEREITUNG

Folgende Aromen/Aromensets so vorbereiten, dass sie nur noch appliziert werden müssen. Am besten in kleinen Glasschüsselchen oder auf Frischhaltefolie bereithalten:

– Eine gleichmäßige Mischung von **Zitronen- und Orangenzesten**, auf etwa ½ cm Länge zurechtgeschnitten

– Sehr feine **Streifen von leicht geräuchertem Schinken**, im Backofen bei 90 Grad Umluft so getrocknet, dass sie leicht kross sind und schnell zerbrechen. Die Streifen auf 1½ cm Länge zuschneiden oder brechen.

Ich habe hier einen meiner Lieblingsschinken benutzt. Es ist ein Jambon cru fumé d'Alsace von Siedel in Ribeauvillé im Elsass (der Laden befindet sich im oberen Teil der Grand Rue, etwa 100 Meter jenseits des Marktplatzes). Am besten schneidet man eine dickere Scheibe von etwa 2 bis 3 mm Dicke ab und schneidet davon die Streifen. Die Trocknung dauert nur etwa 15 bis 20 Minuten. Wenn man die Streifen aus dem Ofen nimmt, sind sie noch etwas weich, trocknen an der Luft aber schnell nach. Wichtig ist, dass man zu starke Röstnoten vermeidet; sie sollen nicht bitter, sondern nach Fleisch schmecken.

– Ein Mix von **Majoran, Liebstöckel und Blattpetersilie**, grob gehackt in Stückchen von 3 bis 4 mm Größe

– Zusammen mit der Milch geschmolzene, homogenisierte und wieder auf Zimmertemperatur gebrachte **Bitterschokolade**, am besten der Sorte Guanaja von Valrhona. Achtung: für diese Variante muss der Rosenkohl noch mit einem kleinen Brenner angeröstet werden.

Zum Schmelzen bringt man Schokolade üblicherweise in einem Gefäß über einem Wasserbad. Hier reicht, sie mit ein wenig Rohmilch unter ständigem Rühren zu erhitzen, bis sich eine dickliche Creme ergibt.
Für das Anrösten des Rosenkohls verwende ich einen kleinen Haushalts-Bunsen- oder Flambierbrenner, wie man ihn zum Beispiel auch für Crème brûlée verwendet. Der Grund für das Anrösten des Rosenkohls ist, dass sich die Röstnoten des Rosenkohls besonders gut mit dem Geschmack der Schokoladencreme verbinden.

– Feine **Würfel von kandiertem Ingwer und Datteln**

Hier benutze ich kandierte Ingwerwürfel, wie sie meist in Asia-Läden in Gläsern angeboten werden. Als Datteln empfehle ich die eher weiche, frische Qualität, bei der die Datteln üblicherweise wie Pralinen einzeln in kleinen Papierhülsen angeboten werden.

– **Mikro-Croûtons von etwa 3 mm Kantenlänge**, ohne starke Röstnoten mit etwas Butter in einer beschichteten Pfanne angetrocknet und zum Austrocknen auf ein Küchentuch gegeben.

Die Croûtons stammen von ganz normalem Toastbrot. Auch hier gilt dasselbe wie für das Trocknen der Streifen: Man sollte die kleinen Würfel aus der Pfanne nehmen, wenn sie rundum leicht Farbe angenommen haben. Sie sind dann noch nicht kross, werden das aber an der Luft sofort.

– Ein kleines Stückchen **gut gekühlte Foie gras** in der Größe einer Messerspitze

In Frankreich oder Belgien (manchmal auch bei uns) gibt es kleine »Médaillons de Foie gras«, runde Scheiben von meist 40 g Gewicht. Es ist eine Foie-gras-Creme, die man in eine Form gegossen hat. Sie schmeckt klar nach Foie gras, was für dieses Rezept ausreicht. Die Kühlung ist wichtig, weil sonst die Gefahr besteht, dass die Foie gras auf dem Rosenkohl sofort schmilzt.

– Eine Mischung aus **Curry, Ingwerpulver und Kreuzkümmel**

Die Mischung sollte zu etwa gleichen Teilen aus Curry, Ingwerpulver und Kümmel bestehen. Auch hier muss man nicht unbedingt zu den seltenen Currysorten aus den Manufakturen von Spezialisten wie etwa Ingo Holland oder Olivier Roellinger greifen.

– **Kalter Hüttenkäse** mit Partikeln von kandierten Kumquats

Die Kühlung des Hüttenkäses ist aus dem gleichen Grund notwendig wie bei der Foie gras. Er soll nicht zu schnell schmelzen. Die kandierten Kumquats gibt es meist in Läden mit türkischen, nahöstlichen oder nordafrikanischen Produkten.

FERTIGSTELLUNG

Die Rosenkohlröschen von den äußersten Blättern befreien und den Stielansatz abschneiden. Dann am Strunkansatz kreuzweise einschneiden. In leicht gesalzenem Wasser mit einem Stich ungesalzener Butter so garen, dass sie noch einen knapp bissfesten Kern haben (Messerprobe am Fuß: Wenn sich die Spitze eines scharfen Messers gerade eben leicht einstechen lässt, ist der Rosenkohl fertig). Unter kaltem Wasser kurz abschrecken. Die Röschen vorsichtig etwas unterhalb der Hälfte abschneiden (sie müssen aufrecht stehen bleiben können) und die Stücke unter Alufolie im Ofen bei etwa 65 Grad warm halten. Die Teller zum Servieren ebenfalls vorwärmen. Oder die Teller mit den bereits quadratisch 3 × 3 darauf angerichteten Rosenkohlhälften warm halten.

Das Warmhalten des Rosenkohls ist sehr wichtig, unter anderem deshalb, weil ein Teil der Aromatisierungen mit dem Wärme-Kälte-Kontrast arbeitet. In der normal ausgerüsteten Haushaltsküche bleibt da im Prinzip nur der Backofen. Ich habe eine große, professionelle Warmhalteplatte in der Größe von 2 GN (Gastronorm). Sie kann bis zu 90 Grad erreichen. Oberhalb der Platte habe ich eine Wärmelampe, die für die Wärme von oben sorgt. Außerdem habe ich Wärmeschubladen, die ebenfalls für diese Zwecke bestens geeignet sind.

Zur Fertigstellung die neun unterschiedlichen Aromatisierungen auf die Rosenkohlstücke legen. Dabei im Zweifel eher weniger als zu viel davon aufbringen (siehe Foto Seite 35).

ANMERKUNG ZUR SENSORIK DER AROMENBILDER

Zitronen- und Orangenzesten: Die kleinen Stücke verleihen dem Rosenkohl einen frischen Aspekt. Sie sind eine dezente, nicht sehr dominante Ergänzung, die sich schnell mit der Textur des Rosenkohls vermischt.

Streifen von durchwachsenem Speck: Die Streifen sind einerseits ein Texturelement, das man deutlich parallel zum Rosenkohl wahrnimmt. Etwas später, wenn man ihr Aroma durch das Zerkauen stärker aufgeschlossen hat, ergibt sich der klassische Mischgeschmack Rosenkohl – Speck.

Majoran, Liebstöckel und Blattpetersilie: Auch wenn man das normalerweise anders sieht: Kräuter haben sensorisch eine recht große Länge, weil man sie erst durch Zerkauen aromatisch wirklich aufschließt. Und bei so kleinen Stückchen wie hier verwendet, muss man sie erst einmal treffen ... Das deutet darauf hin, dass hier eine gewisse Zufälligkeit herrscht. In jedem Fall blendet aber das Aroma des eher schmelzend-weichen Rosenkohls zu den Kräuteraromen durch und gibt dem Kohlaroma eine leicht herbe Erdung.

Bitterschokolade: Die Verbindung von Kohlaroma mit Schokolade klingt abenteuerlich, ist aber überraschend effektiv. Wichtig ist, dass man für diesen Akkord (also das Zusammenspiel der Aromen) die typischen Röstnoten des Rosenkohls nutzt, weil sie sich ganz besonders gut ergänzen lassen. Je nach Viskosität der Schokoladencreme gibt es eine schnelle oder eine etwas verzögerte Vermischung bzw. Durchblendung der Aromen.

Würfel von kandiertem Ingwer und Datteln: Ebenfalls eine sehr gute Verbindung, die viel zu selten genutzt wird. Die Datteln sollten noch recht weich sein, weil sich sonst der Rosenkohl komplett aufgelöst hat, bevor man einen wirklichen Akkord schmeckt. Die Würfel müssen außerdem sehr klein sein. Wie in vielen Fällen, wo es um präzise Proportionen geht, muss man oft mehrere Versuche machen, um die optimale Wirkung zu erreichen. Wenn man allerdings den optimalen Akkord gefunden hat, wird sofort klar, dass sich der Aufwand lohnt.

Mikro-Croûtons: Hier geht es um Textur und weniger um Aroma. Die leichten Röstnoten der Croûtons übertragen sich auf den Rosenkohl; im Grunde spielt aber der zeitliche Ablauf mit einem krossen Beginn und dem Durchblenden des Kohlaromas die wichtigste Rolle. Während des Durchblendens verändert sich der Akkord ständig.

Gekühlte Foie gras: Foie gras erzeugt im Mund einen schmelzenden Eindruck, der durch die Kühlung noch verstärkt wird. Die Kühlung dient dazu, die Vermischung der Foie gras mit dem Rosenkohl ein wenig zu verzögern und dadurch plastischer zu gestalten. In der klassisch französischen Küche ist diese Verbindung einer einfachen mit einer edlen Zutat durchaus häufiger anzutreffen. Sie erzeugt immer einen ganz besonderen Reiz.

Curry, Ingwerpulver, Kreuzkümmel: Es klingt nordafrikanisch oder nahöstlich, schmeckt aber sehr passend zum Rosenkohl-Bild. Die Gewürze sorgen für eine aromatische Anreicherung in verschiedene Richtungen, einmal in Richtung eines leicht angeschärften Nachhalls, dann eine Anreicherung der süßlichen Aspekte des Rosenkohls durch den Kreuzkümmel und eine substantielle Intensivierung durch den Curry.

Kalter Hüttenkäse und Kumquats: Die Kombination von Kälte und einem nachhaltigen zitrusähnlichen Aroma sorgt neben dem klar erkennbaren zeitlichen Verlauf auch für einen ausgeweiteten räumlichen Geschmackseindruck. Räumlich wirkt ein Geschmacksbild, wenn man neben dem zeitlichen Verlauf auch deutlich Vorder- und Hintergrund unterscheiden kann. Dazu braucht man zum Beispiel eine initiale Präsenz (die Kälte), einen schmelzenden Mittel- oder Hintergrund (vom Rosenkohl) und eine Textur wie die kandierten Kumquats, die wie ein Bezugspunkt vom Beginn bis zum Schluss eine Art Mitte definieren.

Winterliches: Winterlicher Gemüseteller mit Wirsing, Kohlrabi, Rosenkohl, Petersilienwurzel und Steckrübe

Hier ein Gericht, bei dem eine ganze Reihe der in den vorigen Abschnitten entwickelten Ideen zur Variation der Gemüseküche zusammenkommen. Der wichtigste Aspekt ist dabei, dass man das Gemüse »ernst nimmt«, also davon ausgeht, dass mit ihm Gerichte zu realisieren sind, die in ihrer Vielfalt und Substanz den Fleisch- oder Fischgerichten in nichts nachstehen. Nein, es sind nicht mehr nur Beilagen oder Salate oder Vorspeisen, die man mit Gemüse realisieren kann. Es geht viel weiter, und es geht ein gutes Stück in kulinarisches Neuland.

ZUTATEN

Die Mengenangaben beziehen sich jeweils auf die Menge für einen Teller. Sie sind hier in der Reihenfolge der Beschreibung der Zubereitung aufgelistet.

- 1 Wirsingviertel von einem mittelgroßen Wirsing, ungesalzene Butter, Kalbsfond
- 2 Petersilienwurzeln mit langer Wurzelspitze, ungesalzene Butter, Zitrone, Zucker, 1 TL Kastanienhonig
- 1 Kohlrabi mittlerer Größe, Zitrone, Zucker, Rosenkohl (siehe unten), 1 Prise frisch geriebene Muskatnuss
- 5 Rosenkohlröschen, ungesalzene Butter, Muskat
- 1 gestrichener Esslöffel Buchweizen, 50 ml Kalbsfond
- 100 g Steckrübe, 20 g ungesalzene Butter, Zitrone, 50 ml Krustentierfond
- Handelsüblicher Blätterteig, 1 mittlere Möhre, 1 Apfel, Zitrone, Zucker
- 100 ml Buttermilch, 2 Prisen Xanthan

ZUBEREITUNG

Wirsingviertel: Den Wirsing von den äußeren Blättern befreien, bis man einen festen Körper hat. Den etwas überstehenden Strunk glatt kürzen. Den Wirsing halbieren und dann in Viertel schneiden. In einer beschichteten Pfanne etwas Butter schmelzen. Das Wirsingviertel einlegen und langsam bei mittlerer Temperatur und regelmäßigem Wenden auf beiden Schnittflächen leicht anrösten, bis die Butter fast eingekocht ist. Dann so viel Kalbsfond angießen, dass der Boden der Pfanne leicht bedeckt ist und weiter garen. Das Angießen einer geringen Menge Kalbsfond mehrmals wiederholen, bis die oberen Schichten des Wirsingviertels konfiert bzw. karamellisiert sind.

Diese Technik ist ziemlich ungewöhnlich und erfordert eine sorgfältige Beobachtung des Gar- und Aromatisierungsvorgangs, damit sich der Wirsing nicht auflöst. Speziell beim Wenden der Stücke sollte man vorsichtig darauf achten, dass sich die oberen Schichten nicht ablösen. Die Viertel müssen unbedingt ihre Form behalten. Der Vorgang kann etwa 30 Minuten dauern. Geht man zu schnell vor, droht Beschädigung. Man isst die Schichten nur so weit, wie sie konfiert sind. Bei sorgfältiger Arbeit geht das ziemlich tief und das Viertel kann weitgehend gegessen werden.

Petersilienwurzeln mit Wurzelspitzen: Petersilienwurzeln mittlerer Größe mit dünn auslaufender Spitze vorsichtig längs halbieren. In eine beschichtete Pfanne oder einen passenden Topf etwa 1 cm hoch Wasser geben. Etwa 10 g Butter, einige Spritzer Zitronensaft und 1 Prise Zucker hineingeben. Die Wurzelhälften einlegen und bei geschlossenem Deckel leicht köchelnd garen. Wenn eine Messerspitze schon ein wenig in die Wurzel eindringen kann, den Deckel abnehmen. Noch einmal etwa 10 g Butter und 1 TL Honig (am besten Kastanienhonig) zugeben und die Flüssigkeit reduzieren, bis sie leicht karamellisiert und die Wurzel auf der Schnittfläche eine karamellisierte Kruste bildet. Zum Abschluss die Wurzelhälften beidseitig immer wieder überglänzen, um eine schöne Färbung und Aromatisierung zu erreichen.

Auch diese Zubereitung ist recht ungewöhnlich und sollte in aller Ruhe erfolgen, um eine optimale Garung (nicht ganz durch) und Aromatisierung zu erreichen.

Gefüllter Kohlrabiring: 1 großen Kohlrabi schälen, eine 2 cm dicke Scheibe abschneiden und in leicht gesalzenem Wasser mit 10 g Butter, ein paar Spritzern Zitrone und 1 Prise Zucker leicht al dente garen. In kaltem Wasser abschrecken. Dann mit einem Ausstecher (einem Anrichtering) eine Scheibe von circa 6 cm Durchmesser ausstechen. In der Mitte der Scheibe mit einem kleineren Ausstecher (oder dem Schraubverschluss einer Flasche) ein Loch von ungefähr dem halben Durchmesser der Scheibe ausstechen. Mit grob püriertem und mit Muskat gewürztem Rosenkohl (siehe unter Nummer 4) füllen.

Rosenkohlröschen, angeröstet: 5 Rosenkohlröschen säubern, die Deckblätter entfernen und die Röschen am Strunkansatz kreuzweise einschneiden. In leicht gesalzenem Wasser knapp al dente garen. Sie sind gar, wenn man mit einem spitzen Messer ohne großen Widerstand in den Boden stechen kann. Das Wasser abgießen, 15 g Butter schmelzen und die Röschen rundum leicht anrösten. Drei von ihnen werden für die Füllung des Kohlrabirings verarbeitet. Die anderen

beiden mit einem Haushaltsbunsenbrenner gleichmäßig anrösten.

Buchweizen: Pro Teller 1 gestrichenen Esslöffel Buchweizen in einem kleinen Topf mit Kalbsfond bedecken, aufkochen und neben dem Herd etwa 15 Minuten ziehen lassen, bis die Körner aufzuquellen beginnen, Biss, aber keinen harten Kern mehr haben. Auf einem sauberen Küchentuch abtrocknen lassen. Im Verlauf der Trocknung in Körner zerteilen, aber einige kleine Klumpen belassen.

Der Buchweizen gehört einerseits zu den kleinen Texturelementen, die das texturelle Spektrum des Gerichts erweitern. Andererseits erweitert er mit seinem getreidigen Aroma aber auch das aromatische Spektrum und sorgt für eine Art Erdung der Komposition. Um beides zu erreichen, sollte man präzise auf die richtige Garung achten.

Coulis von **Steckrüben:** Das Stück Steckrübe schälen, würfeln und in Butter bis zu einer leichten Kolorierung anschwitzen. Krustentierfond angießen, ein paar Spritzer Zitrone dazugeben und garen. Bei Bedarf etwas Wasser nachgeben, diese Gaben aber immer so knapp wie möglich halten, damit das Coulis nicht zu flüssig wird. Pürieren und durch ein feines Sieb passieren. In den Topf zurückgeben, etwas Sahne angießen und unter mehrmaligem Rühren leicht köchelnd weiter garen. Zum Servieren mit dem Mixer aufschlagen und in eine Spritzflasche füllen.

Das Geheimnis dieser Zubereitung ist die Verbindung von Steckrübe und Krustentierfond. Es schmeckt neuartig und sofort sehr überzeugend. Wie es zu dieser Kombination gekommen ist, weiß ich

nicht mehr ganz genau. Ich tippe auf einen Zufall. Es kann sein, dass ich ein Steckrübenpüree oder -coulis machen wollte und vorhatte, die Zubereitung mit etwas Fond abzurunden. Ich habe dann vermutlich im Kühlschrank nachgesehen, welche Fonds ich noch vorrätig habe und – wider Erwarten – »nur« einen Krustentierfond vorgefunden. Einer Eingebung folgend habe ich dann diesen Fond benutzt ... Mithilfe der Spritzflasche kann man von solchen Zubereitungen begrenzte Punkte auf den Teller setzen.

Blätterteigtörtchen mit Karotte und Apfel: Für den Blätterteig ein Stück (etwa 20 × 20 cm oder äquivalent) eines handelsüblichen Blätterteigs nach Packungsangabe und beschwert mit einer Metall- oder Keramikform backen. Darauf achten, dass der Teig nicht zu dunkel wird. Mit einem Ausstecher von 5 oder 6 cm Durchmesser vorsichtig drehend eine runde Form ausstechen. Wenn der Teig zu stark aufgegangen ist, mit einem Messer in der Höhe halbieren. Benötigt wird für das Törtchen nur eine krosse Teigunterlage. Die geschälte Karotte mit einer Microplane-Reibe fein reiben. Mit einem Hauch von Zitrone und sehr wenig Zucker dezent aromatisieren. Im Kühlschrank bereithalten. Vom Apfel eine dünne Scheibe abschneiden, in streichholzdünne Streifen schneiden und mit etwas Zitrone beträufeln, um die Oxidation zu verhindern. Zum Anrichten die geriebene Karotte auf den Blätterteigboden geben und obenauf die Apfelstreifen platzieren.

Die Funktion dieses Törtchens im Zusammenhang des ganzen Gerichts wird überraschen. Es hat sich gezeigt, dass die Kombination aus stark bearbeiteten Elementen (wie etwa der Wirsing oder die Petersilienwurzel) mit fast roh belassenen Elementen die rohen Elemente aromatisch hervorragend inszeniert. In diesem Fall wirkt die Karotte, die durch das Reiben auf der Microplane-Reibe eine ganz luftige Textur hat, intensiv und wie Natur pur. So definiert das Eine das Andere. Die Blätterteigunterlage geht zurück auf eine typische Technik des französischen Kochs Joël Robuchon, der seinen Törtchen oft mit einer Blätterteigschicht etwas zusätzliche, oft nur leicht raschelnde Textur gab. Um diese Textur zu erhalten, darf man das Törtchen natürlich erst im letzten Moment anrichten, weil der Teig sonst Feuchtigkeit zieht und weich wird.

Gel von passierter Buttermilch: Die Buttermilch (½ Liter) wird durch ein feines Sieb passiert. Die festeren Bestandteile werden zur getrockneten Buttermilch weiterverarbeitet (siehe unten). Die passierte Buttermilch wird mit 2 Prisen Xanthan kurz aufgekocht und danach mit dem Stabmixer zu einem dickflüssigen Gel verarbeitet.

Beim Erhitzen der Buttermilch wird es zunächst so aussehen, als würde sich die Buttermilch trennen. Das spielt aber keine Rolle, die Bestandteile müssen nur auf eine gemeinsame Temperatur kommen, um dann mit dem Mixer aufgerührt und gebunden zu werden. Xanthan wird benutzt, weil es keinerlei aromatische Spuren hinterlässt. Das Buttermilch-Gel schmeckt genau so wie Buttermilch pur. Die Buttermilch wird gebunden, damit sie auf dem Teller beim Anrichten ein definiertes und präzise zu platzierendes Element wird und nicht unkontrolliert verläuft.

Gemüsepâtisserie

Getrocknete Buttermilch: Die festen Bestandteile der Buttermilch werden in einer flachen Gratinschale bei 90 Grad in den Ofen gegeben und unter mehrmaligem Umrühren langsam zu einer körnigen Textur reduziert.

ANRICHTEN

Beim Anrichten (siehe Bild) geht es zuerst einmal darum, das konfierte Wirsingviertel heil auf den Teller zu bekommen. Die karamellisierten Petersilienwurzelstücke werden – wie alle Zubereitungen, die aus einem Sud stammen – vor dem Anrichten auf Küchenpapier kurz abgetrocknet, damit sie auf dem Teller keine ungewollten Tropfen hinterlassen. Das Buttermilch-Gel wird als runde Fläche auf den Teller appliziert und dann mit einem Löffel in einer kurzen, zügigen Bewegung ausgestrichen. Das ist einerseits zurzeit eine beliebte Anrichtemode, andererseits bietet sich diese Form in diesem Zusammenhang ausgesprochen an. Man wird das Gel nicht mit den anderen Elementen zufällig aufnehmen – abgesehen von den körnigen bzw. krossen Elementen wie der getrockneten Buttermilch und dem Buchweizen.

Einer der Aspekte der Arbeit mit Gemüse hat eine Menge mit der Geschichte zu tun. Es gab einmal Zeiten, in denen alles, was zu einem Gericht gehörte, extrem dekorativ und extrem geometrisch angerichtet wurde. Wer nun an das 19. Jahrhundert mit seinen riesigen Schaustücken denkt, bei denen aus allem und jedem Türme gebaut wurden, die im Prinzip wie Hochzeitstorten der bizarreren Art aussahen, liegt einerseits richtig. Andererseits hat sich diese Dekorationswut aber bis zum heutigen Tag gehalten – zumindest da, wo es um zeitlos-schlechtes Catering geht und seit Jahrzehnten die gleichen Platten zu Familienfesten oder ähnlichen Anlässen gereicht werden. Die Dekorationswut hat sich zu Zeiten der Nouvelle Cuisine noch einmal ziemlich ausgeweitet. Auch dort spielten oft aus heutiger Sicht erstaunlich banale Dekorationen wie Spargelfächer usw. eine Rolle. Kulinarisch gesehen war das meist Unsinn und brachte keinerlei zusätzliche Qualität. Beziehungen zu anderen Elementen auf dem Teller wurden nicht hergestellt; wie viel Gemüse man zu einem Stück Fisch oder Fleisch nehmen wollte, lag ganz beim Esser. Proportionen waren kein Thema.

Aber aus moderner Sicht – mit einem ganz anderen Gefühl für Sensorik und einem ganz anderen Verständnis von der Wertigkeit von Gemüse und seinen kulinarischen Möglichkeiten – wird die Frage durchaus interessant, wie man eine Art zusammengesetzte Kompositionen mit einem entsprechend vielfältigen Mischgeschmack realisieren könnte. Und da landet man unweigerlich bei dem, was ich hier Gemüsepâtisserie nenne. Die Gebilde sehen aus wie Pâtisserie, sind aber ausschließlich aus Gemüse. Das macht – unabhängig von der Optik – eine Menge Sinn. In dieser kompakten Form lassen sich die Proportionen und damit die

Akkorde wesentlich besser definieren, und selbst wenn man das Törtchen beim Essen zerlegt, bleiben doch die genau aufeinander abgestimmten Elemente. Je nach Form des Törtchens kann man sogar sehr präzise Vorgaben machen, zum Beispiel wenn es – wie bei dem Blumenkohltörtchen – längs aufgebaut ist und es naheliegend wird, sich jeweils eine Scheibe abzuschneiden. Der Fantasie bei der Konzeption solcher Gemüsetörtchen sind dabei kaum Grenzen gesetzt. Hier drei Vorschläge, alle so angelegt, dass sie ohne größere Schwierigkeiten umzusetzen sind.

GEMÜSEPÂTISSERIE 1: ROSENKOHL-KOHLRABI-TÖRTCHEN

Die Mengenangaben beziehen sich auf die Zutaten, die man für ein Törtchen braucht. Die Mengen für mehrere Törtchen sind zum Beispiel davon abhängig, welche Größe Kohlrabi man bekommt. Eine Scheibe Schinken reicht etwa für vier Törtchen, der Wirsing auch für größere Mengen, die Tiefkühlerbsen ebenfalls.
Notwendige Küchenutensilien: 1 hoher Anrichte-/Ausstechring von 5–6 cm Durchmesser, ein Ausstechring von 3 cm Durchmesser

ZUTATEN UND ZUBEREITUNG

Getrockneter Schinken: 1 Scheibe dünn geschnittenen Serrano-Schinken
∗∗ Die Schinkenscheibe auf einen Rost legen und im auf 95 Grad vorgeheizten Ofen trocknen. ∗∗

Toastscheibe: Toastbrot, 15 g ungesalzene Butter
∗∗ In einer beschichteten Pfanne etwas Butter schmelzen. Die Toastscheibe einlegen und bei mittlerer Hitze leicht anrösten. Die Scheibe entnehmen und zum Trocknen und Entfetten auf ein Küchentuch legen. Die Scheibe wird dabei leicht kross, aber nicht hart. ∗∗

Kohlrabischeibe: Kohlrabi, 10 g ungesalzene Butter, Zitrone
∗∗ Benötigt wird eine Kohlrabischeibe von 2 cm Dicke, aus der sich nach der Garung eine Scheibe von 5–6 cm Durchmesser ausstechen lässt. Die Scheibe in einem Topf knapp mit leicht gesalzenem Wasser bedecken, einige Spritzer Zitronensaft und 10 g Butter dazugeben. Bei geschlossenem Deckel köchelnd al dente garen. Auf einem Küchentuch abtrocknen lassen. Dann erst mit dem großen Ring die endgültige Form der Scheibe ausstechen und danach mit dem kleinen Ring die Aushöhlung in der Mitte, die zur Aufnahme des Wirsing-Speck-Gemüses dient. Warm halten. ∗∗

Wirsing-Speck-Gemüse: 1–2 mittlere Wirsingblätter (nach Entfernen der äußeren, dunkelgrünen Blätter), geräucherter Bauchspeck, 15 g ungesalzene Butter, 3 EL Gemüsefond, 50 ml Sahne
∗∗ Aus den Wirsingblättern die Hauptrippe entfernen und die Blätter erst in dünne Streifen (von etwa 5 mm Breite), dann in Stücke von 3 cm Länge schneiden. Vom geräucherten Bauchspeck etwa 15–20 kleine Würfel (ca. 4×4 mm) zurechtschneiden. In einer Sauteuse 15 g Butter schmelzen, die Speckwürfel dazugeben und kurz anrösten. Dann die Wirsingstückchen dazugeben und ebenfalls leicht anrösten. Mit 3 EL Gemüsefond ablöschen, 50 ml Sahne angießen und bei geschlossenem Deckel und mittlerer Hitze 5 Minuten garen. Den Deckel entfernen, kurz aufkochen und die Flüssigkeit eventuell noch leicht reduzieren. Warm halten. ∗∗

Rosenkohl-Kohlrabi-Törtchen (links), Spargel, Avocado, Nuss (rechts; siehe Seite 46)

Rosenkohl: Große Rosenkohlröschen, ungesalzene Butter
✷✷ 1 großes Rosenkohlröschen von den Deckblättern befreien, den Strunkansatz flach schneiden und kreuzweise einschneiden. In Salzwasser mit 10 g Butter leicht al dente garen. ✷✷

Erbsen: Tiefkühlerbsen (am besten große aus dem Beutel)
✷✷ 1 kleine Handvoll Tiefkühlerbsen in heißes Wasser geben und neben dem Herd einige Minuten ziehen lassen. ✷✷

FERTIGSTELLUNG

Mit dem großen Anrichtering aus der Toastscheibe eine runde Scheibe ausstechen. Die Scheibe als Boden im Ring belassen. Die Kohlrabischeibe daraufsetzen und in die Mitte etwas von dem Wirsing-Speck-Gemüse geben. Rosenkohl in die Mitte setzen, dann rund um den Rosenkohl Späne vom getrockneten Schinken einsetzen. Den Ring abziehen und zum Schluss die Kohlrabischeibe mit Erbsen belegen.

GEMÜSEPÂTISSERIE 2: SPARGEL, AVOCADO, NUSS

Zu den Mengenangaben: Siehe Gemüsepâtisserie 1
Notwendige Küchenutensilien: 1 runder Anrichte-/Ausstechring von 5–6 cm Durchmesser

ZUTATEN UND ZUBEREITUNG

Toastscheibe: Toastbrot, 15 g ungesalzene Butter
✷✷ In einer beschichteten Pfanne die Butter schmelzen. Die Toastscheibe einlegen und bei mittlerer Hitze leicht anrösten. Die Scheibe entnehmen und zum Trocknen und Entfetten auf ein Küchentuch legen. Die Scheibe wird dabei leicht kross, aber nicht hart. ✷✷

Erbsen-Spargel-Mousse: 100 ml Sahne, 100 ml Gemüsefond, 2 EL Tiefkühlerbsen, 2 mittlere Grünspargelstangen, Agar-Agar
✷✷ Den Grünspargel im unteren Drittel schälen und die Stangen vierteln. In einem kleinen Topf Sahne und Gemüsefond aufkochen. Erbsen und Spargelstücke dazugeben und etwa 5 Minuten garen. Die Zubereitung mit einem Mixstab pürieren und durch ein Sieb in eine kleine Sauteuse passieren. 1 TL Agar-Agar einrühren, einmal aufkochen und durch ein Sieb in eine Gratinschale füllen, die groß genug ist, um später daraus 4 Formen à 6 cm Durchmesser auszustechen. Die Masse sollte darin etwa 1½ bis 2 cm hoch stehen. Zum Festwerden in den Kühlschrank geben. Die Masse wird durch die Agar-Agar-Dosis recht fest. ✷✷

Avocadocreme: 1 Avocado, Zitrone
✷✷ Das Avocadofleisch mit einem Teelöffel aus der halbierten und entsteinten Frucht schaben. Mit dem Saft einer halben Zitrone beträufeln und pürieren. ✷✷

Melonenwürfel: 1 süße Melone
✷✷ Etwa 2 EL kleine Würfel von circa 4 mm Kantenlänge schneiden. ✷✷

Grünspargelspitzen: Spitzen von dünnem Grünspargel, Wasser, Salz
Pro Törtchen 3–4 Spitzen von circa 4 cm Länge abschneiden und in aufkochendem Salzwasser einige Sekunden blanchieren. Auf Küchentuch abtropfen lassen.

Walnuss: Ganze Walnüsse oder Walnusshälften
3–4 größere Stückchen Walnuss vorbereiten.

Mandelstifte: Ca. 6–8 handelsübliche Mandelstifte

FERTIGSTELLUNG

Mit dem großen Anrichtering eine Scheibe aus dem Erbsen-Spargel-Mousse ausstechen. Mit dem gesäuberten (oder einem zweiten Ring) aus der Toastscheibe eine runde Scheibe ausstechen. Die Scheibe als Boden im Ring belassen. Das Erbsen-Spargel-Mousse daraufsetzen. Mit einem Teelöffel eine Schicht Avocadocreme von etwa 5 mm Dicke aufstreichen, dann eine Schicht Melonenwürfel darauflegen. Die Grünspargelspitzen senkrecht in die Mitte stecken, den Ring entfernen und dann die Nussstückchen und Mandelstifte auf dem Rand verteilen.

GEMÜSEPÂTISSERIE 3: BLUMENKOHL MIT ROTER BETE UND BALSAMICO-GELEE

Zu den Mengenangaben: Siehe Gemüsepâtisserie 1
Notwendige Küchenutensilien: Am besten 1 rechteckige Anrichteform von etwa 8×4 cm oder 10×4 cm

ZUTATEN UND ZUBEREITUNG

Toastplatte: Toastbrot, 15 g ungesalzene Butter
✳✳ In einer beschichteten Pfanne die Butter schmelzen. Die Toastscheibe einlegen und bei mittlerer Hitze leicht anrösten. Die Scheibe entnehmen und zum Trocknen und Entfetten auf ein Küchentuch legen. Die Scheibe wird dabei leicht kross, aber nicht hart. ✳✳

Blumenkohlcreme: 100 g Blumenkohl, 30 g Kartoffel (La Ratte), 50 ml Gemüsefond, 2 EL Sahne
✳✳ 100 g Blumenkohlröschen auslösen, die Kartoffel schälen und grob würfeln. Beides in einen kleinen Topf geben, mit Wasser knapp bedecken und al dente garen. Das Wasser abschütten, dann zusammen mit Fond und Sahne in ein Rührgefäß geben und zu homogener Konsistenz pürieren. ✳✳

Marinierte Blumenkohlröschen: Blumenkohl, japanischer Apfel-Balsam-Essig
✳✳ 5–6 kleine Blumenkohlröschen von etwa 1–1½ cm Größe auslösen. In einem kleinen Gefäß mit dem Balsamessig beträufeln und gut wenden. Mit Folie bedeckt im Kühlschrank bereithalten. ✳✳

Geröstete Blumenkohlscheiben: Blumenkohl, ungesalzene Butter
✳✳ Von etwa 3–4 cm hohen Röschen vorsichtig 2 mm dicke Scheiben schneiden. In einer beschichteten Pfanne 10 g Butter aufschäumen lassen, die Scheiben einlegen und vorsichtig anrösten; sie sollen nicht zu dunkel werden. Zum Entfetten und Trocknen auf ein Küchentuch legen. ✳✳

Balsamico-Gelee: 50 ml Aceto Balsamico, 50 ml Gemüsefond, ½ TL Agar-Agar
✳✳ Balsamico und Fond aufkochen und 2 Minuten leicht kochen lassen. Agar-Agar dazugeben, einmal sprudelnd aufkochen und in eine kleine, am besten rechteckige Form geben (wenn nicht vorhanden, kann man die Flüssigkeit auch etwa 8 mm hoch in eine flache Form gießen). In den Kühlschrank stellen und fest werden lassen. Zum Servieren in Würfel von etwa 8 mm Kantenlänge schneiden. ✳✳

Schwarzwurzelscheiben: Schwarzwurzel, Sojasauce
✽✽ 1 Stück Schwarzwurzel mit Handschuhen unter fließendem Wasser schälen, zügig in 3 mm dicke Scheiben schneiden und mit Sojasauce beträufeln. Die Scheiben sollen deutlich gefärbt aussehen. Es werden etwa 3–4 Scheiben benötigt. ✽✽

Erbsen: Tiefkühlerbsen (am besten große aus dem Beutel)
✽✽ Pro Törtchen einige Erbsen kurz in heißem Wasser auftauen. Die Erbsen werden nicht weiter behandelt. ✽✽

Rote-Bete-Kugeln: Handelsübliche vorgegarte Rote-Bete-Kugeln (französische Ware)
✽✽ Mit einem Parisienne-Ausstecher von 8–10 mm Durchmesser drei bis vier Kugeln ausstechen. ✽✽

FERTIGSTELLUNG

Mit dem rechteckigen Ausstecher eine Toastplatte ausstechen und als Boden in der Form belassen. Eine Schicht Blumenkohlcreme von etwa 5–6 mm Dicke aufstreichen. Zuerst die gerösteten Blumenkohlscheiben einstecken, dann alle weiteren Elemente in bunter Folge auf der Creme anrichten. Zum Schluss den Ausstecher entfernen.

ANMERKUNGEN ZUR SENSORIK DER GEMÜSEPÂTISSERIE

Eine wichtige Rolle spielt bei diesen Törtchen die angeröstete Toastunterlage. Ich habe diesen sensorisch wunderschönen Effekt – wie schon erwähnt – immer wieder bei Joël Robuchon erlebt, der allerdings in ähnlichen Zubereitungen normalerweise Blätterteig benutzt. Aus Gründen der besseren Stabilität und um zu verhindern, dass die Scheibe zu schnell feucht wird und ihre Textur verliert, benutze ich hier Toastscheiben. Man muss sehr genau darauf achten, dass sie die richtige Festigkeit haben: Sie sollten außen fest, im Kern aber nicht durchgetrocknet sein, wie das bei einer Trocknung im Ofen schnell passieren würde. Der Grund ist ganz einfach: Wenn die Scheiben zu hart werden, besteht die Gefahr, dass sie mit ihrer Textur die Wahrnehmung der anderen Elemente überlagern. Es kracht dann mächtig (wie bei Zwieback), und darin geht alles andere unter. Aus ähnlichen Gründen sollte man die Nussstücke bei der Variante »Spargel, Avocado, Nuss« nicht zu groß machen – obwohl hier das Risiko nicht so groß ist. Man nimmt Nüsse und Mandeln deutlich getrennt zum Beispiel von dem schmelzenden Mousse wahr. Alle Törtchen liefern ein breites texturelles Spektrum – in unterschiedlichen Ausprägungen.

Blumenkohl mit Roter Bete und Balsamico-Gelee (Seite 47).

Filderkraut mit Melone und Roter Bete, geröstetem Lauch und Kohlrabistängeln

Das Faszinierendste an der Entwicklung der Gemüseküche ist, dass wir im Prinzip ein riesiges Neuland betreten. Und das wiederum ist nicht ganz einfach, weil es zu beiden Seiten des Herdes, also bei den Köchen wie bei den Essern, noch an Orientierung fehlt. Wie Spargel oder Blumenkohl schmecken, wissen wir, und wir können in vielen Fällen auch ziemlich genau sagen, wann es gut und wann es nicht so gut schmeckt. Bei komplexen Kreationen mit neuen Texturen, neuen Aromen und vor allem sehr neuen Akkorden sieht das deutlich anders aus. Ich habe in diesem Rezept eine Reihe von eher ungewöhnlichen Elementen mit einer eher klassischen Basis kombiniert. Das Ziel war, die Wirkungen der beiden Ansätze aufeinander zu beobachten und ein besonders weites Feld zu öffnen, in dem eine Vielzahl von neuartigen Zusammenhängen entstehen kann. Die Basis ist dabei eine eher traditionelle Filderkraut-Zubereitung, die in diesem Gericht eine Art Katalysatorfunktion bekommt. Sie bildet eine aromatische Klammer, einen Bezugspunkt, auf den sich alle anderen Elemente beziehen lassen. Wer das schwäbische Filderkraut nicht zur Verfügung hat, kann hier ohne Weiteres auch normalen Spitzkohl einsetzen (Filderkraut ist eine Variante von Spitzkohl). Das Rezept, das auf den ersten Blick recht komplex wirken mag, enthält für routiniertere Gemüseköche durchaus bekannte Zubereitungen.

ZUTATEN UND ZUBEREITUNG (FÜR 4 MENÜPORTIONEN)

Filderkraut: ½ Kopf Filderkraut, 10 g ungesalzene Butter, 15 g Schalottenwürfel, 50 ml Geflügelfond, 50 ml Sahne, Muskat

✳✳ Den Kohlkopf wenn nötig von den äußeren, manchmal etwas weichen Blättern befreien. Quer in Scheiben von etwa 1 cm Breite schneiden, dann diese Scheiben noch einmal unregelmäßig quer durchschneiden, sodass eher kurze Stückchen entstehen In einem größeren, flachen Topf die Butter schmelzen lassen. Die Schalottenwürfel zugeben und anschwitzen, dann die Filderkraut-Streifen dazugeben und unter ständigem Rühren ebenfalls anschwitzen, bis sie beginnen, ein wenig zusammenzufallen. Mit Fond ablöschen, Sahne angießen, einmal kurz aufkochen und bei geschlossenem Deckel und milder Hitze etwa 15 Minuten garen. Mit frisch geriebenem Muskat würzen und warm halten. ✳✳

Tomatencoulis: Olivenöl, 2 Strauchtomaten, 1 gehäufter TL Tomatenmark, 1 EL Püree von getrockneter Tomate, 3 EL Passata (passierte Tomaten)

✳✳ In einem kleinen Topf Olivenöl erhitzen. Die vom Stielansatz befreiten und grob gewürfelten Tomaten zugeben und unter ständigem Rühren schmelzen lassen. Die weiteren Zutaten hinzugeben und bei geschlossenem Deckel und mittlerer Hitze 15 Minuten (oder länger) konfieren. Durch ein feines Sieb in eine kleine Sauteuse passieren, warm halten. ✳✳

Shiitake: 100 g Shiitake, ungesalzene Butter, 2 EL Gemüsefond, 50 ml Sahne, heller Dashi-Fond (aus dem Online-Handel, z. B. Bos-Food oder FoodConnect)

✳✳ Die Pilze säubern, weitgehend ganz lassen, nur sehr große Exemplare halbieren. In aufschäumender Butter leicht anrösten. Die Pilze sollen leicht kolorierte Stellen bekommen. Mit Gemüsefond ablöschen, die Sahne angießen, einige Spritzer Dashi-Fond dazugeben und langsam reduzieren, bis sich eine starke Bindung ergibt, warm halten. ✳✳

Lauchzwiebeln und Kohlrabistängel: 8 Kohlrabistängel, 8 dünne Lauchzwiebeln, Olivenöl, Curry
✳✳ Die Lauchzwiebeln dort abschneiden, wo sie sich teilen, die Wurzeln abschneiden, gegebenenfalls die äußerste Blattschicht entfernen und die Stangen längs halbieren. Die Kohlrabistängel von den Blättern befreien und am auslaufenden Ende leicht einkürzen. Beides in einer großen Pfanne in Olivenöl langsam anrösten. Wenn sich die ersten Röstnoten zeigen, sparsam mit Currypulver bestreuen. Lauchzwiebeln und Kohlrabistängel sind fertig, wenn sie deutliche Röstnoten haben; die Lauchzwiebeln sind dann weich, die Kohlrabistängel noch leicht al dente. Auf einem Küchentuch abtropfen lassen. Die Lauchzwiebeln werden dabei in ihren stärker gerösteten Teilen fest. ✳✳

Rote-Bete-Microplane: 1 Rote Bete, Zitrone, Saft von Cavaillon-Melone (siehe dort)
✳✳ Die Rote Bete mit Einweghandschuhen schälen, auf der Microplane-Reibe reiben. 1 TL Zitronensaft und 2 TL Cavaillon-Melonen-Saft dazugeben. Umrühren, kalt stellen. ✳✳

Cavaillon-Melone: 1 Cavaillon-Melone (oder eine andere Sorte mit einer guten Süße-Säure-Balance)
✳✳ Die Melone schälen und 12 unregelmäßig große Stücke schneiden (siehe Bild). Mindestens 30 Minuten vor dem Servieren im Kühlschrank kalt stellen. ✳✳

Zum Anrichten: Je nach Verfügbarkeit verschiedene Minzen, Basilikum, Basilikumblüten und Rote-Bete-Sprossen vorbereiten.

ANRICHTEN

Die Zutaten in Form eines flach ausgebreiteten Salats oder Ragouts anordnen. Die Basis bildet das Filderkraut, das quasi über die ganze Fläche verteilt wird. Die anderen Elemente werden unregelmäßig an verschiedene Stellen angeordnet, damit sich beim Essen ohne jede Schwierigkeit eine Vielzahl von ständig wechselnden Akkorden ergibt.

ANMERKUNGEN ZUR SENSORIK

Die klassische Basis dieser Zubereitung liefert nicht nur den dezent harmonisierenden aromatischen Hintergrund, sondern ist auch eine Art Bezugspunkt für eine vielfältige sensorische Landschaft. Es gibt warme Zubereitungen, Kaltes wie die heruntergekühlten Melonenstücke, unbehandelte Elemente wie die Kräuter oder solche mit Röstnoten wie die Lauchzwiebeln und die Kohlrabistängel. Im Bereich der Aromatik gibt es ein Spiel mit der Fortsetzung der klassischen Basis in den ebenfalls cremigen, dann aber asiatisch gewürzten Pilzen oder den puren und transparenten Fruchtnoten der Melone, die in den erdigen Noten der Rote-Bete-Zubereitung eine interessante Variante finden, die wiederum mit dem pointierten Aroma der Rote-Bete-Sprossen ins Lauchig-Pfeffrige gehen kann. Es schmeckt beim Essen quasi bei jedem Bissen anders. Dass hier eine klassische, warme Zubereitung auf heruntergekühlte Melonenstücke trifft, wirkt übrigens eher natürlich und durchaus nicht wie ein verwegener Kontrast. Die Konsequenz, die man aus solchen und ähnlichen Zubereitungen ziehen kann, ist für das Kochen in ganz verschiedenen Bereichen ähnlich: eine große Varianz in den Aromen und Texturen ist sehr spannend – vorausgesetzt, man schafft ein wenig Ordnung und gibt dem Ganzen etwas System.

Die Grundlagen meiner Küche 2
Meine Küche und ihre Ausstattung

Als wir vor Jahren in unserem ehemaligen Bauernhaus endlich eine größere Küche planen konnten, war ich gerade in einer Phase, in der ich Edelstahl bevorzugte. Nicht unbedingt den schicken Edelstahl aus den Designer-Küchen für Hobbyköche, nein, ich hatte über die Jahre eine gewisse Vorliebe für die einfachen, funktionalen und vor allem belastbaren Schränke und Geräte aus der Profiküche entwickelt. Und ich hatte im Laufe der Zeit eine solide Abneigung gegen allzu viel Küchen-Krimskrams nach Art »besonders praktischer« Gerätschaften aufgebaut, wie man sie im Hobbykochbedarf findet. Die neue Küche sollte also deutlich professionelle Spuren tragen. Ich hatte da auch schon gewisse Vorstellungen und wollte zum Beispiel – wie ich das von Küchen wie jener von Michel Bras oder Michel Troisgros her kannte – flach bleiben, also keinerlei Hochschränke haben, damit die Küche möglichst offen und groß aussehen sollte. Der Raum, den wir für die Küche vorgesehen hatten, liegt im Parterre zur Dorfstraße hin und hat einen etwas schiefen Grundriss. Geplant waren Theken an zwei Wänden und eine Theke quer in den Raum hinein mit den Herdplatten, großen Schubladen für Zubehör auf der einen und Geschirrschränken auf der anderen Seite.

Als Erstes konnte ich mir die Sache mit dem vielen Edelstahl abschminken. Meine Frau wollte auf keinen Fall, dass die Küche »wie eine Imbissstube« aussieht. Außerdem sähen professionelle Edelstahlmöbel nach kurzer Zeit völlig verkratzt aus, und überhaupt würde das Ganze nicht zu dem Schwarz-Weiß unseres aus dem Jahr 1730 stammenden Hauses passen. Sie hat mich überzeugt – mit einem schönen Kompromiss. Die Küche ist weiß gestrichen, die Deckenbalken liegen offen und sind schwarz gebeizt. Der Boden besteht teilweise aus schwarzem Steinzeug und teilweise – im Bereich des Esstischs – aus naturbelassenen Eichendielen. Die Küchenmöbel (Allmilmö) sind champagnerfarben und obenauf mit einer schwarzen Granit-Arbeitsplatte abgedeckt. Nur in einem Bereich rechts von der Spüle gab es eine kleine zusätzliche Edelstahlfläche. Dieser Bereich ist für Arbeiten vorgesehen, die größeren Schmutz verursachen, also vor allem das Versäubern größerer Stücke Fisch, Fleisch und Gemüse. Mit rund fünfzehn Meter Theke, an der im Prinzip mehrere Leute arbeiten könnten, gibt es recht viel Platz. Vor allem aber wirkt die Küche nicht gewerblich-kalt, sondern wie eine Küche, in der es auch Spaß macht zu arbeiten. An die Wände habe ich einige gastronomische »Vieux Papiers« gehängt, also alte Speisekarten, ein paar Rahmen mit alten Weinetiketten und Speisekarten von berühmten Restaurants. An einer Stelle hängt auch das Ölgemälde eines Hahns, den ich vor Jahren einmal gemalt habe. So weit, so gut. Tatsächlich wirkt die Küche meistens ziemlich voll. Mittlerweile steht allerlei auf den Theken, über dem etwas höheren Kühlschrank und dem Ofen steht eine ziemliche Ansammlung von Ölen und Essigen, und natürlich sind alle Schränke zum Bersten mit Materialien gefüllt.

Bei den Geräten habe ich teilweise eine dezidiert eigene Meinung. Ich sollte vielleicht vorab erwähnen, dass ich relativ stark »von Hand« koche, also nicht ständig Maschinen oder Geräte einsetze. Das wiederum bedeutet aber keineswegs, dass ich etwas gegen bestimmte Maschinen oder den Einsatz von allerlei technischem Gerät hätte. Ich erinnere mich zum Beispiel daran, dass Joan Roca in Girona einmal eine wunderbar »nach Erde« schmeckende Sauce eingesetzt hat. Sie war mit einem recht kostspieligen Rotationsverdampfer hergestellt, von dem er gleich mehrere in der Küche stehen hat. Natürlich ist so etwas interessant. Aber erstens würde sich die Anschaffung für die bei mir benötigten Mengen nicht lohnen, und zweitens kann man einen solchen Extrakt in geringen Mengen auch auf andere Weise herstellen. Zum Beispiel mit meiner neuesten Errungenschaft, einer japanischen Plexiglaskonstruktion, mit der man ganz langsam aromatisierte Flüssigkeiten herstellen kann. Sie wird in der Avantgarde genutzt, um zum Beispiel in vielen Stunden immer wieder einzelne Tropfen über Laubblätter zu tröpfeln und so einen hauchfeinen Extrakt zu erzielen. Eine Küchenmaschine wie etwa die Kitchen-Aid oder den Thermomix besitze ich übrigens bis auf den heutigen Tag nicht, ein ausführlicher Test für den Thermomix ist schon seit mindestens sechs oder acht Jahren geplant ...

Für die Garung habe ich eine ganze Reihe von Geräten. Zuerst einmal gibt es keinen Edelstahlherd o. ä. und schon gar kein offenes Feuer (zumindest nicht in der Innenküche). Ich weiß, dass offene Gasflammen bei vielen Leuten sehr hoch im Kurs stehen. Man hält sie für das Nonplusultra eines aufstrebenden Hobbykochs, weil man angeblich in der Lage sein muss, etwas mit richtig viel Hitze anzubraten. Ich finde das naiv gedacht und einem modernen Verständnis von Küche kaum entsprechend. Natürlich braucht man eine schnelle und kräftige Hitze, zum Beispiel wenn man zügig einen großen Topf mit Court-Bouillon für Krustentiere erhitzen will. Aber tatsächlich ist das wesentliche Element in der Küche die Möglichkeit, Hitze auf niedriger Stufe zu kontrollieren, um Produkte langsam und schonend zu garen, Flüssigkeiten zu reduzieren oder zum Beispiel Fleisch möglichst kontrolliert zu kolorieren. Ich habe für die schnelle Hitze zwei Ceran-Induktionsplatten, dazu kommen zwei normale, aber sehr üppig »motorisierte« Ceranplatten und für die anderen Verwendungen zwei Masseplatten (also normale gußeiserne Platten), bei denen es schon schwierig war, sie in der geeigneten Ausführung zu bekommen.

Nicht fest eingebaut habe ich eine weitere große Induktionsplatte, eine professionelle Grillplatte, einige andere portable Platten, eingebaut zudem einen Ofen von normaler Breite und darunter zwei Warmhalteschubladen (alles von Miele), die ich für unterschiedliche Zwecke benutze. Neben den eingebauten sechs Herdplatten gibt es einen kleinen Pass, den ich mit einer großen Warmhalteplatte aus dem professionellen Bedarf bestückt habe. Über dem Pass befindet sich eine Wärmelampe. Die Warmhalteplatte wird nicht nur zum Anrichten genutzt, sondern auch zum Warmhalten kleiner Töpfe mit kleinen Mengen bestimmter Zubereitungen. Auch ein klassisches Wasserbad lässt sich hier natürlich realisieren. Zum weiteren Maschinenpark gehört ein Trocknungsgerät der Firma Excalibur, das in der Spitzenküche weit verbreitet ist. Dann eine italienische Eismaschine im Kleinformat, ebenfalls professionell, aber schon ein paar Jahre alt und noch nicht in modischem Look. In einem ähnlichen Design habe ich auch eine italienische Pasta-Maschine mit diversen Vorsätzen, mit der ich den Teig kneten und von Platten bis zu Tagliatelle diverse Nudelformate herstellen kann. Fritteusen habe ich zwei, eine größere und eine kleinere; sie sind ebenfalls nicht eingebaut, sondern werden nach Bedarf aus dem Vorratsraum geholt. Am interessantesten ist für mich eine ganz kleine Fritteuse mit Deckel, mit der man – ohne die Küche

Die Küche, aufgeräumt (oben), während der Arbeit (unten).

mit Ölgeruch zu füllen – Kleinigkeiten frittieren kann. Außerdem habe ich einen kleineren, ebenfalls professionellen Salamander, den ich fast ausschließlich zum Überbacken einsetze, einen kleinen Edelstahl-Dämpfer, einen Elektro-Wok, elektrische Wasserbäder mit professioneller Temperierung für die Sous-Vide-Garung, einen professionellen Entsafter und eine Reihe anderer kleiner Geräte, die in den Schränken stehen und nur nach Bedarf herausgeholt werden.

Für den Außenbereich stehen zudem ein paar weitere Dinge zur Verfügung, wie ein Kontaktgrill und einige Feuerkörbe, in denen ich unsere Sammlung von Zedernholz benutze, um über offenem Feuer zu garen. Eine Räucherbox habe ich natürlich auch. Geplant ist zudem eine Außenküche, in der ich, ohne mit Rauchentwicklung und offenem Feuer Schwierigkeiten zu bekommen, alle möglichen Dinge ausprobieren möchte. Dazu gehört auch das Garen größerer Stücke über Feuer und das langsame Konfieren etwa von ganzen Sellerieknollen über Holzfeuer. Diese alten Gartechniken bringen oft faszinierende Ergebnisse, die heute mehr denn je wieder zu einem festen Bestandteil der Küche werden. Auf Seite 120 gibt es ein Beispiel dazu.

Was in der Küche immer eine wichtige Rolle spielt, sind Arbeitsutensilien wie Messer, Terrinenformen, Anrichteringe und vor allem natürlich Pfannen und Töpfe. Messer habe ich in ziemlich großer Auswahl, etwa dreißig Stück in ganz unterschiedlichen Größen. Darunter sind auch solche aus Damaszenerstahl, aber auch spezielle Messer zum Filetieren von Fisch, die ich in verschiedenen Häfen im professionellen Fischereibedarf gekauft habe. Die Messer, die ich dauernd benutze, sind übrigens nicht unbedingt die großen, speziellen und teuren Messer, sondern eine Art etwas größere Küchenmesser mit einer sehr nachhaltig scharfen Sägeklinge. Auch sie stammen aus einem Fischereifachgeschäft, in diesem Fall in der Bretagne. Ich habe mir gleich mehrere davon gekauft. Natürlich müssen Messer scharf sein, aber ganz allgemein gilt, dass es mehr darauf ankommt, mit seinen Geräten eine routinierte Einheit zu bilden und das gewünschte Ergebnis zu erreichen. Kurz: aus den Messern mache ich keinen Kult, obwohl ich eine ganze Reihe von diesen »Kultobjekten« besitze. Bei den Töpfen und Pfannen ist es im Prinzip ähnlich. Ich habe auch davon sehr viele, darunter auch eine ganze Reihe der berühmten All-Clad-Töpfe und -Pfannen, ein wirklich ausgezeichnetes Produkt, unter anderem wegen seiner enorm guten und gleichmäßigen Wärmeleiteigenschaften. Ebenfalls hervorragend finde ich die Schmortöpfe von Staub aus Turckheim im Elsass, die ebenfalls für hervorragende Ergebnisse sorgen. Im Laufe der Jahre hat es sich ergeben, dass ich für bestimmte Zubereitungen bestimmte Töpfe benutze – von ganz leichten und kleinen Edelstahlsauteusen bis hin zu antihaftbeschichteten Pfannen und Crêpe-Pfannen, die zum Beispiel für die Zubereitung dünner Gemüsescheiben sehr praktisch sind. Antihaftpfannen betrachte ich inzwischen als ein Produkt von begrenzter Lebensdauer. Wenn etwas darin ansetzt, wird die Pfanne ausgesondert oder nur noch für Zubereitungen genutzt, bei denen das vergleichsweise egal ist.
Ursprünglich (also vor etwa 20 bis 25 Jahren) hatte ich meine ganze Küche mit klassischen Kupfertöpfen ausgerüstet und viel Zeit damit verbracht, sie immer wieder zu putzen. Bis auf die Sauteusen benutze ich sie heute eigentlich eher selten. Auch

Die Grundlagen meiner Küche 3
Meine Arbeitsweise zu Hause

hier gilt also Pragmatik und nicht Optik – um es einmal etwas vergröbernd auszudrücken. Die Kollektion von diversen Anrichterungen, Terrinenformen usw. ist ziemlich umfangreich und stammt fast ausschließlich aus dem professionellen Bedarf.

Noch ein Nachwort, als kleiner Vorgriff auf das Kapitel »Grundlagen 4: Andere Orte, andere Herde«: Ich bin mittlerweile unbedingt der Meinung, dass ein guter Koch überall und mit allen möglichen Gerätschaften einigermaßen zurechtkommen sollte. Er sollte sich im Verlauf der Zeit ein solches Wissen über das Verhalten von Produkten unter bestimmten technischen Voraussetzungen erworben haben, dass er dazu in der Lage ist.

Meine Arbeit in der Küche ist von einigen wichtigen Faktoren geprägt. Nummer eins ist, dass ich immer das Essen für meine Frau und mich koche (und natürlich auch für Sophie, unsere Welsh-Terrier-Hündin, treue Begleiterin in kulinarischen Fragen und Besitzerin eines Stammplatzes auf der Bank am Küchentisch). Dann entwickle ich Rezepte für verschiedene Veröffentlichungen, und es gibt eine Art »Forschungsabteilung«, also die Arbeit an neuen Ideen. Rezepte aus Büchern und anderen Publikationen koche ich mittlerweile nur noch sehr selten nach. Der Grund ist nicht, dass es mich nicht interessieren würde, sondern dass ich sie nach vielen Jahren praktischer Studien häufig ohne Nachkochen einschätzen kann. Auch eine andere Fähigkeit hat sich im Laufe der Jahre entwickelt. Ich kann – zumindest in einem gewissen Umfang – Rezepte am Schreibtisch schreiben, inklusive ziemlich genauer Mengenangaben. Dazu gehören auch kreative Rezepte mit neuen Details, die ich vorher selbst noch nie ausprobiert habe. Typisch ist zum Beispiel, dass ich ein Menü für Gäste, bei denen ich sehr viel Wert darauf lege, dass sie ein gutes Essen bekommen, regelrecht entwerfe – Neuigkeiten inklusive. Beim Kochen halte ich mich dann ziemlich genau an meine Planungen, habe aber natürlich auch immer die Möglichkeit, noch spontan Optimierungen vorzunehmen. Die Fähigkeit, Rezepte »auf dem Trockenen« zu schreiben, klingt vielleicht für Nicht-Profis schwierig, ist aber für Profis nicht ungewöhnlich. Ich konnte zum Beispiel auch als Musiker Stücke mit Noten am Schreibtisch komponieren. Es hat ganz einfach damit zu tun, dass man sich viele Jahre sehr intensiv mit dem Fach beschäftigt.

In der Praxis überschneiden sich die einzelnen Bereiche zwischen häuslichem Abendessen und der sogenannten »Forschungsabteilung« ziemlich regelmäßig. Selbst wenn ich müde bin und keine besonders guten Produkte im Haus habe, kann ich mich nach wie vor darauf verlassen, dass sozusagen der Appetit beim Kochen kommt. Ich fange an und werde dabei immer wacher. Vielleicht sollten es nur ein paar Nudeln mit einer Art Restesauce werden. Am Ende liegen ein paar Nudeln auf dem Teller, dazu kommen eine Tomatenvariation und noch ein paar kleine Zubereitungen, zu denen mich die in der Zwischenzeit in der Küche gefundenen Produkte inspiriert haben. Unter normalen Umständen koche ich grundsätzlich ziemlich differenziert. Der einzige Nachteil dieser Dauerimprovisationen und des ständigen Ausprobierens ist, dass ich bei der Dokumentation der Arbeit ziemlich nachlässig bin. Manchmal schreibe ich die Sachen nicht auf, manchmal gibt es kein Foto. Es kommt regelmäßig vor, dass ich irgendwo in einer Kamera oder auf dem iPhone ein Bild von einem meiner Gerichte finde und nicht mehr weiß, was ich da eigentlich gemacht habe. Im Folgenden habe ich ein absolut zufälliges Beispiel aus dem ganz normalen Alltag aufgeschrieben, also mitten aus der Zeit, in der dieses Buch entstanden ist.

EIN ZUFÄLLIGES BEISPIEL

Grundlage war ein Stück Roastbeef aus Uruguay, das ich in unserem örtlichen »Handelshof« gekauft hatte. Es ist das flache Stück vom Roastbeef, das auch als Lende bezeichnet wird. Der Cut war geometrisch, etwa 15 × 15 cm und etwa 5 cm dick. Das Mindesthaltbarkeitsdatum war nur noch ein oder zwei Tage entfernt, was mich aber normalerweise bei Rindfleisch eher positiv stimmt. Das Fleisch sah noch recht frisch aus, und eine Geruchsprobe bestätigte mich in der Ansicht, dass ich es noch ein paar Tage liegen lassen konnte. In solchen Fällen nehme ich das Fleisch aus der Packung, damit sich kein Kondenswasser bildet, wasche es kurz ab, trockne es mit Küchentuch und lege es wieder in den Kühlschrank zurück. Weil ich es für unsere normalen Abendessen einsetzen wollte, plante ich wegen der Größe des Stücks zwei Abende mit jeweils einem unterschiedlichen Rezept. Aber, was heißt da schon »planen«. Was ich dann letztlich mache, hängt oft von den weiteren Produkten ab, die ich in diesem Fall bei unserem Bio-Bauernhof, dem »Lenßenhof« kaufte.

Der Einkauf war – wie immer – noch nicht unbedingt zielgerichtet. Man sieht sich um, was vorhanden ist, und entwickelt erst einmal eine Art abstrakte Lust, mit diesem oder jenem Produkt zu arbeiten. In diesem Falle sah der Einkauf dann so aus:

– Blätter, die hier als »Asia-Salat« verkauft werden. Normalerweise besteht dieser Salat aus zwei oder drei verschiedenen Pflanzen; in diesem Fall war es nur eine Sorte. Ich hatte damit aber schon gute Erfahrungen gemacht, da diese Blätter auf eine asiatisch angehauchte Vinaigrette immer sehr gut reagieren.
– einige kleinere Steckrüben, etwa 10 cm lang
– einige Navets, schön frisch und vermutlich schnell zu garen
– ein kleiner Spitzkohl
– eine nicht besonders große Galia-Melone
– ein paar mittelgroße Kräuterseitlinge
– ein paar Mandarinen, die mir gefielen, weil sie noch Stiel und ein paar Blätter hatten (also besonders frisch waren)

– einige Purple-Haze-Karotten, also die dunklen »Urkarotten«

Aus den Vorräten in der Küche kamen dann noch eine große Quitte und Kartoffeln der Sorte »La Ratte du Touquet« dazu, was – nebenbei gesagt – ein deutlicher Qualitätsunterschied zu vielen anderen Provenienzen ist.

ESSEN I

Die Grundidee für das *Roastbeef* war, mit der »Marc-Veyrat-Garung« zu arbeiten, also das Fleisch in einer beschichteten Pfanne ohne jegliches Fett zu braten. Dazu wird die Pfanne erhitzt, aber nie mehr als etwa auf zwei Drittel (mein Thermostat hat 12 Schritte, also maximal bis 8, manchmal auch kurzzeitig etwas weniger). Das längliche Stück Fleisch wird auf vier Seiten gebraten und – nach Nathan Myhrvold (»Modernist Cuisine«) – in eher kürzeren Abständen gewendet. Um die Seiten zu garen, stelle ich das Stück auf die Seite oder lehne es gegen den Pfannenrand. Ziel ist in diesem Stadium die alleinige Aromatisierung durch die Maillard-Reaktion. Das Fleisch wird also vorher weder mit Salz noch mit Pfeffer behandelt. Was entsteht, ist eine echte Bratkruste, die nicht nur braun aussieht, sondern auch von der Textur her eine echte Kruste ist. Trotz dieser intensiven Kolorierung, bei der man darauf achten muss, dass die Röstnoten nicht zu dunkel werden, reicht die Eiweißgerinnung in den oberen Schichten nur ein paar Millimeter tief. Nach Beendigung der Kolorierung hat das Fleisch meist eine Kerntemperatur um 45 Grad. Bei diesem ersten Essen habe ich es nach der Kolorierung mit Fleur de Sel und einer Fünf-Pfeffer-Mischung aus der Mühle (französisches Produkt) rundum regelrecht eingerieben. Man kann dabei übrigens beobachten, dass das Salz sofort schmilzt. Danach kam das Stück in den auf 180 Grad vorgeheizten Ofen, bis es eine Kerntemperatur von etwa 56 Grad hatte, anschließend – lose abgedeckt mit Alufolie – für rund 10 Minuten bei etwa 65 Grad in die Wärmeschublade. Zum Servieren habe ich es aufgeschnitten und noch ein paar Körner Fleur de Sel darübergegeben. Es war perfekt à point, das heißt, auf Druck gab es noch einen Schimmer von Blut ab. Das für Rind bei dieser Garung so wichtige Blutaroma konnte seinen Beitrag zum Gesamtgeschmack also noch leisten. Das Fleisch war auf eine natürliche Weise zart. Beim Essen hatte ich aber das Gefühl, dass man es durchaus auch noch einige Tage länger hätte reifen lassen können.

Als Begleitung gab es fünf Zubereitungen. Eine solche Zahl ist bei mir normal, oft gibt es auch noch mehr Elemente. Ich setze für ein gut durchgearbeitetes Gericht (mehr als dieses eine Gericht essen wir dann abends nicht) immer etwa eine Stunde Zubereitungszeit an und nutze diese Zeit, die oft durch die Garung bestimmter Elemente vorgegeben ist, um eine Reihe von Dingen auszuprobieren. So auch in diesem Fall. Die Zubereitungen waren:

– *Getrocknete Kartoffeln* (eigentlich eine Mischung aus getrockneten Kartoffeln und Bratkartoffeln). Dazu habe ich die Kartoffeln der Sorte La Ratte geschält und in Salzwasser (mit 10 g grobem Meersalz pro Liter Wasser) knapp auf den Punkt gegart. Nach Abgießen und kurzem Antrocknen im Topf habe ich sie kurz abkühlen lassen und dann in Scheiben geschnitten. Diese Scheiben kamen mit einem Hauch von Olivenöl (mit dem Küchentuch in der Pfanne verrieben) in die Pfanne vom Anbraten des Fleisches und

Das Esszimmer in der ersten Etage. An den Wänden Arbeiten auf Papier aus den Achtzigerjahren und die Kopie eines Saenredam-Kirchen-Interieurs, die ich in den Neunzigerjahren gemalt habe. Auf dem Tisch Teller von Olivier Roellinger aus Cancale, Bretagne.

wurden bei moderater Hitze langsam weiter getrocknet und dabei leicht koloriert. Wichtig für den Geschmack ist hier, dass das Fett keine so große Rolle spielt und die Kartoffeln – wie das Fleisch – nicht so intensiv mit dem Fett und seinem Aroma in Berührung kommen. Durch das Trocknen werden sie quasi ein wenig reduziert und ihr Aroma wird intensiver und nussiger. Beim Trocknen bekommen sie auch leichte Röstnoten, die ich aber immer gut kontrolliere, weil zu starke Röstnoten im Zusammenhang mit anderen Produkten schnell eine zerstörerische Wirkung entfalten.
Noch etwas zu den Kartoffeln – wenn man so will, einer dieser Spezialeffekte, die sich immer wieder einmal beim aufmerksamen Kochen ergeben: Ich hatte die Kartoffeln kurz abkühlen lassen und in Scheiben geschnitten. Die Endstücke bekommt dann oft Hündin Sophie ins Futter. An diesem Abend war mir aber aufgefallen, dass die La-Ratte-Kartoffeln erstaunlich mehlig waren, während sie üblicherweise eigentlich immer recht fest sind. Sie waren zwar fest genug, um sie in Scheiben zu schneiden, aber eben doch einen Tick mehlig. Ich wollte wissen, wie sie pur schmecken und steckte ein Endstück in den Mund. Ich zuckte sofort zusammen, weil sich ein wunderbares Aroma zeigte. Es kam von dem recht frischen Meersalz der Garung und hatte sich wie ein feiner, jodhaltiger Film um das Kartoffelaroma gelegt. Es schmeckte wunderbar, sodass ich sie demnächst einmal in einem zarten Zusammenhang – also vielleicht mit Fisch oder Austern (die mit Kartoffeln ganz ausgezeichnet schmecken können, und zwar besonders dann, wenn man einen Warm-Kalt-Kontrast anstrebt) – verwenden werde. Wieder einmal ergaben sich während der Arbeit interessante Aspekte. Und es sollte noch eine weitere Überraschung hinzukommen.

– Der *Asia-Salat* bekam eine denkbar einfache Zubereitung, die allerdings von guten Produkten abhängig ist. Die Blätter habe ich in dünne Streifen geschnitten und dann nur ganz leicht mit zwei Zutaten vermischt: einem japanischen Apfel-Balsamessig und einem guten steirischen Kernöl. Damit die Salatstreifen nicht zu stark zusammenfallen, werden sie nur ganz kurz einmal in dieser Marinade gewendet.

– Ein neues Element war eine Art *Sauce* mit einer speziellen Bindung. Für die Basis habe ich Mandarinensaft mit etwas Kalbsfond angereichert und auf etwa ein Viertel des Volumens reduziert. Dabei muss man natürlich immer wieder abschmecken, um eine gute Balance zu erreichen. Als »Bindung« kam kurz vor dem Servieren eine Purple-Haze-Karotte dazu, die ich auf einer Microplane-Reibe gerieben hatte. Die Kombination aus Urkarotte mit einer durch die Reduktion und die Verbindung mit etwas Kalbsfond modifizierten Fruchtigkeit erwies sich im Zusammenhang als ausgesprochener Glücksfall. Vor allem die Frische dieser einfachen Zubereitung war absolut überraschend.

– Ein Element, das ich zu diesem Zeitpunkt vergleichsweise häufig benutzt habe, sind die **Kräuterseitlinge**, die ihr Finish von hellem Dashi-Fond (eine fantastische Zutat) bekommen. Die Pilze schneide ich in zwei bis drei Stücke und brate sie in Butter an, und zwar so, dass sie leichte Röstspuren zeigen. Sie werden dann mit etwas Kalbsfond abgelöscht und wenig später kommt etwas Sahne dazu. In dieser Form köcheln sie, bis die Flüssigkeit andickt und eine leicht bräunliche Farbe angenommen hat. Erst dann wird das Ganze mit dem hellen Dashi abgeschmeckt, was eine ganz eigentümliche, aber sofort überzeugende Würze gibt.

– Der *Spitzkohl* wurde ebenfalls mit einer etwas spezielleren Zutat behandelt, und zwar mit einem Jambon cru fumé aus dem Elsass. Dazu werden ein paar dickere Scheiben davon in Würfel geschnitten und in etwas Butter angeröstet. Der Spitzkohl wird nach Entfernen der Deckblätter in Streifen geschnitten und dazugegeben. Er fällt nach mehrmaligem Wenden zusammen und kann gut auf seine Textur hin kontrolliert werden. Im letzten Drittel der Garzeit habe ich wenig Gemüsefond und etwas Sahne angegossen. Salz, Pfeffer oder Muskat kamen nicht zum Einsatz.

Das Essen schmeckte gut, was ich auch – ehrlich gesagt – nicht anders erwartet hatte. Aber weil ich immer auf der Suche bin, suche ich eben nicht nur Gutes, sondern ganz Besonderes. Zuerst fiel mir auf, dass die Kombination dieses Stücks Fleisch mit den Kräuterseitlingen zwar aromatisch sehr gut schmeckte, aber von der Textur her vielleicht nicht ganz so optimal ist, weil sich die Texturen zu sehr ähneln. Das Fleisch selbst schmeckte prächtig, und das vor allem auch im Zusammenhang mit den anderen Aromen. Und es gab eine Überraschung der Art, auf die ich immer wieder spekuliere (siehe oben). Es zeigte sich, dass der Akkord von Kartoffelscheiben, mariniertem Asia-Salat und Mandarinen-Reduktion eine Art hervorragendes vegetarisches Gericht abgibt (wenn man einmal von der Beteiligung des Kalbsfonds absieht). Es schmeckt sehr originell und greift wunderbar ineinander. Es hatte also wieder einmal geklappt mit meinen hartnäckigen Dauerimprovisationen. Solche Entdeckungen behandle ich dann wie eine Art Rohmaterial. Es ist nicht sicher, dass man diesen Akkord in der gleichen Form wieder einsetzt. Er kann durchaus auch zum Kern eines größeren Gerichts werden, bei dem der Akkord noch durch weitere, texturell oder in den Temperaturen variierte Elemente ergänzt wird.

ESSEN II

Für den nächsten Abend hatte ich mir eine sehr bodenständige Begleitung für das Fleisch und einen überraschenden aromatischen Kontrast überlegt, der einerseits die bodenständige Basis nicht zerstören, andererseits aber auch beweisen sollte, dass bodenständige Aromen in einem völlig anderen Zusammenhang ebenfalls zu sehr schönen Akkorden führen können. Die Begleitung bestand an diesem Abend nur aus bescheidenen drei Elementen.

– Das *Roastbeef* habe ich im Prinzip ähnlich behandelt wie beim ersten Essen (von einem Hauch Olivenöl in der Pfanne einmal abgesehen), aber nach dem Anbraten auf das Salz als Aromatisierung verzichtet. Dafür kam dann wieder einer der spontanen Spezialeffekte, der ganz klar damit zu tun hatte, dass eine bestimmte Dose gerade zufällig in der Nähe stand. Es war das exzellente Haselnussöl von Heiko Antoniewicz, das nicht irgendwie neutral nussig schmeckt, sondern ein ganz klares Haselnussaroma hat. Ich habe das Fleisch vor dem Warmhalten (also beim Verlassen des Ofens) mit Haselnussöl rundum bepinselt. Ein wunderbares Aroma, das sich mit der intensiven Bratkruste ganz ausgezeichnet verträgt.

– Wichtigstes Element für die bodenständige Abteilung war eine Art *Steckrübenpüree*. Dazu habe ich eine mittelgroße Steckrübe gewürfelt und zusammen mit Würfeln von zwei mittelgroßen La-Ratte-Kartoffeln in leicht gesalzenem Wasser gegart. Die Kartoffeln haben zum einen die Funktion der Bindung des Pürees, zum anderen dienen sie als Absorber für Milch und Sahne, die später in geringer Dosierung zugegeben werden. Normalerweise ergeben Steckrüben, eines der einfachsten Produkte, die man sich im Winter vorstellen kann, wie alle Rüben kein gutes, weil nicht besonders feinkörniges Püree. Die Kartoffeln erzeugen dann – vor allem wenn man das Püree mit dem Mixer aufschlägt – durch ihre Stärke eine ausgesprochen feine und passende Bindung. Während ansonsten davon abzuraten ist, ein Kartoffelpüree mit dem Mixer zu pürieren, weil es dann eine klebrig-cremige Konsistenz bekommt, ist genau das hier hilfreich. Dazu kamen noch etwas Milch, eine Prise Kalbsfond und sehr wenig Sahne.

– Eine Standardbeilage im Winter ist *Rosenkohl*, der bei mir fast immer ähnlich zubereitet wird. Die Zubereitung habe ich auf Seite 34 bei den Rosenkohl-Variationen beschrieben. Hier habe ich am Schluss noch etwas Butter hinzugegeben und den Rosenkohl leicht koloriert.

– Das belüftende, inspirierende Element, das den bodenständigen Zusammenhang interpretieren sollte, war ein *Mix aus Quitte, Navets und Galia-Melone.* Die Quitte wurde gewürfelt und in einer begrenzten Menge Wasser vorgegart, dann mit der Gabel zerdrückt. Die kleinen Navets- und Melonenwürfel kamen danach hinzu, ergänzt durch sehr geringe Gaben von Gemüse- und Kalbsfond. Nach einer Zeit der Kompottierung machte ein Jaipur-Curry, das ich von Johan Lafer bekommen hatte, den Abschluss. Die Fruchtigkeit der Melone und die sehr individuelle Frucht-Säure-Konzentration der Quitte verbinden sich sehr gut mit einem solchen Gewürz und schaffen nicht nur Würze, sondern auch eine Art gesteigerte Frische.

Das Ergebnis gehörte zu jenen Fällen, wo man nichts mehr ändern will, sondern mit allen Elementen und Querverbindungen zufrieden ist. Die Kombination schmeckt erstaunlich originell und folgt einem wichtigen Prinzip, an dem ich seit längerer Zeit arbeite, nämlich der Einbeziehung und Optimierung bodenständiger Aromen, die nach wie vor viel zu oft nicht richtig ernst genommen werden. Wer zum Beispiel Rosenkohl nicht mag, sollte ihn einmal in einer solchen Verbindung essen. Das hat nichts Grobes und nichts Penetrantes, sondern eröffnet genauso ein feines Spiel der Aromen wie das die angeblich feineren Produkte machen.

Soweit dieses spontan für dieses Buch notierte Essen und ein paar meiner Überlegungen dazu. Normalerweise werden die Gerichte informell fotografiert und in einem Notizbuch die wichtigsten Grundzüge festgehalten, damit sie nicht in Vergessenheit geraten – wenn ich denn, siehe oben, daran denke. Ein im Detail ausgeschriebenes Rezept erstelle ich erst dann, wenn ich es irgendwo veröffentlichen will.

DIE FOLGEN: »IMPROVISATION 291213«

Während der Arbeit an diesem Kapitel hat sich – durchaus als Folge der beiden Essen mit dem Roastbeef – ein weiteres Beispiel für meine Arbeitsweise ergeben, das ich hier erwähnen möchte, weil mir das Ergebnis ganz besonders gefallen hat. Auch hier waren die Voraussetzungen so, wie es häufiger der Fall ist. Noch am Nachmittag war überhaupt nicht klar, ob ich abends kochen würde. Ich fing dann aber an zu überlegen, was denn so im Haus ist und wollte nach viel schwererem Essen, Weinen und Süßem in den Feiertagen auf alle Fälle etwas eher Puristisches und Leichtes machen. Ein wirkliches Hauptprodukt hatte ich nicht zur Hand, sodass ich beschloss, die letzte Dose Thunfisch (Thon blanc, mitgebracht aus Quiberon in der Bretagne), die ich in den Vorräten gefunden hatte, für dieses warme Gericht zu verwenden. Mit der Verwendung von bestimmten Konserven hatte ich in der Vergangenheit schon gute Erfahrungen gemacht. Dieser Thunfisch jedenfalls ist so gut, fein und sauber im Geschmack, dass man ihn ohne Weiteres verwenden kann. Dazu kamen dann einige Reste: La-Ratte-Kartoffeln, ein angeschnittenes Stück Steckrübe, ein angeschnittener Chinakohl, etwas Rosenkohl und natürlich meine Kollektion von speziellen Zutaten, von denen auch hier wieder einige zum Einsatz kamen. Der Einfachheit halber nenne ich das Gericht »Improvisation 291213«. Hier das Rezept:

ZUTATEN UND ZUBEREITUNG (FÜR 4 PERSONEN)

Steckrübenpüree: 200 g Steckrübe, geschält und gewürfelt. 3 kleinere La-Ratte-Kartoffeln, geschält und gewürfelt, Wasser, grobes Meersalz, 3 EL Geflügelfond, 3 EL Sahne
✴︎✴︎ Steckrüben- und Kartoffelwürfel in einen kleineren Topf geben, mit Wasser bedecken und leicht mit Meersalz salzen. Bei geschlossenem Deckel weich garen. Das Wasser abgießen, die Würfel kurz antrocknen lassen, dann mit dem Fond und der Sahne pürieren. ✴︎✴︎

Rosenkohl-Chinakohl-Gemüse: 15 g ungesalzene Butter, 1 abgezogene Knoblauchzehe, 10 Rosenkohl-Röschen, gesäubert und in dünne Scheiben geschnitten, 60 g Chinakohl, quer in etwa 5–6 mm breite Streifen geschnitten, 50 ml Geflügelfond, 50 ml Sahne, 1 EL Dashi-Fond
✴︎✴︎ Die Butter in einer größeren Pfanne schmelzen lassen. Die halbierte Knoblauchzehe dazugeben und leicht anschwitzen. Die Rosenkohl-Scheibchen dazugeben und langsam zu einer leichten Farbe anrösten, dabei regelmäßig wenden. Die Chinakohlstreifen dazugeben und kurz anschwitzen. Mit Fond ablöschen, die Sahne angießen und bei niedriger Hitze unter regelmäßigem Wenden etwa 10 Minuten weiter köcheln lassen. Dann den Dashi-Fond einrühren und warm halten. ✴︎✴︎

Angeröstete Kartoffeln: Wasser, grobes Meersalz, 12 mittlere, längliche La-Ratte-Kartoffeln, geschält, 15 g ungesalzene Butter, Fleur de Sel
✴︎✴︎ Die Kartoffeln in leicht gesalzenem Wasser vorgaren. Das Wasser abschütten, die Kartoffeln kurz antrocknen lassen. In einer großen Pfanne die Butter schmelzen. Die Kartoffeln dazugeben und bei mittlerer Hitze leicht kolorieren. Kurz vor dem Servieren mit etwas Fleur de Sel bestreuen. ✴︎✴︎

Apfel-Sellerie-Orangen-Mix: 1 Granny-Smith-Apfel, geschält, geviertelt und vom Kerngehäuse befreit, 2 Stangen Staudensellerie, 2 TL Sahne-Meerrettich, 1 gehäufter TL spanische Orangenmarmelade
✴︎✴︎ Die Apfelviertel und die Staudenselleriestangen mit einer Microplane-Reibe fein reiben. Sahne-Merrettich und Orangenmarmelade unterrühren, im Kühlschrank bereitstellen. ✴︎✴︎

Fertigstellung: Haselnussöl und Tomatenserum (beides von H. Antoniewicz), steirisches Kernöl ✻✻ Das Steckrübenpüree ausstreichen. In die Mitte je zwei Stücke grob gebrochenes Thunfischfleisch legen. Mit etwas Haselnussöl überziehen und einige Tropfen Tomatenserum über den Fisch und das Püree geben. Die anderen Zutaten wie im Bild – leicht getrennt – anlegen. Zum Schluss über die Kartoffeln einige Tropfen Kernöl geben. ✻✻

ANMERKUNGEN

Das Rezept zeigt nicht nur viele ungewöhnliche Kombinationen, sondern schmeckt vor allem auch sehr gut und innovativ (wenn ich das einmal so bewerten darf). Es gehört im Prinzip in die Abteilung einer erweiterten Gemüseküche (siehe Seite 28ff.). Wieder ist der Zufall mit im Spiel, und wieder hat die Qualität wohl damit zu tun, dass ich seit vielen Jahren solche Improvisationen mache (zu denen ich Sie auch dringend anregen möchte) und die Materialien natürlich gut kenne. Viele Entscheidungen entstehen allerdings erst in letzter Sekunde. Ich wollte zum Beispiel schon immer eine Rosenkohl-Zubereitung ausprobieren, bei der der Rosenkohl nicht erst in Wasser gegart wird, sondern direkt seine Röstnoten bekommt. Und damit die Röstnoten noch intensiver werden, habe ich den Rosenkohl in Scheiben geschnitten. Der Chinakohl wird später dazugegeben, damit er etwas mehr Textur und einen Tick Frische in die Zubereitung bringt. Das Abschmecken mit dem japanischen hellen Dashi-Fond hat sich gerade bei Kohlzubereitungen bestens bewährt. Ähnlich sind auch die Motivationen für den Einsatz anderer Besonderheiten: Es gibt immer wieder gewisse Vorläufer, gewisse Erfahrungen, die das Interesse an weitergehenden Versuchen wecken. Es scheint dann so zu sein, dass in dem Moment, wo es darum geht, etwas Konkretes zu machen, vor allem diese etwas aktuelleren Inspirationen eine Rolle spielen. Und dann muss man natürlich auch ab und zu Glück haben. Auch bei diesem Gericht spielt der Zufall eine gewisse Rolle. Dass der Thunfisch so wunderbar auf das Haselnussöl reagiert, habe ich in diesem Ausmaß nicht gewusst – aber eben geahnt, dass da etwas Gutes passieren könnte. Die Erdigkeit des Steckrübenpürees war mir natürlich klar, und ich weiß auch, dass man sie durch zu viel Sahne oder Ähnliches schnell verliert. Dass sie dann mit dem Thunfisch so gut funktioniert, war ebenfalls nur zu ahnen. Auch die wunderbar fremdartige Hintergrundwürze der Apfel-Staudensellerie-Orangen-Zubereitung konnte man nur erahnen. Und dass alle Elemente auf diesem Teller ein immer wieder überraschendes, aber jederzeit bestens schmeckendes Spiel ermöglichen, gelingt auch nicht bei jeder Improvisation.

Wenn einmal etwas nicht so gut schmeckt, verbessert das natürlich nicht unbedingt meine Laune (und die meiner Frau schon gar nicht). Ich sehe das dann als vertane Zeit, die ich mit etwas mehr Konzentration und Antizipation der zu erwartenden Ergebnisse besser hätte nutzen können.

Improvisation 291213 (Seite 64).

FAST NICHTS – EINFACH, ABER GENIAL

Warum Carpaccio nicht gleich Carpaccio ist

Der Begriff »einfach, aber genial« geistert schon seit vielen Jahren durch die Rezeptsammlungen – von Texten in Zeitschriften bis zu ganzen Büchern. Er suggeriert, dass es da etwas gäbe, das man ohne große Vorkenntnisse irgendwie zusammenstellen könne und das dann fantastisch schmeckt. Einerseits bin auch ich ständig auf der Suche nach solchen Dingen. Andererseits bin ich da ausgesprochen misstrauisch, weil es eine ganze Reihe von Unschärfen gibt, die meist nicht weiter diskutiert werden. Nehmen wir ein bekanntes Beispiel, das Rindercarpaccio mit Parmesan und Olivenöl, das wegen seines klaren Aufbaus scheinbar keinerlei Anforderungen stellt und auch zu Hause ohne Probleme realisierbar ist – vorausgesetzt, man hat das entsprechende Fleisch zur Verfügung (das man mittlerweile aber auch schon vorbereitet kaufen kann). Ist das dann einfach, aber genial, wenn wir die Scheiben auf einem Teller ausbreiten, etwas Olivenöl darüberträufeln und Parmesan dazugeben? Vielleicht vom Prinzip her, aber keineswegs automatisch. Wie gut das Carpaccio ausfällt, hängt erst einmal von den Produkten ab. Natürlich ist Rind nicht gleich Rind und schon gar nicht Parmesan gleich Parmesan und Olivenöl gleich Olivenöl. Ganz grob gesagt, kann die qualitative Spannweite zwischen banalen Produkten und der Spitzenqualität so extrem ausfallen, dass die eine Version auf hundert Prozent kommt, die andere aber nur auf zehn. Wer also zum Beispiel fertig geriebenen Käse und Olivenöl für ein paar Euro vom Discounter benutzt, ist weit entfernt von einem exquisiten Öl, das vielleicht 25 Euro pro 500 ml kostet, und einem 36 Monate gereiften Parmigiano Reggiano am Stück, von dem man frische Späne über das Fleisch hobelt. Wo also ist da der Punkt, der »einfach, aber genial« wäre? Wie viele Leute wissen, welche Qualitäten es gibt und wo man sie bekommt, und wie viele Leute sind in der Lage und willens, die Preise für entsprechende Spitzenprodukte zu bezahlen?

Aber das ist noch nicht alles. Der Aufbau eines Carpaccios scheint nun wirklich total simpel zu sein. Wenn man also die Produkte in guter Qualität hat, kann dann noch etwas schief gehen? Und wie! Das zweite A und O eines guten Carpaccios sind die Proportionen. Immer wieder treffe ich auf Versionen, bei denen man vom Fleisch quasi nichts schmeckt, weil Berge von Käse und Öl alles überdecken. Oder man schmeckt nur ein eher fades Fleisch, aber das Öl nicht. Es kommt ganz entscheidend darauf an, dass das Fleisch nicht zu dünn ist und sich im Mund quasi von selbst auflöst, ohne einen nennenswerten Akkord mit Öl und Käse zu bilden. Ziel sollte auch nicht unbedingt ein Mischakkord sein, bei dem sich alle Elemente so stark vermischen, dass man ihre einzelnen Qualitäten kaum wahrnehmen kann. Das Ziel ist vielmehr ein klarer sensorischer Verlauf, bei dem das Olivenöl einen aromatisierenden Hintergrund bildet und sich zwischen dem texturell nachhaltigsten Element, dem Fleisch, und dem Käse ein schönes Durchblenden ergibt. Ein solches Durchblenden hat den Vorteil, dass man beide Produkte deutlich wahrnehmen und in ihrer Qualität erleben kann. In diesem Fall würde man den Käse vor dem Fleisch wahrnehmen.

Und es geht noch weiter. Selbst bei besten Produkten und korrekten Proportionen kann es immer noch Probleme geben, weil die Temperatur nicht stimmt. Die dünnen Fleischscheiben werden üblicherweise von einem angefrorenen Stück Filet abgeschnitten, weil man sie nur auf diese Weise zuverlässig dünn schneiden kann. Und weil dies meist nicht im letzten Moment geschieht, haben viele Restaurants die Angewohnheit, das Fleisch vor dem Service zu schneiden und auf den Tellern ausgebreitet kühl zu lagern. Was dann oft serviert wird, ist viel zu kalt. Die niedrige Temperatur hat nämlich zur Folge, dass im Mund erst einmal jede Aromenwahrnehmung blockiert wird. Erst wenn das heruntergekühlte Fleisch sich im Mund wieder der Körpertemperatur nähert, nehmen wir es auch deutlich aromatisch wahr. Man kann sich gut vorstellen, dass unter solchen Umständen die so wichtige Mechanik der Komposition nicht funktioniert.

Und das ist immer noch nicht alles, was bei diesem vermeintlich einfachen Gericht passieren kann. Auch hier sind gute Produkte nicht gleich gute Produkte, sondern müssen ihre Qualität erst im Zusammenhang bewähren. Ein ganz leichtes, frisches, mildes Olivenöl zum Beispiel ist ein großer Unterschied zu einem stark fruchtigen (wie man das etwas ungünstig in der Fachsprache nennt), also einem Öl, das intensiv nach dunklen, reifen Oliven schmeckt (Beispiel: das berühmte »Cornille«-Öl der Cooperative in Maussane in den Alpilles in der Provence). Ein solches Öl kann das ganze Carpaccio dominieren und ist damit dann natürlich kontraproduktiv.

Noch einmal die Frage: Was ist nun »einfach, aber genial«? Jedenfalls nicht das Rindercarpaccio und alle anderen Kleinigkeiten, die in sich so viele Unwägbarkeiten vereinbaren, dass sie eigentlich nur in der Hand von sehr guten Köchen gut funktionieren. Und trotzdem habe ich hier eine kleine Versammlung von Zubereitungen zusammengestellt, die – jede auf eine andere Weise – überraschende Dinge zusammenbringen oder am Ende trotz möglicher Abweichungen bei der Herstellung immer ein Ergebnis hervorbringen, das den Kerngedanken einigermaßen stabil vermittelt. Man kann also nicht so viel falsch machen, weil die Variablen entweder gut beherrschbar sind oder eine gewisse Spannbreite bei der Ausführung und der Produktqualität keine so großen Veränderungen bewirken. Das Spektrum der folgenden kleinen Sammlung reicht von Zubereitungen aus der Spitzenküche und solchen, die von Spitzenköchen angeregt wurden, bis zu Zufallsideen, die sich irgendwie ergeben haben, von angewandter klassischer Kochkunst bis zu angewandter Wissenschaft mit manchmal überraschenden Ergebnissen.

Kartoffeln wie aus dem Kartoffelfeuer

Manchmal muss man an uralte Techniken erinnern, die heute weitgehend vergessen sind, aber eine ganz bestimmte kulinarische Qualität hervorbringen, die durch nichts zu ersetzen ist. Ich hatte als Kind noch das Vergnügen, das Ernten von Kartoffeln in einer traditionellen Form zu erleben. Man hatte zwar eine Maschine, die die Kartoffeln aus dem Boden holte, dann aber lagen sie dort und wurden von Hand aufgesammelt. Übrig blieb der Rest der Pflanze, der damals natürlich noch nicht – wie heute – vor der Ernte mit Pflanzengiften einfach abgesprüht wurde. Diese Reste trockneten schnell und wurden zu großen Haufen zusammengetragen. Die Haufen wurden dann angesteckt und waren das berühmte Kartoffelfeuer, in dessen Asche man Kartoffeln zum Garen legte. Das Endprodukt sah mächtig verbrannt aus und hatte meist eine recht dicke Kruste. Darunter verbarg sich dann die Kartoffel, die einen ganz typischen, unvergleichlich natürlichen Geschmack zwischen Erdigkeit und leichten Röstnoten hatte. Diese und ähnliche Formen der Garung werden heute vor allem in der Avantgarde der Gemüse- und Bioküche genutzt. Zum Beispiel von Kobe Desramaults vom Restaurant »In de Wulf« an der belgisch-französischen Grenze, der zum Beispiel eine ganze Sellerieknolle stundenlang auf einem Rost über Holzscheiten gart. Der Effekt ist ein ganz ähnlicher.

Mit der »Kartoffel wie aus dem Kartoffelfeuer« kann man eine Menge davon zurückholen, und zwar zu jeder Jahreszeit und mit überraschend großen kulinarischen Perspektiven. Hier die Technik, die auf die Haushaltsküche zugeschnitten ist, also nur mit Röstnoten und nicht mit offenem Feuer oder Rauch arbeitet. Sie erinnert im Prinzip an das Reduzieren von Saucen, nur dass hier ein festes Material quasi »reduziert« wird.

ZUTATEN UND ZUBEREITUNG

✳✳ Längliche, nicht zu große Kartoffeln der Sorte La Ratte oder einer anderen guten Sorte mit Schale in Salzwasser knapp al dente vorgaren. Sie sind richtig, wenn man die Spitze eines scharfen Messers leicht hineinstechen, die Kartoffel damit aber noch anheben kann. Das Wasser abschütten und die Kartoffeln unter kaltem Wasser abschrecken. Abtrocknen und in eine beschichtete Pfanne geben, deren Boden mit einem Hauch von Öl eingerieben wurde. Es soll keinerlei Flüssigkeit bilden, sondern nur das zu schnelle Ansetzen der Kartoffeln verhindern. Die Kartoffeln langsam erhitzen und bei mittlerer Hitze rundum kolorieren und ein wenig schrumpfen lassen. Das kann gut eine Stunde oder auch länger dauern. Die Kartoffeln sind fertig, wenn sie außen deutliche Röstnoten zeigen und ein wenig verschrumpelt wirken. In diesem Zustand bekommen sie ein typisch nussiges Aroma. Die Röstspuren sollten nicht zu dunkel werden, damit keine Bitterstoffe den Geschmack stören. Die Kartoffeln werden in dieser Form weiterverwendet: Man kann sie im Ganzen oder leicht zerdrückt servieren, man kann – je nach Rezept – etwas ungesalzene Butter plus Fleur de Sel darübergeben oder auch statt Butter etwas Olivenöl. ✳✳

Für meine Begriffe wird die Kartoffel durch diese Behandlung zu einem Edelprodukt, das in den feinsten Zusammenhängen eingesetzt werden kann und mit seinem Aroma exzellent zu Fisch wie Fleisch passt, genauso gut zu rustikalen Gerichten wie zu mediterranen, zu klassischen oder solchen der Avantgarde. Ich benutze sie zum Beispiel gerne im Zusammenhang mit einem anderen »Einfach aber genial«-Element, dem Kohlrabi-Coulis (siehe Seite 89), zu einem dicken französischen Côte de Bœuf (Seite 116).

Roger Souvereyns und eine geniale Kombination

Roger Souvereyns (geboren 1938) ist ein ehemaliger belgischer Spitzenkoch, der mit seinem »Scholteshof« in der Nähe von Hasselt eine Art kulinarisches Paradies verwirklicht hat. Die große, immer wieder erweiterte Anlage hatte prächtige, im flämischen Stil gehaltene Räumlichkeiten und wunderbare Gärten. Im Innern gab es sogar einen Raum, der aussah wie auf Gemälden flämischer Maler aus dem 17. Jahrhundert, der Meister selbst kochte in einer offenen Küche an einem uralten riesigen Herd, und in den Gärten gab es nicht nur eine große Sammlung von Kräutern und Gemüse, sondern sogar einen Weinberg, den er in der flachen flämischen Landschaft angelegt hatte. Irgendwann traten aber auch in diesem Paradies leider Probleme auf. Der Meister war gesundheitlich angeschlagen und auch ein wenig frustriert. Einmal weil er – absolut unverständlich für viele Kenner der Materie – nie einen dritten Michelin-Stern bekommen hat, und zum anderen, weil sein Sohn zwar eine gute kochtechnische Ausbildung hatte, sich aber nicht für die Fortsetzung des Betriebes interessierte. Das Paradies fand also ein Ende. Souvereyns kannte ich übrigens schon lange bevor ich bei der FAZ mit dem Schreiben begonnen habe. Er hat uns verschiedene Dinge geschenkt, ich habe ihm ein Blatt mit Porträtzeichnungen, die ich von ihm angefertigt hatte, übergeben, und es entwickelte sich eine interessante kulinarische Beziehung. Souvereyns hatte übrigens schon damals eine geteilte Speisekarte, auf der er zwischen Klassikern und seinen modernen Gerichten unterschied. Er wurde für mich in den frühen Neunzigerjahren zu einer ganz wichtigen Bezugsgröße.
Bei einem der Besuche servierte er uns einmal eine Kleinigkeit vorab, die ich bestechend gut und präzise fand und prompt auch zu Hause direkt nachgemacht habe. Und weil auch dort das Ergebnis so gut war, gehörte diese Kleinigkeit für mich von Anfang an zu den »Einfach, aber genial«-Rezepten. Ich stelle sie hier an den Anfang der Reihe, weil sie exemplarisch ist. Die Grundlage ist klassisch, die Erweiterung wirkt bis auf den heutigen Tag modern, dazu kommt ein regionaler Aspekt und die Tatsache, dass man quasi überhaupt nichts falsch machen kann. Hier das Rezept:

PELLKARTOFFEL MIT ROGEN UND KERBEL

Pro Person eine längliche Pellkartoffel der Sorten La Ratte oder Charlotte, 2 gehäufte TL Crème double, 2 gehäufte TL Seehasenrogen (Souvereyns hat Kaviar genommen, siehe dazu die Anmerkungen), 1 große Handvoll frisch gezupfte Kerbelblättchen

∗∗ Die Kartoffeln mit Schale in Salzwasser garen. Zum Servieren längs halbieren, die Hälften nebeneinander auf den Teller legen und auf die Schnittflächen jeweils 1 gehäuften TL Crème double und Seehasenrogen geben. Alles mit Kerbelblättchen bestreuen. Das ist schon alles. ∗∗

ANMERKUNGEN

Dazu gibt es natürlich noch ein paar kleine Hinweise. Wenn Sie zum Beispiel keine der beiden angegebenen Kartoffelsorten bekommen, nehmen Sie eine Sorte, die klar und deutlich »nach Kartoffel« schmeckt. Das ist – wie Sie vermutlich wissen – nicht immer einfach zu bekommen, auch in den diversen Bioläden nicht. Für das Salzwasser und seinen Salzgehalt gibt es eine klare Anweisung von Joël Robuchon, dem französischen Spitzenkoch und hervorragenden Kochtechniker: Er empfiehlt 10 g Salz pro Liter. Die Kartoffeln sind gar,

Pizza ohne Pizza

wenn man ein spitzes Messer hineinstechen und die Spitze leicht wieder herausziehen kann. Eine solche À-point-Garung in einem präzise gewürzten Salzwasser bringt einen deutlichen Qualitätsgewinn. Was den Seehasenrogen angeht, ist er die einzige Veränderung an dem Rezept von Roger Souvereyns. Der Meister benutzte Kaviar. Aber nachdem ich zu Hause das Rezept mit und ohne Kaviar probiert hatte, bin ich zu dem Schluss gekommen, dass der Seehasenrogen nicht nur ein guter Ersatz für den Kaviar ist, sondern vielleicht sogar die bessere Lösung. Der Kaviar ist gewissermaßen ein wenig »zu gut« für diese Kombination, man bekommt also seine aromatischen Nuancen nicht wirklich in allen Details mit. Der Seehasenrogen dagegen scheint exakt die Räume auszufüllen, die hier möglich sind, und darüber hinaus noch exzellent zum Kerbel zu passen. Wie genial diese Kombination ist, werden Sie merken, wenn es um die Proportionen geht. Insofern sind die genannten nur ein Vorschlag. Sie können ohne Weiteres auch mehr Seehasenrogen oder Crème double einsetzen und fast unbegrenzt Kerbel dazugeben. Selbst ein Berg Kerbel, der alle anderen Zutaten weitgehend bedeckt, ist kein Problem. Wegen der klaren Rollenverteilung zwischen den erdigen Kartoffeln, der mildschmelzenden Cremigkeit der Crème double, der Jodigkeit und Salzigkeit des Seehasenrogens und dem frischen, ein wenig an Lakritze erinnernden Aroma des Kerbels schmeckt diese geniale Kombination in allen Proportionen interessant und gut. Und noch ein spezieller »Gag«. Souvereyns servierte dazu ein eisgekühltes Gläschen von »Oude Genever«, also dem Wacholderschnaps, für den das nahe Hasselt berühmt ist. Das ist dann so etwas wie eine lokal-belgische Variante der klassischen Kaviar-Wodka-Kombination.

Die Grundidee für dieses kleine, aber verblüffend effektive Gericht habe ich bei einem Besuch im »L'Arpège« von Drei-Sterne-Koch Alain Passard in Paris bekommen – vermutlich hat es sie aber auch an anderen Stellen schon gegeben. Passard hat im Jahre 2001 seine Karte radikal zugunsten einer Gemüseküche geändert. Es gab zwar noch etwas Fisch und ein Fleischgericht (eine Taube), ansonsten aber nur Gemüse. Aus heutiger Sicht, wo das Interesse an Gemüse stark gewachsen ist, mag das nicht besonders bemerkenswert erscheinen. Damals war es revolutionär und die Meldung ging rund um die Welt. Ein französischer Meisterkoch, der quasi ohne Fleisch arbeitet! So etwas war unvorstellbar. Passard hat wenig später auch eigene Gemüsegärten außerhalb von Paris gegründet und ist bis heute einer der kreativsten und besten Gemüseköche der Welt. Bei einem meiner Besuche bekam ich dort ein Gericht mit dem Titel »Couleur, saveur, parfum et dessin du jardin – Cueillette éphémère«. Das klingt natürlich gut, und bei seinen Möglichkeiten durfte man unter den tagesaktuellen Produkten auch einiges erwarten. Tatsächlich war das Angebot aber ziemlich karg. Es gab eine kleine, runde Gratinschale mit Süßzwiebeln, Parmesan, Schnittlauch und Thymian. Die Zutaten bedeckten quasi nur den Boden, und das Ganze war gratiniert. Obwohl der Zwiebelanteil sehr hoch war (wie übrigens an diesem Tag im ganzen Menü, eine – wie soll ich sagen – nicht ganz unproblematische Angelegenheit), hatte ich sofort die Assoziation der Pizza. Es schmeckte so intensiv, dass man auf irgendein Trägermaterial unter der Gratinschicht glatt verzichten konnte. Zu Hause habe ich das bei nächster Gelegenheit ausprobiert und es funktionierte genau wie erwartet. Für den Titel wiederum sorgten indirekt einige Avantgarde-Köche, die im Zusammenhang mit Ideen von Ferran Adrià Pasta ohne Mehl bzw. Gluten gemacht haben, indem sie zum Beispiel Nudeln aus Gelee formten. Hier also das Rezept zur »Pizza ohne Pizza«:

ZUTATEN UND ZUBEREITUNG

Die Zutaten sind für eine flache, klassische runde Gratinschale mit einem Bodendurchmesser von 12–14 cm bemessen

Tomaten-Passata (fertiges Handelsprodukt), Parmesan (am besten mindestens 24 Monate gereift), Knoblauch, Tomatenwürfel, Olivenöl (stark fruchtig), Oregano

✻✻ Auf den Boden der Gratinschale nicht ganz bodendeckend Passata ausstreichen. ½ TL fein gewürfelten Knoblauch und 1 EL Tomatenwürfel darauf verteilen. Darüber etwa 1 gehäuften TL fein gezupften Oregano streuen und einige Fäden Olivenöl darüber verteilen. Alles mit einer undurchsichtigen Schicht (siehe Bild Seite 78, links) mit der Microplane-Reibe geriebenen Parmesans bestreuen. Unter dem auf höchster Stufe vorgeheizten Salamander (oder Grill mit Oberhitze) nicht zu dunkel gratinieren. ✻✻

ANMERKUNGEN

Dieses Rezept ist die Basisversion, die man natürlich beliebig verändern kann. Bei weiteren Zutaten sollte man allerdings darauf achten, welche Garzeit sie benötigen. Wenn man zum Beispiel festere Elemente wie Gemüsestücke einsetzen will, sollte man sie ganz oder teilweise vorgaren, weil die Gratinierzeit sich nach der Parmesankruste richten muss und nicht nach der Garzeit eines der darunter befindlichen Elemente. Eine andere Frage ist die Qualität der Zutaten. Beim Olivenöl empfehlen sich stark fruchtige Öle mit dem Geschmack reifer Oliven. Die »grün« schmeckenden, »frischer« wirkenden Öle würden bei der Erwärmung ihr Aroma verlieren. Statt Parmesan benutzen viele Schnell-Italiener einfachere Käsesorten. Wer hier besten Parmesan benutzt, wird jedoch sofort merken, dass der Zugewinn an Delikatesse enorm ist. Überhaupt werden Sie sich wundern, wie fein diese »Pizza ohne Pizza« schmecken kann. Das Gehirn tut ein Übriges: Den Teig braucht es gar nicht, um das Ganze als Pizza zu identifizieren.

Pizza ohne Pizza (links; Seite 76), Coulis fraîcheur (rechts).

Coulis fraîcheur

Erst einmal muss ich für den französischen Titel des Gerichts um Entschuldigung bitten (»Coulis« steht für eine etwas dickere Sauce, die meist von pürierten Produkten stammt und ihre Bindung nicht von Bindemitteln und/oder Sahne oder Butter bekommt, »fraîcheur« für Frische). Er stammt aus einer Zeit, in der ich fast alle Gerichte mit französischen Titeln versehen habe. Und das lag wiederum daran, dass ich mich früher erst einmal ausschließlich mit der französischen Spitzenküche und ihren Meistern befasst habe. Hinter dem Titel verbirgt sich etwas ganz Einfaches, das aber merkwürdigerweise kaum einmal auffällt. Wenn man nämlich Tomaten erwärmt, schmecken sie völlig anders als kalt. Im Grunde gibt es den Geschmack von rohen und den von gegarten Tomaten, und die Frische, die wir bei rohen Tomaten so lieben, verschwindet bei den gegarten quasi vollständig. Muss das so sein, und gibt es dafür keine Lösung? Ich hatte früher einmal eine Kolumne in einer deutschen Feinschmecker-Zeitung namens »Küchengeheimnisse«. Dort habe ich regelmäßig nach solchen »weißen Flecken« auf der Landkarte unseres kulinarischen Wissens gefahndet und mich bemüht, diverse solche Probleme zu lösen. Das Ergebnis in diesem Fall war eindeutig. Man kann den Geschmack der rohen Tomate auch in einer warmen Zubereitung erhalten. Man darf die Sauce oder Suppe dazu allerdings nicht kochen, sondern muss sie langsam und vorsichtig erhitzen. Reduktionen – so sie denn gewünscht sind – brauchen dann allerdings relativ viel Zeit. Um ein etwas stärker abgerundetes Aroma zu erreichen, empfiehlt sich die Verwendung von Gemüsefond und Zitrone. Das kommt auf die Verwendung an: In puristischen Zusammenhängen sollte man puristisch bleiben. Wichtig für das Aroma ist aber auch, dass hier konsequent auch die Tomatenteile verwendet werden, die man aus unverständlichen Gründen gerne beseitigt, also die Schale und die Kerne, die eigentlichen Haupt-Geschmacksträger der Tomate. Für mein Coulis fraîcheur wird ganz einfach die ganze Tomate in Stücke geschnitten und püriert – vom Stielansatz einmal ausgenommen. Hier das Rezept:

ZUTATEN UND ZUBEREITUNG

300 g Tomaten, 100 ml Gemüsefond, Zitronensaft
✳✳ Die Tomaten halbieren, vom Stielansatz befreien und grob würfeln. Mit einem Stabmixer pürieren und in einen kleineren Topf geben. Gemüsefond und etwa 1 EL Zitronensaft dazugeben. Erhitzen, bis die Flüssigkeit dampft. Darauf achten, dass sie nie kocht. Je nach Einstellung (also mehr oder weniger dampfend) ist das Coulis in etwa einer Stunde um ein Drittel bis um die Hälfte reduziert. Vor dem Servieren durch ein normales Sieb passieren (wenn man es durch ein feines Sieb passiert, bleibt in diesem Fall zu viel aromatisch wertvolles Material zurück). ✳✳

Coulis von Tomate und Olive

Diese Sauce, die ein wenig einem Püree ähnelt, gehört zu den absolut einfachsten und gleichzeitig effektivsten Zubereitungen, die man sich denken kann. Man gibt Tomaten und Oliven in einen Topf, lässt sie zu einer Art Kompott werden, passiert das Ganze und hat damit eine Sauce, die in einer Unmenge von Gerichten hervorragende Dienste tut, und das von einfachen Pastagerichten bis zur Spitzenküche. Wenn es denn einen Haken gibt, ist es die Produktqualität von Tomaten und Oliven. Bei den Tomaten hält sich das Problem noch in Grenzen, weil man im Prinzip jede gute, reife und klar nach Tomate schmeckende Sorte einsetzen kann. Bei den Oliven ist es etwas schwieriger. Ich empfehle hier die Sorte Taggiasca, also Oliven, die recht reif geerntet werden und einen entsprechend klaren, kräftigen (»stark fruchtigen«, wie man heute sagt) Olivengeschmack haben. Sie werden üblicherweise in Öl eingelegt in Gläsern angeboten. Die Qualität dieser Sorte macht sich übrigens auch dann positiv bemerkbar, wenn man in einer Zubereitung nur ein paar Olivenschnipsel einsetzen möchte, also zum Beispiel als minimale Einlage in einer Sauce oder wenn man ein paar kleine Stückchen auf ein Stück Fisch oder Fleisch geben möchte. Für das Coulis von Tomate und Olive funktionieren andere, festere und früher geerntete Sorten nicht so gut, weil die Vermischung von Tomate und Olive dann nicht optimal funktioniert. Außerdem gibt es zwischen den Taggiasca-Oliven und einer gut ausgereiften Tomate eine Art perfekte aromatische Ergänzung. Hier das Rezept:

ZUTATEN UND ZUBEREITUNG

2 EL Olivenöl, 150 g gut gereifte Tomaten, 50 g Taggiasa-Oliven

✺✺ Das Olivenöl in einer Sauteuse erhitzen. Die Tomaten halbieren, vom Stielansatz befreien und grob würfeln. Zusammen mit den halbierten Oliven im Olivenöl bei mittlerer Hitze und geschlossenem Deckel langsam kompottieren. Nach etwa 15 Minuten die Tomaten und Oliven zusätzlich mit einem Kartoffelstampfer etwas andrücken. Nach weiteren 15 Minuten durch ein normales (also nicht zu feines) Sieb passieren. ✺✺

ANMERKUNGEN

Es kommt bei dieser Technik und bei diesen Produkten zu einer intensiven Vermischung der Aromen und zu einem echten Mischaroma, das der Würze der Tomate eine zusätzliche Herzhaftigkeit gibt, die ausgesprochen »seriös« wirkt, also wie eine sehr, sehr gute Sauce, die man ansonsten nur mit diversen Zutaten in einem aufwendigen Verfahren herstellen kann. Das Coulis wirkt außerdem mediterran, weil es etwas von der typischen Herzhaftigkeit vieler authentischer mediterraner Gerichte hat. Durch die Verwendung der ganzen Tomate (also auch des Kerngehäuses, das man ohnehin nie wegwerfen sollte, weil es der wichtigste Aromenträger der Tomate ist) ergibt sich eine komplexe Würze, die in fast jedem Zusammenhang zu gebrauchen ist. Natürlich kann man dieses Coulis auch einfach erweitern oder verändern. Es reagiert zum Beispiel gut auf die Ergänzung mit Fonds oder dem Saft von Zitrusfrüchten.

Coulis von Tomate und Olive. Das Ausgangsmaterial und das Ergebnis (rechts).

Exkurs
Schnelle Spitzenküche

Eine Variante zu der »einfachen«, aber guten Küche ist eine Art Spitzenküche, die schnell zubereitet werden kann und sich deshalb auch für Gastronomie-Formen eignet, wo man sie normalerweise nicht erwartet. Es geht dabei nicht um angebliche Gourmet-Schnellimbiss-Küchen, wie sie hier und da zwischen Sylt und Wintersport-Orten zu finden sind. Dort gibt es zwar Hummer & Co., die Qualität hält sich aber meistens sehr in Grenzen. Gemeint ist eher der bisher noch kaum zu findende Restauranttyp, in dem das Essen sehr gut ist und sich unbedingt an der Spitzenküche orientiert, aber in einer deutlich abgespeckten, entsprechend preiswerteren und vor allem auch zeitlich weniger aufwendigen Form serviert wird. Ganz praktisch könnte das bedeuten, dass man zum Beispiel in einer großen Stadt etwas Gutes zu Mittag essen will, dies aber in relativ kurzer Zeit und so, dass man die völlige Freiheit bei der Auswahl hat. Heute hat man da meist kaum Möglichkeiten und landet oft in Etablissements, die man eigentlich nicht besuchen wollte – von Fast-Food-Restaurants einmal ganz zu schweigen. Dass es solche Angebote kaum gibt, hat natürlich seine Gründe. In dem Moment, wo es konkret wird, wo es wirklich um das kulinarische Angebot geht, wird es nämlich aus verschiedenen Gründen ziemlich schwierig.

Die erste und entscheidende Frage wäre die, was man überhaupt tatsächlich schnell zubereiten kann und ob man genügend Material zusammenbekommt, um damit ein Restaurant dieser Art zu bestreiten. Die Antwort ist eindeutig Ja. Schnell und gut hat schließlich in anderen Ländern eine große Tradition – von den diversen asiatischen Küchen bis nach Spanien. Wer jemals in Barcelona den wunderschönen Altstadtmarkt La Boquería besucht hat, wird sich nicht nur an das bestechend gute Meeresfrüchteangebot erinnern, sondern auch an die diversen Stände, an denen alle möglichen Produkte in kürzester Zeit »a la plancha« zubereitet werden. Aber es geht hier nicht um die Nachahmung von Spanien oder Japan, sondern um eine Reduzierung und Beschleunigung einer Küche, die dem Angebot in wirklich guten Restaurants möglichst weitgehend entspricht. Interessant ist erst einmal, welche Produkte man überhaupt extrem schnell zubereiten könnte. Die erste Antwort darauf muss lauten: es sind Produkte von sehr guter Qualität, die eine schnelle Garung ermöglichen, bei der sie vielleicht auch noch teilweise roh sind.

HIER EINE KLEINE LISTE

- Frisch aus der Schale ausgelöste Jakobsmuscheln, ganz kurz angebraten
- Alle möglichen anderen Muscheln (in der Schale), die zum Beispiel nur kurz in einer beschichteten Pfanne mit einigen Aromen erhitzt werden und sich dabei schnell öffnen. Sie nehmen dann die Aromen auf, vor allem, wenn man sie auch noch mit Wein oder Fond ablöscht.
- Diverse Krustentiere, die vor allem ohne Schale oft nur Sekunden der Garung brauchen
- Fleisch in gut gereifter Form und in der Dicke so geschnitten, dass sich in kurzer Zeit eine perfekte Maillard-Reaktion auf beiden Seiten realisieren lässt (also eine Garung, die an die japanische Teppanyaki-Technik erinnert). Wenn man die Dicke modifiziert, ist auch eine Art Sekunden-Steak oder zum Beispiel ein Kalbskotelett möglich. Die Dicke sollte also so eingestellt sein, dass man einerseits wegen der Erzielung der Maillard-Reaktion viel Hitze geben kann, andererseits aber der Kern dabei nicht übergart wird.

Hier zur Erinnerung noch einmal eine kleine Zwischenbemerkung: es gehört zu den oft verbreiteten Grundregeln, dass man ein Stück Fleisch vor dem Braten eine Zeit lang auf Zimmertemperatur bringen solle, weil sich dann die Hitze besser im Fleisch verteilt. Das kann man machen. Es gäbe aber auch gute Gründe, ein Steak oder ähnliche Stücke direkt aus der Kühlung in die Pfanne zu legen. Wenn der Kern eher roh bleiben soll, ermöglicht ein gekühltes Fleisch – vorausgesetzt, man macht das vorsichtig – etwas mehr Hitze auf der Außenseite, ohne dass der Kern zu schnell erwärmt wird. Auch diesen Effekt kann man bei schnellen Garungen nutzen.

- Angebratenes Tatar in jeder Form – egal ob Fisch oder Fleisch
- Foie-gras-Scheiben, die ebenfalls schon bei extrem kurzer Kolorierung ihr typisches Aroma entwickeln

Es wird schnell klar, dass eine kurze Zubereitung vor allem mit zweierlei Dingen zu tun hat: einmal mit der Möglichkeit, das Produkt auch nicht durchgegart zu essen, und zum anderen mit der Größe der zu garenden Stücke, die so abgestimmt werden kann, dass eine kurze Garung ausreicht. So gesehen geht es dann auch noch in andere Produktbereiche:

- Würste aller Art, allerdings nicht im Ganzen, sondern vor der Garung in Scheiben geschnitten
- Aufschnitt aller Art, vor allem solcher, der durch ein kurzes Anrösten gewinnen kann, wie etwa Schinken oder dünne Speckscheiben
- Fast alle Wurzelgemüsesorten, die man im Prinzip ohnehin roh essen könnte, bei denen aber auch in entsprechender Stückgröße eine Sekundengarung sinnvoll ist

Bei dieser Liste möchte ich es belassen. Wenn das Prinzip klar ist, kann man sie in alle möglichen Richtungen erweitern. Abgesehen von Zubereitungen, bei denen eine langsame Garung unerlässlich ist (größere Stücke, Schmoren usw.) kann man eigentlich mit fast jedem guten Produkt auch eine schnelle Zubereitung realisieren. Aber eine schnelle Zubereitung allein ist noch nicht unbedingt ein Wert an sich. Der Eindruck von exquisiter Küche wird sich vor allem dann einstellen, wenn neben einem sehr guten Produkt in sehr guter Garung originell und intelligent weitergearbeitet wird. So schnell das Essen auch zubereitet werden kann, man braucht vorher einiges an Überlegung und am besten einen umfangreichen Bestand an Zutaten, die bereits vorbereitet sind. Dazu gehören natürlich Saucen, diverse Vinaigrettes und Reduktionen aller Art bis hin zu geschmorten Elementen und einer umfangreichen Mise en place an Frischeprodukten von Zitronenzesten bis zu Fruchtwürfeln und Kräutern. Wohlgemerkt: Es geht nicht um eine Küche, die für den Koch einfach ist, sondern für die Gäste! Und es wird nun deutlich, dass die Qualität eines schnellen Spitzenrestaurants ganz erheblich von der Qualität des Kochs abhängt. Was im Moment ansatzweise in dieser Richtung existiert, ist meist eher ein Bistro-Essen, das sich oft in der Hand von Köchen befindet, die sich diverser Anleihen bei ihren besseren Kollegen bedienen und eine neue Art von Durchschnittsessen präsentieren – ein wenig Thunfisch mit Parmesan und Rucola, Carpaccios und ein paar andere Sachen, die man landauf, landab ganz ähnlich bekommt. Es zählt also bei den schnellen Dingen vor allem die Qualität des Einfalls. Einfach und genial hat eben vor allem etwas mit »genial« zu tun.

Auster und Apfelschaum

Die Diskussionen darüber, wie man Austern aromatisieren soll und ob man sie überhaupt aromatisieren soll, werden wohl nie enden. Eine gute, frische Auster aus optimalen Gewässern ist natürlich in sich erst einmal ein perfektes Produkt, das keinerlei Ergänzung braucht. Auch ich gehöre zu den Leuten, die den berühmten Spritzer Zitrone (oder gar Essig) für völlig überflüssig halten und das längere Lagern von Austern auf Eis für kontraproduktiv. Ist eine Auster zu kalt, blockiert dies erst einmal die Aromenwahrnehmung, und wenn man sie dann – wie das viele Leute tun – auch noch unzerkaut herunterschluckt, kann man eigentlich ganz auf sie verzichten. Ich bin also dafür, die Auster genüsslich und langsam zu zerkauen. Aber noch einmal zurück zur Temperatur. Olivier Roellinger, der bretonische Fisch- und Gewürzspezialist, hat mir einmal in einem Gespräch gesagt, man müsse die Auster eigentlich bei Körpertemperatur essen, weil dann keinerlei Temperaturschwelle bestünde und sich das Aroma in seiner ganzen Komplexität entfalte. Es ist sensorisch sicher richtig, dass eine geringe Differenz zwischen der Temperatur dessen, was man isst, und der Körpertemperatur zur Folge hat, dass man sich ausschließlich auf die Aromenwahrnehmung konzentrieren kann und keine Probleme mit der Temperatur bekommt. Das ist auch der Grund, warum in den wirklich guten Restaurants nie etwas zu kalt oder zu warm serviert wird. Wenn alles optimal läuft, bemerkt man dort die Serviertemperatur überhaupt nicht. Aber in einer Reihe von Fällen ist das eine theoretische Feststellung, die mit der Praxis sehr wenig zu tun hat. Ich habe den Roellinger-Vorschlag zu Hause ausprobiert und zu diesem Zweck Austern im Ofen ganz langsam auf 37 Grad gebracht. Das Ergebnis war so, dass meine Frau bis auf den heutigen Tag nie mehr eine solche erwärmte Auster anrühren will … Was war passiert? Eigentlich nichts Schlimmes. Aber die Austern entwickelten bei dieser Temperatur ein so fremdartiges, fast unangenehm dichtes bis penetrantes Aroma, dass es wirklich kein Vergnügen war. Ein solches Erwärmen macht vor dem Hintergrund unserer Erfahrungen mit der Auster also überhaupt keinen Sinn. Sensorisch gesehen sieht es so aus, dass wir eine kühle Auster in den Mund nehmen und erst einmal – neben der Texturwahrnehmung – eine gewisse Kühle, sprich Frische wahrnehmen. Mit der Erwärmung der Auster im Mundraum schließen sich dann weitere Aromen auf. Das Bild unseres Geschmacks von der Auster ist also das eines bestimmten zeitlichen Verlaufes, und wenn man sich genau auf den Ablauf konzentriert, wird man auch eine ganze Reihe von Veränderungen registrieren können. Bei der erwärmten Auster fehlt dieser Aufbau des Aromas von der Temperaturwahrnehmung her, dieses langsame Aufblenden der vielen aromatischen Bestandteile. Wir bekommen direkt und ohne Vorbereitung ein unheimlich dichtes »Breitwandaroma«, das unsere Wahrnehmung glatt überfordert.
Ich glaube übrigens, dass die Tatsache, dass wir Weine deutlich unterhalb der Körpertemperatur trinken, auch viel mit der Wahrnehmung bei bestimmten Temperaturen zu tun hat. Ein zu warmer Wein überfordert uns. Ist er kühl, nehmen wir seine aromatische Entwicklung sehr viel verteilter und mit einer gestaffelten Informationsdichte wahr.

In der Küche. Der Tisch mit Sophie auf »ihrem« Platz auf der Bank (oben links). Eine der Schubladen mit Anrichteformen, im Hintergrund Gewürze (oben rechts). Fensterbank mit Stierkopf von Volker-Johannes Trieb (unten links). Blick Richtung Spüle (unten rechts).

FAST NICHTS – EINFACH, ABER GENIAL

Aber zurück zur Aromatisierung von Austern. Natürlich kann man Austern auch sinnvoll als Teil einer Zubereitung einsetzen, die eben ohne Auster nicht möglich wäre. Ich habe prächtige klassisch gratinierte Austern gegessen, die dann eben nicht die Subtilität im Detail wie eine pure Auster hatten, aber einen Gesamtgeschmack, in dem sie eine unverzichtbare Rolle spielten. Und trotzdem beschäftigt man sich natürlich auch immer damit, ob man nicht dem überragenden Naturprodukt noch einige weitere Dinge abgewinnen, also zum Beispiel bestimmte Aspekte des Aromas verstärken kann, ohne irgendetwas dabei zu überdecken. Die bekannte Kombination von Auster und Apfelschaum ist so etwas. Hier das Rezept:

ZUTATEN UND ZUBEREITUNG

2 Äpfel der Sorte Granny Smith, Wasser, Ascorbinsäure (Vitamin C), Austern

✳✳ Für den Apfelschaum die Äpfel vierteln, vom Kerngehäuse befreien und grob würfeln. Mit 3 EL Wasser und 1 Prise Ascorbinsäure in einen Mixbecher geben und die Stücke mit einem Stabmixer pürieren. Das Apfelpüree durch ein Sieb passieren und dabei gut ausdrücken. Die entstandene Flüssigkeit mit dem Mixer auf höchster Stufe an der Oberfläche aufschlagen. Mit dem dabei entstehenden Schaum die Austern aromatisieren, etwa die Menge eines Teelöffels auf eine Auster der Größe 4. Der Vorgang kann zur Gewinnung von mehr Schaum beliebig wiederholt werden. ✳✳

ANMERKUNGEN

Selbstverständlich könnte man die Apfelflüssigkeit auch durch Beigabe von Sojalecithin stabilisieren. Aber dieser Schaum hätte nicht die gleiche Dichte wie der hier gewonnene Naturschaum, der zur Auster in exzellenter Proportion steht. Er ist allerdings sehr viel flüchtiger als ein stabilisierter Schaum und kann deshalb nur unmittelbar vor dem Servieren einzelner Exemplare erzeugt werden. Man braucht unter Umständen auch ein wenig Übung, um mit den richtigen Bewegungen den Schaum an der Oberfläche zu erzeugen. Und noch etwas: Dieser Prozess hat einen sensationellen Nebeneffekt, den man genauso gut wie die Kombination von Auster und Apfelschaum in den Mittelpunkt der Betrachtung stellen könnte. In dem Sieb, durch das man die pürierten Apfelstücke passiert hat, befindet sich nun das beste »Apfelkompott«, das man sich vorstellen kann. Es ist unglaublich, wie frisch und präsent dieses Püree (ein Kompott ist es ja eigentlich nicht …) schmeckt und wie langweilig dagegen ein normales Apfelkompott wirkt.

Der Akkord von Auster und Apfelschaum ist einer der perfektesten Akkorde, die wir kennen – natürlich immer vorausgesetzt, dass alles präzise stimmt. Zu dieser Präzision gehört ganz entscheidend, dass man eine Apfelsorte mit einer klaren Säure und wenig Süße benutzt. Erst dann kommt es zu einem perfekten Ineinandergreifen der Aromen, also nicht zu Überlagerungen oder einseitigen Verstärkungen bestimmter Aspekte des Austernaromas. Verstärkt wird hier mittelbar, nicht unmittelbar. Die dunkleren, vegetativen Algennoten bekommen durch die Fruchtsäure eine enorme Breite und Präsenz, die jodigen Noten werden angereichert, ohne ihren Charakter zu verlieren, und die bei manchen Austern recht deutlichen pfeffrigen Noten bekommen mehr Tiefe. Und das alles durch eine rein natürliche Kombination.

Im Esszimmer in der ersten Etage.

Warme Vinaigrette

Eine warme Vinaigrette macht vielleicht ein wenig Arbeit, gehört für mich aber immer noch zu den »Einfach, aber genial«-Rezepten, weil sie nicht nur die gleiche Vielseitigkeit in der Verwendung wie eine Sahnesaucenbasis hat, sondern in ihrer universellen Art im Grunde sogar weit darüber hinausgeht. Eine Sahnesauce ist nicht unbedingt ein Element, das zu asiatischer oder mediterraner Küche passt. Eine warme Vinaigrette aber kann in jede Richtung gehen – egal ob französische Küche, moderne Avantgarde, japanische, chinesische oder mediterrane Küche.

Aber zuerst einmal etwas zu der Bezeichnung. Sie bezieht sich auf klassische Formen der Vinaigrette, bei der es darum geht, eine Balance zwischen eher säuerlichen Elementen und einem Öl zu finden, die der jeweiligen Verwendung am besten entspricht. Das kann zu stark säuerlichen, aber manchmal durchaus auch eher milden Formen führen. Die klassische Balance von etwa drei Teilen Öl auf ein Teil Essig wird bisweilen deutlich verändert, und je nach Rezept gibt es auch diverse Zusätze, von Kräutern bis zu Senf oder anderen würzigen Elementen wie etwa Kapern. Typisch ist, dass eine Vinaigrette emulgiert, also so weit mit dem Schneebesen aufgeschlagen wird, dass sie wie eine homogene Flüssigkeit wirkt.

Eine »warme« Vinaigrette scheint ein Widerspruch in sich zu sein, weil man die Vinaigrette fast ausschließlich mit kalten Zubereitungen wie Salaten aller Art verbindet. Tatsächlich ist die Temperatur aber nicht das wichtigste Merkmal, sondern die Balance zwischen der aromatischen Basis und dem Öl. Dass sie temperiert ist, deutet darauf hin, dass sie natürlich auch (oder besser: vor allem) in warmen Gerichten eingesetzt wird. Hier zuerst eine Art Grundrezept:

ZUTATEN UND ZUBEREITUNG

2 EL Olivenöl, 20 g fein gehackte Schalotte, 50 ml trockener Weißwein (z. B. Colombard), 100 ml Kalbsfond, ca. 50 ml Olivenöl

✼✼ In einer Sauteuse bei mittlerer Hitze die Schalotte in dem Olivenöl anschwitzen. Mit Weißwein ablöschen, den Fond dazugeben und langsam reduzieren, bis nur noch der Boden der Sauteuse bedeckt ist. Unmittelbar vor dem Servieren bzw. vor der Verwendung das weitere Olivenöl zugeben und sanft umrühren, aber nicht emulgieren. ✼✼

ANMERKUNG ZUM PRINZIP

Durch die Reduktion von zwei aromatischen Flüssigkeiten mit der Schalotte bekommt man eine sehr kräftige, angereicherte Basis. Durch das am Schluss zugegebene Olivenöl wird diese kräftige Basis einerseits wieder aufgelockert (das Öl ist nicht so kräftig wie die Basis), andererseits aromatisch weiter angereichert (vorausgesetzt, das Öl ist von guter Qualität). Dass die warme Vinaigrette hier nicht zu einer einheitlichen Flüssigkeit emulgiert wird, hat klare kulinarische Gründe. Wenn man sie im Zusammenhang zum Beispiel mit einem leicht mediterran angelegten Fischgericht einsetzt (Wolfsbarsch, Tomaten, Zucchini, Paprika usw.), wird durch die ungleichmäßige Verteilung der »Basis-Partien« und der »Öl-Partien« bei dieser nicht emulgierten Sauce jeder Bissen leicht anders schmecken, was dem Gericht eine zusätzliche Spannung durch weitere Variablen geben kann. Eine spezielle Funktion ergibt sich auch aus der Tatsache, dass das Olivenöl erst vor dem Servieren eingerührt wird. Fast alle Olivenölsorten (vor allem die leicht fruchtigen, die aus nicht voll ausgereiften Oliven gewonnen werden) haben die Angewohnheit, beim Erhitzen viel von ihrem Aroma zu ver-

Kohlrabicreme mit Rosmarin-Infusion

lieren. Wenn man diese Öle aber in eine nur warme Sauce einrührt, behalten sie quasi ihr ganzes Aroma. Man hat also unter Umständen eine intensive, warme Sauce mit dem Geschmack eines frischen Olivenöls.

ANMERKUNGEN ZUR ERWEITERUNG UND OPTIMIERUNG

Die warme Vinaigrette kann in der Basis fast beliebig variiert werden. Schon in den genannten Elementen der Grundversion lässt sich natürlich ein anderer Wein wählen oder durch Essig ersetzen, wobei alle möglichen Essige dieser Welt zum Einsatz kommen können. Es kann Portwein oder Madeira oder Verjus benutzt werden und natürlich auch jeder andere Fond und sogar Fruchtsäfte oder Kombinationen aus diversen dieser Elemente. Das Prinzip bleibt gleich: Reduktion einer aromatischen Basis, Aufrühren mit einem guten Öl. Und die Variation geht dann noch weiter: In das fertige Öl (oder auch schon in die aromatische Basis) lassen sich alle möglichen Elemente integrieren – seien es Kapernstückchen oder Olivenschnipsel, Fruchtstückchen, Kräuter, rohe oder vorgegarte Gemüseelemente oder Gewürze. Der Fantasie sind keine Grenzen gesetzt. Jede Feinabstimmung zu quasi jedem Gericht ist möglich.

Diese Sauce ist einer meiner typischen Zufallsfunde. Wenn man traditionelle Gemüse wie Kohlrabi zubereitet, sollte man immer an den Zusammenhang denken, in dem es vorkommt. Will man ein absolut traditionelles Bild, gibt es klare Erfahrungswerte, wie man mit ihnen umgeht und welche Aromen man mit den Kohlrabi kombinieren kann. Oft sind das vor allem Butter, Sahne, ein wenig Zitrone und gerne auch etwas Muskat. Will man etwas anderes als traditionelle Zusammenhänge, sollte man immer damit rechnen, dass allein das Auftauchen von Kohlrabi auf dem Teller für bestimmte Erwartungen sorgt. Man erwartet einfach, dass sie traditionell schmecken und kann mit winzigen Eingriffen schon Irritationen erreichen. Da ist also Vorsicht geboten.

Und dann gibt es da noch eine andere Möglichkeit, die in meinem Fall ausschlaggebend war. Ich hatte »normal« zubereitete Kohlrabi mit einem Côte de bœuf (siehe Seite 116) kombiniert und war nicht zufrieden mit dieser im Prinzip traditionellen Kombination. Das Fleisch entwickelte eine große, schillernde aromatische Vielfalt, die in alle möglichen Richtungen ging: Röstnoten, herbe Elemente, süßliche Noten (das, was man »Karamellisierung« nennt, von dem mir aber einmal ein Wissenschaftler schrieb, dass es gar keine sei), auch diverse Gewürze und natürlich eine ganze Palette von unterschiedlichen Fleischnoten, die daher rühren, dass das Côte de bœuf aus einer Reihe von unterschiedlichen Fleischstücken besteht. Irgendwo zog mir die Anreicherung durch Kräuter in die Nase und ich landete beim Rosmarin. Und weil es zum Fleisch auch noch die »Kartoffeln wie aus dem Kartoffelfeuer« gab, war die Wahl sehr naheliegend. Dass man solche gerösteten und geschrumpften Kartoffeln mit Rosmarin kombiniert, war mir natürlich aus der provenzalischen Küche bekannt.

Warme Vinaigrette (links; Seite 88), Kohlrabicreme mit Rosmarin-Infusion (rechts).

Ich finde die hier auf die Kohlrabi ausgeweitete Kombination nach Jahren immer noch wunderbar, weil sie dem Kohlrabi ein wenig von seinem Kohlaroma nimmt und ihn gleichzeitig in ein elegantes, sehr reaktionsfreudiges Gebilde verwandelt, das sehr schöne Akkorde mit dem Fleisch möglich macht. Hier das Rezept:

ZUTATEN UND ZUBEREITUNG
(FÜR 4 PERSONEN)

15 g ungesalzene Butter, 150 g Kohlrabiwürfel, 2 kleinere Kartoffeln, gewürfelt, Zitrone, 70 ml Gemüsefond, 100 ml Sahne, 4 Rosmarinzweige von ca. 8 cm Länge, Verbandmull

✳✳ Die Rosmarinzweige in Verbandmull einwickeln, damit beim Garen keine Nadeln in die Zubereitung gelangen können. Die Butter in einem kleinen Topf bei mittlerer Hitze schmelzen. Kohlrabi- und Kartoffelwürfel dazugeben und kurz anschwitzen, aber nicht kolorieren. Ein paar Spritzer Zitrone dazugeben, mit dem Fond ablöschen und 5 Minuten bei geschlossenem Deckel kochen lassen. Dann die Sahne angießen und den Rosmarinbeutel in die Flüssigkeit legen. Die Temperatur reduzieren und bei geschlossenem Deckel 10 Minuten ganz leicht köcheln lassen. Den Deckel entfernen und die Flüssigkeit bei größerer Hitze circa 5 Minuten etwa um ein Drittel reduzieren. Dann den Rosmarinbeutel entfernen, den Topfinhalt pürieren und durch ein Sieb passieren. Warm halten und eventuell noch ein wenig weiter reduzieren. ✳✳

ANMERKUNG

Die Infusion mit Rosmarin braucht keine lange Zeit, weil das Kraut sein Aroma recht zügig abgibt. Die Zugabe von Kartoffeln sorgt für eine natürliche Bindung und eine homogenere Konsistenz. Kohlrabi allein würde beim Pürieren immer etwas wässrig und grobkörnig bleiben. Nach Bedarf und Geschmack lässt sich die Zubereitung natürlich auch noch mit Butter anreichern oder mit ein wenig Muskat würzen. Salz ist nicht nötig. Von der Zitrone kommt ein wenig Säure und von dem im Verlauf reduzierten Fond eine leichte Hintergrundwürze.

Schweinefilet mit Meersalz und Nussbutter, marinierter Birne, Tofu, Feta und Schokolade

Keine Sorge, es ist mir nicht entfallen, was einfach bedeutet. Es geht hier vor allem um das Schweinefilet mit Meersalz und Nussbutter. Ich habe es hier nur in einen größeren Zusammenhang und in einen modernen Rahmen gestellt, um einmal ein Beispiel zu geben, wie ein solches Element begleitet werden kann. Man kann das Filet in dieser Form sehr unterschiedlich einsetzen oder sogar pur essen – egal ob warm oder kalt und in dünne Scheiben geschnitten. Ausgangsmaterial ist ein Schweinefilet, wie Sie es in einer guten, handwerklichen Metzgerei bekommen. Das Besondere an dieser Rezeptur, bei der das normalerweise nicht so aromenstarke Schweinefilet zu ganz erheblichen aromatischen Ehren kommt, ist zuerst einmal eine Art japanische Vorbereitung des Fleisches. In Japan wird zum Beispiel der Fisch – was viele Leute nicht wissen – oft erst einmal mit Salz mariniert. Das Salz wird dann später abgewischt und der Fisch hat eine ganz exzellente Würze – auch wenn er nicht mehr wirklich so pur ist, wie das gerne behauptet wird. Ich habe in diesem Rezept eine ähnliche Technik zur Aromatisierung des Schweinefilets angewandt und es nach dieser Behandlung einer weiteren, eher klassisch-französischen unterzogen, nämlich der Garung in Nussbutter. Hier das Rezept:

ZUTATEN UND ZUBEREITUNG SCHWEINEFILET (FÜR 2 PERSONEN)

1 Stück Schweinefilet von ca. 200 g und gleichmäßiger Dicke, 35 g grobes Meersalz (oder quasi als Luxusversion Fleur de Sel), Fünf-Pfeffer-Mischung aus der Mühle (französisches Produkt, auch bei uns erhältlich), 50 g ungesalzene Butter

✳✳ Das Filet rundum säubern, sodass möglichst nur das pure Fleisch übrigbleibt. Mit dem Meersalz rundum salzen und das Salz dabei möglichst fest andrücken. Mit der Pfeffermischung würzen, fest in Klarsichtfolie und danach in Alufolie einwickeln. 4 Stunden im Kühlschrank marinieren. Dann das Fleisch entnehmen, die Gewürze abwischen (nicht abwaschen!) und etwa 30 Minuten bei Zimmertemperatur ruhen lassen. In einer beschichteten Pfanne, die nicht viel größer als das Filet ist, 30 g der Butter bei etwas mehr als mittlerer Hitze (je nach Herd auch größerer Hitze) aufschäumen lassen, bis sie eine leicht bräunliche Färbung annimmt. Das Fleisch zugeben und unter dauerndem Bewegen rundum gleichmäßig kolorieren. Dabei im Abstand von etwa 5 Minuten zweimal 10 g Butter nachgeben und das Fleisch mit der aufgefrischten Butter immer wieder überglänzen. Das Filet ist fertig, wenn es beginnt deutlich fest zu werden und auf Druck kaum noch nachgibt. In eine Schale geben, locker mit Alufolie bedecken und bei etwa 65 Grad warm halten. ✳✳

ZUTATEN UND ZUBEREITUNG WEITERER ELEMENTE

Geschmorte Birne: 1 Birne (Abate Fetel), 50 ml Gemüsefond, 1 TL Zitronensaft, 1 gehäufter TL Honig

✳✳ Die Birne vierteln, Kerngehäuse entfernen, die Viertel nebeneinander in einen flachen Topf legen. Etwas Wasser, den Gemüsefond und den Zitronensaft angießen. Die Flüssigkeit sollte etwa bis zur Hälfte der Birnen reichen. Erhitzen, den Honig dazugeben und auflösen. Bei geschlossenem Deckel leicht köchelnd langsam konfieren. Die Birne ist fertig, wenn sie äußerlich weich ist (also die Spitze eines scharfen Messers ohne Widerstand eindringen kann), aber ihre Form noch hält. ✳✳

Tofu: Normaler Tofu (kein Seidentofu), Sojasauce
∗∗ Den Tofu in Streifen von etwa 4×1×1 cm schneiden. In einer kleinen beschichteten Pfanne 2 EL Sojasauce erwärmen. Die Tofustücke hineingeben und bei geringer Hitze erwärmen. Dabei von allen Seiten mit der Sauce überziehen. Am Ende sollten die Stück dunkelbraun sein. ∗∗

Shiitake: 100 g Shiitakepilze, 20 g Butter, Zitrone
∗∗ Die Pilze unzerschnitten in der Butter leicht kolorieren, mit Zitrone beträufeln, 2 EL Wasser dazugeben und bei geschlossenem Deckel einige Minuten ziehen lassen. ∗∗

Zur Fertigstellung: zerbröselte Feta-Stückchen, halbierte Physalis, Schokospäne (Valrhona Guanaja), mit einer Microplane-Reibe geriebene Nussspäne von Walnüssen
∗∗ Anrichten wie auf dem Bild. Der Teller wird in diesem Fall nicht vorgewärmt, um die Temperaturkontraste zu erhalten und die Schokospäne nicht zu schmelzen. ∗∗

ANMERKUNGEN

Die Marinade des Fleisches im Kühlschrank bewirkt keine Austrocknung, weil das Fleisch fest eingewickelt ist; es entsteht eine Art Würzfilm, der auch anschließend weitgehend erhalten bleibt, weil man nur die verbliebenen Salz- und Pfefferpartikel abreibt, das Fleisch nicht aber abwäscht. Die entstehende Würze wirkt außerordentlich gut und eng mit dem Fleisch verbunden. Es schmeckt nicht nach Salz oder Pfeffer, sondern einfach würzig. Die aufgeschäumte, leicht braun werdende Butter hat den Namen »Nussbutter«, weil sie tatsächlich nussig schmeckt und für viele Fleisch- oder Fischarten eine klassische Würze bringt. (Auf dem Foto ist das Fleisch in einer etwas größeren Portion angerichtet, und zwar als Stück und als Scheibe.) Die Begleitung ist wieder strikt unter sensorischen Aspekten angelegt und besonders unter Verwendung einer Reihe von Kontrasten: Kühle und Säure vom Feta-Käse, Kühle und Fruchtsäure von den Physalishälften, eine konfierte und leicht schmelzende Süße von der Birne und ein leicht asiatischer Touch von den Shiitake und dem in Soja marinierten Tofu. Verzichtet wird auf »Sättigungsbeilagen« und auch ansonsten alles, was die Dominanz des Fleisches zu stark beeinträchtigen könnte. Sensorisch gesehen hat das Fleisch eindeutig die größte Länge (siehe dazu »Grundsätzliches 3, Geschmackskurven«, Seite 181ff.), alles andere bringt unterschiedliche Aspekte der Begleitung. Das Fleisch muss man eben erst einen Moment kauen, bis es beginnt, sein Aroma abzugeben, und auch danach kaut man noch einige Zeit weiter, bis man es komplett aufgelöst hat. Das ist der Vordergrund, zu dem alle anderen Elemente in einer klaren Beziehung stehen. Sie ergänzen die Aromatisierung, kommen kurz in den Vordergrund, lösen sich dann auf oder blenden ihr Aroma mit dem des Fleisches durch. Insgesamt habe ich diese Version so angelegt, dass die üblichen assoziativen Zusammenhänge mit Schweinefleisch so gut wie keine Rolle spielen. Dadurch kommen wir beim Essen immer wieder an Punkte, wo unsere Wahrnehmung und unsere gespeicherten Geschmacksbilder leicht irritiert werden. Man schmeckt genauer hin und widmet sich im Grunde wirklich dem Essen und dem, was es zu bieten hat, und weniger den eigenen Vorurteilen (wie man die Vorerfahrungen leider oft nennen muss).

Court-Bouillon für die Krustentiergarung

Dieses Rezept für die Garung von Krustentieren zählt zu den nützlichsten Rezepten, die ich kenne. Nützlich vor allem deshalb, weil Sie mit dieser Court-Bouillon und ein paar kleinen Tricks auch Tiefkühlware in einen ganz erstaunlich guten Zustand bringen können. Ich habe sie am Meer eingesetzt, um lebende Krustentiere zu garen, und sie war exzellent. Und ich habe damit Tiefkühlprodukte bearbeitet und hatte bisweilen den Eindruck, dass man manche von ihnen (wie zum Beispiel Langustinen) fast genauso gut hinbekommt wie die frischen Produkte.

Die Grundidee zu dieser Court-Bouillon habe ich vor Jahrzehnten bei Joël Robuchon, dem französischen Spitzenkoch und der ehemaligen unbestrittenen Nummer eins der Kochwelt, gefunden und sie dann im Verlauf der Zeit etwas verändert. Nun könnte man natürlich auf die Idee kommen, dass die Verarbeitung von Tiefkühlprodukten nicht im Sinne hoher Kochkunst ist. Nun, das war vielleicht einmal so. Es gibt viele Gründe, die dafür sprechen, bestimmte Produkte tiefgekühlt einzukaufen, zum Beispiel weil sie in einem frischeren Zustand sind als solche, die unter ungeklärten Verhältnissen irgendwie durch Großhandel, Zwischenhandel und Einzelhandel geschleust wurden. Und wenn Sie heute etwa in einem absoluten Spitzenrestaurant eine Garnele von erstaunlicher Größe und prächtiger Qualität bekommen, war sie in vielen Fällen vor kurzem noch tiefgekühlt. Bei uns zu Hause gehört die Zubereitung von einem Kilo Tiefkühl-Langustinen pro Person in dieser Court-Bouillon zu den äußerst willkommenen Abwechslungen, speziell dann, wenn ich nicht so viel Zeit zum Kochen habe.

Es geht aber nicht nur um die Court-Bouillon, sondern auch um den Umgang mit tiefgekühlten Krustentieren an einem Ort fern des Meeres, also zum Beispiel Garnelen, Langustinen oder Hummer. Auf den Packungen steht normalerweise, dass man die Produkte über Nacht und langsam im Kühlschrank auftauen solle. Davon rate ich ab, weil Hummer und Co. dabei langsam in dem Salzwasser mariniert werden und oft nicht nur eine merkwürdige Textur bekommen, sondern auch verfremdet schmecken. Meine Technik ist radikal anders und produziert einen ausgesprochen »sauberen« Geschmack. Im Beispielrezept geht es um Langustinen, die ich in 1-kg-Packungen bekomme. Wenn sie aus der Kühlung kommen, halte ich die Packung, in der sie wie ein Eisblock liegen, unter heißes Wasser, lasse das Wasser etwa 20 Sekunden stehen, kippe es weg und nehme wieder frisches heißes Wasser. Nach ein paar Durchgängen – die nicht sehr lange dauern – lösen sich zuerst die Langustinen voneinander und beginnen wenig später auch in den Gelenken beweglich zu werden. Sie sind dann für den weiteren Prozess weit genug aufgetaut. Bei tiefgekühltem Hummer ist das Verfahren ganz ähnlich. Ich löse unter fließendem heißem Wasser so schnell wie möglich den Eisblock auf und setze den Vorgang fort, bis sich die Glieder wieder etwas bewegen lassen.

Nun aber erst einmal das Rezept der Court-Bouillon. Es ist für einen großen, hohen Topf von etwa 8 Litern Fassungsvermögen gedacht. In den Topf kommen 4 Liter Wasser, was für Mengen bis zu 2 kg Langustinen ausreicht.

ZUTATEN UND ZUBEREITUNG

4 l Wasser, 20 g fein gewürfelte Schalotte, 50 g Karottenwürfel, 40 g Staudenselleriewürfel, 40 g Lauchringe, 2 mittlere Lorbeerblätter, 6 Pimentkörner, 1 Sternanis, 25 g Zitronengrasstücke, vom dickeren Ende der Stangen

✳✳ Das Wasser aufkochen. Die Zutaten hineingeben und 15 Minuten bei geschlossenem Deckel nicht zu stark sprudelnd kochen lassen. Dann die Langustinen hineingeben, den Deckel wieder auflegen und aufkochen lassen. Dabei die Langustinen zweimal mit einer Schaumkelle wenden. In dem Moment, wo im Topf erste Spuren von neuerlichem Aufkochen erkennbar sind, den Topf vom Herd ziehen, den Deckel einen Spalt öffnen und die Langustinen 25 Minuten in der Court-Bouillon ziehen lassen. ✳✳

ANMERKUNGEN

Das Rezept gilt analog auch für Tiefkühl-Garnelen und -Hummer und – wie oben gesagt – auch für frische Langustinen oder Garnelen. Tiefgekühlte Hummer gebe ich normalerweise in einen ovalen Bräter und sorge dafür, dass sie knapp mit Flüssigkeit bedeckt sind. Der Verlauf der Garung und die Ruhezeit sind gleich. Den Hummer braucht man allerdings nicht zu wenden. Wichtig ist, dass man die Court-Bouillon mit den Krustentieren nur ganz kurz an den Punkt bringt, wo sie kocht. Zu diesem Zeitpunkt sind die Krustentiere in der Mitte noch nicht durch, sie werden also von der Hitze beim Aufkochen nicht übergart. Da die Hitze beim Nachziehen abnimmt, ergeben sich ebenfalls keine Probleme. Wenn man zu lange aufkocht, äußert sich das vor allem in Eiweißausflockungen und einer etwas zu festen Garung. Die moderne, »spanische« Garung mit glasiger Textur lässt sich zwar auch in einer solchen Court-Bouillon erzielen, allerdings selbstverständlich nur mit Produkten, die nicht – wie fast alle Tiefkühlprodukte – mehr oder weniger vorgegart (»glasiert«) sind. Ein »Garnelenkranz« vom Discounter eignet sich übrigens für diese Garung kaum, weil diese Garnelen schon viel zu weit durchgegart sind.

Entscheidend für das Ergebnis ist vor allem das, was die Court-Bouillon bewirkt. Die Mischung aus klassischem Wurzelgemüse und einigen Gewürzen passt ganz ausgezeichnet zum Aroma der Krustentiere. Mit dem Sternanis sollte man allerdings vorsichtig sein. Ein Stück (also ein »Stern«) reicht aus, und wenn man kleinere Stückchen benutzt, sollte man unbedingt darauf achten, nicht zu viel zu nehmen, weil dieses Aroma schnell zu dominant wird. Die vergleichsweise große Menge von 2 Lorbeerblättern ist hier angebracht, weil die Garung nicht sehr lange dauert, und die Blätter in dieser Zeit nur begrenzt Aroma abgeben.

Court-Bouillon für die Krustentiergarung. Das Material (links), fertige Langustinen (rechts).

Die Grundlagen meiner Küche 4
Andere Orte – andere Herde

Zu den wichtigsten Einflüssen auf meine Entwicklung und Arbeit zählen die Zeiten, in denen ich die Möglichkeit habe, irgendwo an Ort und Stelle zu kochen, wo es Produkte gibt, die wir hier in Deutschland kaum jemals in dieser Qualität angeboten bekommen. In der Regel war das in Ferienhäusern oder -wohnungen, die wir irgendwo gemietet hatten – mit allen Unwägbarkeiten der Küchenausstattung. Ich erinnere mich noch an eine Küche in Riquewihr im Elsass, wo wir mitten im Ort und gegenüber des berühmten Weinguts Hugel einmal einige Jahre lang immer wieder in einer Wohnung weilten. Die Küche bestand aus einer kleinen Zeile mit einem vierflammigen Gasherd von begrenzter Qualität. Ich hatte damit schwer zu kämpfen, weil ich zu Hause zu diesem Zeitpunkt nur einen Elektroherd hatte und mit der aggressiven Hitze einer Gasflamme große Schwierigkeiten hatte. Ich war auch damals (vor etwa zwanzig Jahren) schon daran gewöhnt, mit vielen kleinen Töpfen und nicht sehr großer Hitze zu arbeiten. Um die Unwägbarkeiten der Küchen auszugleichen, habe ich übrigens immer eine ganze Kollektion von Pfannen, Töpfen und anderem Küchengerät mitgenommen. Das war auch sinnvoll, weil die Pfannen in den Ferienwohnungen oft aus billigstem Material waren und längst keinen wirklich flachen Boden mehr aufwiesen. Heute nehme ich bis auf ein paar Messer überhaupt nichts mehr mit. Ich habe mich daran gewöhnt, unter allen denkbaren Umständen zu kochen und bin da mittlerweile ziemlich belastbar.

Wie dem auch sei, ich hatte also in dieser Küche meine Schwierigkeiten und wollte trotzdem unbedingt für gute Freunde ein großes Menü mit einer ganzen Reihe von Gängen kochen. Es war eine meiner härtesten Prüfungen, die mich wirklich an den Rand der Verzweiflung brachte. Es hat trotzdem geklappt, aber danach wollte ich erst einmal nicht mehr unter solchen Bedingungen arbeiten. Gottseidank hat sich das schnell wieder gelegt, weil die Arbeit mit guten Produkten einfach ein großes Vergnügen ist, auf das man auch unter solchen Umständen nicht verzichten sollte. Viele meiner Erkenntnisse über bestimmte Produkte, die dann später zu Veröffentlichungen wie der »Feinschmecker«-Serie »Küchengeheimnisse« und dem »Bookazine« zusammen mit Harald Wohlfahrt führten, haben sich in diesen Zusammenhängen ergeben. Für mich ist es das reine Vergnügen, gerade in Frankreich Produzenten, Märkte und gute Supermärkte zu besuchen. Ich kaufe immer spontan und immer nur mit dem Vorhaben, das Beste zu kaufen, was ich bekommen kann. Auf diese Weise hat sich mit der Zeit in meinem Gedächtnis eine Sammlung von referenziellen Qualitäten ergeben, die für meine Arbeit als Kritiker sehr wichtig ist.

Typisch für diese Qualitäten an Ort und Stelle ist ein Erlebnis, das ich vor gar nicht langer Zeit in Quiberon in der Bretagne hatte, wo ich mich einmal vertiefter mit einigen Fischarten befassen wollte, die man zwar in Frankreich gerne isst, bei uns aber eher selten, wie etwa den Merlan. In Quiberon bekam ich einen großen Merlan de ligne (also aus Leinenfang) und war sofort restlos überzeugt von dem, was ein frisches Produkt leisten kann, vor allem dann, wenn es wie der Merlan über ein ganz eigenständiges Aroma verfügt. Bei einem »normalen« Produkt aus dem Handel bei uns in Deutschland, das vielleicht auch noch filetiert ist und bei dem man das Alter daher kaum ermitteln kann, stehe ich immer am Herd und beobachte sorgenvoll, was sich da tut bzw. nicht tut. Beim Merlan in Quiberon war schon das Garen ein Vergnügen, weil man regelrecht sehen konnte, dass er als absolut frisches Produkt viel kontrollierter reagiert, fest bleibt, ohne Probleme jede gewünschte Kruste produziert und anschließend beim Essen in jeder Faser ein Genuss ist.

Oder wenn ich mal wieder im Binnenland in einem Restaurant einen besonders schlappen Hummer ohne jeden Eigengeschmack bekomme, wird mit den Vorerfahrungen aus guten Hummergebieten dessen Mangel an Qualität sofort evident. Bei den wirklich fangfrisch erworbenen Exemplaren in der Bretagne, die sich noch sehr lebendig in den Becken der Händler bewegen und sich mächtig wehren, wenn man sie aus dem Wasser nehmen will, kann man zum Beispiel geschmacklich ohne Weiteres zwischen männlichen und weiblichen Hummern unterscheiden. Der männliche Hummer schmeckt etwas wie Speck, der weibliche nussig. Wenn ein Produkt so viel eigenen Charakter hat, muss die Zubereitung natürlich auch darauf eingehen, und man begeht einen großen Fehler, wenn solche Details durch eine zu kräftige Begleitung nivelliert werden. Mit exzellenten Produkten kocht man anders.

Aber es geht nicht nur um Produkte allein, sondern manchmal auch um ganz merkwürdige Erkenntnisse, die so entscheidend sind, dass man über ihre Konsequenzen nachdenken muss. Zu einem solchen Erlebnis kam es einmal in einem Ferienhaus in Cherrueix an der Bucht des Mont Saint-Michel in der Bretagne. Dort gibt es eine ganze Reihe von besonders guten Produkten, und zwar nicht nur aus dem Meer, sondern auch die berühmten Agneaux de pré salé, die Salzwiesenlämmer. Weil wir in diesem Haus ganz am Ende von Cherrueix in Richtung der Chapelle Sainte-Anne einige Male waren, kannten wir die Gegend sehr genau und hatten oft die Schafherden beobachtet, die jeden Morgen auf die Salzwiesen am hier extrem flachen Strand ziehen. Dort wachsen zum Beispiel Salicornes in so großer Stückzahl, dass man sie vor dem Essen mal eben ernten kann. Irgendwann interessierte es mich, einmal ein Gericht zu kochen, das ausschließlich mit Produkten aus der unmittelbaren Umgebung auskam. Die vage Idee hinter diesem Plan war, so zu kochen, wie das hier vielleicht schon vor Jahrzehnten oder Jahrhunderten stattgefunden hat. Meine Küche in diesem Haus konnte man jedenfalls auch nicht gerade up to date nennen, und ich konnte also auch nicht so arbeiten, wie ich das normalerweise zu Hause kann.

Die Produkte aus der näheren Umgebung waren natürlich erst einmal das Lamm, das ich von einem der besten Metzger der Gegend bekam, der sehr bodenständig ist, vor allem an die Leute aus der Gegend verkauft und die heimischen Produkte mit Inbrunst pflegt. Dort bekam ich »Côtes découvertes«, also ein Stück, das komplett anders aussieht als die ausgelösten Lammrückenstränge, die bei uns meist angeboten werden. Das Medaillon spielt bei diesem Cut nur eine begrenzte Rolle, dafür bekommt man es am Knochen (in voller Länge) und mit mehreren Schichten Fleisch und Fett über dem Knochen. Ich habe daran nichts geändert und nichts weggeschnitten. Weiter gab es Kartoffeln, Zwiebeln samt ihrem Lauch, Sandmöhren, Butter, Knoblauch und natürlich einige Kräuter, die alle direkt vor dem Haus an dem schmalen Küstenweg wuchsen. Alle diese Produkte haben einen klaren, eindeutigen Geschmack und unterscheiden sich wesentlich von der Supermarktware. Speziell die »Carottes de sable«, die Sandmöhren, haben ein sagenhaft deutliches und klares Möhrenaroma, das weit intensiver ist, als man es normalerweise kennt. Ich fing also an und hatte meine liebe Mühe damit, das Fleisch hinzubekommen. Um diese »Brücke« zu garen, war ununterbrochen Handarbeit nötig. Wohlgemerkt: in der Pfanne und nicht im Ofen. Wie dem auch sei, es war zwar viel Arbeit, aber im Grunde habe ich nur das gemacht, was ich immer mache, und die Produkte keinen wirklich abweichenden Behandlungen ausgesetzt. Ich war froh, das alles auf zwei Elektroflammen und mit vier oder fünf Töpfen und Pfannen hinzubekommen. Dann fingen wir an zu essen und waren von einer Sekunde auf die andere völlig irritiert. Es schmeckte sensationell gut, und das in einer absolut speziellen Art. So etwas – das war sofort klar –, mit einer solchen natürlichen Präsenz und Qualität, hatten wir noch nie gegessen. Aber woran lag das? Ich wusste ganz genau, dass ich diese Qualität nicht planmäßig erzeugt hatte, und ich war mir auch sicher, dass durch die beschränkten Möglichkeiten kein irgendwie gearteter geheimnisvoller Spezialgeschmack entstanden sein konnte. Wir haben an diesem Abend noch lange gesessen und nach den Gründen geforscht. Am folgenden Morgen hatte ich sie gefunden, und alles was ich in der Zwischenzeit in dieser Richtung erlebt habe, hat mir bewiesen, dass die Theorie stimmt. Hier die Erklärung:

Merkwürdigerweise hat die Lösung zuerst einmal etwas mit dem Gegenteil des so exzellent natürlichen Ergebnisses in Cherrueix zu tun, also mit Künstlichkeit. Jahre zuvor hatte ich einmal einen der größten deutschen Hersteller künstlicher Aromen besucht und einen Bericht für die »Frankfurter Allgemeine Sonntagszeitung« darüber geschrieben. Es war eine Firma in Holzminden, die heute Symrise heißt und einer der weltgrößten Hersteller künstlicher Aromen ist. Dort bekam ich die Arbeitsweise und die Ergebnisse ihrer Forschung vorgeführt – und das in geradezu erschreckender Form. Man zeigte mir zum Beispiel eine Art Aromenbibliothek, wo man etwa von Zwiebeln Dutzende von Varianten vorrätig hielt – mehr oder weniger angeröstet, gekocht und so weiter. Es war unglaublich. Auf die Frage, ob man im Prinzip jedes Aroma, also auch die luxuriöseren herstellen könne, war die Antwort ein klares Ja. Ausgangspunkt der Herstellung ist immer die Analyse des Aromas, das man nachbauen will. Das geschieht mit Gaschromatographen und Massenspektrometern. Man bekommt als Ergebnis – vereinfacht gesagt – eine Art Kurve, die wiedergibt, wie viel von welcher Chemikalie in diesem Aroma vorhanden ist. Danach kann man dann die künstliche Fassung nachbauen, indem man alle diese Chemikalien in der »richtigen« Proportion zusammenbringt. Das allerdings kann teuer werden – oft zu teuer, um es wirtschaftlich einzusetzen. Aber es gibt auch Aromen, die nur einige wenige Spitzen haben und schon mit ein paar Chemikalien so nachzubauen sind, dass man sie ohne Weiteres wiedererkennt. Dazu gehört zum Beispiel die teure Vanille, weshalb man sie als eines der ersten Aromen künstlich nachgebaut hat.

Was hat das nun mit dem Lammgericht in Cherrueix zu tun? Eine Menge. Ein großer Unterschied zwischen künstlichen und natürlichen Aromen ist, dass die natürlichen durch ihre vielen Teilaromen sehr viel komplexer sind und sehr viel mehr Tiefe haben. Wenn etwas oberflächlich nach Vanille schmecken soll, spielen die natürlich keine Rolle, und man braucht sie nicht. Oder ein anderes Beispiel: Es gibt sehr eindeutig schmeckende, fruchtige Weine, die in der Analyse vermutlich einige wenige deutliche Spitzen zeigen würden. Ein »unergründlich tiefer«, großer Wein würde vermutlich über ein komplexes Spektrum verfügen, das keine Einseitigkeiten zeigt. Ich hatte in der Zeit nach dem Besuch bei Symrise schon häufiger über diese Hintergrundaromen (wie ich sie seitdem nenne) nachgedacht und darüber, welche Bedeutung sie kulinarisch haben könnten. In Cherrueix lieferten sie nun die Lösung für das, was ich hier geschmeckt habe. Es ist ganz offensichtlich so, dass Produkte, die aus einem bestimmten, klar definierbaren Bereich stammen, in ihrem Aroma ähnliche Hintergrundaromen haben. Den Beweis kann man in Cherrueix ungewöhnlich deutlich vorgeführt bekommen, weil zum Beispiel die Böden sehr charakteristisch sandig sind, weil sie dem gleichen Mikroklima ausgesetzt sind, weil vom Meer – bei schlechtem Wetter deutlich zu merken – eine Art feucht-jodiger Nebel übers Land zieht, weil die Strandkräuter diesem Nebel direkt ausgesetzt sind und schließlich die Schafe diese Kräuter essen. Natürlich haben auch andere gute Produkte auf einem beliebigen Teller irgendwo auf der Welt diese Hintergrundaromen. Aber sie haben meist nicht diese deutliche strukturelle Ähnlichkeit, wie das hier der Fall war. Und weil alle Produkte etwas von diesem »Terroir« haben, summieren sich die Hintergrundaromen zu wahrnehmbaren Teilen des Geschmacksbildes und verändern dieses in einer ganz spezifischen Weise. Deshalb schmeckte das Essen so außergewöhnlich speziell und so außergewöhnlich gut, weil natürlich diese Aromen miteinander regelrecht verwoben sind und einen klaren Zusammenhang haben.

Der Zusammenhang dieser und ähnlicher Erkenntnisse mit meiner Arbeit wirft viele Fragen auf. Eine ist zum Beispiel die schon seit Jahren existierende Kritik an einem Essen, dessen Bestandteile aus aller Welt zusammengeflogen werden. Warum sollte man das tun, wenn eine regionale Orientierung solche klaren kulinarischen Vorteile hat? Oder: Warum isst man Produkte nicht da, wo sie am besten sind und ihren Zusammenhang haben, sondern »entwurzelt« sie? Schmeckt vielleicht die Regionalküche den Gästen nicht nur aus touristischen Gründen gut, sondern auch aus rein kulinarischen, weil sie bestimmte Qualitäten erreicht, die anders und an anderer Stelle nicht möglich sind? Ganz besonders interessant finde ich in diesem Zusammenhang übrigens die Nova-Regio-Küche, mit der ich mich in einem eigenen Kapitel (siehe Seite 221ff.) befassen werde. Bei dieser Küche macht man aus der Not eine Tugend. Selbstverständlich gibt es kaum eine Region, in der es wie im Schlaraffenland ein umfassendes Angebot von allem und jedem gibt. Für den Nova-Regio-Ansatz bedeutet das, dass man etwas genauer hinsieht und seine Küche mit allem macht, was eine Region hergibt, also auch mit Produkten, die sonst kaum eine Rolle spielen, mit Wildpflanzen, Wurzeln, seltenem Gemüse und zum Beispiel auch die Tiere nicht nur als Filet verarbeitet, sondern wieder zu einer Verarbeitung des kompletten Tiers zurückkehrt. Diese Koppelung von Tradition und Avantgarde hat noch sehr viel Zukunft. Meine Erfahrungen an anderen Herden können nur bestätigen, dass sich an Ort und Stelle kulinarische Erkenntnisse ergeben, die schlicht und einfach unverzichtbar sind.

OPTIMIERUNGEN UND GERICHTE, DIE ICH IMMER WIEDER KOCHE

Das virtuelle Menü

Für einen Kritiker, der wie ich zu einem größeren Teil auch international unterwegs ist, bringt die Arbeit einen merkwürdigen Nebeneffekt. Ich habe ihn mit dem Begriff »virtuelles Menü« umschrieben, ein Menü, von dem es unmöglich scheint, dass es jemals an irgendeiner Stelle von einem einzelnen Koch realisiert werden kann.

Die Zusammenhänge sind recht klar. Meine Arbeit bringt es mit sich, dass ich alle möglichen Produkte und Zubereitungen in Unmengen von Restaurants in unterschiedlicher Form und vor allem Qualität erlebe. In meinem Gedächtnis sammeln sich dann üblicherweise Informationen darüber, dass die Gemüse bei X besonders gut waren, ich aber noch nie so gute Karotten gegessen habe wie bei Y, die Qualität des Lammfleisches bei Z sensationell war, die Garung bei K aber immer noch absolut unübertroffen. Informationen dieser Art sind natürlich das A und O für einen Kritiker. Sie bilden die Maßstäbe. Aus diesem Grund bin ich übrigens seit vielen Jahren immer daran interessiert, mir einen möglichst breiten Überblick zu verschaffen, um in möglichst vielen Bereichen über Informationen darüber zu verfügen, wie gut Küche sein kann.

Was nun im Kopf entsteht, ist ein virtuelles Menü, das aus den besten Produkten und Zubereitungen besteht, die ich kenne. Einerseits ist das mein Maßstab, andererseits wird es keinen Koch auf der Welt geben, der diese Spitzenqualitäten in seiner Arbeit durchgehend realisiert. Deswegen halte ich auch die Frage nach »dem besten Koch« für ziemlich unsinnig. Im Grunde arbeiten aus meiner Sicht auch die besten Köche der Welt nur in ihrem, mehr oder weniger spezifischen Sektor der Kochkunst. Wenn sie in dem einen oder anderen Bereich allerbeste Qualitäten realisieren, ist das schon grandios. Ob es überhaupt möglich ist, dem virtuellen Menü nahezukommen, hängt übrigens nur zu einem begrenzten Teil vom Koch selbst ab. Es ist zum Beispiel kaum möglich, alle Produkte ständig in bestmöglicher Qualität zu bekommen. Außerdem wäre zur Realisierung vieler der genannten Spitzenqualitäten eine sehr große, sehr gut ausgebildete und sehr gut eingespielte Küchenmannschaft notwendig. So etwas können sich nur ganz wenige Restaurants leisten.

Aber es gibt auch noch einen wichtigen Nebeneffekt des virtuellen Menüs. Wenn man die Qualitäten aller möglichen Zubereitungen einer Art Quervergleich unterzieht, wird klar, dass die Zubereitungen mancher Produkte noch nicht das gleiche Niveau haben wie andere. Dafür gibt es klare Gründe. An der Gänsestopfleber haben sich Generationen von Köchen versucht und eine Unmenge von Zubereitungsformen erarbeitet. Daran, einen ganzen Wirsing in möglichst vielen Zubereitungen zu nutzen (siehe Seite 28ff.), bisher nur relativ wenige, und wenn, dann auch noch nicht in voller Konsequenz. Das Gleiche gilt übrigens für größere Bratenstücke, die in der Spitzenküche kaum eine Rolle mehr spielen, oder auch für viele traditionelle Gerichte der deutschen Regionalküche, mit denen sich die besten Köche ebenfalls bisher noch viel zu selten befasst haben. Es besteht also in verschiedenen Bereichen eine Art Optimierungsbedarf oder ein Optimierungspotenzial. Und an diesem Punkt sehe ich für mich die Notwendigkeit, nicht nur das Bestehende zu analysieren, sondern auch darüber nachzudenken, wo und warum bestimmte Dinge noch nicht ausgereift wirken, wie eine Spitzenqualität aussehen könnte und was bis zur möglichen Spitzenqualität fehlt. Diese Suche nach Optimierungen – die ich schon betrieben habe, weit bevor ich angefangen habe zu schreiben – muss natürlich immer mit einem »freien« Kopf stattfinden. Es hat keinen Zweck, irgendeine Sache ein für alle Male für erledigt und optimal zu halten. Insofern sind diese Optimierungen wie Thesen in bestimmten Zweigen der Wissenschaftstheorie: Sie gelten so lange als gültig, solange sie nicht »falsifiziert« sind, bis man also den Eindruck hat, etwas anderes sei besser und zutreffender. Im kulinarischen Bereich scheint übrigens eine solche Offenheit gegenüber der Gültigkeit von Qualitäten ein großes Problem zu sein. Viele Köche, Kritiker und Gourmets haben diese Offenheit nicht, sondern verteidigen ihre Positionen oft bis aufs Messer – aber meist ohne wirklich gute Argumente. Ich sehe meine Arbeit an Optimierungen also immer prozessual, mit einer gewissen Distanz und vorläufig. Es hat sich einfach gezeigt, dass man jederzeit weiter dazulernen kann. Gleichzeitig suche ich immer nach klaren, zusammenhängenden Begründungen dafür, dass eine bestimmte Lösung gut ist.

Die Köche, die man zu den begnadeten Optimierern zählen kann, sind übrigens nicht sehr zahlreich. Viele Köche sind sehr gut, aber in ihrer ganzen Arbeit eher epigonal. Sie führen das aus, was es schon gibt, in einer besonders guten Form. Fortschritte bei der Behandlung bestimmter Produkte und der Arbeit mit bestimmten Techniken erzielen nur ganz wenige. Zu den größten Optimierern zählen nach wie vor eher Köche, die schon etwas länger im Geschäft sind. Es gibt viele Franzosen darunter, wie etwa Ducasse und Robuchon, in Deutschland Harald Wohlfahrt und immer wieder auch Helmut Thieltges, den jüngst zurückgetretenen Philippe Rochat in der Schweiz, aber auch nicht mehr aktive Meister wie etwa den Schweizer Fredy Girardet oder Eckart Witzigmann. Bei Witzigmann ist ganz auffällig, dass er sich in Rezepte regelrecht vertiefen und dann einen enormen Geschmack entwickeln kann. Leider fehlt immer noch ein größeres Buch, in dem er einmal – ohne kommerziellen Druck – seine besten Ergebnisse zusammentragen oder sich noch einmal richtig entfalten kann. Unter den etwas jüngeren Köchen fallen in diese Kategorie vor allem diejenigen, die noch eine hervorragende klassische Ausbildung genossen haben. In Deutschland also Drei-Sterne-Köche wie etwa Joachim Wissler, Thomas Bühner, Christian Bau oder Sven Elverfeld.

Geschmorter Tafelspitz mit glasierten Karotten

Wenn es in einem Restaurant geschmorte Kalbsbäckchen oder Ähnliches gibt, bin ich selbst bei den besten Ergebnissen oft ein wenig irritiert. Es schmeckt einerseits manchmal hervorragend, andererseits nicht wirklich nach dem Ausgangsprodukt. Serviert wird meist ein sehr dunkles Gebilde, das weitgehend von reduziertem Schmorfond durchzogen ist, aber nicht unbedingt deutlich nach Kalb- oder Rindfleisch schmeckt. So etwas gehört dann für mich in die Abteilung »Schmeckt nicht nach Kalbfleisch, aber man kann es nur mit Kalbfleisch machen«.

Irgendwann saß ich dann bei Thomas Martin im »Louis C. Jacob« in Hamburg und hatte ein hervorragendes Stück Kalbsbäckchen vor mir, das zwar immer noch nicht so richtig expressiv nach dem Ausgangsprodukt schmeckte, aber dafür ganz überragend aromatisiert war. Er verriet mir wenig später, dass er den Anbratvorgang mit sehr viel Zwiebeln (nicht Schalotten!) beginnt, die er dann im weiteren Verlauf teilweise wieder entnimmt, weil diese Menge einfach für den weiteren Schmorvorgang viel zu groß wäre. Ich zog daraus den Schluss, dass man mit einer Art schichtweisen Aromatisierung des Fleisches arbeiten kann, bei der nicht von vornherein ein Mischaroma auf das Fleisch einwirkt, sondern am Anfang eine Art Imprägnierung steht. Und weil ich auch selbst schon früher mit dieser schichtweisen Aromatisierung gearbeitet hatte, wollte ich jetzt endlich einmal ein lange geplantes Thema angehen, nämlich einen Rinderschmorbraten, der einen exzellenten Fleischgeschmack entwickelt und eine satte, aber präzise abgestimmte Aromatisierung der Außenhülle bekommt. Ich wollte am Ende ganz klar das Gefühl haben, ein wunderbares Stück Fleisch zu essen.

Die erste Entscheidung war die für ein Stück Fleisch, wie es viele Köche in guten Restaurants nicht verwenden. Während dort in erster Linie mit den kurzfasrigen Bäckchen gearbeitet wird, wollte ich eine lange Faser haben, die mehr Eigengeschmack liefert. Und – wie das so ist – spielte wieder kräftig der Zufall mit. Ich bekam Tafelspitz vom US-Beef und traf zufällig auf einen italienischen Wein, einen 2005er Leverano Riserva Vecchia Torre. Der Tafelspitz wies auf der einen Seite eine dicke Fettschicht auf, ansonsten handelte es sich aber eher um ein flaches Stück, das deutlich dünner war, als das im üblichen Angebot von Stücken zum Schmoren der Fall ist. Ich ging also erst einmal hin und – Sakrileg! – entfernte sorgfältig das ganze Fett. Während ich ansonsten absolut jeden Schnipsel Fett von einem Fleischstück nutze, wollte ich hier das Fleisch ganz pur haben, um beim Anbraten und Aromatisieren ein Maximum an Aroma erzeugen zu können. Außerdem hatte ich bevorzugt die flachsten Stücke gekauft, damit ich eine gute Proportion zwischen schierem Fleisch und aromatisierter Kruste hatte. Der Wein entpuppte sich als einer der ganz großen glücklichen Zufälle. Wenn man ihn allein trinkt, wirkt er etwas mittig, hat eine Art Karamellnote, ist nicht besonders tanninig und irgendwie eher individuell als klassisch ausgewogen. Aber er hat einen vollen Aromenstrauß, den ich sofort »hochrechnen« konnte und der mir sehr gut für ein Schmorgericht geeignet erschien. Der Wein kam übrigens von Jacques' Wein-Depot, wo er – zumindest in meiner Filiale – nicht besonders gut lief. Die Weinfreunde konnten einfach nichts mit ihm anfangen. Das ist mir im Laufe der Jahre übrigens bei Jacques' Wein-Depot immer wieder einmal passiert: Ich finde Weine gut, die kaum ein anderer Kunde gut findet, benutze die Weine allerdings häufig vor allem zum Kochen.

Beim Ablauf der Garung war das Ziel eine intensive Aromatisierung der Kruste durch systematisches Anbraten und dann die Anlage von zwei Aromenschichten durch das Schmorgemüse. Am Ende dann gibt es zwar eine kräftige Reduktion für den Schmorfond, aber keinerlei externe Bindung durch Butter oder irgendeinen Saucenbinder, um das Aroma möglichst klar und transparent zu erhalten. Auch eine längere Glasur für die fertigen Fleischstücke sollte es nicht geben.

Hier nun Zutaten und Zubereitung – in einer besonders ausführlichen Form erläutert:

ZUTATEN (FÜR 3 BIS 4 PORTIONEN)

2 + 2 + 2 EL Olivenöl, ca. 1½ kg Tafelspitz vom US-Beef, von der Fettschicht und allem Fett befreit und in zwei Stücke geschnitten (man braucht etwa 800 g pariertes Fleisch), 250 g grob gewürfelte Zwiebeln, 50 g Möhrenwürfel, 50 g Staudensellerieabschnitte, 50 g Lauchringe, 100 ml Gemüsefond, 150 ml Kalbsfond, 2 mittlere Lorbeerblätter, 6 Pimentkörner, 2 Nelken, 200 + 80 ml Rotwein (Leverano Riserva)

Außerdem benötigt: Ein ovaler Bräter, am besten aus Gusseisen (ich benutze einen Bräter der Firma Staub aus Turckheim im Elsass)

Produktspezifizierungen
Das Fleisch ist ein Tafelspitz vom US-Beef. Das Stück sollte nicht zu dick sein, um eine optimale Aromatisierung zu erreichen (ca. 6–7 cm – nach Entfernung der Fettschicht – reichen vollkommen aus). Verwendet werden »normale« Zwiebeln, also keine Schalotten. Für den Fond kann man auf gute Fertigfond zurückgreifen. Die Nelken sind von

Olivier Roellinger, dem ehemaligen Drei-Sterne-Koch in Cancale, Bretagne; sie sind deutlich besser als handelsübliche Qualitäten. Für die Möhren (Beilage) verwende ich ausschließlich möglichst frische Bundmöhren; alle Exemplare sollten die gleiche Dicke von etwa 2–2½ cm haben. Für das Kartoffelpüree (eine weitere Beilage) verwende ich Bamberger Hörnchen, für die Weiterverarbeitung Rohmilch, ungesalzene Butter, Fleur de Sel und Muskat.

ZUBEREITUNG FLEISCH UND SAUCE

1. In einem ovalen Bräter 2 EL Olivenöl erhitzen. Die Fleischstücke dazugeben und bei mittlerer Hitze unter regelmäßigem Bewegen der Stücke rundum kolorieren. Das Fleisch entnehmen.

Die Hitze sollte so sein, dass das Fleisch zwar koloriert wird, aber nicht – wie man das bei großen Stücken manchmal macht – in Sekundenschnelle und auf höchster Stufe. Bei zu hoher Temperatur besteht die Gefahr, zu kräftige Röstnoten zu bekommen, bei zu niedriger dauert es zu lange und man hat nur einen Feuchtigkeitsverlust beim Fleisch. Ziel ist ein möglichst großer »Maillard-Effekt«, also präzise Röstnoten, möglichst rundum.

2. Zwei weitere EL Olivenöl in den Bräter geben und erhitzen. Die klein geschnittenen Zwiebeln dazugeben und bei mittlerer Hitze unter regelmäßigem Wenden leicht kolorieren.

Für die Röstnoten gilt hier das Gleiche wie für das Fleisch. Sind sie zu kräftig und nähern sich dem Schwarz, sind sie bitter und damit nicht gut für den weiteren Geschmack.

3. Die Zwiebeln gleichmäßig auf dem Boden des Bräters verteilen und die Fleischstücke auflegen. Die Stücke nun auf beiden Seiten zusammen mit den Zwiebeln dezent etwa 5 Minuten weiter kolorieren. Durch regelmäßiges Bewegen der Stücke und der Zwiebeln dafür sorgen, dass die Zwiebeln nicht noch mehr Farbe annehmen.

Hat man das Anbraten problemlos bei der richtigen Temperatur erledigt, wird dies keine Schwierigkeiten mehr machen. Es dient der Aromatisierung des Fleisches mit dem herzhaft-komplexen Zwiebelaroma. Die große Menge Zwiebelstücke sorgt dafür, dass man das Fleisch problemlos rundum aromatisieren kann.

4. Die Fleischstücke wieder entnehmen und die Zwiebeln bis auf etwa die Menge von 2 gehäuften Esslöffeln entfernen. Wieder etwas Olivenöl dazugeben und nun das restliche Gemüse zusammen mit den im Topf verbliebenen Zwiebeln anschwitzen.

Die große Zwiebelmenge diente dem leichteren Aromatisieren des Fleisches. Für den weiteren Aufbau des Schmorsuds wäre sie zu groß und muss deshalb verringert werden. Im Gegensatz zum Fleisch und zu den Zwiebeln müssen die weiteren Gemüse nicht koloriert werden.

5. Die Fleischstücke wieder dazugeben und einige Minuten lang mit dem Gemüse aromatisieren. Dazu das Fleisch mehrfach mit dem Gemüse bewegen bzw. umrühren.

Für diesen Schritt kann man sich etwas mehr Zeit lassen. Er sollte ohne große Hektik und bei eher milder Hitze stattfinden.

6. Danach Fleisch und Gemüse mit Kalbsfond und Gemüsefond ablöschen und den Bratensatz lösen. 200 ml Rotwein angießen. Die Menge ist letztlich von der Dicke der Stücke abhängig. Die Stücke sollten zu etwa einem Drittel nicht mit Flüssigkeit bedeckt sein. Sollte das nicht der Fall sein (was man schon beim Angießen der Fonds merkt), muss man die Menge der zugegebenen Flüssigkeiten unter Beibehaltung der Proportionen zwischen dem Rotwein und den Fonds verringern. Die Aromaten hinzufügen und den Deckel auflegen. Die Hitze so einstellen, dass die Flüssigkeit ganz leicht köchelt. In den ersten zwei Stunden das Fleisch dreimal wenden. Auf diese Weise sind beide Seite gleich lang in der Flüssigkeit.

Eine grundsätzliche Frage wäre hier, ob sich nicht eventuell Schaum entwickelt, der abgeschöpft werden müsste. In anderen Zusammenhängen würde man das Fleisch zuerst in Wasser aufkochen und alle entstehenden »Unreinheiten« beseitigen, also abschöpfen. So etwas empfiehlt sich zum Beispiel bei der Herstellung der meisten Fonds, wo mit Fleisch, Parüren, Knochen usw. gearbeitet wird. In diesem Fall ist das nicht nötig, da es sich quasi um schieres Fleisch handelt und sich nur eine minimale Menge Schaum bildet.

7. Nach zwei Stunden den Deckel einen Spalt öffnen und die Hitze wieder so einstellen, dass die Flüssigkeit leicht köchelt.

Durch das Öffnen des Deckels um einen etwa fingerdicken Spalt beginnt die Flüssigkeit leicht zu reduzieren. Durch die Reduktion wird sie langsam intensiver und aromatisiert die oberen Schichten des Fleisches deutlicher. Es ist dies allerdings erst die zweite Stufe, eine Schlussaromatisierung wird folgen.

8. Nach der dritten Stunde 80 ml Rotwein nachgeben. Danach den Sud etwa fünf Minuten etwas kräftiger kochen lassen.

Die erste Gabe Rotwein hat sich mittlerweile mit den anderen Flüssigkeiten und Aromen vermischt. Der Rotwein befindet sich also im Hintergrund. Mit dieser zweiten Gabe rückt das Rotweinaroma etwas stärker nach vorne, ohne aber – wie das passieren würde, wenn man auch zum Schluss noch einmal etwas Rotwein zugeben würde – zu stark durchzuschmecken. Die kurze Zeit mit etwas mehr Bewegung fördert die Integration des frisch angegossenen Weines. Er wird dennoch nicht »verschwinden«, weil seine frischere Säure und Frucht erhalten bleiben.

9. Nach vier Stunden (oder auch etwas länger, aber nicht kürzer) das Fleisch entnehmen und unter Alufolie bei etwa 65 Grad warm halten. Den Sud durch ein normales Sieb passieren und dabei die Gemüse und eventuell vorhandene Fleischfasern nur ganz leicht ausdrücken. Den Sud bei etwas mehr als mittlerer Hitze deutlich kochend auf etwa ein Drittel reduzieren.

Würde man die Bestandteile des Suds, also vor allem die Gemüse und die aufgequollenen Gewürze, kräftig ausdrücken, würde sich die Qualität des Suds deutlich verschlechtern. Sein Plus ist die Vermischung von Aromen über Stunden hinweg. Mit ausgedrückten Gemüsepartikeln würde er banaler und unausgeglichener schmecken.

10. Zur Fertigstellung die Hitze reduzieren. Der Sud sollte jetzt nicht mehr köcheln. Die Fleischstücke in den Sud legen und etwa 10 Minuten ab und zu überglänzen. Dann die Stücke aufschneiden und auf dem Teller die Sauce angießen, aber nicht über das Fleisch geben.

Ich benutze für dieses Gericht mittlerweile einen tiefen schwarzen Teller. Der tiefe Teller ist notwendig, damit das Fleisch bei jedem abgeschnittenen Stückchen etwas von dem ungebundenen Sud mitbekommt. Der Sud wird mit Absicht nicht gebunden, also auch nicht mit etwas Butter abgerundet. Ich habe festgestellt, dass der pure, durchaus noch dünnflüssige Sud eine exzellente Balance hat, die perfekt zum Fleisch passt. Auch ein Versuch, den Sud so weit zu reduzieren, dass er von selbst dickflüssiger wird, brachte kein besseres Ergebnis: Er war dann einfach zu intensiv. Auch das Glasieren des Fleisches vor dem Servieren sollte man nicht übertreiben. Es geht bei diesem Verfahren nur darum, dem Fleisch von außen noch etwas Feuchtigkeit und zusätzliches Aroma zu geben, nicht aber darum, es bis in Kernbereiche durchziehen zu lassen. Es soll weiter nach Fleisch schmecken, aber in einer perfekten Balance mit einer sorgsam aromatisierten Außenhülle und einem auf den Punkt durchgeschmorten Kern. Wenn Sie das Fleisch anschneiden, können Sie deutlich sehen, dass die Aromatisierung der Kruste nur eine begrenzte Tiefe von vielleicht 5–6 mm erreicht. Was Sie ebenfalls sofort erkennen werden, ist die typische lange Faser des Stückes.

Als Beilagen serviere ich auf einem zweiten Teller glasierte Buttermöhren und ein Kartoffelpüree. Hier das Rezept der glasierten Buttermöhren:

GLASIERTE BUTTERMÖHREN
ZUTATEN UND ZUBEREITUNG

8 Bundmöhren bestmöglicher Qualität von etwa 2 cm Durchmesser, Mineralwasser mit einem mittleren Anteil von Kohlensäure, 50 g ungesalzene Butter, Zucker, Zitrone

✳✳ Die Bundmöhren sehr vorsichtig mit einem Sparschäler hauchdünn schälen oder mit der rauen Seite eines extra dafür vorgesehenen Spülschwamms abreiben. Das Grün am oberen Ende auf etwa 1½ cm kürzen. In einen flachen Topf etwa 2 cm hoch Mineralwasser geben, erhitzen, 35 g Butter darin auflösen, 1 gestrichenen TL Zucker und 1 EL Zitronensaft zugeben. Die Karotten dazugeben, aufkochen, den Deckel auflegen und bei geschlossenem Deckel leicht köchelnd vorgaren. Wenn die Karotten erste Spuren der Garung zeigen (die Spitze eines Messers kann schon ein kleines Stückchen in die Karotte eindringen), den Deckel entfernen, die Karotten entnehmen und die Flüssigkeit sprudelnd auf ein Drittel reduzieren. Die Karotten wieder in den Topf legen, unter regelmäßigem Glasieren weiter garen und dabei die Flüssigkeit weitgehend reduzieren. Wenn der Sud nur noch den Boden bedeckt, nochmals etwas Butter dazugeben und damit die Schlussglasur machen. Die glasierten Buttermöhren sollten zwar nicht völlig durchgegart sein, aber – im Gegensatz zu moderneren Zubereitungen – in diesem Fall auch nicht al dente gegart sein. Wichtig ist hier vor allem die klare Aromatisierung. ✳✳

Produktspezifizierungen
Die Bundmöhren sollten sehr frisch und fest sein. Nach dem Kauf muss man das Grün – bis auf etwa 2 cm – sofort abschneiden, weil es sonst der Möhre Feuchtigkeit entzieht und die Möhren dann weich werden. Optimal sind für dieses Rezept Möhren von etwa 2½ cm Dicke und einer Länge von circa 12 cm. Das dünne Ende der Wurzel sollte – aus optischen Gründen – noch an der Möhre sein. Als Mineralwasser benutze ich Gerolsteiner Medium, als Butter die ungesalzene Beurre d'Isigny. Bei den Zitronen – die man bei uns ohnehin kaum jemals in einer optimalen Qualität bekommt – sollte man darauf achten, dass sie fest sind und der Stielansatz noch grün ist. Manchmal bekommt man auch Zitronen mit Blatt – ein ganz besonderes Frischezeichen.

Wachtel – die Brust mit seltenen Pfeffern, die Keule konfiert in altem Banyuls und Sojasauce, Linsengemüse, Kräutersalat und Pilzmousse

Diese kleine Wachtelvariation hält sich seit vielen Jahren im Programm unserer Menüs. Sie stammt im Prinzip aus den frühen Neunzigerjahren und war eine Folge der Begegnung mit den Rezepten und dem Essen von Olivier Roellinger. Das mag jetzt etwas verwundern, weil es auf den ersten Blick vielleicht nicht danach aussieht. Tatsächlich entstand es rund um die Faszination für die verschiedenen, mir damals noch völlig unbekannten Pfeffersorten, die ich hier für die Aromatisierung der Wachtelbrust eingesetzt habe. Der zweite Aspekt war eine etwas längere Arbeit daran, für die aromatisch normalerweise recht matten Wachtelkeulen eine Lösung zu finden, die sie auf das Niveau der guten Produkte bringt. Auch da gab es irgendwo in Frankreich in einem Restaurant einen mir nicht mehr ganz präsenten Zusammenhang, bei dem mit altem Banyuls abgelöscht und anschließend konfiert wurde. Ich erinnere mich nur daran, dass ich natürlich sofort nach altem Banyuls Ausschau hielt und ihn dann auch irgendwann bekam. Das Ergebnis war sehr gut, für meine Begriffe aber ein wenig zu süß und noch einen Tick zu oberflächlich für die Wachtelkeulen. Ich versuchte weiter und landete bei der Ergänzung durch die Sojasauce (zu den Produktqualitäten mehr in den Anmerkungen nach dem Rezept). Im weiteren Verlauf der Entwicklung des Rezepts spielte Foie gras eine wichtig Rolle. Ich hatte entdeckt, dass die 40 g schweren »Medaillons de Foie gras«, die in französischen Supermärkten angeboten werden, zwar als Foie gras keine besonders beeindruckende Qualität hatten, dass sie aber als Aroma ganz exzellent zu benutzen waren. Ich habe schon alles Mögliche damit aromatisiert, zum Beispiel auch Kartoffelpüree. Im Zusammenhang mit der Wachtel gab es ein halbes Medaillon pro Person, was mit dem Fleisch zusammen einen schönen Kalt-Warm-Kontrast brachte und darüber hinaus einen zart schmelzenden Hintergrund. Um diese feinen Kontraste noch weiter zu beleben, erinnerte ich mich daran, dass die Wachtel häufig in Vorspeisensalaten vorkommt und dort im Zusammenhang mit Kräutern und Salaten immer recht angenehm schmeckt. Es gab also dann Foie gras und einen Kräutersalat (wie immer frisch aus dem Garten und damit ziemlich variantenreich), womit ich einen weiteren schönen Kontrast auf dem Teller hatte, der belebend und nie aufdringlich wirkte. Irgendwann verschwand dann die Foie gras, weil wir sie im Laufe der Jahre vielleicht etwas überstrapaziert hatten, und es entstand diese Version. Hier das Rezept:

ZUTATEN UND ZUBEREITUNG (FÜR 2 PERSONEN)

Pilzmousse: 100 ml Geflügelfond, 100 ml Sahne, 2 EL zerdrückte Trockenpilze, ½ TL Agar-Agar

∗∗ In einer kleinen Sauteuse Fond, Sahne und die Trockenpilze aufkochen, 15 Minuten bei knapp geöffnetem Deckel köcheln und leicht reduzieren. Durch ein feines Sieb in eine andere Sauteuse passieren. Agar-Agar zugeben, gut umrühren und kurz aufkochen, dann in eine kleine, rechteckige Form von etwa 150 ml Inhalt füllen. Zum Festwerden in den Kühlschrank stellen. ∗∗

Linsengemüse: 10 g ungesalzene Butter, 10 g fein gewürfelte Schalotte, je 20 g fein gewürfelte Karotte und Sellerie, 100 g grüne Puy-Linsen, 200 ml Geflügelfond

∗∗ In einem kleinen Topf die Butter erhitzen. Das Gemüse dazugeben und anschwitzen. Die gewaschenen Linsen dazugeben und ebenfalls kurz anschwitzen. Mit dem Fond ablöschen und bei leicht geöffnetem Topf langsam bissfest garen.

Wenn nötig, etwas Wasser nachgeben. Die Linsen sind fertig, wenn sie noch einen leichten Biss haben, also nicht zwischen den Fingern sofort zerdrückt werden können. ✻✻

Wachtelkeulen: Zwei gesäuberte Wachtelkeulen, 20 g ungesalzene Butter, 3 EL alter Banyuls (oder guter Madeira), 1 EL beste Sojasauce
✻✻ Die Wachtelkeulen vorsichtig auslösen. Oberhalb des Fußgelenks rundum einschneiden und von dort aus Haut und Fleisch zum Kniegelenk zurückschieben. Es entsteht ein dickerer Oberschenkel mit dem Unterschenkel als »Griff«. In einer kleineren beschichteten Kasserolle die Butter aufschäumen lassen und die Keulen rundum kurz und kräftig anbraten. Mit Banyuls und Sojasauce ablöschen, die Hitze reduzieren, den Deckel auflegen und die Keulen in etwa 10 Minuten konfieren. ✻✻

Kräutersalat: Ein Strauß von etwa 8 verschiedenen Kräutern (ein Mix aus »ätherischen« wie Minze, Weinraute, Koriander und »herzhaften« wie Blattpetersilie, etwas Liebstöckel, Majoran o. ä.) in präzise gesäuberten (also nicht einfach zerpflückten oder gar geschnittenen) Stücken, einige Spritzer Golden-Balsam-Essig (Gegenbauer)
✻✻ Die Kräuter nach Möglichkeit nicht waschen, weil sie sonst zu schnell ihre Form verlieren. Kurz vor dem Servieren mit etwa 1 TL Essig benetzen und vorsichtig wenden. ✻✻

Wachtelbrüste: 2 gesäuberte Wachtelbrüste ohne Haut, 15 g ungesalzene Butter, Pfeffermischung (siehe Anmerkungen), am besten frisch gemahlen
✻✻ In einer kleinen beschichteten Pfanne die Butter langsam schmelzen lassen. Die Wachtelbrüste dazugeben, beidseitig mit der Gewürzmischung bestreuen und langsam eher gar ziehen lassen als braten. Das geht am besten, wenn man die Pfanne nach einer kurzen Phase der Erwärmung vom Feuer zieht und ab und zu wieder kurz zurückschiebt. Die Wachtelbrüste sind fertig, wenn sie beginnen, auf Druck Widerstand zu zeigen. Vor dem Servieren 5 Minuten in der Pfanne ruhen lassen, dabei noch mehrmals glasieren. ✻✻

ANRICHTEN

Die Wachtelbrust in Scheiben schneiden und wie die Keulen mit etwas Jus servieren. Vom Mousse je eine dickere Scheibe (nicht Endstück) abschneiden. Alle anderen Zutaten wie auf dem Bild anrichten.

ANMERKUNGEN

Ich benutze hier bei der Wachtel eine ganz normale Produktqualität, wie sie üblicherweise aus Frankreich zu uns kommt. Wenn man sie sorgfältig (das heißt vorsichtig) gart und präzise aromatisiert, schmeckt sie sehr gut. Bei der Aromatisierung der Keulen verwende ich allerdings recht spezielle Zutaten. Die Sojasauce ist immer eine Single-Brew-Sauce aus handwerklicher japanischer Herstellung. Diese Qualität ist mit den handelsüblichen Sojasaucen nicht zu vergleichen. Es ist ein wenig wie beim Wein: Die guten Sojasaucen haben eine ganz andere Komplexität und sorgen für eine sehr harmonische und tiefe Würze.

»Lentilles Vertes de Puy« sind mittlerweile auch bei uns weit verbreitet, als Alternative aus deutschen Landen kann man aber auch zum Beispiel die schwäbischen Alb-Linsen einsetzen. Der Golden-Balsam-Essig der Wiener Essigmanufaktur Erwin Gegenbauer ist natürlich eine Spezialität, die nicht so ohne Weiteres durch etwas anderes zu ersetzen

Côte de Bœuf, Kartoffeln »wie aus dem Kartoffelfeuer«, Kohlrabicreme mit Rosmarin-Infusion

ist. Gegenbauer-Produkte sind aber mittlerweile im Feinkosthandel ziemlich weit verbreitet und natürlich auch über das Internet zu beziehen. Der Essig hat die Anmutung eines Balsamessigs, zusätzlich aber einige Fruchtnoten, die ganz einzigartig sind. Wichtig für einen so klar strukturierten Kräutersalat mit größeren Stücken ist, dass die jeweiligen Aromen erkennbar bleiben. Man sollte also nicht zu kleine Blättchen zupfen, die dann eher ein Mischaroma ergeben, aber keine klaren Identitäten. Die Kräuter können etwas Säure vertragen, normalerweise aber keinen größeren Öl-Überzug, wie sich das beim Schwenken in einer Vinaigrette schnell ergibt, weil sie dann leicht zusammenfallen. Die Pfeffermischung stelle ich mit einer dafür reservierten elektrischen Kaffeemühle her. In diesem Fall wurden »belüftende« Pfeffer eingesetzt, also Sorten mit einem hohen Anteil ätherischer Öle. Die Proportionen sind meistens: 2 Lange Pfeffer, 10 Kubeben, 4 Szechuanpfeffer, 4 Tellicherry-Pfeffer, 6 Sarawak-Pfeffer. Man kann die Mischung auch mit anderen Sorten variieren, sollte aber auf normalen weißen oder schwarzen Pfeffer verzichten.

Dieses Gericht beschäftigt mich immer wieder, weil es faszinierend sein kann, aber vom Hauptprodukt her schwierig in immer gleicher Qualität zu realisieren ist. Versuchen Sie einmal, in einer normalen deutschen Metzgerei ein Rinderkotelett in französischem Stil (Côte de Bœuf) zu bekommen. Meistens ist gar kein Metzger im Haus, weil es sich um eine Filiale handelt, in der das Fleisch nur verkauft wird. Oder man kann mit dem Begriff überhaupt nichts anfangen, weil es sich um ein Produkt handelt, das in Deutschland quasi nicht verkauft wird. Wir sind darauf gekommen, als wir vor vielen Jahren einmal unbedingt selbst ausprobieren wollten, wie man denn eigentlich mit dem berühmten »Côte de Bœuf« arbeiten kann, und ob man die meist recht unterschiedlichen Qualitäten in einfacheren französischen Restaurants nicht doch deutlich übertreffen könnte. Zufällig bekam ich gleich beim ersten Mal ein richtig gutes Stück in die Hand. Wie lange es gereift war, war allerdings nicht genau festzustellen. Auf alle Fälle sah es beeindruckend aus, mit einem großen Kotelettknochen, etwa 4–5 cm dick und über 1½ kg schwer. Dieses erste Exemplar nahmen wir aus Frankreich mit nach Hause und garten es noch in der Pfanne. Schon beim Anbraten roch es absolut verführerisch und irgendwie völlig anders, als ein »normales« Stück Rindfleisch – dafür eher so, wie es manchmal riecht, wenn man in manchen Städten in Frankreich an einer guten Restaurantküche vorbeiläuft. Kurz und gut: Es schmeckte wunderbar süffig und ganz natürlich und ausgewogen nach Rind. Wir kamen also auf den Geschmack, hatten aber noch ein paar Ideen, wie man damit noch weiter kommen könnte.
Die nächsten Exemplare stammten dann jeweils von dem schon auf Seite 99 erwähnten Metzger in Saint-Broladre in der Bretagne. Wir stellten bei ihm fest, dass das Fleisch weder aus einer speziellen

Zucht stammt noch nach besonders extremen Vorstellungen gereift wird, sondern ganz normal etwa drei Wochen abhängt. Mit den nächsten Einkäufen ging ich zu Hause ein Stück weiter. Ich fing an, das Fleisch im Kühlschrank noch etwas länger liegen zu lassen. Das Papier wurde alle paar Tage gewechselt und bei Bedarf feuchte Stellen noch einmal abgewaschen und sorgfältig wieder getrocknet. Vor allem aber roch ich regelmäßig am Fleisch, um den Zustand zu kontrollieren. Dazu muss ich vielleicht sagen, dass ich grundsätzlich dazu neige, an allen Produkten zu riechen und das Urteil der Nase mittlerweile für mich oft das ausschlaggebende ist. Wenn etwas nach meiner Meinung noch gut riecht, kann ich es auch noch verarbeiten. Das ist sicherlich nicht regelkonform, hat sich aber ausgesprochen bewährt. Ich habe das Fleisch dann zubereitet, als ich bei der Geruchsprobe den Eindruck hatte, es bekäme einen ganz kleinen Hauch von »Haut goût«. Wohlgemerkt: einen wirklich nur ganz kleinen Hauch. Es wurde sensationell gut und im Laufe der Zeit für mich zum Maßstab für gute Rindfleischqualität – »dry aged beef« hin oder her (siehe dazu Seite 162). Dazu kommt noch, dass ich es immer »a la plancha« auf einem Elektrogrill gare, und das ohne jegliches Fett und ohne es vorher zu salzen oder zu pfeffern. Hier das Rezept:

ZUTATEN UND ZUBEREITUNG

1 Rinderkotelett, am besten mit Stiel, Fleur de Sel. Dazu als Beilagen Kartoffeln wie aus dem Kartoffelfeuer (siehe Seite 73) und Kohlrabicreme mit Rosmarin-Infusion (siehe Seite 89)

✳✳ Das Kotelett einige Minuten vor dem Braten aus dem Kühlschrank nehmen, abwaschen und mit Küchentuch sorgfältig abtrocknen. Einen Antihaft-Kontaktgrill (eine Seite Bratplatte, die andere Seite Grill) auf höchster Stufe vorheizen. Das Fleisch auf die Bratplatte legen und unter regelmäßigem Bewegen und Wenden rundum kolorieren. Danach auf den Grillteil legen und noch einmal zusätzlich mit Grillstreifen versehen. Während des Bratvorganges immer wieder darauf achten, dass alle Stellen gleichmäßig koloriert werden. Notfalls hochstehende Stellen andrücken. Wenn das Fleisch fertig ist (was etwa 15 Minuten dauern kann), entnehmen und bei etwa 65 Grad, locker mit Alufolie bedeckt, 20 Minuten ziehen lassen. Wenn man es anschneidet, sollte es oben und unten auf etwa 3–4 mm deutlich die Röstspuren zeigen. Der Rest sollte eine gleichmäßig rote Farbe haben und auf Druck – aber nur dann – eine minimale Spur von Blut abgeben. Auch auf dem Teller sollte nur eine Spur von Blut zu sehen sein. Die Stücke (natürlich auch die fetteren Teile) auf dem Teller mit einer Prise Fleur de Sel würzen. ✳✳

ANMERKUNGEN

Für die Garung ohne Fett und ohne das Fleisch vorher mit Salz und Pfeffer zu behandeln, gibt es verschiedene Gründe, die alle etwas damit zu tun haben, dass das Fleischaroma in keiner Weise von zu heißem Fett oder angebranntem Pfeffer oder durch das Wasser, das ihm vom Salz entzogen wird, beeinträchtigt werden soll. Es geht bei dieser Garung ausschließlich um die sogenannte Maillard-Reaktion, also die geschmacksverändernden Reaktionen, die sich beim Bräunen des Fleisches einstellen und die den spezifischen Geschmack des angebratenen Fleisches ergeben. Diese konsequente Kolorierung, zu der durchaus auch gehören kann, dass man das Fleisch auf seine Schmalseiten stellt und mit Gabeln festhält, wird in ihrer positiven Auswirkung immer noch unterschätzt. Das Gegenteil ist zum Beispiel eine Garung, bei der nur einige Stellen eine schöne Bräune haben, andere dafür aber schon dunkle, im Grunde längst angebrannte Stellen. Wenn man eine wirklich gleichmäßig gebräunte Kruste hat, braucht man sich um den Geschmack des Stückes sozusagen keine Sorgen mehr zu machen. Die Gabe von Fleur de Sel auf dem Teller ist dann nur eine kleine Zugabe, die noch etwas mehr Effekt produziert, aber nicht mehr dazu da ist, das Fleisch grundlegend zu würzen. Zu dieser Technik der Kolorierung gehört natürlich auch, dass man sich kaum vom Grill entfernen kann. So etwas ist eben konsequente Handarbeit.

Zur Garung gehört ebenfalls, dass man das Fleisch vorher nicht zu lange temperieren sollte. Noch einmal zurück zu dem schon erwähnten Standardsatz in vielen Kochbüchern, der besagt, dass man Fleisch eine Stunde oder ähnlich vor dem Garen aus dem Kühlschrank nehmen sollte, »damit es Zimmertemperatur annimmt«. Ich habe das vor vielen Jahren schon einmal untersucht. Zimmertemperatur nimmt ein auf 4 Grad durchgekühltes Fleisch in so kurzer Zeit keineswegs an. Und dass es dann beim Garen »die Hitze besser weiterleitet«, ist ebenfalls eine merkwürdig naive Vorstellung. Gerade wenn man Fleisch wie in diesem Fall kräftig und systematisch von außen koloriert, kann man überhaupt kein Interesse daran haben, dass das Fleisch im Kern zu schnell warm wird. Wenn es also eher kühl ist, hat man eher einen zusätzlichen Schutz vor Übergarung. Um das Garen des Kerns braucht man sich bei diesen Zeiten und Temperaturen keinerlei Gedanken zu machen. Um den Endzustand gibt es natürlich immer Diskussionen, weil manche Leute einfach kein Blut haben wollen. Das Argument für die oben genannte Garung ist ein rein kulinarisches: Ein Hauch von Blutgeschmack ist bei solchen Zubereitungen ein wichtiger Bestandteil des Rindfleischaromas. Wenn man die Garung so realisiert, wie hier beschrieben, hat man die ganze Spannweite zwischen den Röstnoten an der Außenhülle, einer kleinen »durchgegarten« Schicht mit Eiweißgerinnung bis hin zum Kern, der noch einen Tick Blut hat. Das alles summiert sich zu einem komplexen Aroma.

Für die Kombination mit den »Kartoffeln wie aus dem Kartoffelfeuer« und der Kohlrabicreme mit Rosmarin-Infusion gibt es sensorisch natürlich eine Menge von guten Gründen. Einmal entsteht hier ein ausgesprochen natürlich wirkendes Aromenspektrum, bei dem die Röstnoten des Fleisches durch die erdigen der Kartoffeln ergänzt werden. Durch die teilweise Austrocknung der Kartoffeln bekommen diese nicht nur eine Art nussiges Aroma, sondern auch eine andere sensorische Länge. Sie haben etwas mehr Widerstand und verflüchtigen sich neben dem sensorisch recht lange anhaltenden Fleisch, auf dem man auch dann etwas länger kaut, wenn es extrem zart ist, nicht so schnell. Wenn man Fleisch und Kartoffel zusammen isst, ergibt sich zuerst ein Durchblenden der Kartoffel und ihren Röstnoten zum Fleisch mit einem klaren Mischgeschmack, bevor die Kartoffel verschwindet und das Fleisch pur übrigbleibt. Die Kohlrabi-Rosmarin-Creme sorgt für einen ebenfalls bodenständig-natürlichen, aber gleichzeitig auch eleganten Mittel- und Hintergrund.

Maispoularde aus dem Zedernholzfeuer mit Bärlauch und Sauerampfer

Eines der interessantesten der im Moment noch recht unbearbeiteten kulinarischen Felder ist die Garung über offenem Feuer. Wohlgemerkt: Offenes Feuer und nicht Grillkohle, die möglicherweise noch mit einer Räuchermischung bestreut wird und alles und jedes wie geräucherte Mettwürstchen schmecken lässt. Gemeint ist auch nicht die extrem ausufernde »Grillkultur«, die so oft mit dick mariniertem Fleisch arbeitet und eigentlich das Gegenteil von guter Küche ist. Ich halte die oft hoffnungslos überwürzten Geschmacksbilder für eine Folge der industriellen Manipulation am Geschmack der Kunden, die ohne »die volle Dröhnung« durch Unmengen von Gewürzen gar nicht mehr auskommen. Die Garung über offenem Feuer ist dagegen etwas sehr viel Puristischeres und die Übertragung der Aromen vom verbrennenden Holz auf das Fleisch sehr viel dezenter, als man das vielleicht erwartet. Ich erinnere mich in diesem Zusammenhang an ein über offenem Feuer gegartes halbes Kalb, das zum 65. Geburtstag von Eckart Witzigmann im »Tantris« in München von Hans Haas hergestellt wurde. Ich war fasziniert von den Strukturen, die sich an der Oberfläche des Fleisches gebildet hatten. Als es dann ans Essen ging, habe ich mit großer Begeisterung eine Reihe von verschiedene Stellen probiert. Alles schmeckte anders, als man das von »normalen« Garungen her gewöhnt ist.

Mit dem Holz für das Feuer hatten wir vor Jahren zweimal Glück im Unglück. Wir verfügen über größere Vorräte kostbaren Zedernholzes – in beiden Fällen die Folge eines größeren Sturms, der diese Zedern auf dem Grundstück meiner Schwiegereltern gefällt hatte. Dieses Holz hat ein sehr reines, sehr wenig harziges Aroma, das letztlich dafür sorgt, dass das Fleisch so überraschend fein wird. Und weil das so ist, habe ich hier auch kein großes Stück rotes Fleisch genommen, sondern eine Maispoularde. Das wiederum hat seine Gründe in einem Erlebnis im berühmten Bio-Restaurant La Chassagnette (damals noch unter dem exzellenten Jean-Luc Rabanel) in der südfranzösischen Camargue. In diesem ungewöhnlichen Haus, das inmitten von mehreren Hektar Garten liegt, der ausschließlich der Eigenversorgung dient (so viel braucht man nämlich dafür, und nicht – wie in manchen Restaurants – ein kleines Vorzeigegärtlein mit ein paar Kräutern) saßen wir einmal und sahen im Hintergrund ein großes Huhn auf einem Grill über offenem Feuer. Der ganze Raum duftete wunderbar und alles wirkte äußerst appetitanregend. Leider war das Huhn vorbestellt und wir konnten es nicht probieren. Die Folge waren aber sofort Versuche zu Hause, und das mit Absicht so, dass die Flammen das Fleisch tatsächlich direkt erreichen – natürlich jeweils nur für kurze Zeit, aber immerhin regelmäßig. Diese Garung setzt natürlich voraus, dass man quasi die ganze Zeit neben dem Feuer steht und die Flammen sowie die Lage des Huhns überwacht. So war das auch bei der Maispoularde. Man entwickelt mit der Zeit ein Gefühl dafür, wie viel Flammen man dem Gargut zumuten kann, wie Brandspuren aussehen, die »gut« sind (nicht wirklich schwarz), und welche Intensität man vermeiden muss. Problematisch wird es zum Beispiel, wenn an einer Stelle nicht nur Brandspuren mit saftiger Haut oder saftigem Fleisch zu finden sind, sondern harte Verkohlungen auftreten. Belohnt wird man jedenfalls mit einem Aroma, das nur auf diese Weise zu bekommen ist, und das keinerlei Penetranz hat, sondern in einer äußerst angenehmen Weise archaisch schmeckt. Die Qualität kann so gut werden, dass man sich wirklich fragt, warum denn eigentlich eine solche

Garung in der klassischen Spitzengastronomie keine Rolle mehr spielt. Natürlich ist sie sehr aufwendig und würde ein entsprechendes Gericht stark verteuern. Aber – es geht dabei auch darum, ob solche Gerichte, die die Menschheit seit Jahrtausenden begleitet haben, nicht einfach ihren Platz haben müssen – speziell dann, wenn sie eine Finesse erbringen, die anders nicht zu erreichen ist. Es ist interessant, dass es in der letzten Zeit mit dem Feuer als Garung wieder aufwärts geht. Diesmal allerdings in der Avantgarde, also etwa bei René Redzepi im »Noma« in Kopenhagen oder bei Kobe Desramaults im »In de Wulf« im belgischen Dranouter. In beiden Fällen finden sich hinter der Küche große Anlagen zur Arbeit mit Räucheröfen, Grill und offenem Feuer. Hier das Rezept:

ZUTATEN UND ZUBEREITUNG

Maispoularde: 1 küchenfertige, ausgenommene Maispoularde von etwa 1½ kg Gewicht, offenes Feuer mit natürlichem (also unbedingt unbehandeltem) Material für eine Brennzeit von ca. 30 Minuten und einem Rost über dem Feuer
✳ Die Maispoularde ohne weitere Behandlung über dem Feuer garen. Dabei darauf achten, dass Phasen des direkten Kontaktes von Feuer zu Fleisch nur kurz sind. Sind die Flammen zu hoch, muss die Maispoularde auf dem Rost etwas zur Seite gelegt werden. Auf gleichmäßige Garung von allen Seiten achten, vor allem auch auf die Garung der Keulen, die eine etwas längere Garzeit als die Brust brauchen (man muss das Huhn dazu auf die Seite drehen und so gegebenenfalls auch eine Zeit lang festhalten). Auch alle anderen Teile wie den Halsansatz und den Bürzel in die Garung mit einbeziehen. Besonderes Augenmerk sollte man dem Kontakt zu dem Grillrost widmen, der bei dieser Garmethode sehr heiß wird und beträchtliche Spuren hinterlassen kann. Diese sollten vorhanden sein, aber nicht in die Tiefen des Fleisches eindringen. Die Maispoularde ist im Prinzip fertig, wenn man mit einem Holzstäbchen in das Fleisch stechen kann und kein Fleischsaft mehr ausläuft. Die Aussagekraft dieser klassischen Messung ist allerdings begrenzt, weil sie nichts über die Garung an einigen neuralgischen Punkten in der Tiefe des Körpers aussagt. Eine Messung der Kerntemperatur an den dicksten Stellen der Brust und am Keulenansatz ist ebenfalls nicht vollständig ausreichend. Wenn die Messungen an verschiedenen Stellen im Schnitt 60 Grad überschreiten, sollte man die Garung beenden. Danach die Maispoularde für 10 Minuten bei 65 Grad ruhen lassen. Dann tranchieren und noch einmal genau untersuchen: Je nach Größe des Exemplars kann es notwendig sein, die Innenseite der Keule oder die Brustspitze kurz nachzubraten. ✳

Pot-au-feu de volaille blanc, Melange von Zitrusfrüchten und seltenen Pfeffern, Rosmarin und Lavendel

Als Beilagen nehme ich am liebsten ein Bärlauchpesto mit Sauerampfer, begleitet von den »Kartoffeln wie aus dem Kartoffelfeuer« (siehe Seite 73), die man in diesem Fall gut ebenfalls auf dem Rost über dem Feuer (nach Al-dente-Vorgarung) fertigstellen kann.

BÄRLAUCHPESTO MIT SAUERAMPFER
ZUTATEN UND ZUBEREITUNG

15 g ungesalzene Butter, 15 g fein gehackte Schalotte, 100 ml trockener Weißwein (Colombard), 50 ml Geflügelfond, 50 ml Gemüsefond, 2 gehäufte TL handelsüblichen Bärlauchpesto, 80 g Sauerampfer

※※ In einem flachen Topf bei mittlerer Hitze die Butter schmelzen, die Schalotte dazugeben und anschwitzen. Mit Weißwein ablöschen, den Fond dazugeben und ohne Hast auf die Hälfte reduzieren. Dann das Bärlauchpesto einrühren und 5 Minuten ziehen lassen. Kurz vor dem Servieren den Sauerampfer in Streifen schneiden und einrühren. ※※

ANRICHTEN

Auf jedem Teller sollte ein Stück Brust mit Haut und etwas Keulenfleisch, ebenfalls mit Haut, serviert werden.

Dieses Gericht gehört zu den ältesten in dieser Sammlung und entstand vor ungefähr zwanzig Jahren. Weil wir es bis vor einigen Jahren immer wieder eingesetzt hatten, habe ich es mir für dieses Kapitel noch einmal angesehen und noch einmal gekocht – ohne Veränderungen gegenüber dem erprobten Original. Es hat mir erstens ganz ausgezeichnet geschmeckt und zweitens war ich überrascht, wie modern es immer noch wirkt. Jedenfalls haben wir Gerichte in dieser Richtung nur äußerst selten bekommen. Das passt in gewisser Weise zu dem Koch, dessen Arbeit mich zu Beginn der Neunzigerjahre in diese Richtung angeregt hat. Wohlgemerkt, angeregt, weil Olivier Roellinger, der inzwischen zurückgetretene Drei-Sterne-Koch aus Cancale in der Bretagne, ein solches oder auch nur ähnliches Gericht nie gemacht hat. Er hat allerdings recht klare und flüssige Saucen eingesetzt, die immer fein nach Gewürzen schmeckten und meistens so, dass man diese so gut wie gar nicht identifizieren konnte. Ich habe bei ihm reihenweise Gerichte gegessen, die so originell und gut schmeckten, wie mir das lange Jahre nicht wieder passiert ist. Was bei ihm ebenfalls bisweilen eine Rolle spielte, war die Verwendung von Fruchtsäure in Gerichten des normalen, herzhaften Programms. Auch das war damals in Europa so gut wie unbekannt. Roellinger hat, soviel ist heute klar, schon sehr frühzeitig sehr individuell über die Küche nachgedacht und das eigentlich kulinarischer, als viele seiner Kollegen. Die Hauptprodukte jeder Kreation standen immer so eindeutig und klar und in so überragender Qualität im Mittelpunkt (zumindest bei Fisch und Meeresgetier), dass sein Restaurant später auch für viele seiner berühmtesten Kollegen zu einer Art Wallfahrtsort wurde. Dass er heute nicht mehr kocht, ist ein Verlust für die Fisch- und Gewürzküche, der bisher nicht ausgeglichen wurde (wer ihm in der Finesse der Fischbehandlung heute recht nahe kommt, ist übrigens Gérald Passédat vom »Petit Nice« in Marseille). Hier also das Rezept, das nicht gerade unaufwendig ist, aber ein ganz spezielles Ergebnis bringt. Die Verwendung von Trüffel ist ein Luxus, der das Gericht perfekt abrundet. Man kann aber auch darauf verzichten und hat immer noch das charakteristische Geschmacksbild dieses Rezeptes.

ZUTATEN UND ZUBEREITUNG (FÜR 4 PERSONEN)

Marinade: 1 Brust (= 2 Filets) von einem Huhn (Bresse, Label Rouge oder Bio-Huhn bester Provenienz) von etwa 1½ kg, 1 Putenfilet, 2 Brüstchen von Stubenküken, trockener Weißwein (Colombard), 2 Zweige Thymian, 1 Knoblauchzehe, Zitrone
✼✼ Die Fleischstücke säubern, Huhn und Pute in größere Stücke schneiden, die Brustfilets des Stubenkükens ganz lassen. In einer nicht zu großen Schüssel mit dem Wein bedecken, Thymian, die gewürfelte Knoblauchzehe und einige Spritzer Zitrone dazugeben. Mit Folie abdecken und 6 Stunden im Kühlschrank marinieren. ✼✼

Suppe: 20 g ungesalzene Butter, 15 g Schalottenwürfel, 5 mittlere Kartoffeln, geschält und gewürfelt, 80 g Möhrenwürfel, 60 g Lauchabschnitte. 80 g gewürfelte Petersilienwurzel, 60 ml Sherry Amontillado (bevorzugt: Argüezo), 100 ml trockener Weißwein (Colombard), 200 ml Geflügelfond, Saft von 1 rosa Grapefruit, Saft von 1 großen Orange, Saft von 2 Passionsfrüchten, frisch gemahlener Pfeffer (aus 2 Stücken Langer Pfeffer, 12 Körner Kubebenpfeffer, 6 Sarawak-Pfeffer und 6 Szechuanpfeffer), fakultativ: 20 g vollreife Périgord-Trüffel, in Stäbchen geschnitten

✼✼ Die Butter erhitzen, die Schalottenwürfel darin anschwitzen. Das Gemüse dazugeben und ebenfalls anschwitzen. Mit Sherry ablöschen, den Weißwein angießen, aufkochen. Fond und Säfte dazugeben und sanft weiterköcheln lassen. Nach etwa 10 Minuten Pfeffer und ⅔ der Trüffel dazugeben. ✼✼

Vorgarung Geflügelteile: 20 g ungesalzene Butter, 3 EL Olivenöl, abgezupfte Nadeln von 2 Zweigen Rosmarin, 2 EL gezupfte Lavendelblätter –
✼✼ In einer großen beschichteten Pfanne Butter und Olivenöl erhitzen. Die Kräuter zugeben und kurz wenden. Dann die abgetupften Geflügelstücke dazugeben und unter regelmäßigem Wenden etwas Farbe annehmen lassen. Die Kolorierung jedes Stücks überprüfen und aus der Pfanne nehmen. ✼✼

Fertigstellung: 1 Zweig Rosmarin und 1 EL Lavendelblätter
✼✼ Blätter und Nadeln fein hacken. Die Geflügelteile in die Suppe geben und etwa 15 Minuten ziehen lassen. Die Suppe darf nicht mehr kochen. 2 Minuten vor dem Servieren die restlichen Trüffel zugeben. Pro Teller jeweils die drei Sorten Geflügel gleichmäßig verteilen. Die Trüffel ebenfalls gleichmäßig verteilen. Zum Schluss über alles fein gehackten Rosmarin und Lavendel geben. ✼✼

ANMERKUNGEN

Nachdem ich das Gericht einige Jahre lang nicht gegessen hatte, habe ich es anlässlich der Koch-Session für dieses Buch wieder mit besonders viel Distanz und Interesse probiert. Es lebt eindeutig von dem ungewöhnlichen, aber sofort zugänglichen und überzeugenden Aroma von Zitrusfrüchten, exotischen Pfeffern, die mit ihrem ätherischen Anteil die Zitrusfrüchte unterstützen,

und den Kräutern, die in dieser Funktion eher selten vorkommen.

Zur Erzielung einer guten Qualität sind ein paar Punkte besonders wichtig. Einmal natürlich die Produktqualität des Geflügels, das unbedingt vorsichtig koloriert werden sollte, um jede Übergarung zu verhindern. Deshalb ist es auch so wichtig, es am Ende der Zubereitung in der heißen Flüssigkeit nur gar ziehen zu lassen. Das Geflügel bekommt durch die Marinade eine erste dezente Säure, die dann durch die Fruchtsäure in der Suppe weiter ausgebaut und modifiziert wird. Es hat sich dabei gezeigt, dass auch die Qualität der Zitrusfrüchte eine wichtige Rolle spielen kann. Der Unterschied zwischen einer schwach aromatischen Orange und einer mit einer vollen Fruchtnote ist riesig. Normalerweise bin ich beim Einsatz von Passionsfrucht sehr vorsichtig, weil ihr Aroma für mich erst einmal etwas eher Plakatives an sich hat, das in vielen Restaurants viele Gerichte banalisiert. Hier aber ist das Aroma eingebunden (also an die Aromen der Zitrusfrüchte gekoppelt) und leistet ganz wunderbare Dienste. Es sorgt eindeutig für Komplexität. Ein Wort noch zu den Trüffeln, die in diesem Buch nur in diesem Gericht vorkommen (was aber Zufall ist; Trüffel mögen zwar ein teures Produkt sein, sind aber bei gutem Einsatz und wenn sie von guter, reifer Qualität sind, einfach auch ein wunderbares Produkt). Ich benutze seit vielen Jahren meist Trüffel (wir reden hier von schwarzen Perigord-Trüffeln), die ich eingefroren habe, und zwar völlig unbehandelt, also ohne sie vorher in Portwein aufzukochen oder sonst irgendetwas zu machen. Ich kaufe sie dann, wenn sie reif und in bestem Zustand sind, also etwa ab Mitte Februar und üblicherweise bei »Trüffelpapst« Ralf Bos, dessen Firma Bos Food nicht weit entfernt von uns liegt. Dann werden sie nur noch portioniert, in Alufolie gewickelt und in Gefrierbeuteln gelagert. Als ich das vor vielen Jahren zum ersten Mal gemacht habe, war ich überrascht davon, dass die Trüffeln nach dem Auftauen pechschwarz waren und eigentlich in der Konsistenz und Optik so aussahen, als seien sie schon gegart. Um schöne Streifen oder Scheiben von ihnen abzuschneiden, brauchte man sie nur noch zum »richtigen« Zeitpunkt (wenn sie noch nicht vollständig aufgetaut waren) zu schneiden und kurz zu erwärmen. Das war alles. Etwas später erfuhr ich von dem französischen Avantgardisten Marc Veyrat, dass die Trüffel tatsächlich durch den Gefriervorgang und das Auftauen einem Prozess unterworfen werden, der dem Garen gleichkommt. Und noch etwas: Wenn Sie Trüffel einsetzen wollen, gilt unbedingt der Satz: »Zu wenig Trüffel ist Geldverschwendung«. Das hat nichts mit Schicki-Micki-Gehabe zu tun, sondern schlicht und einfach damit, dass man eine bestimmte Menge an Trüffeln braucht, um das Gefühl zu haben, dass ihr Aroma wirklich einen klaren Beitrag zu einem Gericht leistet. Auch bei diesem Pot-au-feu können Sie ruhig noch mehr Trüffel einsetzen, als ich oben empfohlen habe.

Umami-Jakobsmuscheln

In den letzten Jahren haben sich viele moderne Spitzenköche mit der östlichen und vor allem der japanischen Küche beschäftigt. Dabei entwickelte sich eine besondere Faszination für »Umami«, den fünften Grundgeschmack neben süß, sauer, salzig und bitter. Rund um diese Grundwahrnehmung gab es vor Jahren vor allem negative Diskussionen, weil er sehr viel mit dem Glutamat-Geschmack zu tun hat, der in der östlichen Küche sehr vielen Lebensmitteln beigemischt wird und bei uns vor allem als künstlicher Geschmacksverstärker bekannt wurde. Dass Glutamat mittlerweile scheinbar kaum noch irgendwo vorkommt, muss man übrigens etwas differenzierter sehen: Die heute vielen Fertigprodukten beigemischten Hefen haben quasi den gleichen Effekt. Das ist hier aber nicht das Thema, sondern die Tatsache, dass es eine ganze Reihe von Produkten gibt, die über einen hohen natürlichen Anteil von Umami verfügen. Sie schmecken – um das einmal etwas plakativ auszudrücken – von Natur aus komplex gewürzt. Zu diesen Produkten gehören unter anderem Tomaten, diverse Käse, Pilze, Fermentiertes und viele Sojaprodukte. Mich interessieren diese Produkte vor allem auch deshalb, weil ich meist ohne zusätzliche Gaben von Salz oder Pfeffer koche, also den Produkten nicht grundsätzlich eine kräftige Würze mitgebe (siehe Seite 139). In meinen Augen werden sie durch Salz und Pfeffer nicht in ihrem natürlichen Eigengeschmack verstärkt, sondern eingeschränkt. Mich hat es jedenfalls gereizt, einmal ein Gericht zu entwickeln, bei dem gleich eine ganze Reihe von solchen Umami-Produkten Verwendung finden – unter anderem, um einmal zu verfolgen, wie sich solche intensiven Aromen vertragen und welches Zusammenspiel sie entwickeln, wenn sie sozusagen unter sich sind. So entstand vor einigen Jahren dieses Gericht, das dann wegen seines ungewöhnlichen Geschmacksbildes und der vielen interessanten Details zu einem unserer Klassiker wurde, der immer wieder eingesetzt wird, wie bei mir üblich natürlich immer wieder in leicht abgewandelten Fassungen. Es kommen hier übrigens einige Produkte zusammen, die man teilweise nicht so ohne Weiteres überall kaufen kann. Am Ende des Buches gibt es dazu einige Adressen. Hier das Rezept:

ZUTATEN UND ZUBEREITUNG
(FÜR 4 PERSONEN IN EINEM MENÜ,
FÜR 2 PERSONEN ALS HAUPTGERICHT)

Tomatengelee: Olivenöl, 1 große, reife Tomate, 2 gehäufte TL Püree von getrockneten Tomaten, 1 EL Tomatenketchup, 1 gehäufter EL Tomatenmark
✱✱ Die Tomate halbieren, den Stielansatz (aber nicht die Kerne) entfernen, dann die Tomate grob würfeln. In erhitztem Olivenöl schmelzen lassen. Umrühren, die weiteren Zutaten hinzufügen und bei geschlossenem Deckel etwa 15 Minuten kompottieren lassen. Durch ein normales Sieb (kein feines Passiersieb) in eine kleine Kasserolle passieren. ½ TL Agar-Agar einrühren und unter Rühren aufkochen. In eine kleine rechteckige Form geben, kurz abkühlen lassen und dann zum Verfestigen in den Kühlschrank stellen. ✱✱

Jakobsmuscheln: Pro Person 2–3 ausgelöste Jakobsmuscheln von gleichmäßiger Größe, 25 g ungesalzene Butter
✱✱ Die Jakobsmuscheln waschen und gut abtrocknen. 1 TL Butter in einer beschichteten Pfanne schmelzen lassen und die Muscheln bei mittlerer Hitze garen. Nach 3 Minuten frische Butter nachgeben und die Muscheln überglänzen.

Sie sollen einseitig eine leichte Butterkolorierung haben, also keine deutlichen Röstspuren. ∗∗

Umami-Reis: 20 g ungesalzene Butter, 100 g bester Risottoreis (Vialone Nano o. ä.), Geflügelfond, 2 gehäufte EL frisch geriebener Parmesan bester Herkunft (ca. 24 Monate alt)
∗∗ Die Butter in einem kleinen Topf bei mittlerer Hitze schmelzen. Den Reis unter Rühren kurz anschwitzen. Mit Fond knapp bedecken und bei niedriger Hitze und aufgelegtem Deckel leicht köchelnd garen. Ab und zu umrühren, damit der Reis nicht ansetzt. Ein- bis zweimal etwas Fond nachgeben. Wenn der Reis beginnt weicher zu werden, den Deckel entfernen und die Flüssigkeit reduzieren. Kurz vor dem Servieren den frisch geriebenen Parmesan unterrühren. ∗∗

Creme von fermentierten Zwiebeln: 8 kleine, fermentierte Zwiebeln, 80 ml Sahne
∗∗ Die fermentierten Zwiebeln mit der Sahne erhitzen und 10 Minuten auf kleiner Flamme ziehen lassen. Dann die Zwiebeln mit der Gabel zerdrücken und die Creme aufrühren. Weitere 10 Minuten ziehen lassen. ∗∗

Graubrot: 1 handelsübliches Graubrot, japanischer Apfel-Balsam-Essig
∗∗ Von dem Brot die Rinde entfernen, pro Person 2–3 unregelmäßige Brotwürfel von rund 4 cm Größe schneiden. In eine kleine Schüssel legen und mit jeweils einigen Tropfen Balsamessig beträufeln. Nach einigen Minuten einmal vorsichtig wenden. ∗∗

Kräuterseitlinge: 4 große Kräuterseitlinge, 15 g ungesalzene Butter, 50 ml Kalbsfond, 50 ml Sahne, 1 EL heller Dashi-Fond
∗∗ Die Kräuterseitlinge schräg in jeweils 3–4 größere Stücke schneiden. In einer kleinen Kasserolle bei mittlerer Hitze die Butter schmelzen und die Pilzstücke darin einseitig leicht kolorieren. Mit dem Kalbsfond ablöschen und die Sahne angießen. Etwa 10 Minuten leicht köchelnd reduzieren lassen, bis sich eine deutliche Cremigkeit ergibt. Den Dashi-Fond dazugeben, vorsichtig umrühren und 5 Minuten auf kleiner Flamme ziehen lassen. ∗∗

Zum Anrichten: Jeweils pro Person 3 kleine Stücke kalter Räucheraal ohne Haut (ca. 3 x 2 cm), 3 TL kalter Lachskaviar, 4 Parmesanspäne, einige Tropfen Umami-Tomatensirup (Antoniewicz)
∗∗ Die Elemente wie auf dem Bild in einer Reihe anrichten. Dabei möglichst viele unterschiedliche Zusammenstellungen bilden, damit sich beim Essen immer wieder neue Akkorde ergeben. ∗∗

ANMERKUNGEN

Normalerweise ist eine gewisse Vorsicht geboten, wenn man eine ganze Reihe von intensiven Aromen gleichzeitig verwenden will. Sie können sich gegenseitig »die Luft zum Atmen« nehmen oder – wie man beim Fußball sagt – die Räume eng machen. Hier ist es erstaunlich, wie gut die Elemente zusammenarbeiten – mit vielleicht einer Ausnahme, die beim Essen etwas vorsichtiger eingesetzt werden muss. Der Grund für die gute Zusammenarbeit findet sich im sensorischen Bereich. Es gibt hier eine ganze Reihe von unterschiedlichen Texturen und Temperaturen, die dafür sorgen, dass sich die Elemente nicht zu ähnlich werden, sondern die Wahrnehmung sich zeitlich

Räucherlachs-Carpaccio mit Coulis von Birne, Zucchini und Apfel

staffelt. So ist auch der Hinweis beim Anrichten zu verstehen, der darauf abzielt, eine möglichst große Vielfalt zu erzeugen. Das aromatisch schwächste Element sind zweifellos die Jakobsmuscheln. Sie werden über zwei verschiedene Aspekte dennoch in ein sinnvolles Licht gerückt. Einmal werden sie als Elemente mit wenig Würze gegenüber den stark würzigen quasi freigestellt (das sogenannte kontrastierende Prinzip). Und dann haben sie eine so spezielle Textur, dass sie sich ebenfalls gegenüber den anderen Elementen deutlich absetzen – auch gegenüber den texturähnlichen Pilzen, weil diese eben mit dem Dashi-Fond eine recht eigenständige und kräftige Würze haben.

Die oben erwähnte Ausnahme, die vorsichtig eingesetzt werden muss, ist der Räucheraal mit seinem sehr kräftigen, sehr typischen und nachhaltigen Aroma. Hier empfiehlt es sich, erst einmal ein kleines Stückchen zu probieren, um die Stärke richtig einschätzen zu können, und dann vorsichtig zu dosieren. Noch kleinere und dafür mehr Stückchen Räucheraal einzusetzen, halte ich dennoch nicht für eine gute Idee, weil man dann das Aroma leicht zu oft und ziemlich zufällig aufnimmt. Man sollte den Räucheraal aber keineswegs weglassen, weil er genau in dieser Verwendung und mit diesen Aromen einen enormen Effekt hat und sozusagen blendend inszeniert wird. Wie immer bei solchen vielfältigen Kompositionen sollte man langsam und forschend essen.

Seite 130: Umami-Jakobsmuscheln (Seite 128).
Seite 131: Räucherlachs-Carpaccio.

Dieses Rezept ist das älteste in dieser Sammlung von Optimierungen und Gerichten, die ich immer wieder koche. Es stammt aus den Achtzigerjahren, ist also nur wenige Jahre nach dem Zeitpunkt entstanden, an dem ich mich der guten Küche und dem Kochen zugewandt habe. Dass man auch mit Räucherlachs ein Carpaccio machen kann, ist vergleichsweise naheliegend. Das Coulis von Birne, Zucchini und Apfel, das dem Ganzen etwas ziemlich Besonderes gibt, ist es aber sicherlich nicht. Und ich habe keine Ahnung, was mich damals dazu gebracht hat, diese Kombination zu wählen. Wenn ich jetzt darüber nachdenke, kann ich nur zu dem Schluss kommen, dass ich heute vermutlich nicht auf diese Idee käme. Trotzdem: Es schmeckt wirklich gut und ist eine ideale Ergänzung zum Räucherlachs, der hier – gute Zutaten vorausgesetzt – absolut wie ein Edelprodukt wirkt. Warum ich es in den riesigen Menüs, die ich früher zubereitet habe, immer wieder ausgewählt habe, liegt wohl auch an der Technik. Man braucht nur das Coulis irgendwann einmal vorzubereiten. Der Rest dauert nur Minuten. Hier das Rezept:

ZUTATEN UND ZUBEREITUNG (FÜR 2 PERSONEN, ALS KLEINIGKEIT AUCH FÜR 4 PERSONEN)

Coulis von Zucchini, Birne und Apfel: 20 g ungesalzene Butter, 15 g Schalottenwürfel, 70 g Zucchini, 100 g Birne, 70 g Apfel, 70 g Tomate, alles gewürfelt, 100 ml Gemüsefond, Zitrone, Pfeffermischung aus der Mühle (5 Sorten, ein französisches Produkt), Zimt, 3 EL Tawny Port, 1 EL Essig von einer Auslese/Beerenauslese

✳✳ In einem kleinen Topf die Butter schmelzen. Die Schalotten dazugeben und anschwitzen. Dann Gemüse- und Fruchtwürfel dazugeben und anschwitzen, bis sie beginnen weich zu werden und ihren Saft abzugeben. Den Fond angießen und einige Spritzer Zitrone dazugeben. Den Deckel auflegen und leicht köchelnd 20 Minuten kompottieren. Dann pürieren und durch ein normales Sieb in eine kleine Sauteuse passieren. Mit etwas Pfeffer, Tawny Port und dem Essig würzen, gut umrühren und noch etwa 10 Minuten ganz leicht köchelnd reduzieren. Vor dem Servieren gegebenenfalls leicht erwärmen. ✳✳

Kartoffelchips: 3 La-Ratte-Kartoffeln, Traubenkernöl
✳✳ Die Kartoffeln schälen und – am besten mit einem Trüffelhobel – in dünne Scheiben hobeln. Die besten aussuchen und in einer kleinen Pfanne in erhitztem Traubenkernöl goldbraun backen. Auf Küchentuch abtropfen lassen. ✳✳

Anrichten: 150 g Räucherlachs von guter Qualität in dünnen Scheiben, kleine Blättchen Rucola, Olivenöl, Limettenöl, mit der Microplane-Reibe geriebener Parmesan, in feine Streifen geschnittenes Basilikum
✳✳ Wie auf dem Bild anrichten. Olivenöl und Limettenöl in einigen nicht zu voluminösen Fäden applizieren und mit einer begrenzten Menge Rucola und Basilikum bestreuen. Den Parmesan (wegen seiner extrem leichten Konsistenz) großzügig über das ganze Gericht streuen. ✳✳

ANMERKUNGEN

Wieder spielt die Produktqualität eine große Rolle. Beim Lachs geht es allerdings eigentlich nicht um den teuersten Spezial-Räucherlachs, den man irgendwo bekommen kann, sondern um seriöse Standardqualitäten aus dem ganz normalen Handel. Ich benutze dazu meistens den Kodiak-Wildlachs von Friedrichs. Es geht bei diesem Rezept explizit darum, solche handelsüblichen Produkte zu verwenden und zu veredeln. Mit einem dicken Stück zum Beispiel von einem Balik-Lachs würde ich dieses Rezept nicht empfehlen, sondern dann eher auf eine minimalistischere Zubereitung zugreifen. Bei den Ölen bewähren sich hier die eher frischen, leicht fruchtigen Sorten, beim Limettenöl sollte es eine gute Qualität sein (also normalerweise eine, die man nicht im Supermarkt, sondern im Spezialhandel bekommt). Größte Vorsicht ist beim Ausbacken der Kartoffelscheiben geboten. Zu starke Röstnoten stören bei diesem Rezept den Zusammenhang ganz gewaltig. Die Farbe sollte gleichmäßig goldbraun und keineswegs dunkelbraun sein. Der Parmesan ist bei mir immer eine Qualität von mindestens 24 Monaten Reifung.

Lamm mit Tomatenvariation, karamellisiertem Fenchel, Schafskäse und zerdrückten Oliven-Kartoffeln

Dieses Rezept ist eine von verschiedenen Varianten, die sich rund um einen Lammrücken mit dem Gewürz »Grand Caravan« und Tomaten entwickelt haben. »Grand Caravan« ist eine der besten Gewürzmischungen aus der Hand von Olivier Roellinger, die mein aromatisches Bewusstsein für die Möglichkeiten, mit Lamm zu arbeiten, wesentlich geprägt haben. Im Prinzip ist es eine Art »Curry«, aber in diesem Fall äußerst sensibel auf den Fleischgeschmack abgestimmt, und zwar auf den Geschmack etwas älterer Lämmer, also nicht der weitgehend aromenfreien, im Grunde nur »zarten« Milchlämmer, die in meinen Augen nicht nur eine unnötige Art von »Kindermord« sind, sondern auch eher etwas für die Feinschmecker alten Typs, die anscheinend beim Fleisch möglichst wenig Konkretes und möglichst wenig Geschmack auf dem Teller haben wollen (dafür aber viel Salz und Pfeffer). Ein besonderer Irrsinn ist da übrigens auch die Spanferkel-»Qualität« U5, also Tiere, die keine fünf Kilo wiegen. Wissen Sie, wie klein und jung diese Tiere sind?

Aber zurück zu Besserem. Roellinger hat seine Gewürzmischung für das Salzwiesenlamm in seiner Nähe entwickelt, also das »Agneau de pré salé«, das auf den flachen Salzwiesen in der Bucht des Mont St-Michel in der Bretagne gezüchtet wird. Es ist kein Milchlamm, sondern bereits mit der Mutter und der Herde draußen auf den Wiesen und wird erst geschlachtet, wenn es in etwa ausgewachsen ist. Zu diesem Zeitpunkt hat es durch das Futter deutlich mehr Aroma im Fleisch als ein Milchlamm, aber noch nicht so viel Muskelmasse, um die Zartheit zu verlieren. Man kommt bei der Arbeit mit solchen nahezu erwachsenen Lämmern und diesem Gewürz in eine dezent anders aufgebaute aromatische Landschaft mit einem feinen Süße-Würze-Säure-Spiel, das im Endeffekt ein sehr schön natürliches, aber gleichzeitig raffiniertes und vielfältiges Geschmacksbild ergibt. Hier das Rezept:

ZUTATEN UND ZUBEREITUNG (FÜR 2–4 PERSONEN)

Lammrücken: 1 Lammrack (am besten mit Fettdecke über den Knochen), Olivenöl, »Poudre Grand Caravan« (Epices Roellinger)

✻✻ Den Ofen auf 180 Grad Unter- und Oberhitze vorheizen. Das Fleisch gegebenenfalls über dem Kotelett-Strang von etwaigen Häuten usw. säubern. In 1 EL Olivenöl bei etwas mehr als mittlerer Hitze in einer beschichteten Pfanne auf allen drei Seiten kolorieren, also auch in der Pfanne »stehend« (dazu stützt man das Rack mit Löffeln o. Ä. ab). Nach Ende der Kolorierung aus der Pfanne nehmen und 10 Minuten neben dem Herd ruhen lassen. Rundum mit »Grand Caravan« würzen, dabei das Pulver gut ins das Fleisch einreiben. Zum Beenden der Garung mit dem Bratensaft in den Ofen geben. Einmal wenden und die Temperatur an verschiedenen Stellen des Fleisches kontrollieren. Wenn die niedrigste gemessene Temperatur 56 Grad erreicht hat, das Fleisch entnehmen und 15 Minuten unter locker aufgelegter Alufolie ruhen lassen. ✻✻

Tomatenmarmelade mit Buchweizenhonig:
3 mittlere Tomaten, 1 EL Olivenöl, 50 ml Gemüsefond, 2 gehäufte TL Buchweizenhonig

✻✻ Die Tomaten vom Stielansatz befreien (aber nicht vom Kerngehäuse) und grob würfeln. In einem kleinen Topf die Tomatenwürfel in Olivenöl anschwitzen, bis sie zu schmelzen beginnen. Den Fond angießen, aufkochen und die Tomaten bei aufgelegtem Deckel langsam köchelnd konfieren.

Nach etwa 5 Minuten den Buchweizenhonig einrühren. Nach mindestens 15 Minuten den Ansatz durch ein normales Sieb in eine kleine Sauteuse passieren, dabei die Tomatenreste gut ausdrücken. Langsam um etwa ein Drittel reduzieren. ✺✺

Vinaigrette von Tomate und Pinienkernen:
3 mittlere Tomaten, 1 EL Olivenöl, Zitrone, 50 ml Lammfond, 2 EL Riesling-Essig (Gegenbauer), 1 EL geröstete Pinienkerne
✺✺ Die Tomaten vom Stielansatz befreien, entkernen und in Streifen schneiden (die Kerngehäuse für eine andere Zubereitung verwenden). In einer kleinen Sauteuse bei mittlerer Hitze im Olivenöl schmelzen lassen. Einige Spritzer Zitrone dazugeben, den Fond und den Essig angießen. Leicht köchelnd konfieren lassen. Kurz vor dem Servieren die Pinienkerne ohne Fett in einer kleinen beschichteten Pfanne nicht zu dunkel rösten. Zum Servieren mit dem Tomatenansatz verrühren. ✺✺

Karamellisierte Fenchelscheiben:
Pro Person 1 Scheibe Fenchel von etwa 6–8 mm Dicke, 3 EL Olivenöl, Zitrone, 1 gehäufter EL Tasmanischer Leatherwood-Honig
✺✺ Den Fenchel von den Stielansätzen befreien. Den Wurzelansatz (wenn vorhanden) vorsichtig abschneiden, ohne den Strunk anzuschneiden. In einer beschichteten Pfanne das Olivenöl erhitzen. Die Fenchelscheiben einlegen, mit ein paar Spritzern Zitrone würzen und bei etwas mehr als mittlerer Hitze auf beiden Seiten kolorieren. Die Scheiben sollen deutliche Röstspuren tragen. Dann den Honig dazugeben, auflösen, verrühren und bei geschlossenem Deckel 5 Minuten konfieren lassen. Einige Minuten vor dem Servieren den Deckel entfernen, die Hitze erhöhen und die Fenchelscheiben karamellisieren. Die Scheiben dürfen dabei dunkle Röstnoten entwickeln. Ab und zu mit dem Karamell überglänzen. ✺✺

San-Marzano-Hälften: 2 EL Olivenöl,
1 EL getrocknete provenzalische Kräuter,
pro Person 4 Mini-San-Marzano-Tomaten oder kleine längliche Kirschtomaten
✺✺ Das Olivenöl in einer Pfanne erhitzen, die Kräuter einstreuen und die halbierten Tomaten mit der Schnittfläche nach unten in die Pfanne legen. Kurz und kräftig anbraten, bis sie gerade eben beginnen, erkennbar weich zu werden. (Anmerkung: Normalerweise löse ich vor der Garung der Tomatenhälften in dem Olivenöl 1 TL Honig auf, der mit den Kräutern zusammen ein sehr schönes Aroma ergibt. Weil bei diesem Gericht Honig aber schon beim Fenchel und der Tomatenmarmelade eine Rolle spielt, setze ich die Tomatenhälften hier ohne Honig ein.) ✺✺

Zerdrückte Kartoffeln mit Olivenöl: 2 große mehligkochende Kartoffeln, Fleur de Sel, 3 + 2 EL stark fruchtiges Olivenöl (z. B. Cornille)
✺✺ Die Kartoffeln in Salzwasser garen, das Wasser abschütten, die Kartoffeln schälen und zurück in den Topf geben. Mit der Gabel nicht zu fein zerdrücken, dabei mit 3 EL Olivenöl und 1 Prise Fleur de Sel vermischen. Die Kartoffeln sollten deutlich nach Olivenöl schmecken. Auf dem Teller nochmals etwas Olivenöl über die angerichteten Kartoffeln geben. ✺✺

Anrichten: Schafskäse vom Block
✺✺ Wie auf dem Bild anrichten. Den Schafskäse in unregelmäßigen Stückchen auf dem Teller verteilen. ✺✺

ANMERKUNGEN

Trotz der auf den ersten Blick größeren Mengen von Honig ist die Begleitung bei weitem nicht süß. Bei der Tomatenmarmelade mit Buchweizenhonig sorgt dafür das sehr spezielle, fast etwas fremdartige Aroma des Buchweizenhonigs, das nie wirklich süß wirkt. Ich finde es ideal mit Tomate, weil das Eigenaroma der Tomate mit seinen vielfältigen Teilaromen in alle möglichen Richtungen gehen kann, darunter vor allem auch in solche, wo eine Art leicht herbe Süße anzutreffen ist. Die zweite Süßquelle sind die karamellisierten Fenchelscheiben, bei denen aber das Karamell so weit in die Bitterstoffe gebracht wird, dass es ebenfalls nicht wirklich süß schmeckt. Die Optik der ein wenig verbrannt wirkenden Scheiben werden hier wegen des unvergleichlichen Aromas einfach in Kauf genommen. Das sieht vielleicht etwas wild aus, aber wenn man wirklich Geschmack will, sehen die Gerichte eben anders aus als manche gestylten Teller. Insgesamt geht es hier um ein dezentes Spiel zwischen Karamellnoten, exotischen Zuckernoten und einer leichten Säure als dezentem Gegengewicht.

Die zerdrückten Kartoffeln sind übrigens ein Element, das der gerade im mediterranen Fach sehr gute Alain Ducasse gerne benutzt. Probieren Sie unbedingt einmal, Kartoffelpüree oder zerdrückte Kartoffeln mit Butter und Olivenöl gleichzeitig fertigzustellen, am besten bei einem Püree, das man nicht so fein püriert, sondern mit Absicht etwas weniger homogenisiert lässt, damit der Eigengeschmack der Kartoffeln immer wieder zu spüren ist. Auch diese Zubereitung bekommt eine Optik, die ausschließlich vom Geschmack her bestimmt ist. Mein bevorzugtes Olivenöl für diese Zubereitungen (»Moulin Jean-Marie Cornille«) stammt aus Maussane in der Nähe von Saint-Rémy in der Provence, und zwar von der dortigen Kooperative.

Grundsätzliches 1
Anmerkungen zu Salz und Pfeffer

Um es gleich vorweg zu sagen: Ich habe zu Salz und Pfeffer ein sehr kritisches Verhältnis. Oder, besser gesagt, zu der Art und Weise, wie heute noch oft mit Salz und Pfeffer umgegangen wird. Das führte schon dazu, dass ich einmal geschrieben habe: »Wenn Sie im Fernsehen bei einer Kochsendung einen Koch sehen, der gleich mehrere Elemente eines Gerichtes mit Salz und Pfeffer würzt, schalten Sie ab, der kann nicht kochen.« Gleichzeitig muss ich natürlich feststellen, dass ich selbst eine beträchtliche Sammlung von Salz- und Pfeffersorten habe. Wo also ist das Problem? Man sagt immer wieder, Salz und Pfeffer seien »ein Geschmacksverstärker«. Genau das ist das Problem. Bis vor nicht allzu langer Zeit hat man diesen Satz ohne den geringsten schlechten kulinarischen Hintergedanken benutzt. Ich habe diese Argumentation aufgenommen und Salz und Pfeffer in dieser Funktion als einen Geschmacksverstärker wie Glutamat bezeichnet. Für mich haben Leute, die alles mit Salz und Pfeffer berieseln, »damit es Geschmack bekommt«, eine Art Abhängigkeit von im Prinzip industriellen Geschmacksbildern. Ich liebe Salz und Pfeffer – aber nur als Gewürz, das man so einsetzt, wie man auch andere Gewürze einsetzt, also mit einem klaren kulinarischen Konzept und bestimmt nicht die gleichen Gewürze bei jedem Rezept.

Wenn ich koche, gibt es fast in keinem Fall eine frühzeitige Gabe von Salz und Pfeffer. Alle Produkte sollen sich bei der Garung erst einmal mit möglichst wenig Einfluss von anderen Aromen entwickeln, oft auch »im eigenen« Saft oder nur mit Zugaben, die ihr Aroma nicht wesentlich tangieren. Wenn ich also zum Beispiel ein Stück Rindfleisch brate, gibt es zuerst nur ein Ziel, nämlich das Erzeugen einer möglichst gleichmäßigen Bratkruste, um die berühmte Maillard-Reaktion zu erreichen, die das Wichtigste bei einem gebratenen Stück Fleisch ist und – wenn man so will – der eigentliche Grund, warum man Fleisch brät. Würde man das Stück Fleisch vorher mit Salz und Pfeffer bearbeiten, hätte man mehrere ungünstige Effekte. Das Salz entzieht dem Fleisch sofort Wasser und dieses kocht dann eigentlich mehr, als es brät. Die Maillard-Kruste jedenfalls wird dadurch nicht schöner. Beim Pfeffer besteht sogar die Gefahr, dass er verbrennt und kontraproduktive Röstnoten erzeugt, die den ganzen Geschmack beeinträchtigen können. Ich arbeite also an einer gleichmäßigen Bräunung, und zwar ganz systematisch, also auch an den Seiten und so kontrolliert, dass sich wirklich nur Bräunung und keine verbrannten Stellen ergeben. Wenn dann das Fleisch nach der Ruhezeit serviert wird, gebe ich auf dem Teller gleichmäßig etwas Fleur de Sel o. Ä. auf das Fleisch, Pfeffer allgemein nur in ganz seltenen Fällen. Es gibt allerdings auch noch einen Mittelweg, den ich je nach Rezept nutze. Er besteht darin, das Fleisch nach Abschluss der eigentlichen Garung (also vor der Ruhezeit) mit Salz und/oder Pfeffer regelrecht zu massieren. Auch das geht – wenn man denn unbedingt eine intensive Salz- und Pfefferwürze haben will.

In der Küche. Detail Gewürzregal.

Jetzt könnte man natürlich einwenden, dass die Produkte ohne Salz und Pfeffer zu fade schmecken. Dazu muss man auf zwei Ebenen weiterdenken. Die erste hat etwas mit der Frage zu tun, ob es tatsächlich fade schmeckt, und die zweite, ob vielleicht das Problem darin besteht, dass wir das Essen ohne Salz und Pfeffer mittlerweile aus Gewöhnung fade finden. Vor einiger Zeit hatte ich das Vergnügen, für einen großen Freund und wichtigen Förderer meiner Arbeit zu kochen. Es gab unter anderem den winterlichen Gemüseteller, den Sie auf Seite 39ff. finden. Er fragte mich, wodurch denn eigentlich der Kohlrabiring so intensiv nach Kohlrabi schmecke. Ich antwortete: »Weil er nicht gesalzen ist.« Tatsächlich werden die Kohlrabi für dieses Rezept nur in Wasser gegart, das mit etwas ungesalzener Butter angereichert ist. Das Wasser ist so bemessen, dass es in der Höhe nur etwa die Hälfte des Kohlrabirings bedeckt. Dann wird gegart, und zwar mit geschlossenem Deckel und ohne allzu viel Hitze bis man den Eindruck hat, der Ring würde an der Oberfläche langsam etwas weicher werden. Dann entferne ich den Deckel, lasse die Flüssigkeit langsam reduzieren und träufle sie immer wieder über die Kohlrabiringe. Am Ende der Garung sind sie im Idealfall leicht al dente gegart und im Topf ist keine Flüssigkeit mehr vorhanden. Alle Aromen, die der Kohlrabi also an das Wasser abgegeben hat (ein Problem bei vielen Gemüsegarungen), sind ihm wieder zugeführt worden. Er schmeckt dann ganz natürlich »nach Kohlrabi« und wirkt deshalb so intensiv, weil sein Aroma nicht von Salz oder anderen Dingen überlagert und modifiziert worden ist. Wenn man mit solchen Garungen arbeitet, schmeckt nichts fade, sondern alles klar und natürlich. Das hat natürlich auch Folgen für den größeren Zusammenhang der Gerichte. Wenn mehrere Elemente mit gleichen Gewürzen behandelt werden, hat das ganze Gericht eine Art Gewürzschleier, der die einzelnen Elemente unnötig homogenisiert. Es schmeckt dann nicht nur allein nach diesem oder jenem Produkt, sondern immer auch nach Salz oder Pfeffer. Das ist im Grunde kulinarisch kontraproduktiv und eine der schlimmsten unreflektierten Angewohnheiten der klassischen Küche.

Gehen wir nun zu Ebene zwei, also der Frage, ob wir vielleicht mit unserer Wahrnehmung ein Problem haben, das nur gelöst werden kann, wenn wir immer – salopp gesprochen – »die volle Dröhnung« bekommen. Genau das ist das Hauptproblem, und zwar nicht nur für jeden Einzelnen, sondern im Grunde für den ganzen kulinarischen Bereich. Viele Menschen merken überhaupt nicht, dass sie längst ein Opfer industrieller Manipulationen sind und einen industriell manipulierten Geschmack haben. Es schmeckt ihnen – um das einmal etwas holzschnittartig zu benennen – nur dann gut, wenn es »kräftig« schmeckt, wie das weiland schon Franz Beckenbauer in einem ganz frühen Werbespot für Knorr-Suppen gesagt hat.

Wer aber an ein solches »kräftiges« Geschmacksbild gewöhnt ist (oder wird), hat natürlich schnell Probleme, wenn es einmal nicht mehr so kräftig schmeckt. Ich kenne jüngere Leute, die – scheinbar ganz normal – mal Fast Food essen, dann wieder indisch oder gerne auch einmal beim Chinesen. Wenn sie ein Essen der Spitzenküche bekommen, bei dem es wesentlich milder und differenzierter zugeht, schmeckt es ihnen nicht, weil sie es zu fade finden. Und das ist nicht etwa »Geschmackssache«, sondern im Grunde eine zivilisatorische Katastrophe.

Ich habe deshalb schon vor einigen Jahren in der »FAZ – Geschmackssache« eine aromatische Abrüstung gefordert und dabei mit voller Absicht diesen militärischen Begriff benutzt, weil er mir hier sehr passend erscheint. Wir kennen die berühmte Rüstungsspirale zu Zeiten des Kalten Krieges, bei der sich die Supermächte ständig gegenseitig übertreffen wollten, bis alles in einem bizarren Overkill-Potenzial mündete. Bei der industriellen Nahrung ist das ganz ähnlich. Irgendwann stumpft man auch gegen »normal« gewürzte Produkte ab und findet nur noch stärker gewürzte Produkte gut. Ich persönlich finde zum Beispiel nicht nur die alles übertünchenden Gewürzsaucen bei großen Fast-Food-Ketten eine Katastrophe, sondern auch fast alle Tütensuppen und Fertiggerichte (ganz besonders zum Beispiel die »Miracoli« von Kraft), die für meine Begriffe äußerst problematisch überwürzt sind. Man wird abhängig von diesen Intensitäten (im Grunde ganz ähnlich wie bei manchen Tabletten oder Drogen) und ist nur noch zufrieden, wenn man Ähnliches bekommt. Es ist leicht, sich vorzustellen, dass die Industrie und die Fast-Food-Ketten mit einem solchen Effekt ganz ausgezeichnet leben können.

Das Problem ist, dass eine große Zahl von natürlichen Produkten da nicht mithalten kann und schnell als uninteressant angesehen oder für ungenießbar gehalten wird. Was fehlt, ist eigentlich ein Akt der Emanzipation. Wer seine Fähigkeiten, alle möglichen Geschmacksnuancen wahrzunehmen, nicht verlieren will, muss sich von dem verheerenden Einfluss überwürzter Nahrung befreien und fernhalten. Vor diesem Hintergrund fällt dann übrigens auch auf, dass ausgerechnet diejenigen Produkte besonders populär sind, die einen hohen natürlichen Anteil an Glutamat haben (also zum Beispiel Tomaten, Parmesan, diverse Nüsse). Auch das ist vielen Essern vermutlich in dieser Form nicht bewusst. Die Vorliebe für die italienische und viele asiatische Küchen hat vermutlich auch etwas mit dieser unguten Entwicklung zu tun. Jedenfalls ist es kein guter Zustand für eine Zivilisation, wenn sie viele natürliche Produkte nicht essen mag, weil sie ihnen – um es klar zu sagen – nicht künstlich genug schmecken. Aus diesem Grund habe ich ein zurückhaltendes Verhältnis zu Salz und Pfeffer.

EINFACHE PRODUKTE

Im Bratwursthimmel

Wenn man sich intensiv mit dem Essen befasst, führt das einerseits automatisch immer weiter in Richtung der besten Küchen und der interessantesten Ideen. Aber es führt auch unausweichlich in die Gegenrichtung, also hin zu einfachem Essen, hin zu dem, was die Fast-Food-Anbieter machen, hin zu dem, was die Industrie als Essen anbietet. Und da geht es dann schnell nicht mehr nur um die Kritik daran, was denn da alles zu beklagen ist, sondern auch um die Ermittlung guter Ansätze. Für mich ist die Beschäftigung mit einfacheren Formen des Essens im Grunde Teil des Ganzen. Man kann alles gut und alles schlecht machen. Ich habe zum Beispiel einmal in einer Kritik die rhetorische Frage gestellt, was denn eigentlich ein misslungenes Gericht wert ist, bei dem gleich mehrere Regeln der Kochkunst verletzt werden. Hier ein Beispiel aus jüngerer Zeit: In einem Gourmetrestaurant in Innsbruck bekamen wir ein Cordon bleu vom Reh mit einer Nusskruste, ein Gericht, bei dem quasi alles aus den Fugen geraten war. Man schmeckte nichts vom Reh, und der ganze Zusammenhang war sensorisch so schlecht aufgebaut, dass es wirklich an keiner Stelle Spaß machte, es zu essen. Da kann dann ein einfaches, sauber und konsequent erarbeitetes Gericht in einem bürgerlichen Restaurant ohne Weiteres um Klassen besser sein. Leider gibt es aber gerade Restaurants mit einer einfachen, aber nach allen Regeln der Kunst trotzdem gut und sauber gemachten Küche ausgesprochen selten. Typisch ist eher, dass man sich in einfacheren Restaurants fragen muss, was denn da wieder alles falsch gemacht wird und warum. Ist der Koch so schlecht? Hat er zu wenig Personal in der Küche? Warum benutzt er so viele Fertigprodukte wie vorgeschnittene Gemüse, die bei allen Gerichten gleich sind – egal, ob sie passen oder nicht, oder Fertigsaucen, die offensichtlich industrielle Produkte sind? Es ist manchmal unglaublich, wie nachlässig und wirklich schlecht in der bürgerlichen Küche gearbeitet wird. Gleichzeitig gibt es natürlich aus allen Richtungen immer wieder Beispiele, wie es sein könnte, wie auch mit einfacheren Produkten eine gute und interessante Küche möglich ist.

Ich habe mich zu Hause immer wieder mit diesem Thema beschäftigt – beruflich und ganz einfach auch dann, wenn es um ein Abendessen ging, bei dem ich keine besonders guten Produkte im Haus hatte. In diesem Kapitel möchte ich ein paar dieser Rezepte vorstellen. Sie sind auf der Basis simpler Grundprodukte entstanden, die man überall bekommt und die in der täglichen Ernährung schon seit vielen Jahren eine Rolle spielen. Es sind drei Rezepte mit Bratwurst, eine Blutwurstvariation und ein Pastagericht. Alle Gerichte sind natürlich unter dem Aspekt entwickelt worden, was man aus den Produkten machen kann – mit unterschiedlichen Schwerpunkten. Mal ist es mehr der aromatische Bereich, mal überlege ich, ob man auch mit solch einfachem Material ins zeitgenössisch-moderne Fach kommen könnte, mal geht es um den Versuch, ein eher herkömmliches Gericht unter modernen sensorischen Gesichtspunkten interessanter zu gestalten.

Eines wurde schnell klar: Bei der Arbeit mit solchen einfachen Produkten sollte man unbedingt alle Vorurteile beiseite lassen, die Produkte also einfach einmal ernst nehmen und grundsätzlich davon ausgehen, dass man auch mit ihnen Gutes produzieren kann. Es hat wenig Zweck, zum Beispiel eine Bratwurst mit Massen von Ketchup oder Senf oder Sauerkraut zu behelligen, also den Zutaten, an die man sich in ihrem Umfeld gewöhnt hat. Wenn der Kopf von der Routine befreit wird, öffnet sich oft ein erstaunliches Universum und das Endergebnis kann erstaunlich viel Spaß machen.

Bratwurst »seriös« (Seite 146).

Bratwurst »seriös« mit Kräutern, Karotten und schwarzem Knoblauch

Es ist natürlich klar, dass man bei einfachen Produkten um die Bratwurst nicht herumkommt. In irgendeiner Form spielt sie eigentlich immer eine Rolle – und das von Süd- bis Norddeutschland und von Imbissstuben mit industriell hergestellten Grundprodukten bis zur »Curry Queen« in Hamburg, wo man den Kult um die Currywurst zum Hauptthema macht. Es gibt sie auch immer wieder bei guten Köchen, die in ihren populäreren Büchern mal wieder die endgültig beste Fassung der Welt präsentieren, aber auch in einer ganz besonders interessanten Form bei dem einen oder anderen französischen Koch – zum Beispiel bei Christian Constant. Dort werden klassische Gerichte der Regionalküche nicht nur mit viel Foie gras und Trüffel »behandelt«, sondern es wird auch Bratwurstmasse als Basis von veredelten Füllungen eingesetzt. So lange Bratwurst erkennbar aus den üblichen Fleischresten gemacht ist, ist sie auch tatsächlich ein völlig seriöses Produkt. Ein Problem für die Verwendung als Grundprodukt kann allerdings die Würze sein. Manche Würste sind so kräftig vorgewürzt, dass man mit ihnen kaum weiterarbeiten kann. Man hat dann die Würzung quasi schon aus der Hand gegeben und kann sie nicht mehr wirklich einfangen. Ich verwende also eine Bratwurst, die »normal« gewürzt ist und keineswegs aus einem besonders speziellen Laden stammt. Es ging mir bei den Rezepten in diesem Kapitel ohnehin ganz entschieden darum, mit herkömmlichen Produkten zu arbeiten, die jede und jeder jederzeit kaufen kann. Rezept Nummer eins habe ich »Bratwurst ›seriös‹« genannt, weil ich das Produkt einmal ohne jede Spezialüberlegung in ähnlichen Zusammenhängen einsetzen wollte, wie ich sie für andere »bessere« Produkte benutze. Um es gleich vorwegzunehmen, die Bratwurst hat sich prächtig geschlagen. Hier das Rezept:

ZUTATEN UND ZUBEREITUNG
(FÜR 4 KLEINE ODER 2 GROSSE PORTIONEN)

Bratwurst: 10 g ungesalzene Butter, pro Person ca. 15 cm Bratwurst
❋❋ Die Wurst in einer beschichteten Pfanne in leicht aufschäumender Butter bei mittlerer Hitze langsam garen. Beide Seiten gleichmäßig kolorieren. ❋❋

Kohlrabi: 1 großer Kohlrabi, 2 x 10 g ungesalzene Butter, etwas Zitrone
❋❋ Den Kohlrabi schälen und in rechteckige Stücke von etwa 1½ cm Dicke schneiden. In einem kleinen Topf die erste Portion Butter schmelzen, die Kohlrabistücke dazugeben und kurz durchschwenken. Dann knapp mit Wasser bedecken, einige Spitzer Zitrone dazugeben und leicht köchelnd bei aufgelegtem Deckel al dente garen. Danach das Wasser zur Hälfte abschütten, nochmals 10 g Butter dazugeben und den Kohlrabi 5 Minuten mit der schmelzenden Butter und dem Sud glasieren. ❋❋

Karotten mit Kreuzkümmel: 3 mittelgroße Karotten, 2 x 10 g ungesalzene Butter, Mineralwasser, etwas Zitrone, 1 TL Zucker, Kreuzkümmelpulver
❋❋ Die Karotten schälen und in etwa 1½ cm dicke Rädchen schneiden. Die erste Portion Butter in einem kleinen Topf schmelzen, die Karottenstücke dazugeben und kurz durchschwenken. Mit Mineralwasser bedecken, einige Spritzer Zitrone und den Zucker dazugeben. Knapp köchelnd bei aufgelegtem Deckel al dente garen. Danach das Wasser zur Hälfte abschütten, mit 3 Prisen Kreuzkümmelpulver bestreuen, nochmals 10 g Butter dazugeben und mit der schmelzenden Butter und dem Sud 5 Minuten glasieren. ❋❋

Karottensalat mit Yuzu, Apfel-Balsam und Olivenöl:
2 mittelgroße Karotten, 1 TL Yuzu-Saft (der Saft der japanischen Zitrusfrucht ist in kleinen Fläschchen im Asia-Handel oder Spezialversand erhältlich), 1 TL Apfel-Balsam-Essig, 1 TL feinfruchtiges Olivenöl
✳✳ Die Karotten schälen und mit einer Microplane-Reibe in eine kleine Schüssel reiben. Die Aromen dazugeben, vorsichtig umrühren und bis zum Anrichten kalt stellen. ✳✳

Bratwurst-Knoblauch-Sauce: 10 g ungesalzene Butter, 30 g ausgelöste Bratwurstmasse, 1 TL Paste von fermentiertem schwarzem Knoblauch, 50 ml Kalbsfond, 2 EL Sahne
✳✳ Die Butter in einer kleinen Sauteuse schmelzen. Die zerkleinerte Bratwurstmasse dazugeben und anbraten, dabei die Masse in kleine Stückchen zerteilen. Die Knoblauchpaste einrühren, mit dem Fond ablöschen und die Sahne dazugeben. Unter mehrmaligem Umrühren zur Homogenisierung etwa 10 Minuten leicht reduzierend köcheln lassen. ✳✳

Zum Anrichten: Leicht herbe Kräuter wie Weinraute, Oregano, Majoran, Thymian, Liebstöckel
✳✳ Die Kräuter in kleine, zusammenhängende Gebilde zupfen. Vom Liebstöckel aber wegen seiner Intensität nur entweder sehr kleine Blätter oder halbierte bzw. gedrittelte größere Blätter einsetzen. Wie auf dem Bild in einer immer wieder variierten Reihe anrichten. ✳✳

ANMERKUNGEN

Die Begleitung für die Bratwurst besteht einerseits aus traditionellen Elementen wie Kohlrabi und Karotten, andererseits aus einer ganzen Reihe von Aromen, die aus verschiedenen Kulturen stammen. Karotte und Kreuzkümmel sind eine klassische Kombination, die sich zum Beispiel bei Joël Robuchon häufig findet, der sie wiederum vermutlich aus Nordafrika hat. Die asiatischen Aromen des Karottensalats unterstützen vor allem die Frische und Präsenz der Zubereitung, die zur Verstärkung des Frischeeindrucks eigens im Kühlschrank kaltgestellt wird. Die Kräuter stehen wiederum für eine gewisse Bodenständigkeit. Die Größe der Kräuterstücke ist mit Absicht so gewählt, dass man sie durchaus kräftig wahrnimmt. Einzelne winzige Thymianblättchen etwa hätten in diesem Zusammenhang kaum eine Funktion. Die seltenste Zutat ist vermutlich die schwarze Paste von fermentiertem Knoblauch, deren Aroma mehr nach fermentierten Produkten wie Miso schmeckt und nicht so sehr nach Knoblauch. Die Paste rundet das asiatische Spektrum ab, gemildert durch die europäische Sahne. Diese Kombination von typischen Aromen aus zwei verschiedenen Küchenkulturen funktioniert übrigens oft sehr gut. Alle Aromen »docken« ohne Probleme an die Bratwurst an, verlängern also quasi deren Aroma, und das in einer Weise, die ich erstaunlich natürlich finde. Das wiederum liegt vor allem daran, dass die Bratwurst in meinem Fall eine klare aromatische Neutralität hat. Wäre sie – was es ebenfalls gibt – in irgendeine Richtung intensiv gewürzt, wäre das Rezept so nicht möglich oder nicht mit dem gleichen, guten Resultat. Essen kann man das fertig angerichtete Gericht in Hinblick auf die Akkordbildungen ziemlich unproblematisch – meinetwegen von links nach rechts oder umgekehrt, weil diese Fassung sensorisch ausgesprochen belastbar ist (siehe Seite 190ff.). Und noch eine Kleinigkeit: Ich habe weder Kohlrabi noch Karotten gesalzen. Sie wirken hier wie in quasi allen Fällen viel präsenter, wenn sie nicht durch Salz aromatisch im Spektrum verschoben werden. Man braucht sich also keinerlei Sorge machen, dass sie zu wenig Würze hätten.

Pot-au-feu von Bratwurst

Dieses zweite Bratwurstrezept ist aus einer ganz schnellen Improvisation entstanden. Es war nichts Spezielles im Haus außer etwas Bratwurst, wie immer eine gewisse Gemüseauswahl, natürlich meine Sammlung an diversen Grundzutaten und die Kräuter aus dem Garten. Vieles geht bei der Entstehung solcher Rezepte sehr schnell und sehr spontan. Der Blick schweift in die Runde, und während ich registriere, was an Vorräten vorhanden ist, scannt das Gehirn Möglichkeiten durch, und weil ich beim Kochen regelmäßig auf Touren komme, also zum Beispiel auch in ziemlich übermüdetem Zustand wieder wach werde und Lust habe, etwas Vernünftiges zu kochen, geht es dann schnell auch in interessante Details. In diesem Fall also sollte es um eine Variante des klassischen Pot-au-feu gehen, bei dem man darauf setzt, dass sich die diversen Zutaten zu einem spannenden und gut schmeckenden Ganzen vermischen. Schon bei der Auswahl der Elemente achte ich allerdings auf die Sensorik, was bei Gemüse zum Beispiel bedeuten kann, dass man die eine Sorte weich kocht (also früh in den Topf gibt), die andere aber al dente haben will (also später hinzufügt). In diesem Fall wurde sogar noch ein Gemüse am Schluss eingesetzt, das quasi roh war. Dazu später mehr bei den Anmerkungen. Hier das Rezept:

ZUTATEN UND VORBEREITUNG
(FÜR 4 MITTELGROSSE PORTIONEN)

- 20 g ungesalzene Butter
- 4 Stücke Bratwurst von etwa 15 cm Länge, davon 2½ mit Haut in mundgerechte Stücke geschnitten, 1½ ohne Haut in unregelmäßige Stücke zerteilt
- 2 Tomaten, Stielansatz entfernt und in etwa 6 Stücke geschnitten
- 2 weitere Tomaten, halbiert; mit einem kleinen Löffel die Kerngehäuse entnehmen und diese im Kühlschrank mindestens 30 Minuten kalt stellen. Den Rest dieser Tomaten ebenfalls in Stücke schneiden.
- 1 ungeschälter Apfel (Granny Smith), das Kerngehäuse entfernt und das Fruchtfleisch in unregelmäßige Stücke geschnitten
- 12 unregelmäßig geschnittene Stücke Hokkaido-Kürbis von etwa 2–2½ cm Stärke
- je 1 gehäufter EL kleine Würfel von Karotte, Sellerie und Pastinake
- 100 ml Gemüsefond
- 100 ml Kalbsfond
- 1 EL Ketchup
- 2 EL mallorquinische Orangenmarmelade
- 4 größere Stücke Petersilienwurzel von etwa 5–6 cm Länge, nicht dicker als 1½–2 cm
- 4 Stücke Purple-Haze-Karotte (»Urkarotte«) von etwa 5–6 cm Länge, nicht dicker als 2 cm
- etwa 1 Handvoll Küchenkräuter (z. B. Majoran, Liebstöckel, Weinraute, Salbei)
- Pinienkerne

ZUBEREITUNG

Die Butter in einem großen Topf bei mittlerer Hitze schmelzen. Die Bratwurststücke und die kleinen Würfel Wurzelgemüse dazugeben und die Hitze erhöhen. Unter ständigem Umrühren die Stücke anbraten. Die Tomatenstücke dazugeben und schmelzen lassen. Dabei immer wieder umrühren, bis der Ansatz fertig ist. Apfel- und Kürbisstücke hinzugeben und anschmelzen lassen. Die Fonds angießen, Ketchup und Orangenmarmelade dazugeben und gut umrühren. Den Deckel schließen und alles rund 30 Minuten köcheln lassen. Einige Male umrühren. Dann die größeren Stücke Petersilienwurzel und Purple-Haze-Karotte zugeben und weitere 15 Minuten ohne Deckel köcheln lassen. Die Flüssigkeit sollte noch etwas einreduziert werden.

ANRICHTEN

Die Elemente gleichmäßig auf die Teller verteilen. Etwa 6–8 Stückchen Kräuter, die rohen und gekühlten Kerngehäuse der Tomate (falls nötig mundgerecht halbiert) und pro Teller 1 gehäuften TL Pinienkerne hinzugeben.

ANMERKUNGEN

Das wichtigste Prinzip eines Pot-au-feu ist die Vermischung der Aromen. Das kann allerdings auch dazu führen, dass sie sich so stark vermischen, dass man eine aromatisch mehr oder weniger uniforme Masse bekommt. Weil das nicht Sinn der Sache sein kann, sollte man gewisse Vorkehrungen für eine gute Struktur treffen. Das beginnt hier mit der Bratwurst, von der ein Teil »als Bratwurst« erhalten werden soll und deshalb mit Haut gegart wird. Der andere Teil ohne Haut dient mehr der Aromatisierung des Ganzen und zerlegt sich beim Garen noch weiter in kleinere Stückchen, die dann natürlich viel Aroma an die Umgebung abgeben. Die kleinen Stückchen Wurzelgemüse dienen der Grundaromatisierung des Fleisches, während die Tomatenstücke komplett kompottiert werden, sich also im Verlauf der Garung weitgehend auflösen. Die Apfelstücke und die – zu Beginn recht harten – Stücke des Hokkaido-Kürbis sind die Elemente, die sich im Verlauf der Garung relativ stark aromatisieren sollen, ohne aber ihre Form zu verlieren. Die größeren Stücke Petersilienwurzel und Purple-Haze-Karotte dagegen sollen etwas Biss behalten und kommen aus diesem Grund erst spät in den Topf. Das alles dient dem, was ich einen räumlichen Geschmackseindruck nenne, also der Definition von Vordergrund, Mittelgrund und Hintergrund. Im aromatischen Bereich gibt es durch den Mix aus Gemüse- und Kalbsfond eine dezente Homogenisierung und Vertiefung des Hintergrunds. Das tut im Prinzip auch die Orangenmarmelade, die aber in diesem Zusammenhang schnell als das eigentlich prägende, auffällige Aroma empfunden wird. Alle Gäste, die bei uns jemals diesen Eintopf gegessen haben, haben schon nach den ersten Bissen gefragt, was das denn für ein spezielles Aroma sei. Die Marmelade ist vor allem deshalb so gut und prägnant, weil sie nicht nur den Geschmack einer süßen Orangenmarmelade hat, sondern auch einige Bitternoten von den Schalen, die wiederum vollkommen anders sind, als zum Beispiel bei den üblichen, britischen Bitterorangenmarmeladen. Sie sind kulinarischer, also nicht so plakativ-süß, sondern verfügen über ein komplexes Aroma, das sich mit den Gemüsen ganz ausgezeichnet verbindet. Die kleine Gabe Ketchup dient der Abrundung des Tomatenaromas. Beim Servieren kommen dann Elemente hinzu (siehe oben), die der Plastizität des Geschmacks dienen. Die Kräuterauswahl kann hier übrigens ziemlich variabel ausfallen, weil vor diesem komplex angereicherten Hintergrund so gut wie jedes Kraut »andocken« kann. Man kann sich da also ziemlich frei aus seinen Vorräten bedienen. Und trotzdem: Ein paar Grundregeln sollte man auch bei solchen Dingen beachten. Der komplexe Hintergrund lässt zwar vieles zu, kann aber auch erdrückt werden. Wenn man zum Beispiel größere Mengen Koriander oder verschiedene Minzesorten einsetzen würde, könnte es zu einer Banalisierung des Zusammenhangs kommen, weil ihre Intensität viele Hintergrundnoten überlagern würde. Aber

Pot-au-feu von der Bratwurst (Seite 148), flächig und in tiefem Teller angerichtet. Rechts Bratwurst-Füllhorn (Seite 152).

Bratwurst-Füllhorn

auch das kann man natürlich in den Griff bekommen, indem man die Größe der Kräuterstücke variiert. Ein Dreierblatt Koriander mag etwas zu viel des Guten sein. Ein paar dünne Streifen können unter Umständen aber genial mit der Orangennote zusammengehen. Ansonsten vertrete ich immer die Ansicht, dass ein kräftiger, eindeutiger Aromenflash von einem Kraut besser ist, als wenn man einige dünne Streifen auf dem Teller liegen hat, die sich gegen die anderen Elemente nicht halten können. Ebenfalls für den räumlichen Effekt gedacht sind die Pinienkerne und natürlich das intensiv schmeckende Kerngehäuse der Tomate, das – um diesen Effekt noch deutlicher zu machen – heruntergekühlt wurde (siehe dazu Seite 181ff. und 190ff.).

Nach den ersten beiden Bratwurstrezepten wollte ich es dann doch unbedingt noch einmal in einer ganz verwegenen Richtung versuchen – nicht ohne dabei schon bei der Planung einen gewissen Spaß zu haben. Ich fand die Idee, die Bratwurst in einer Form zu präsentieren, die eher der Avantgarde nahesteht, sehr verführerisch. Die Umsetzung sollte natürlich wieder absolut seriös sein. Es sollte auf keinen Fall ein purer Gag sein, sondern ein Gericht, das vor allem unter sensorischen Aspekten Qualität hat.

Die Idee des »Bratwurst-Füllhorns« ist, rund um die einfache Bratwurst, die ein absolutes Alltagsprodukt ist und meist in äußerst simplen Zusammenhängen eingesetzt wird, ein anspruchsvolles Gericht zu kreieren und den Nachweis zu versuchen, dass man dieses einfache Produkt sogar in hochmodernen Zusammenhängen einsetzen kann. Was liegt da näher, als die Bratwurst wie eine Art Füllhorn zu inszenieren, aus dem eine ganze Reihe von Dingen kommt? Auch das hat natürlich einen Hintergrund, der verschiedene Zusammenhänge berücksichtigt. Die verwendeten Elemente sind im Prinzip alles solche, die in anderer Form bei verschiedenen populären Bratwurstrezepten eine Rolle spielen. Sie kommen in diesem Fall aber einmal ganz anders zur Wirkung. Hier das Rezept:

ZUTATEN UND ZUBEREITUNG
(FÜR 4 PERSONEN)
Kartoffelbrösel: 4–5 mittelgroße mehligkochende Kartoffeln
✳✳ Die Kartoffeln mit der Schale vorgaren. Entnehmen, schälen und zerbröseln. In einer Gratinform im Ofen bei 95 Grad etwa 2 Stunden antrocknen lassen, dabei einige Male umrühren. ✳✳

Bratwurst: 6 Bratwürste von etwa 15 cm Länge, 15 g ungesalzene Butter, Curry

❋❋ **Bratwurst-Zubereitung 1:** 4 Bratwürste in etwas Butter beidseitig leicht anbraten. Dann mit einem feinen Messer etwa zur Hälfte an der Oberseite aufschneiden und mit einem kleinen Löffel die Füllung in dem freigelegten Bereich vorsichtig herausschaben, ohne die Haut zu beschädigen. Die Füllung beiseitelegen für die Zubereitung Nr. 4 (siehe unten). Vorsichtig weiter garen, dabei die Haut immer wieder nach unten drücken (sie hat die Tendenz, sich zusammenzuziehen und zu wölben). Darauf achten, dass alle Teile gleich gut gegart werden. Das Bratwurststück soll sich ein wenig wie ein Füllhorn öffnen.

Bratwurst-Zubereitung 2: Eine Bratwurst »normal« garen und danach in Scheiben von etwa 1½ cm Dicke schneiden.

Bratwurst-Zubereitung 3: Die Füllung einer halben Bratwurst in mittelgroßen, unregelmäßigen Stücken nicht zu dunkel anrösten. Dabei mit Currypulver aromatisieren.

Bratwurst-Zubereitung 4: Die restliche halbe Bratwurst und die ausgeschabte Bratwurstfüllung der vier »Bratwurst-Füllhörner« in etwas Butter und unter ständigem Umrühren so anrösten und dabei zerteilen, dass sich dabei kräftig angeröstete Bratwurstkörner bilden. ❋❋

Apfelkompott: 80 g feines Apfelkompott (Fertigprodukt aus dem Handel), 1 TL Senf, Kardamompulver
❋❋ Das Apfelkompott mit dem Senf und einer kräftigen Prise Kardamompulver verrühren. Der Senf sollte dezent durchschmecken, der Kardamom deutlich wahrnehmbar sein. ❋❋

Kirschtomaten: 6 Kirschtomaten, Olivenöl
❋❋ Die Kirschtomaten halbieren und in etwas Olivenöl auf der Schnittseite vorsichtig so anbraten, dass sie ihre Form nicht verlieren. ❋❋

Melonenkugeln: ½ Melone
❋❋ Mit einem kleinen Ausstecher (Parisienne, 8–10 mm) aus der Melone 12 Kugeln auslösen. ❋❋

Anrichten: 8 Tomaten-Kerngehäuse, je nach Größe eventuell mundgerecht halbiert, Tomatenserum (Antoniewicz), Püree von getrockneten Tomaten (Handel), Blüten, Kräuter
❋❋ Anrichten wie auf dem Bild. Die größeren Stücke kommen etwas näher an das »Füllhorn«, die kleineren etwas weiter entfernt. Zum Abschluss werden die weiteren Elemente, also die Kerngehäuse, Blüten, Kräuter, Kartoffelbrösel und einige Spritzer Tomatenserum, verteilt. Als Teller eignet sich eine große, rechteckige Platte oder ein großer, runder Teller mit flachem Rand, wie man ihn für Pizza verwendet. ❋❋

ANMERKUNGEN

Die Herstellung dieser Bratwurstversion ist nicht ganz so schwierig und aufwendig, wie es vielleicht den Anschein hat. Wer schon öfter Gerichte mit relativ vielen Elementen angefertigt hat, wird das kennen. Die Arbeit muss präzise sein (vor allem bei der Bratwurst), ist aber ansonsten nicht kompliziert. In meinen Arbeitspapieren hieß dieses Bratwurst-Füllhorn lange Zeit auch »Currywurst 2014«, was darauf hindeutet, dass hier vor allem Elemente verarbeitet sind, die uns im Zusammenhang mit einer Bratwurst nicht unbe-

Blutwurstvariation

kannt sind. Hier sind sie allerdings unter modernen sensorischen Aspekten zu einem Gericht zusammengefügt, das beim Essen sehr viel moderner wirkt, als man es vielleicht vermuten würde. Zunächst wird die Bratwurst – von der Form einmal abgesehen – in verschiedene aromatische und texturelle Zustände gebracht, die durch die ansteigenden Röstnoten ein deutlich variiertes Aroma entwickeln. Mit »ansteigenden Röstnoten« meine ich die unterschiedlichen Garungen der Bratwurst, die von einem eher normalen Kolorieren über kräftiges Anrösten mit teilweise angetrockneter Kruste bis zu starken Röstnoten und beinahe Durchtrocknen bei den »Bratwurstkörnern« reicht. Die Röstnoten bekommen dabei eine immer auffälligere Bedeutung. Die Würzung der ausgelösten Stücke mit Curry sollte nicht zu plakativ ausfallen und lediglich dezent an bekannte Zusammenhänge (sagen wir: eine milde Currywurst) erinnern. Eine wichtige Rolle spielen neben den vielen Texturen und ihrer Bedeutung für die Räumlichkeit der Wahrnehmung die süßlichen Aromen und die Temperatursteuerung. Das gleichzeitige Spiel mit warmen und kühlen Elementen ergibt sofort ein deutlich verändertes Mundgefühl, das dann besonders auffällig wird, wenn frische, rohe Zutaten auch noch vorgekühlt werden. In diesem Fall könnte man die Kühlung ohne Weiteres variieren, also etwa das Püree von der getrockneten Tomate bei Zimmertemperatur belassen, das Apfelkompott leicht kühlen, die Kerngehäuse leicht kühlen und die Melonenkugeln sogar für 20 Minuten in das Tiefkühlfach geben. Ein wenig ist das Ganze natürlich eine Dekonstruktion, also eine Veränderung eines bekannten Geschmacksbildes durch Veränderung der Texturen und Temperaturen. Aber ich komme hier ohne texturgebende Zutaten aus und benutze quasi nur »natürliche« Veränderungen. Es ist also fast so etwas wie eine Bio-Dekonstruktion – was im Prinzip keinerlei Widerspruch ist.

Die Bratwurst ist als ein allgemein anerkanntes und viel geliebtes Produkt bekannt – wenn auch nicht unbedingt in der Form, die in vielen Metzgereien oder Supermärkten verkauft wird. Aber es gibt von ihr auch viele Varianten, die sehr fein oder speziell gewürzt sind und auch ohne weitere Behandlung schon ziemlich gut schmecken. In dem Buch des weiter oben in diesem Kapitel bereits erwähnten Christian Constant (»Chez Constant. Recettes et Produits du Sud-Quest«, 2012 bei Michel Lafon erschienen), einem Pariser Spitzenkoch, der neben einem Gourmetrestaurant auch ein Bistro betreibt (Café Constant) und sogar ein Restaurant, in dem es nur Schmorgerichte gibt (Les Cocottes), befasst sich dieser mit seiner südwestfranzösischen Heimat und benutzt in allen möglichen Rezepten verschiedene Bratwürste als Gewürz. Die Bratwurst ist bei ihm also sozusagen ein voll emanzipiertes Produkt, sie ist populär, und es wird viel und manchmal sogar sehr gut mit ihr gearbeitet.

Auf der anderen Seite gibt es die Blutwurst, ein Produkt, das die Esser in zwei Lager spaltet. Wer mit der Blutwurst aufgewachsen ist, mag sie, und wo sie – wie im Rheinland – zu den festen Größen zählt, gibt es damit wenig Probleme. Wer aber die Wurst vor allem mit ihrer Herstellung und dem Inhalt verbindet, statt sich mit dem Geschmack zu befassen, hat anscheinend schnell größere Probleme. Wenn es um Schlachten und Blut geht, trennt der Kopf lieber die Dinge, die eigentlich zusammengehören. Es gibt natürlich immer wieder auch in der besseren Küche Versuche, die Blutwurst irgendwie zu integrieren. Aber das kommt meist über ein Amuse-Bouche nicht hinaus. Sie bleibt ein Produkt der Brauhäuser und der traditionell rustikalen Küche und wird dort meist entsprechend grob behandelt.

Da muss sich natürlich für den neugierigen Koch die Frage ergeben, ob das alles ist, was man mit der Blutwurst machen kann, und ob sie sich wirklich nicht dafür eignet, Hauptprodukt eines Gerichts zu werden, das ohne Weiteres neben anderen bestehen kann. Ich bin unbedingt dieser Meinung und habe deshalb eine Blutwurstvariation entwickelt, in der es vom puren, rohen Produkt bis zu komplexen Akkorden geht. Die Entwicklung dieses Rezepts, das durchaus einigen Aufwand erfordert, hat dabei sehr viel Freude gemacht, und das vor allem deshalb, weil ich immer wieder verblüfft feststellen konnte, dass das Produkt einfach trägt und keineswegs nur grob und rustikal schmeckt. Hier das Rezept:

ZUTATEN UND ZUBEREITUNG (FÜR 4 PORTIONEN)

Vorbemerkung: Blutwurst wird bisweilen in sehr unterschiedlichen Qualitäten angeboten, oft auch als geschlossener Ring und ohne die Möglichkeit im Anschnitt wenigstens die Menge an eingelagertem Fett zu erkennen. Insofern ist es schwierig, für die Wahl des Produkts eindeutige Hinweise zu geben. Ich habe Blutwurstringe aus handwerklicher (nicht industrieller) Herstellung benutzt, aber nicht besondere Spezialqualitäten mit besonderer Würze. Sie enthalten Speckwürfel, bestehen aber nicht weitgehend aus ihnen (siehe Foto, die rohe Scheibe).

Blutwurstmasse: 1 Blutwurstring von normaler Größe und mit einer nicht zu speckhaltigen Zusammensetzung (Sie müssen das Produkt also kennen oder es sich vom Metzger anschneiden lassen), Agar-Agar

✳✳ Die Blutwurst häuten und grob würfeln. In einer beschichteten Pfanne unter regelmäßigem Rühren langsam erhitzen, bis sich die Masse komplett aufgelöst hat. ½ TL Agar-Agar einrühren und vorsichtig unter Rühren noch einmal aufkochen. Dann in eine flache Schale füllen und mit einem Spatel etwa ½ cm dick glatt ausstreichen, sodass sich später sowohl rechteckige Platten von 8 × 4 cm wie runde von 6 cm Durchmesser ausstechen lassen. Zum Kühlen in den Kühlschrank stellen. ✳✳

Blutwurst-Schokolade-Sauce: 60 g Blutwurst, 50 ml Gemüsefond, 30 g Kuvertüre Valrhona Guanaja

✳✳ Die Blutwurst häuten und in grobe Würfel schneiden. Die Würfel in einer kleinen Sauteuse unter regelmäßigem Umrühren schmelzen lassen. Den Fond angießen und die Kuvertüre hinzugeben. Unter ständigem Rühren bei mittlerer Hitze homogenisieren. Durch ein normales Sieb passieren und leicht temperiert bereithalten. ✳✳

Blutwurst-Rote-Bete-Sauce und -Püree: 60 g Blutwurst, 3 nicht zu große Kugeln vorgegarte Rote Bete (handelsübliches Produkt), 30 ml Gemüsefond

✳✳ Die Blutwurst häuten und in grobe Würfel schneiden. Zusammen mit den ebenfalls grob gewürfelten Roten Beten und dem Fond pürieren. Das Püree sollte nicht zu flüssig werden. Durch ein feines Sieb in eine kleine Glasschüssel passieren. Den entstandenen Saft eventuell nochmals durch ein feines Sieb passieren, um die weißlichen Speckpartikel zu entfernen. Das im ersten Sieb verbliebene Püree ebenfalls bereithalten. ✳✳

Weitere Vorbereitungen:
– 2 mittelgroße mehligkochende Kartoffeln in Salzwasser garen.
– 2 EL Buchweizenkörner in einem kleinen Topf mit etwas Wasser aufkochen und 15 Minuten quellen lassen.

EINFACHE PRODUKTE

- 1 gehäufter EL Rosinen in einem kleinen Topf mit etwas Wasser aufkochen und 15 Minuten quellen lassen.
- 2 EL Bauchspeckwürfel in einer kleinen beschichteten Pfanne ohne Fett anrösten, bis sie leicht kross sind.
- 2 große Toastscheiben in Butter leicht anrösten und auf Küchentuch trocknen lassen.

FERTIGSTELLUNG

Blutwurst-Burger: Toast, Gewürzbrot, 2 nicht zu saure Äpfel, Blutwurstmasse, Blutwurst-Schokoladen-Sauce
✳✳ Für jeden Hamburger mit einem Ausstechring von etwa 6 cm Durchmesser aus dem vorbereiteten Toast jeweils 2 Scheiben ausstechen. Dann gleichgroße Scheiben von etwa gleicher Dicke wie die Toastscheiben von Gewürzbrot, einem ungeschälten, aber entkernten Apfel und der Blutwurstmasse anfertigen. Den Burger in folgender Reihenfolge zusammenstellen: Toastbrot, Blutwurstmasse, Gewürzbrot, Apfel, darüber 1–2 EL Schoko-Blutwurst-Sauce und dann die zweite Toastscheibe. Dabei diese Scheibe so andrücken, dass die Sauce seitlich nach unten läuft. ✳✳

Blutwurst-Törtchen »Himmel und Erde«: Pro Törtchen 1 Scheibe Blutwurstmasse, mehlige Kartoffel, Apfelkompott
✳✳ Die Scheibe mit einem Ausstecher von 6 cm Durchmesser aus der vorbereiteten Blutwurstmasse ausstechen. Von der mehligen Kartoffel ein Stück mit der Hand abbrechen und über der Platte teilweise zerbröseln (siehe Bild), eine kleine Nocke Apfelkompott dazugeben. ✳✳

Blutwurst-Törtchen mit Zimt und Kräutern: Pro Törtchen 1 Scheibe Blutwurstmasse, 4 verschiedene Gartenkräuter (z. B. Majoran, Blattpetersilie, Fetthenne, Sellerie), Zimt
✳✳ Die Scheibe Blutwurst mit einem Ausstecher von 6 cm Durchmesser ausstechen. Mit Zimtpulver bestreuen und jeweils ein kleines Stück von den Kräutern darauflegen. ✳✳

Blutwurst-»Mendiant«-Törtchen: Pro Törtchen werden benötigt: 1 rechteckiges Stück Blutwurstmasse, Speckwürfel, vorgequollene Buchweizenkörner, vorgequollene Rosinen, Zitronat, Orangeat, Zesten von Zitrone und Orange
✳✳ Die Blutwurstmasse mit einer rechteckigen Form von ca. 8 × 4 cm ausstechen. Mit einem in etwa gleichmäßigen Mix aus den Elementen belegen, dabei die Zesten nur obenauf legen. ✳✳

Anrichten: Pro Teller 1 Scheibe rohe Blutwurst und 1 Scheibe einseitig kurz angebratener, angeschmolzener Blutwurst
✳✳ Wie im Bild anrichten. Am Schluss etwas von dem Blutwurst-Rote-Bete-Püree, von der Blutwurst-Schokoladen-Sauce und vom »Blut«-Saft verteilen. Diese Elemente sollen Proportionen haben, die ihnen Begleitfunktionen zuweist, also nie so viel, dass sie die Hauptelemente überlagern können. ✳✳

ANMERKUNGEN

Dieses Gericht ist sicherlich aufwendig, obwohl viele Zubereitungen eher kurz sind und nicht viel Arbeit machen. Natürlich lassen sich die Elemente auch einzeln verwenden oder in anderen Kombinationen zusammenstellen. Ich habe hier eine Reihe von Akkorden zusammengestellt, von denen ich aus anderen Gerichten weiß, wie gut sie mit Blutwurst

EINFACHE PRODUKTE

Spaghetti mit Tomatensauce »vertikal«

zusammen schmecken. Wie bei Variationen allgemein sollte man ein wenig systematisch vorgehen, also das Ausgangsmaterial auch in purer Form auf dem Teller haben. In diesem Fall gibt es die Blutwurst roh und angebraten, um einen Bezug zu dem nicht mit anderen Aromen veränderten Produkt zu haben. Dann geht es weiter in ganz verschiedene Bereiche, wobei die Fassung des bekannten rheinischen Klassikers »Himmel und Erde« ebenfalls geradezu puristisch ist. Die Inspiration für die Verwendung von Gewürzbrot bzw. Honigkuchen habe ich von einem Gericht bei Eric Menchon im »Le Moissonnier« in Köln, einem großen Meister des kreativen Spiels mit allen möglichen Aromen. Wie üblich habe ich diese Anregungen in Varianten durchgespielt und bin auf den wunderbaren Akkord mit dem »Mendiant«-Törtchen gekommen. Der Begriff »mendiant« steht hier in Anführungszeichen, weil er etwas abgewandelt eingesetzt ist. In Frankreich meint man damit meist die Belegung von Schokolade oder Pralinen mit einem Mix aus Trockenfrüchten und Nüssen. Ich staune immer wieder, wie vielseitig die Blutwurst zu verwenden ist, und wie weit das Spektrum reicht, das sie mit ihrem Aroma bereichern kann. Das gilt auch für den Akkord mit den Kräutern (die man ziemlich beliebig variieren kann). Die Blutwurst-Schokoladen-Sauce hat übrigens kein süßes Aroma, sondern durch die Verwendung der dunklen Guanaja-Kuvertüre eine eher leicht herbe Note. Ganz besonders interessant finde ich das Blutwurst-Rote-Bete-Püree, das eigentlich gar nicht als Element für diese Variation gedacht war. Ursprünglich wollte ich es wegwerfen, weil es nur der Gewinnung der »Blut«-Sauce diente. Es ist nicht das erste Mal, dass so etwas passiert. Man sollte alle Reste noch einmal probieren, bevor man sie wegwirft. Gerade die Masse, die beim Passieren im Sieb bleibt, lohnt fast immer eine zusätzliche Überlegung.

Es gibt kaum etwas Einfacheres (und Billigeres), als Spaghetti mit einer Tomatensauce zu kombinieren. Aber so schmeckt es dann auch meistens, vor allem wenn man schwache Nudelsorten vom Supermarkt oder Discounter nimmt und sie mit irgendeiner der vielen Fertigsaucen kombiniert. Manche dieser Fertigprodukte empfinde ich wegen ihrer extremen Überwürzung als einen Angriff auf die Geschmacksnerven und als eine Gefahr, wenn man sich an solche gedopten Geschmacksbilder gewöhnt. Wer immer nur völlig überwürzte industrielle Produkte isst und das vielleicht auch noch gut findet, wird Schwierigkeiten bekommen, andere Zubereitungen, die nicht so »kräftig« sind, überhaupt noch gut zu finden. Eine solche Entwicklung führt wie in einer Spirale zu immer künstlicheren Formen von Essen und ist nicht nur kulinarisch kontraproduktiv, sondern natürlich auch unter allen möglichen ökologischen Aspekten.

Eine viel bessere Lösung ist da, etwas Know-how aufzubauen und zu lernen, wie man auch mit einfachsten Mitteln Spannung und Abwechslung erzeugen kann. Auf Seite 194ff. werde ich ein »sensorisches Ragout« von der Tomate vorstellen, bei dem das Produkt Tomate in verschiedenen Texturen und Temperaturen auftaucht. Das ist sehr interessant zu essen, aber in der Herstellung mit einigem Aufwand verbunden. Hier nun geht es um eine radikal vereinfachte Form, die dennoch eine ganze Reihe von sensorischen Details produziert. Man muss für die Herstellung allerdings – wegen der notwendigen Kühlung einiger Elemente – schon einige Stunden vor dem Essen einmal ein paar Sekunden opfern. Hier das Rezept:

ZUTATEN UND ZUBEREITUNG
(FÜR 4 PORTIONEN)

Olivenöl (stark fruchtig), 4 Strauchtomaten mittlerer Größe, 1 Dose Tomaten, 28 kleine Kirschtomaten, 100 ml Mineralwasser, 1 gehäufter EL Tomatenmark, Honig, Thymian, 1 Zitrone, einige frisch gehobelte Parmesanspäne, 4 Ziegenfrischkäse (z. B. Picodon)

✳✳ *Vorbereitung:* 12 Kirschtomaten mindestens 3 Stunden im Kühlschrank kühlen. 4 EL Olivenöl in eine kleine (Glas-)Schüssel geben und etwa 1 Stunde vor dem Servieren ins Gefrierfach stellen.

Sauce: 3 Strauchtomaten vierteln, den Stielansatz entfernen, Kerngehäuse auslösen und beiseitelegen, den Rest grob würfeln. Aus der vierten Tomate 4 gleichmäßige Scheiben schneiden, den Rest zusammen mit den gewürfelten Tomaten in 2 EL erhitztem Olivenöl anschmelzen lassen. Dann die Dosentomaten, das Mineralwasser und 1 EL Zitronensaft zugeben und bei geschlossenem Deckel 20 Minuten köcheln lassen. Durch ein Sieb in einen zweiten Topf passieren und warm halten.

Aromatisierte Tomatenscheiben: In der Zwischenzeit die Tomatenscheiben (siehe Zubereitung Sauce) in einer Pfanne mit 1 EL Olivenöl erhitzen und jede Scheibe mit ein paar Spritzern Olivenöl und Zitrone, ½ TL Honig und 1 Prise Thymianblättchen aromatisieren. Langsam so weit garen, dass sie noch etwas Stabilität haben und, ohne zu zerfallen, aus der Pfanne gehoben werden können.

Warme Kirschtomaten: In einem kleinen Topf Wasser erhitzen, aber nicht kochen. Vom Herd nehmen, 12 Kirschtomaten einlegen und 10 Minuten ziehen lassen.

Spaghetti: Nach Packungsangabe garen.

Anrichten: In die Mitte eines großen, tiefen Tellers je einen Ziegenkäse setzen, auf die Mitte des Käses eine halbierte Kirschtomate legen und einige Parmesanspäne dazugeben. Rund um den Käse eine nicht zu große Menge Spaghetti anrichten; der Boden soll etwa 1½–2 cm hoch bedeckt sein. Darauf pro Portion 2 aromatisierte Tomatenscheiben, 3 Kerngehäuse (oder Hälften davon, je nach Größe) und 3 warme Kirschtomaten anordnen, dann vorsichtig die Sauce angießen. Zum Schluss unmittelbar vor dem Servieren pro Teller 3 kalte Kirschtomaten dazugeben und einige Stückchen von dem geeisten Olivenöl verteilen – darunter eines auf den Ziegenkäse. ✳✳

ANMERKUNGEN

Das Gericht ist zwar sehr einfach und erfordert keinerlei größere kochtechnische Fertigkeiten, hat aber ein klares sensorisches Konzept. Das sorgt dafür, dass man nicht nur ein eindimensionales Esserlebnis hat, sondern eine Reihe von Wahrnehmungen machen kann. Man findet hier unterschiedliche Texturen und unterschiedliche Temperaturen, Aromen mit mehr oder weniger Länge und damit auch verschiedene zeitliche Verläufe und räumliche Wahrnehmungen. Die heruntergekühlte Kirschtomate hat im Mund einen ganz anderen Effekt als die warme. Bei der gekühlten nimmt man zuerst die Kälte wahr und das eigentliche Aroma entwickelt sich erst langsam, und zwar in dem Maße, wie sich die Tomate im Mund der Körpertemperatur nähert. Bei der erwärmten Kirschtomate hat man zwei Effekte. Einmal kann man sie im Mund platzen lassen – vorausgesetzt, man nimmt sie vorsichtig in den Mund und zerdrückt sie mit der Zunge. Das ergibt unter Umständen einen ziemlich explosiven Effekt, bei dem sich das Aroma der Tomate in sehr kurzer Zeit im ganzen Mundraum bemerkbar macht (deshalb ist es besser, sie bei geschlossenem Mund mit der Zunge zu zerdrücken; bei leicht geöffnetem Mund kann sich die platzende Kirschtomate auch in die Umgebung ergießen ...). Die Kerngehäuse bekommen keinerlei Behandlung, weil sie aromatisch der wichtigste Teil der Tomate sind. Nicht das Fruchtfleisch hat das stärkste Tomatenaroma, sondern das Kerngehäuse. Wer es wegwirft, macht eigentlich etwas völlig Unsinniges. Es ist daher bizarr, dass in vielen Kochbüchern empfohlen wird, auch das Kerngehäuse zu entfernen. Ein weiterer wichtiger Effekt kommt vom rohen und ebenfalls kühlen Ziegenfrischkäse. Er ist einerseits recht cremig, andererseits kühl und ergibt im Zusammenhang neben einem leicht schmelzenden Hintergrund vor allem einen schönen Warm-Kalt-Kontrast. Ein solcher Kontrast macht es möglich, dass man im Mund Dinge getrennt wahrnehmen kann. Und wenn man sie getrennt wahrnehmen kann, ist man schon auf dem Weg zu einer räumlichen Wahrnehmung.

Zum geeisten Olivenöl gibt es eine kleine Geschichte, die etwas damit zu tun hat, dass immer mal wieder bestimmte kulinarische Probleme für eine gewisse Zeit in Diskussion stehen. Vor etlichen Jahren war das einmal die Tatsache, dass man zwar mit Olivenölen brät, im Endeffekt aber von dem Öl nichts oder nur sehr wenig zu schmecken ist. Das gilt vor allem für die eher leicht-fruchtigen Sorten mit ihrem »grünen« Aroma. Es gilt nicht oder wesentlich weniger für die stark-fruchtigen mit dem intensiven Aroma der reifen Olive. Ein Öl wie das der Cooperative in Maussane in der Provence (Markenname »Cornille«) etwa setzt sich in fast jedem Zusammenhang durch, auch wenn man darin zum Beispiel sein Lamm angebraten hat. Dann fand ich in einem Interview mit Alain Ducasse die Aussage, dass er in der Küche immer ein stark gekühltes Olivenöl vorrätig hielt, um es kurz vor dem Servieren über ein Gericht zu geben. Wenig später war ich bei Joachim Wissler im »Vendôme« in Bensberg und bekam einen Wolfsbarsch, über den man am Tisch aus einem gekühlten Gefäß eine Nocke durch Kälte angedicktes Olivenöl gab. Der Effekt ist klar: Leicht fruchtiges Olivenöl verliert in der Regel in einer warmen Umgebung sofort massiv an Aroma. Wenn man es herunterkühlt, bleibt das Aroma zumindest für eine gewisse Zeit erhalten, und man kommt in den wirklich bemerkenswerten Genuss, ein frisches Olivenöl mit einem warmen Fisch o. Ä. zu essen. Bei Ducasse war es gekühltes Öl, also Öl, das ungefähr 6 bis 7 Grad hat. Unterhalb dieser Temperatur (die genaue Temperatur variiert von Öl zu Öl ein wenig) fängt es an fest zu werden – erst eher pastös, später dann wie Eis. Dieser Spezialeffekt ist hier eingebaut. Um das Verfahren zu vereinfachen, wird das Öl angefroren und dann – gegebenenfalls in festen Spänen – über das Essen gegeben. Und so kommt man mit ein paar Handgriffen an ein sensorisch »aufgeladenes« Pastagericht. Natürlich kann man das Rezept ohne Weiteres auch noch etwas ergänzen, zum Beispiel mit Püree von getrockneten Tomaten, Pesto, Pinienkernen oder Nüssen, die allerdings nur in eher kleinen Stücken eingesetzt werden sollten, damit sie nicht die anderen Wahrnehmungen überlagern.

Grundsätzliches 2
Anmerkungen zum Garen von Fleisch

Wer heutzutage in auch nur etwas bessere Restaurants geht, wird mit ziemlicher Sicherheit auf Fleisch treffen, das nach landläufiger Meinung auffällig zart ist. Es ist in der Regel das Ergebnis mehr oder weniger langsam ablaufender Garprozesse bei niedriger Temperatur. Dazu wird das Fleisch in den meisten Fällen in Plastikbeuteln vakuumiert und in einem Wasserbad erhitzt, und zwar bis knapp unterhalb der erwünschten Kerntemperatur. Zum Servieren wird das Fleisch dann kurz und kräftig in der Pfanne nachgebraten, um eine Bratkruste zu bekommen, also die aromatischen Vorteile der sogenannten Maillard-Reaktion zu nutzen. Das ist nur eine grobe Darstellung eines Verfahrens, das es in vielerlei Varianten gibt. Es ist auf diese Weise nicht besonders schwierig, eine zarte Garung zu erreichen. Das Verfahren ist im Prinzip auch für den häuslichen Bereich ohne Weiteres umzusetzen und firmiert normalerweise unter dem Namen »Sous-vide-Garung«. Es ist im Prinzip eine Variante der Niedrigtemperaturgarung, die man auch ohne Vakuum realisieren kann.

Dem möchte ich eine Aussage des berühmten französischen Kreativkochs Pierre Gagnaire entgegenstellen. Auf die Frage, was denn seiner Meinung nach das Schwierigste überhaupt sei, meinte er, es sei die Garung von kurzgebratenen Fleischstücken. Man müsse ganz genau aufpassen, wann der Teller serviert werde, um dann auf die halbe Minute präzise das Fleisch so zu garen, dass es genau dann richtig ist, wenn der Gast auf dem Teller den ersten Bissen davon nehmen will. Gagnaire sprach sogar davon, dass er dabei auch die Zeit berücksichtigt, die man braucht, um den Teller in der Küche anzurichten und aus der Küche ins Restaurant zu transportieren. Er bedachte sogar die Zeitspanne, die die Gäste brauchen, um nach dem Servieren mit dem Essen des Gerichts zu beginnen.

Diese Geschichte möchte ich durch eine Beobachtung in der Küche eines deutschen Spitzenrestaurants ergänzen. Dort befindet sich der temperaturgesteuerte Wasserbehälter mit dem vakuumierten Fleisch direkt neben dem Herd. Auf der Herdkante lagen bei meinem Besuch eine Reihe von Tüten mit Fleisch, die den Prozess der Vorgarung schon hinter sich hatten. Wenn ein Gericht abgerufen wurde (also an der Reihe war, fertiggestellt zu werden), entnahm der Koch einem der Beutel ein Stück vorgegartes Fleisch und legte es bei hoher Temperatur in die Pfanne, um es »nachzubraten«. Gleichzeitig nahm er einen Lötbrenner (einen von der alten, großen Sorte) und setzte dem Fleisch auch noch mit der offenen Flamme zu. Auf diese Weise erzielte er in kürzester Zeit eine gute Bratkruste, ohne dabei die Kerntemperatur des Fleisches zu erhöhen. Das Fleisch blieb also völlig zart und hatte gleichzeitig eine expressive Kruste.

Vergleicht man die beiden Beispiele, zeigt sich das technische Problem in aller Deutlichkeit. Gagnaire hat bei direkter Garung in der Pfanne das Problem, dass er sich langsam, aber sicher der optimalen Kerntemperatur nähert, bei der Technik der direkten Garung aber Gefahr läuft, die optimale Kerntemperatur schnell zu überschreiten. Man kann das mit dem Anhalten eines Zuges vergleichen: Der Zugführer sieht den Bahnhof und muss rechtzeitig die Geschwindigkeit drosseln und schließlich die Bremsung einleiten, um genau richtig zum Stehen zu kommen. Gagnaire, der in vielen kochtechnischen Dingen über eine dezidiert eigene Meinung verfügt, nutzte nicht einmal das Verfahren, das ebenfalls seit langer Zeit zum Standard der Fleischgarung gehört, nämlich das klassische Garen in der Pfanne mit einer Ruhezeit, in der sich das Fleisch entspannt und dabei zart wird. Bei diesem Verfahren gart man ebenfalls bis in die Nähe der gewünschten Kerntemperatur und lässt das Fleisch dann »gar ziehen« – manchmal ohne Temperatursteuerung, einfach zwischen zwei tiefe Teller gelegt (wie das etwa Joël Robuchon empfiehlt), manchmal mit Temperatursteuerung, also etwa in einem Gerät wie dem Hold-o-mat, bei dem man die Kerntemperatur einstellt und das Fleisch nach dem Anbraten einfach hineinlegt. Man kann es auch bei diesem Verfahren kurz nachbraten, um einen gewissen Frischeeindruck zu bekommen.

Das Problem ist in meinen Augen, dass die Ergebnisse, die oft von der Niedrigtemperaturgarung (im weitesten Sinne) bestimmt sind, mittlerweile bis in die Spitzenküche hinein allzu oft nicht mehr optimal sind. Das Fleisch ist nicht mehr zart, sondern weich, und es wirkt und schmeckt oft regelrecht künstlich, wenn man so will, wie eine Plastikmasse. Physikalisch sind dieser Eindruck und dieser Unterschied zur traditionellen Garung klar zu begründen. Wenn bei Gagnaire die Mitte des Fleischstücks die optimale Temperatur erreicht hat, haben die weiter außen liegenden Schichten etwas höhere Temperaturen, und das kontinuierlich. Ein bei Niedrigtemperatur gegartes Stück hat oft bis auf die Außenhaut (die meist nachgebraten wird) eine homogene Temperatur. Das entspricht erst einmal von der Textur her nicht dem klassischen Bild. Es entspricht aber auch vom Aroma her und von der Zusammenarbeit zwischen Textur und Aroma her nicht dem klassischen Bild. Es schmeckt also auch anders – zumindest wenn man nicht sehr vorsichtig mit dieser Garung umgeht. Und das ist ein Problem, vor allem dann, wenn sich die Niedrigtemperaturgarung in den falschen Händen befindet und im Grunde nur noch wie ein industrielles Verfahren eingesetzt wird, das die Arbeit erleichtert und auch von Hilfskräften erledigt werden kann. Wohlgemerkt: Es gibt hervorragende Einsatzbereiche für die Niedrigtemperaturgarung (wie das Braten großer Fleischstücke) und die Vakuumgarung, etwa wenn es um eine auch aromatisch relevante Spezifität der Garung geht (wie bei vielem Gemüse oder Fisch). Aber man sollte dringend schärfer darüber nachdenken, wann ein

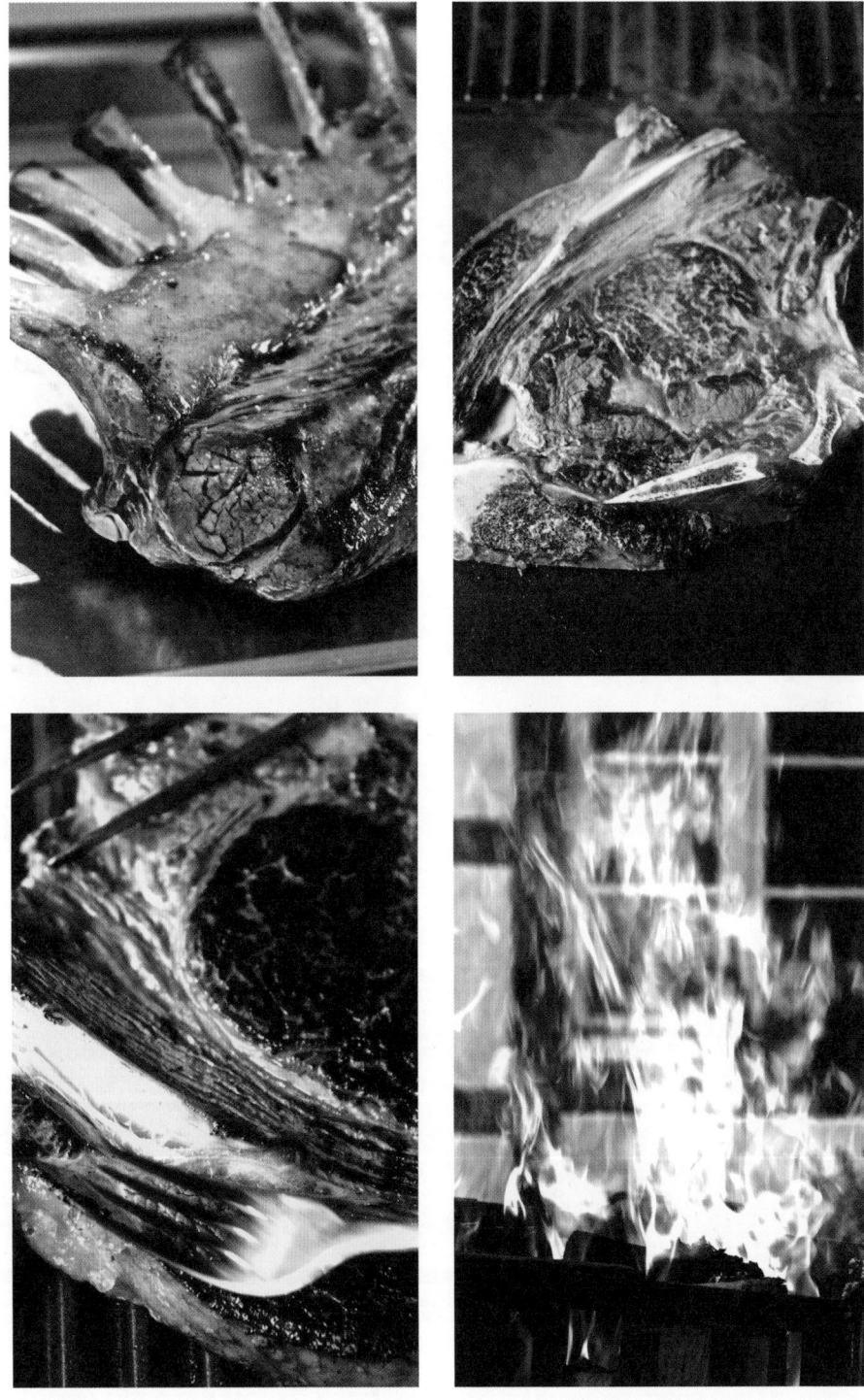

Rechts die erste Stufe der Fleischgarung: ohne Fett, a la plancha.

Ergebnis wirklich optimal ist und wann nicht. Verfahren, die nicht der Optimierung dienen, sondern der Simplifizierung, sind unter Aspekten der Qualität kontraproduktiv.

Wie konnte es überhaupt zu diesem Missstand kommen? Es gibt schon seit vielen Jahren einen unnötigen Zartheitskult in der besseren Gastronomie. Die Zartheit von Fleisch spielt in vielen Kritiken eine oft dominante Rolle, obwohl es nun wirklich kein Problem ist, Fleisch zart zu bekommen. Vielleicht spielt hier das eigene Unvermögen vieler Esser eine Rolle, die eben nicht in der Lage sind, so zu kochen, und dann Zartheit für ein bewundernswertes Kunststück halten. Für mich steht da vieles in einem größeren Zusammenhang, der viel mit der Entfremdung des Essers von der Aufzucht und Herstellung von Fleisch zu tun hat. Es gibt eine beträchtliche Anzahl von Freunden guter Küche, die sofort Probleme bekommen, wenn sie etwas allzu Tierisch-Konkretes auf dem Teller haben. Eine Taube mit Beinen und Füßen zu servieren oder eine Kaninchenterrine mit der Terrine zwischen dem skelettierten Kopf und den Läufen (wie ich das noch vor kurzem in Frankreich in einem Feinkostgeschäft gesehen habe), ja selbst ein Lammrücken, der mit Knochen und Fettschichten auf dem Teller liegt, ist dann schon zu konkret. Was oft geblieben ist, ist nur ein neutrales Stück Fleisch, das aussieht, als ob es »aus der Fabrik« kommt. An das konkrete Tier, an Tod und Schlachtung erinnert da gar nichts. Diese optische Verdrängung und damit die Verdrängung so gut wie jeder Erinnerung an konkrete Zusammenhänge setzt sich auch im aromatischen Bereich fort. Wenn es zu deutlich »nach Lamm«, »nach Wild« oder »nach Schwein« schmeckt, ist das vielen angeblichen Feinschmeckern ebenfalls zu viel. Also greift man zu aromenschwachen Exemplaren und damit zu den jungen bis ganz jungen Tieren. Es gibt Fleisch von winzigen Milchlämmern, Kälber, die sofort nach der Geburt von der Mutter getrennt wurden oder Spanferkel »U5«, also mit einem Gewicht von unter 5 Kilogramm. Alle diese Tiere haben kaum einen Eigengeschmack – woher auch? Sie sind extrem zart und schmecken eher neutral. Für mich ist das eine Art Perversion, die es einigen Leuten erlaubt, in Gourmetrestaurants zu essen, ohne sich irgendwie geschmacklich und psychologisch bedrängt zu fühlen. Ich will hier nicht näher auf die »Mensch-isst-Tier-Problematik« eingehen. Ich habe dazu zum Beispiel schon einmal gesagt, dass im Grunde jeder, der ein Tier isst, auch in der Lage sein sollte, es selbst zu töten. Das würde die Zahl der Vegetarier schlagartig gewaltig erhöhen ... Wenn man den Zartheitskult in diesem Zusammenhang sieht, bekommt er eine ganz andere Tendenz. Er geht also nicht nur ins Künstliche, sondern dient auch einem Publikum, das im Grunde mit einer umfassenden Gourmandise nicht viel zu tun hat. Wenn man sich unter diesen Aspekten einmal das Programm vieler Spitzenrestaurants (aber auch bürgerlicher Restaurants) ansieht, wird man feststellen können, dass dort zu einem beträchtlichen Teil für diese Nicht-Gourmets gekocht wird. Die Köche selbst haben da meist ganz andere Vorstellungen.

Es gibt noch einen anderen Aspekt der Fleischgarung, der mit dem zuletzt Gesagten viel zu tun hat. Die Verzartlichung, um sie einmal so zu nennen, hat noch andere Effekte. Gleichzeitig mit der Sucht nach dem Anonymen und Zarten sind auch viele traditionelle Gartechniken aus der besseren Küche fast ganz verschwunden. Es sind dies Techniken, die oft seit Jahrhunderten oder Jahrtausenden eine wichtige Rolle gespielt haben. Ich meine zum Beispiel das kräftigere Rösten über offenem Feuer oder auf dem Grill oder auch die Verwendung von ganzen Tieren oder größeren Stücken, die, langsam am Spieß gebraten, oft eine enorme Qualität entwickeln – zumindest für diejenigen, die diese Qualitäten schätzen können oder wollen. Und selbst wenn es einmal genutzt wird, staunt man über die Art und Weise. Bei dem bereits zitierten Festessen zum sechzigsten Geburtstag von Eckart Witzigmann im Münchner »Tantris« gab es ein halbes Kalb am Spieß, das sich dort schon den ganzen Tag gedreht und bis am Abend eine wunderbare Kruste entwickelt hatte, die natürlich an verschiedenen Stellen, bedingt durch die unterschiedliche Fleischstruktur, eine große Vielfalt an Aromen aufwies. Die Spezialisten waren begeistert und steuerten sofort die entsprechenden, typisch gerösteten Stücke an. Aber es gab auch erstaunlich viele Leute, die unbedingt ein eher neutral schmeckendes Stück irgendwo aus der Mitte haben wollten. Sie steuerten damit exakt das an, was mit den Vorteilen der Garung ganzer Stücke so gut wie nichts zu tun hat. Insofern muss man auch einmal die Garung großer und/oder ganzer Stücke über offenem Feuer oder der Glut von dem beliebten Grillen unterscheiden. So wie Grillen oft betrieben wird, also über dem aromatisch irrelevanten Feuer von Grillkohle und oft mit Fleisch, das mit dicken Grillsaucen bepinselt wird, hat das wenig mit dem zu tun, was ich meine. Im Gegenteil. Diese Verkleisterung der Aromen des gegarten Fleisches hat wieder etwas mit der oben angesprochenen Neutralisierung zu tun. Beide Parteien, also die angeblich feinen Anhänger des Zartheitskultes und das Gegenteil, die hemdsärmeligen, oft männlichen Anhänger des »richtigen«, natürlichen, rustikalen Garens über Grillkohle, sind sich da strukturell ähnlich. Auch das Übertünchen ist eine Form der Vermeidung klarer Produktaromen. Unter kulinarischen Gesichtspunkten interessiert selbstverständlich immer die ganze Bandbreite der Garungen – mit der Spezifizierung, dass man zu ihrer Unterscheidung immer nach dem sucht, was typisch und wesentlich ist. Und da gibt es heutzutage eben eine Menge zu kritisieren.

GRENZWERTIGES

Die Psyche isst mit

Wenn man sich ansieht, mit welchem Essen Restaurantgäste am ehesten »Schwierigkeiten« bekommen, fallen eine ganze Reihe von Konstanten auf. Oft geht es um Fett, um Schwabbeliges, um Produkte, deren Duft auch nicht-kulinarische Assoziationen wecken kann, aber auch um Dinge, die den Gästen etwas »zu konkret« erscheinen, zu sehr »nach Tier« aussehen. Hier ein Beispiel, bei dem gleich mehrere Aspekte zusammen vorkommen. Bei der relativ selten servierten Schnepfe ist es Tradition, sie mit den Füßen und vor allem dem Kopf nebst langem, spitzem Schnabel anzurichten. Das ist schon ziemlich konkret. Dazu kommt dann noch, dass man die Innereien zu einem Ragout zusammenfasst, das »Schnepfendreck« genannt wird. Und noch »schlimmer«: Das Hirn, das in den beiden aufgeschnittenen Kopfhälften angerichtet wird, isst man mit einem kleinen Löffel daraus. Es ist übrigens eine ausgesprochen wohlschmeckende Delikatesse. Die Schnepfe selbst dagegen kann ziemlich »wild« schmecken. Ihr Fleisch kann wegen ihres Lebensraumes an Gewässern einen ganz spezifischen, leicht modrigen und recht kräftigen Geschmack annehmen, der weit von dem abweicht, was sich ein »normaler« Konsument an Federvieh zumutet. Ein »Trick« beim Essen der Schnepfe ist, dass sich dieser kräftige Geschmack (der auch schon in der Brust anzutreffen ist) sofort in Wohlgefallen auflöst, wenn man das Fleisch zusammen mit einer Innereiensauce oder dem »Schnepfendreck« isst. Auf einmal entsteht ein wunderbar breiter, ausgewogener, sehr tiefer Wildgeflügelgeschmack, der wiederum vielen Leuten sehr gut schmecken dürfte – wenn sie denn wissen, wie das mit der Schnepfe funktioniert und nicht gleich von den ersten Proben oder der Optik abgeschreckt sind.

Was rund um solche und ähnliche Gerichte passiert, ist eine hochinteressante Sache. Um die Perspektiven solcher oder ähnlicher Dinge zu begreifen, muss man sich gedanklich auf eine Meta-Ebene begeben, sich also auch von möglicherweise eigenen negativen Erfahrungen lösen und die Angelegenheit aus einer gewissen Distanz betrachten. Wenn wir die konkreten Erlebnisse einmal sozusagen neutralisieren, geht es um Essen, das uns aus irgendwelchen Gründen psychisch stark mitnimmt. Das passiert in erster Linie zufällig, es steckt also niemand dahinter, der uns absichtlich ärgern will. Wenn wir irgendwo auf der Welt bei einem Stamm von Ureinwohnern zu Gast wären, wäre unter Umständen sogar damit zu rechnen, dass man uns in aller Herzlichkeit und Gastfreundschaft etwas anbietet, das wir beim besten Willen nicht in den Mund bringen – zum Beispiel in Fett marinierte Schafsaugen. Es ist also unser Problem, und es setzt eine spezielle Form des Verhältnisses zum Essen in Bewegung, die weit von dem wohligen Gefühl entfernt ist, das sich normalerweise einstellt, wenn es an ein angenehmes, vielleicht mit viel Appetit erwartetes Essen geht.

Wir geraten durch Essen, das uns nicht gefällt, viel eher in eine psychische Ausnahmesituation als beim Genuss unseres Lieblingsessens. Während man oft von der hohen emotionalen Ladung von gutem Essen spricht, glaube ich, dass die emotionale Ladung von Essen, das uns Schwierigkeiten bereitet, noch viel höher ist. Dabei interessiert mich sehr, ob man diese Art der Irritation nicht gezielt einsetzen kann, um bestimmte Prozesse der Reflektion über das Essen insgesamt und die eigene Stellung dazu in Gang zu setzen. Wohlgemerkt: Wir reden hier von einer Annäherung an das Essen, die sich von dem, was heute als »normal« gilt, weitgehend unterscheidet. Aber als Kritiker interessieren mich auch solche Gedanken, die im Übrigen dann auch wieder gar nicht so weit entfernt sind. Es gibt mittlerweile einige Köche der Avantgarde, die in ihren

Menüs Reize setzen, die je nach Lage der Dinge tief in die Psyche der Gäste eingreifen können. Ich denke da etwa an René Redzepi, der als Vorspeise lebende, komplette Garnelen serviert, putzmunter und sehr zappelig. Man wird dazu aufgefordert, sie in diesem Zustand in den Mund zu stecken und zu essen. Das ist für viele Gäste eine ziemlich grenzwertige Angelegenheit, und die internationale Diskussion über dieses Gericht geht auch prompt extrem auseinander. Ist das vielleicht pervers? Gehört so etwas überhaupt in ein Restaurant, und ist es vielleicht nur Ausdruck einer überzüchteten Kochszene, die um jeden Preis auffallen will? Dazu zwei kleine Anmerkungen: Zum einen arbeitet Redzepi in seinen Menüs konsequent mit der Psyche und den Assoziationen seiner Gäste. Er erzeugt nicht nur kulinarische Spannungen im üblichen Sinne, sondern führt seine Gäste immer wieder in Grenzbereiche, wo es darum geht, etwas zu essen, das sie so noch nicht kennen oder das aus den verschiedensten Gründen eine Irritation darstellt. Andererseits: Ist das Essen von lebenden Garnelen wirklich so abwegig? Es gibt zum Beispiel ein Buch des bretonischen Zwei-Sterne-Kochs Patrick Jeffroy aus Carantec, der in keiner Weise im Verdacht steht, mit irgendwelchen kulinarischen »Effekten« zu arbeiten. Er ist ein bodenständiger bretonischer Spitzenkoch, der in der Bretagne aufgewachsen und völlig mit den Traditionen verwachsen ist. Er berichtet von seinen tollen Kindheitserlebnissen, zum Beispiel davon, wie man bei ablaufendem Wasser an den Strand ging, um die lebenden kleinen Garnelen aufzusammeln und sofort in den Mund zu stecken. Sie hätten ein fantastisches, frisch-jodiges Aroma. So etwas wissen natürlich viele Leute nicht – darunter leider auch solche, die von Berufs wegen mit dem Essen zu tun haben und dann – verdrehte Welt – die natürlichsten Dinge plötzlich für artifiziell überzogen halten. Wie dem auch sei: Emotionen, Assoziationen oder Irritationen spielen beim Essen eine hochinteressante Rolle, und wir wissen noch gar nicht genau, was sie mit uns anstellen.

Bevor ich nun zu einem Gericht komme, das in diese Richtung geht, noch eine andere Sache. Ich habe vor Jahren schon einmal ein Restaurant-Szenario entworfen, das exakt an diesem Punkt angesiedelt ist. Stellen Sie sich vor, Sie sitzen in einem Restaurant, in dem es rundum Projektionen gibt, die etwas mit dem Essen zu tun haben. Ein multimediales Restaurant also. Zum Hauptgericht serviert man Lamm, und rundum gibt es wunderschöne Bilder von Schafen mit Lämmern auf einer sattgrünen Wiese mit Kräutern, die Kamera schwenkt über die Landschaft, und Sie sehen in spektakulärem Gegenlicht die Silhouette des Mont St-Michel in der Bretagne, also ein weltbekanntes Monument in der Heimat des französischen Salzwiesenlamms namens »Agneau de pré salé«. Ihnen wird vielleicht wohlig zumute und Sie fühlen sich wundervoll eingebettet in einen Kreislauf von höchster Qualität und Wertschätzung. Dann gibt es einen Schnitt. Alle Gäste sind noch mitten am Essen des Lammtellers, während man plötzlich rundum nur noch Bilder mit Schlachthausszenen sieht, mit lautem, rohem Ton, hyperrealistisch. Was würde mit Ihnen passieren?

Ich habe keineswegs vor, unnötig mit schockierenden Dingen zu spielen. Doch vielleicht kommt man schon mit der Vorstellung ein Stück weiter. Und man kann es auch sehr viel dezenter angehen und einen Hauch von Reflexion einbauen, statt gleich mit der ganz großen Psycho-Keule zu kommen. Nun also zuerst »Blut oder Bete«, ein kleines Experiment zur Güte.

Blut oder Bete

Bei diesem Gericht wird etwas gemacht, was man normalerweise bei Gerichten in Restaurants strikt vermeidet. Durch Elemente, die an Blut, Knochen, Zerstörung und Verletzung erinnern können, kann der entsprechende assoziative Zusammenhang, der sonst gerne verdrängt wird, mit ins Bewusstsein gerückt werden. Wie weit das wirkt, ist bei dieser in meinen Augen noch sehr genuin-kulinarisch orientierten Komposition eine Frage der Einstellung des Betrachters. Er wird die »Blutstropfen« bemerken und ein wenig irritiert bis ungemütlich auf die teilweise etwas aggressiven Formen reagieren. Die aromatische Auflösung in einen Mix aus Wildgeschmack (es gibt Reh) und ausgesprochen erdigen Noten kann den assoziativen Kontext noch verstärken, weil sie – anders als die oft süßlich begleiteten Wildgerichte etwa in der bürgerlichen Küche – den »wilden« Geschmack eher deutlicher macht und nicht verdrängt. Um die Irritation zu verstärken, werden bei diesem Gericht eine ganze Reihe von eher ungewöhnlich aussehenden und ungewöhnlich zubereiteten Elementen verwendet. Hier das Rezept:

ZUTATEN UND ZUBEREITUNG

Pro Teller, in der Reihenfolge der Erläuterung der einzelnen Zubereitungen:
10–12 cm Rehfilet, 15 g ungesalzene Butter, 100 ml Wildfond, 10 Wacholderbeeren, 1 TL Zitronenzesten, Graubrot von handelsüblicher Qualität, 1 Kugel Rote Bete (aus handelsüblicher Packung), vorgegart, 1 große Sellerieknolle, 2 weitere Kugeln Rote Bete, 100 ml Kalbsfond, 2 EL beste Sojasauce, 2 EL Amarena-Sirup (aus dem Topf Amarena-Kirschen von Fabbri, siehe unten), 3 Petersilienwurzeln, Zitrone, handelsüblicher Rote-Bete-Saft ohne Zusätze, Amarena-Kirschen (Fabbri), Palmherzen aus dem Glas, vorgegart, 2 Scheiben Serrano-Schinken oder eine ähnliche Qualität

** Rehfilet: Ein gleichmäßig dickes Stück Rehfilet von etwa 10–12 cm Länge parieren. In einer beschichteten Pfanne ohne weitere Würze in sanft aufschäumender Butter rundum anbraten und kolorieren. Entnehmen. Den Wildfond und die grob zerstoßenen Wacholderbeeren in die Pfanne geben und den Fond um die Hälfte reduzieren. Die Reduktion in einer ofenfesten Schale über das Rehfilet gießen und 1 Prise Zitronenzesten auf dem Fleisch verteilen (der Rest der Zitronenzesten wird erst beim Anrichten über das Fleisch gegeben). In den auf 65 Grad vorgeheizten Ofen schieben, mit Alufolie locker bedecken und etwa 30–40 Minuten weitergaren.

Das Rehfilet wird im Prinzip klassisch gegart. Wie üblich verzichte ich zugunsten des Eigengeschmacks auf die übliche Würzung mit Salz und Pfeffer vor dem Garen, damit der Prozess des Anbratens ungestört ablaufen kann. Zur Aromatisierung der Außenhülle nutze ich stattdessen eine Glasur aus reduziertem Wildfond, Wacholder und Zitronenzesten. Die Zesten haben in diesem Zusammenhang eine sehr gute, »belüftende« Wirkung, die das Aroma etwas präsenter und plastischer macht. Die Fortsetzung der Garung im Ofen dient dem vorsichtigen Erzielen einer rosa gehaltenen Garung.

Rote-Bete-Würzsauce: 2 vorgegarte Rote-Bete-Kugeln pürieren und durch ein normales (also nicht zu feinmaschiges) Sieb in eine Kasserolle passieren. 100 ml Kalbsfond, 2 EL beste Sojasauce und 2 EL Amarena-Sirup zugeben. Knapp köchelnd um etwa ein Drittel reduzieren.

Für diese Sauce benutze ich eine meiner besten Sojasaucen, von denen ich eine ganze Sammlung habe. Das Aroma der Roten Bete lässt sich wunderbar mit Sojasauce vertiefen, und der Amarena-Sirup schafft einen Hauch von asiatischer Dichte, bleibt aber wegen seines dezidierten Aromas nahe an der Roten Bete.

Zerdrückte Rote Bete: 1 kleinere vorgegarte Rote-Bete-Kugel im Wasserbad oder im Ofen vorsichtig erwärmen.

Ein wegen des Zerquetschens der Rote-Bete-Kugeln sicher sehr ungewöhnliches Element, das vor allem mit dem assoziativen Zusammenhang zu tun hat. Ich habe die Kugel mit dem Handballen zerdrückt und dann noch einen zweiten Versuch unternommen, um die mir für den Zusammenhang am besten erscheinende Form zu wählen. Auf die zerdrückte Kugel kommen zur Abrundung des Aromas ein paar Tropfen der Würzsauce.

»Blutender Sellerie«: Eine möglichst große Sellerieknolle halbieren. In der Mitte findet sich eine mehr oder weniger hohle Stelle. Rund um diese Stelle einen rechteckigen Block von etwa 5 × 3 cm so herausschneiden, dass er im oberen Teil eine Aushöhlung aufweist. Den Selleriewürfel in Salzwasser knapp bissfest garen. In Eiswasser kurz abschrecken und trocken tupfen. Auf dem Teller einige Tropfen Rote-Bete-Reduktion in die Aushöhlung, die »Wunde«, geben.

Bei diesem Rezept spielt der optische Kontrast zwischen Rot (für Blut) in verschiedenen Varianten und dem Weiß (für Knochen) eine wichtige Rolle. Die Enden der Petersilienwurzel und die Palmherzen (siehe unten) bleiben weiß, wobei es sich hier natürlich anbietet, in die ein wenig nach Zerstörung, Beschädigung oder Zerfall aussehende Stelle auch noch ein paar Tropfen »Blut« zu geben. Aromatisch ist das Ergebnis übrigens ganz besonders überzeugend. Ich habe schon oft die Erkenntnis gewonnen, dass manchmal völlig ungewürzte Produkte in bestimmten Zusammenhängen eine enorme Kraft entfalten.

Zerrissenes Graubrot: Das Graubrot von der Kruste befreien und in unregelmäßige, aber nicht zu instabile Stücke zerteilen. Die Stücke sollen keine geraden Kanten mehr haben. Die Stücke zweimal vorsichtig so mit der Rote-Bete-Würzsauce (siehe oben) tränken, dass nur noch einige kleine Brotstellen zu sehen sind.

Da ich in den Rezepten nach Möglichkeit nur Verfahren nutzen möchte, die von guten Hobbyköchen ohne allzu viel Geräte oder chemische Hilfsmittel reproduziert werden können, habe ich für die zerrissene Form nicht einen sogenannten »Sponge« (einen in der Mikrowelle verfestigten Schaum) eingesetzt, sondern die ganz ähnliche Textur von zerrissenem Brot. Es hat sich dann herausgestellt, dass das Brot die bei weitem bessere Lösung für dieses Rezept ist. Erstens hat es eine dichtere Textur als der »Sponge«, zerfällt also nicht so leicht, und zweitens passt das Aroma mit seinen erdigen Noten bestens in das Spektrum dieses Rezeptes. Beim Tränken mit der Würzsauce sollte man darauf achten, dass man nicht nur Flüssigkeit, sondern immer auch etwas von der pürierten Rote Bete vom Boden des Gefäßes aufnimmt. Auf diese Weise bildet sich eine zweifarbige und aromatisch unterschiedliche Glasur.

Petersilienwurzel: Die dünn auslaufenden Enden der Petersilienwurzeln vorsichtig schälen oder mit einer Wurzelbürste abbürsten, sofort in so viel Zitronenwasser einlegen, dass sie knapp bedeckt sind und al dente vorgaren.

Ein etwas diffiziles Produkt. Es geht darum, dass die Wurzelenden möglichst hell sind, also keine der üblichen braunen Stellen aufweisen. Dazu muss man sie ziemlich vorsichtig behandeln und zur Vermeidung von Oxidation sofort in Zitronenwasser (oder mit Ascorbinsäure/Vitamin C versetztes Wasser) geben. Die Garung darf nur so weit gehen, dass die Wurzeln nicht weich werden. Sie sollen klar bissfest sein, damit sie einerseits ihre Form nicht verlieren (und so angerichtet werden können, wie das hier der Fall ist) und andererseits auch beim Essen etwas frische Knackigkeit ausstrahlen.

Reduzierter Rote-Bete Saft (Blutstropfen): Handelsüblichen Rote-Bete-Saft ohne irgendeinen Zusatz auf etwa ein Drittel reduzieren.

Der handelsübliche Rote-Bete-Saft hat sich als ein sehr gutes Produkt herausgestellt, um einen möglichst deutlichen Blut-Effekt zu bekommen (siehe unter Anrichten).

Hälften von Amarena-Kirschen.
Es handelt sich um die handelsüblichen Amarena-Kirschen der Firma Fabbri mit ihrem typischen Geschmack. Dieses Aroma dient hier einerseits als eine Art minimale Reminiszenz an die klassisch-süßliche Begleitung von Reh. Andererseits hat das dichte Aroma der kleinen Kirschhälften im Zusammenhang einen erstaunlichen Effekt.

Palmherzen: Von handelsüblichen vorgegarten Palmherzen einige gerade Stücke unterschiedlicher Länge schneiden. Im Wasserbad oder abgedeckt mit etwas Wasser im Ofen leicht erwärmen.

Die Palmherzen stehen für die Knochen-Assoziation, haben mit ihrer leicht »stumpfen« Textur und Säure aber auch eine ausgesprochen gute und originelle geschmackliche Wirkung. Je nach Produkt können sich Unterschiede in der Säure ergeben. Unter Umständen muss man die Palmherzen zuerst etwas wässern oder unter fließendem Wasser abspülen.

Getrockneter Serrano-Schinken: 2 dünne Scheiben Serrano-Schinken ohne anhängendes Fett auf einem Rost im Ofen bei 90 Grad Umluft trocknen. In unterschiedliche, eher länglich-spitze Stücke brechen. ✳✳

ANRICHTEN

Beim Anrichten spielt das »Blut« eine wichtige Rolle. Um die richtige Wirkung zu erzielen, muss man den Rote-Bete-Saft aus einer gewissen Höhe auf den Teller tröpfeln, etwa 30–40 cm sollten es schon sein (weil der Saft gut färbt, eventuell Vorkehrungen treffen, dass nicht die Umgebung ebenfalls eingefärbt wird). Wichtig ist, dass die weißen Elemente möglichst ungefärbt bleiben und einen guten Kontrast abgeben. Ausnahme ist natürlich der Sellerie-Block.

ZUR SENSORIK VON »BLUT ODER BETE«

Als »Psycho-Gericht«, bei dem mit dem assoziativen Hintergrund gearbeitet wird, tritt die kulinarische Perspektive im engeren Sinne zunächst etwas in den Hintergrund. Aber auch sie kann einen Zusammenhang mit dem Thema haben – wenn auch einen recht komplexen und nicht sofort ersichtlichen. Die Kombination der diversen gemüsig-erdigen Noten (Rote Bete, Sellerie, Petersilienwurzel – in gewisser Weise gehört das Brot auch dazu) ergibt ein überraschendes, originelles Gesamtbild, das sich von üblichen Rehgerichten deutlich unterscheidet. Ich spiele hier wieder mit dem Kontrast zwischen puren und stark behandelten Zutaten. Wenn man zum Beispiel ein Stück Brot (ein Stück mit einem stärkeren Anteil an Rote-Bete-Würzsauce) mit etwas Petersilienwurzel kombiniert, ergibt sich einerseits eine besonders ausgeprägte Plastizität, andererseits ein ganz ungewöhnlich erdiges und natürliches Aroma. Die kleinen Hälften der Amarena-Kirschen haben eine vergleichbare Wirkung, die aber in eine völlig andere Richtung geht. Durch sie taucht in dem naturbetonten und assoziativ ziemlich belasteten Umfeld plötzlich eine Erinnerung an Zusammenhänge aus einem völlig anderen Bereich auf (Amarena-Kirschen kennt man vor allem von Eisbechern in Eiscafés). Und das, obwohl die Kirschen im Zusammenhang mit den Blutstropfen optisch eigentlich eher wie besonders dicke Blutstropfen wirken.

Trotz der entsprechenden Vorüberlegungen war ich von den Aromen ziemlich überrascht. Natürlich habe ich zuerst nach Formen gesucht, die den geplanten assoziativen Kontext unterstützen können, und dann überlegt, wie ich sie aromatisch behandeln kann. Am Ende war ich von den Aromen so fasziniert, dass sie eindeutig in den Vordergrund meiner Degustation traten. Gäste, denen ich das Gericht präsentiert habe, reagierten jedoch immer erst einmal genau so, wie geplant. Wie weit man mit Hilfe eines solchen oder ähnlicher Gerichte in einen geradezu meditativen Kontext vorstoßen kann, hängt sehr davon ab, mit welcher Sensibilität das Gericht gegessen wird. Wer es »normal« isst, wird auch »nur« Normales erleben. Wer die vielfältigen Ladungen des Essens wahrnehmen und reflektieren kann, wird alles sehr viel komplexer erleben. Im Grunde könnte man sich die Degustation eines solchen Gerichts auch in spektakulären Zusammenhängen vorstellen, vielleicht in einem Szenario, wie ich es auf Seite 241 ff. beschreibe.

Der Speckteller

Zu den bei vielen Leuten leider unverwüstlichen Vorurteilen gehört die Abneigung gegen Speck und Fett. Mich erinnert das manchmal an die Antwort: »Ziegenkäse? Esse ich nicht!« Was genau meint jemand, der so etwas sagt? Einen frischen Picodon, der im Grunde gar nicht »nach Ziege« schmeckt, einen wunderschön gereiften Pouligny, der zwar von der Ziege stammt, aber vor allem wunderbar säuerlich und nussig schmeckt, oder einen uralten, knochenhart getrockneten Käse, von dem man quasi nur noch Späne abschaben kann und der so scharf ist, dass er im Mund regelrecht beißt? Bei Fett und Speck ist es ganz ähnlich. Glücklicherweise kann ich da aus eigener Erfahrung reden. Bevor ich mich dem guten Essen näherte, war ich das Gegenteil von einem Gourmet und habe nur einige wenige Dinge gegessen. Dazu gehörte Hackfleisch, vielleicht einmal ein Kalbgeschnetzeltes, aber keinerlei Geflügel, quasi kein Fisch und schon gar nicht Dinge, die mich an irgendetwas anderes erinnerten. Garnelen zum Beispiel waren für mich immer eine Art von Regenwürmern. Speck und Fett war völlig ausgeschlossen, und schon gar nicht, wenn es irgendwie weich oder schwabbelig war. Ich weiß also, wovon ich spreche. Heute esse ich alles, und das wirklich ohne Ausnahme. Fett und Speck habe ich in sämtlichen Varianten kennengelernt, und es waren viele darunter, die einfach fantastisch schmeckten. Ich erinnere mich zum Beispiel an das konfierte Schweinekinn bei Joachim Wissler vom »Vendôme« in Bensberg oder an einen sagenhaft gut schmeckenden getrüffelten Schweinsfuß von Gérard Boyer in Reims (obwohl der Schweinsfuß mit seiner gelatinösen Konsistenz eigentlich kein Fett im engeren Sinne ist), an einen gegrillten Kalbskopf (in Scheibenform) im Bistro von Olivier Nastis, »Chambard« in Kaysersberg, und viele andere Dinge. Heute erforsche ich den Fettgeschmack regelrecht und halte ihn für eine ganz feine Sache, die wahrlich nichts Negatives an sich hat.

Das folgende Rezept ist ein Experiment, das ich für zwar neuartig, aber im Grunde nicht für extrem halte. Andere werden so gut wie nichts von dem hier Vorgeschlagenen essen wollen und die ganze Komposition für sehr entlegen halten. Ziemlich sicher könnte man heutzutage ein Gericht dieser Art nur in ganz wenigen Restaurants auf die Karte setzen. Aber es interessiert mich, wie man sich in solchen Grenzbereichen bewegen könnte und was sich daraus an Ideen ableiten ließe. Dieser »Speckteller« enthält rohe und gegarte Elemente, klassische und moderne Elemente, und das vor einem aromatischen Hintergrund, der schon immer etwas mit Speck zu tun hatte. Der Aufwand ist nicht gerade gering, aber darum geht es hier auch gar nicht. Es geht darum, einen Blick auf Dinge zu werfen, die möglich und im Grunde sinnvoll und interessant sind, auch wenn sie vielleicht eine grenzwertige Erfahrung vermitteln. Hier das Rezept:

ZUTATEN UND ZUBEREITUNG (AUSREICHEND FÜR 2–4 PORTIONEN)

Bier-Gelee: 80 ml Bier, 40 ml Gemüsefond, ½ TL Agar-Agar

✳✳ Bier und Gemüsefond in einem kleinen Topf erhitzen. Das Agar-Agar dazugeben und einmal kurz aufkochen. Vom Herd ziehen, kurz abkühlen lassen, dann in eine kleine, rechteckige Form füllen. Im Kühlschrank fest werden lassen. ✳✳

Konfierter Schweinebauch: 150 ml Geflügelfond, 1 fein gehackte Knoblauchzehe, 1 TL Ingwerwürfel, 6 cm mitteldickes Zitronengras, in Ringe geschnitten, 1 Lorbeerblatt, Blättchen von 2 Zweigen Thymian, 1 Streifen Schweinebauch von etwa 4–5 cm Breite
✳✳ Den Ofen auf 150 Grad vorheizen. Den Fond mit den Aromen aufkochen und neben dem Herd 10 Minuten ziehen lassen. Den Streifen Schweinebauch mit der Schwarte nach oben in eine ofenfeste Form legen, den Sud darübergießen, locker mit Alufolie abdecken und in den Ofen stellen. Nach 45 Minuten die Folie entfernen, die Temperatur auf 200 Grad erhöhen und 15 Minuten weiter garen. Die obere Schicht soll fest und leicht gebräunt, aber nicht hart werden. Zum Servieren in Stücke schneiden. ✳✳

Mangalitza-Speck: Die dicke Speckschicht von einem Mangalitza-Schweinerücken ablösen und je nach Menge portionieren
✳✳ Auf einem Antihaft-Grill die Stücke beidseitig ohne Hast nicht zu stark markieren. Der Speck sollte nur dezente Röst- bzw. Grillnoten bekommen. ✳✳

Bohnen-Bratwurst-Sauce: Olivenöl, 15 g fein gewürfelte Schalotte, 60 g ausgelöste Bratwurst, 100 ml trockener Weißwein, 100 ml Gemüsefond, 60 g weiße Bohnen aus Glas oder Dose
✳✳ Die Schalotte in erhitztem Olivenöl anschwitzen, die zerkleinerte Bratwurstmasse dazugeben und leicht anrösten. Mit dem Wein ablöschen, wenig später den Fond dazugeben und ohne Hast um etwa die Hälfte reduzieren. Etwa 5 Minuten vor dem Servieren die Bohnen dazugeben und vorsichtig erwärmen. ✳✳

Gröstl: Fetter Speck
✳✳ Aus dem Speck 2 EL Würfel von etwa 1 cm Kantenlänge schneiden. In einer beschichteten Pfanne bei mittlerer Hitze erwärmen. Wenn die Würfel glasig aussehen und ganz leicht Farbe anzunehmen beginnen, die Hitze erhöhen und unter ständigem Umrühren weiter rösten und trocknen. Zwischendurch das austretende Fett abschütten. Auf ein Küchentuch geben und nachtrocknen lassen. ✳✳

Anrichten: Dünne Scheiben Lardo
✳✳ Vom Lardo aus Streifen von etwa 3 cm Breite und 6 cm Länge kleine Röllchen herstellen. Pro Portion etwa 3–4 Stück.
Die Elemente wie auf dem Bild anrichten. Die Sauce zwischen allen Elementen verteilen. Die Speckkruste, die sich zusätzlich auf dem Bild befindet, gewinnt man, indem man die oberste Schicht des Bauchspecks im Ofen langsam trocknet. ✳✳

ANMERKUNGEN

Diese Version von »Speckteller« ist eine von verschiedenen denkbaren Möglichkeiten. Ich habe sie mit Absicht mit ein paar Elementen zusammengestellt, die im assoziativen Bereich das Essen eines solchen Gerichts für den einen oder anderen Gast sicherlich etwas erleichtern werden. Gemeint sind damit die Elemente, die auf klassische Zusammenhänge mit Speck abzielen. Dazu gehören die Bratwurst, die Bohnen und natürlich auch das Bier-Gelee – alles Produkte, die gerne auftauchen, wenn es um Speck oder Fett geht. Insofern wird man beim Essen dieses Tellers – so ungewöhnlich das Vorhandensein eines großen Stücks von reinem Fett vom Mangalitza-Schwein auch sein mag –

aromatisch immer eine gute Orientierung haben, weil viele Elemente einfach vertraut schmecken. Zu dem Fettaroma ist zu sagen, dass vor allem das Schweinefett ganz exzellent »sauber« und fein schmeckt und keinerlei merkwürdigen Nebengeschmack entwickelt. Es ist aus meiner Sicht unter konventionellen Gesichtspunkten mit Abstand das am besten schmeckende Fett, also besser als das Fett vom Rind oder vom Lamm. Auch die Konsistenz dieser Fettschichten hat nichts Glibberiges an sich, sondern ist spezifisch. Wer damit Probleme hat, sollte sich unbedingt einmal überwinden und ein solches Stück langsam und genüsslich im Mund zergehen lassen.

Man könnte den Gedanken des Speck- bzw. Fettellers auch noch weiter verfolgen. Zum Beispiel indem man eine reine Fettdegustation anbietet, also auf einem Teller zum Beispiel Fett von fünf verschiedenen Tiersorten nebeneinander – vielleicht sogar roh und gegart oder dezent konfiert und kross gebraten. Natürlich könnte man ein solches Gericht heutzutage in einem normalen Gourmetrestaurant nicht anbieten, und in anderen Restaurants schon gar nicht. Andererseits wäre es eine sehr natürliche Angelegenheit, die nichts mit überreizter Avantgarde zu tun hat. Dass wir nur noch ein paar Filetstücke von den Tieren essen, kann man nun wirklich nicht für einen Ausdruck von Zivilisation halten, sondern eher davon, dass wir mit der Natur der Dinge nicht mehr umgehen können. Wir wollen das Töten der Tiere verdrängen, wir wollen nicht, dass wir beim Essen durch irgendwelche allzu konkrete Teile auf dem Teller an das Tier erinnert werden, und wir wollen am liebsten Stücke, die nicht wirklich nach dem Tier schmecken, das wir gerade essen. Wenn wir schon Tiere töten, um sie zu essen, sollten wir das mit Achtung tun und sie auch mit Achtung essen. Und das heißt, dass wir natürlich auch in der Küche alle Teile verarbeiten sollten, und das nicht nur in Form einer anonymen Masse, die irgendwo in einer Wurst landet, sondern so, wie sie gewachsen sind, und mit dem Bestreben, etwas ganz besonders Gutes aus ihnen zu machen. Achtung vor dem Tier bedeutet auch, dass man alles isst. Eben auch das Fett und den Speck und die Haut und alle Innereien. Ganz abgesehen davon sind für mich Feinschmecker nur solche Leute, die alle Teile eines guten Produkts essen, und nicht solche, die sich auf die »feinsten« Teile (wie etwa Filets) beschränken. Auch die Gourmetküche ist dann am besten, wenn sie sich mit allem befasst, was es gibt, und beweist, dass man aus allem etwas sehr Gutes machen kann.

Grundsätzliches 3
Geschmackskurven

Nun zu einer Art der Beschreibung und Darstellung von Geschmack und Schmecken, die zu ganz neuen Wahrnehmungen führen und das Verhältnis zum Essen grundlegend verändern kann. Sie kann den Genuss multiplizieren und gleichzeitig für Esser wie Köche ein völlig neuartiges kulinarisches Verständnis definieren. Sie ist also ein echter Zugewinn. Gemeint sind die Geschmackskurven, die ich in meiner »Geschmacksschule« im Jahr 2005 ausführlich beschrieben haben (Verlag Tre Torri). Es würde den Rahmen dieses Buches sprengen, das hier noch einmal ausführlich darzustellen. Deshalb möchte ich mich auf einige wichtige Punkte beschränken, mit deren Kenntnis meine sensorischen Anmerkungen zu den Gerichten vielleicht leichter zu verstehen sind.

Ausgangspunkt ist die Erkenntnis, dass die alte Aufteilung dessen, was wir schmecken in Süß, Sauer, Bitter, Salzig und Umami viel zu einseitig und natürlich auch praxisfern ist. Fragen Sie einmal ein Kind oder auch Erwachsene, ob das, was sie gerade probieren, nun sauer, bitter oder salzig schmeckt ... Diese Wahrnehmungen sind vor allem an den aromatischen Bereich gekoppelt und finden im Wesentlichen über unsere Geschmacksknospen im Mund statt. Dass dabei auch die Nase eine Menge zu sagen hat, unterschlage ich hier einmal. Tatsächlich bekommen wir beim Essen aber auch noch andere Informationen. Neben den aromatischen sind das vor allem die Textur (also zum Beispiel: weich, hart, kross, schmelzend) und die Temperatur. Und dann wird es interessant, weil es eine ganze Menge von Zusammenhängen zwischen Aroma, Textur und Temperatur zu beobachten gibt, die unsere Wahrnehmung und natürlich auch den Genuss maßgeblich beeinflussen können. Nachdem ich jahrelang solche Beobachtungen gemacht hatte, kam es schließlich zur Entwicklung der Darstellung kulinarischer Wahrnehmungen durch Geschmackskurven und einer wichtigen Grunderkenntnis: Jedes Produkt hat eine ganz spezifische Geschmackskurve, die man in verschiedene Phasen unterteilen kann. Wegen der besseren internationalen Kommunikation habe ich dafür englische Begriffe benutzt, und zwar die Begriffe »Attack«, »Plateau«, »Decay« und »Sustain«. Dazu gleich ein konkretes Beispiel: Wenn Sie eine Walnusshälfte in den Mund stecken, haben Sie ein intensives sensorisches Erlebnis. Beim Kauen kracht es gewaltig, und wenn Sie genau hinschmecken, werden Sie merken, dass sie noch sehr wenig Aroma wahrnehmen. Die aromatische Wahrnehmung wird also durch diesen auffälligen sensorischen Effekt überlagert. Das ist die »Attack«-Phase. Wenn Sie dann weiter kauen, wird dieser Effekt milder, und gleichzeitig wird die Wahrnehmung des eigentlichen Aromas zunehmen. Das ist die »Plateau«-Phase, das Produkt ist jetzt aromatisch »voll da«. Wenn Sie nun weiter kauen, wird das Aroma wieder weniger, und gleichzeitig werden bei der Nuss faserige Bestandteile deutlicher wahrnehmbar. Das ist die »Decay«-Phase. Wenn Sie dann alles geschluckt haben, haben Sie im Mund einen Nachgeschmack, bei der Walnuss je nach Reife zum Beispiel eine klar adstringierende Wirkung. Das ist die »Sustain«-Phase (der »Nachhall«, ganz ähnlich wie beim Wein). Bei anderen Dingen ist das ganz anders. Ein körperwarmes Kartoffelpüree löst am Anfang keine besonderen Reaktionen aus, weil man weder eine texturelle noch eine thermische »Sensation« zu überwinden hat. Man wird also das Aroma schnell wahrnehmen. Bei einem Eis andererseits wird ganz ähnlich wie bei der Nuss zuerst einmal die aromatische Wahrnehmung blockiert, in diesem Falle durch die Temperatur. In dem Maß, wie das Eis im Mund wärmer wird (schmilzt), steigt die Wahrnehmung des eigentlichen Aromas.

Für das, was wir beim Essen schmecken, wo es ja meist um mehrere Bestandteile geht, wird es nun interessant, da sich bei mehreren Bestandteilen solche Effekte überlagern können, dass sich Vordergründe und Hintergründe bilden, dass man zeitliche Verläufe der Wahrnehmung unterscheiden kann und sogar so etwas wie Räumlichkeiten. Wenn Sie zum Beispiel die genannte Nuss und das Eis zusammen in den Mund stecken, haben Sie natürlich am Anfang sehr viel »Action«, weil sie gleichzeitig eine starke Texturinformation und eine starke Temperaturinformation bekommen. Weil sich aber das Eis relativ schnell auflöst, während man auf der Nuss recht lange kauen muss, kann man den Eindruck haben, dass sich das Zerkauen der Nuss im Vordergrund abspielt, während im Hintergrund das Eis schmilzt. Außerdem wird sich ergeben, dass sich das Aroma des Eises eher entwickelt als das der Nuss, und man kann feststellen, dass es zu einem Durchblenden der Aromen kommt. Das Aroma des Eises geht, das der Nuss kommt stärker in den Mittelpunkt. Sie können sich nach diesem kurzen Beispiel sicher vorstellen, welch riesiges Geschmackskino sich im Mund auftut, wenn man solche Dinge beachtet und genau hinschmeckt (von der zusätzlichen Wirkung des Geruchs einmal ganz abgesehen).

Das alles hat natürlich Auswirkungen auf Kochen und Essen. Einerseits können die Köche darauf achten, dass ihre Gerichte (ihre »Akkorde«) unter sensorischen Aspekten interessant und spannend aufgebaut sind. Andererseits können die Esser darauf achten, dass sie ihre Teller nicht nur von links nach rechts leer essen, sondern unter sensorischen Gesichtspunkten das Beste aus dem Angebotenen machen.

Zuerst etwas zum Kochen und zu den Köchen. Die Bedeutung der Sensorik zeigt sich zum Beispiel da, wo – um ein ganz einfaches Beispiel zu benutzen – ein Wiener Schnitzel extrem dünn geklopft wurde, aber eine extrem dicke Panierung hat. Wenn man es isst, bekommt man vom Aroma des Fleisches so gut wie nichts mehr mit – was kaum Sinn der Sache sein kann. Oder wenn ein Koch seine Kreation zu spektakulären Türmchen schichtet, weiß man auch ohne sensorische Hintergedanken oft kaum, wie man dieses Gebilde denn eigentlich angehen soll. So etwas ist also sensorisch kompletter Unsinn – es sei denn, der Esser zerlegt das Gebilde und baut sich seine eigenen Akkorde zusammen. Wenn ein Koch aber so arbeitet, dass das Zusammenwirken aller Elemente auf einem Teller durchdacht ist, kann das für den Esser eine sehr feine und auch sehr unstressige Sache sein. Er findet es wunderbar, weil sich alles so präzise zu so guten Akkorden zusammenfügt. Wer zum Beispiel als Koch ein zartes Stück Fleisch, zum Beispiel eine Taubenbrust, sensorisch so inszenieren will, dass die Taube in jeder Kombination das dominante Produkt bleibt, wird die Zutaten so klug wählen, dass sie sensorisch im Hintergrund bleiben. Damit hätte man das Fleischaroma plus eine gewisse Anreicherung des Aromas in verschiedene Richtungen. Die besten unserer modernen Köche beherrschen das und ermöglichen damit den Essern überragende Geschmackserlebnisse.

Diese vergleichsweise junge Sichtweise auf die Kochkunst hat sich noch nicht bis in die letzte Ecke der Gastronomie herumgesprochen und die häusliche Küche meist noch gar nicht erreicht. Es gibt allerdings auch Kräfte, die überhaupt keinen Wert auf eine gute, sinnvolle Sensorik legen oder die Möglichkeiten in kulinarisch kontraproduktiver Art nutzen. Die Hamburger der großen Ketten etwa sind sensorisch ziemlich schlecht gemacht. Wegen völlig überwürzter Saucen hat man kaum die Möglichkeit, das Fleisch wahrzunehmen, und es ist im Grunde ein Trauerspiel, dass Tiere für eine solche Verarbeitung sterben müssen. Oder man nimmt zwar intensive Grillaromen wahr, sieht aber keine Grillspuren, weil nur künstliche Aromen eingesetzt wurden, die den Grillgeschmack vorgaukeln. Sensorisch gesehen sind auch die meisten Fertiggerichte der großen Firmen eine Katastrophe und eigentlich eine Missachtung der Natur.

Auf der anderen Seite sollte man der Kochkunst so etwas wie Esskunst gegenüberstellen. Schon bei vielen ganz normalen Gerichten der bürgerlichen Küche hat der Esser die Möglichkeit, von sich aus durch bewusste Zusammenstellungen eine Menge mehr an Genuss für sich zu erreichen, als das üblicherweise der Fall ist. Beim Essen normaler bürgerlicher Gerichte dürfte in der Regel nur etwa ein Drittel dessen erschmeckt werden, was eigentlich möglich wäre. Aber wenn auf dem Teller keine besonderen Proportionen vorgegeben sind, kann der kundige Esser natürlich auch eingreifen und bewusster und kulinarisch sinnvoller essen. Das gilt ganz besonders für die komplexen Kreationen der Spitzenküche, bei denen manchmal eine größere Anzahl von Elementen auf dem Teller liegt. Auch das muss nicht gleich eine Überforderung sein, sondern kann ein exzellentes Angebot zu einem großartigen Geschmackserlebnis sein. An manchen Gerichten kann man fünfzehn oder zwanzig Minuten essen und dabei immer wieder anderes und faszinierend Neuartiges erleben.

Im Gegensatz zu vielen anderen Wahrnehmungen wie etwa der, welches Lamm wo und warum am besten ist, ist die Sensorik zutiefst »demokratisch«. Man kann diese Art von Wahrnehmungen auch ohne Vorbildung oder umfangreiche Vorkenntnisse machen, und man kann sie auch realisieren, wenn man nicht ständig in den besten Restaurants isst. Es braucht lediglich etwas Konzentration und Freude am Genuss, um sich intensiv mit dem Essen zu befassen und bestimmte Wahrnehmungen zu automatisieren. Diese Wahrnehmungen sind vor allem auch kommunizierbar. Man kann über sie reden (auch wenn uns da noch viele Begriffe fehlen), und wenn man über sie reden und seine Erlebnisse anderen Leuten mitteilen kann, kann man sie auch weitergeben, also lehren und lernen.

Ein modernes sensorisches Verständnis ist einerseits eine Ausweitung der handwerklichen Grundlagen der Kochkunst und gleichzeitig ein Schlüssel zu einem neuen, wesentlich ausgeweiteten Verständnis und Erleben von Essen. Es erzeugt darüber hinaus Sensibilitäten, die genau in die Richtung gehen, die uns heute als zukunftsträchtig vorkommt. Wenn es gelingt, sich dem ganzen Prozess des Essens mit mehr Sensibilität zu nähern, werden auch viele andere Probleme im Bereich der Ernährung von dieser Sensibilität profitieren können. Für mich ist eine größere kulinarische Sensibilisierung des Menschen also auch der Schlüssel zur Lösung vieler Fragen im Bereich der Ökologie, des Tierschutzes, der Gesundheit und des sozialen Lebens.

Grundsätzliches 4
Deko oder Mikro? Über die Wirkung von Mikroelementen, die neue Sensorik und die neue Lücke zwischen Profis und Privatköchen

In diesem Abschnitt geht es um ein Problem, das die Küche in allen möglichen Formen durchzieht und gleichzeitig vielen Köchen wie auch vielen Essern bis auf den heutigen Tag Schwierigkeiten macht. Wenn die Köche es lösen, bedeutet das noch lange nicht, dass die Esser etwas davon haben, und wenn die Esser es lösen, kann es sein, dass die Köche schlecht dastehen, wenn nicht überhaupt die ganze Kommunikation über das Problem sehr schwierig ist und kaum in Gang kommt.

DAS ALTE PROBLEM MIT DEKORATION UND BEILAGEN

Zunächst geht es darum, dass etwas auf einem Teller liegt, das eigentlich sensorischer Unsinn ist. Wir kennen diesen Effekt aus der bürgerlichen Küche. Nach wie vor gibt es viele einfachere Restaurants, die eine Art Garnitur vorbereitet haben, die sie – egal ob Vorspeise, Fisch oder Fleisch – bei allen Gerichten irgendwo auf den Teller legen. Die Köche sprechen dann etwa von »ausdekorieren«. Es sieht aus diesem Blickwinkel besser aus, wenn nicht nur das Schnitzel und die Salzkartoffeln auf dem Teller liegen, sondern am Rand auch noch ein Blättchen Salat mit zwei Kräuterzweiglein und einer halben Kirschtomate. Ob das eine wesentliche Bereicherung für das Schnitzel darstellt, interessiert nicht weiter. Man kann es problemlos zum Schnitzel essen, und das ist auch schon alles. Die etwas problematischere Form dieser Dekoelemente ist die Verwendung der gleichen Gemüsebeilagen zu allen möglichen Gerichten. Auch dabei kommt es meist nicht darauf an, ob sich ein bemerkenswert guter Akkord ergibt, sondern es geht ausschließlich um etwas mehr Material auf dem Teller, um einen üppig-großzügigen Gesamteindruck zu bewirken.

DAS NEUE PROBLEM MIT DEKORATION UND BEILAGEN

Das neue Problem mit den Beilagen hat damit zu tun, dass unter einer modernen, sensorisch sehr viel sensibleren Sicht alles, was auf einem Teller liegt, sehr viel mehr Bedeutung bekommt. Wer auf der Suche nach optimalen, sensorisch stimmigen Akkorden ist, wer sich fragt, warum auf dem Stück Fleisch eine halbe Walnuss liegt oder auf dem Fisch ein paar Kräuter, wird sehr schnell feststellen, ob ein Koch seine »Dekoration« oder auch seine ganze kulinarische Konstruktion durchdacht hat oder nicht.

Dazu ein Beispiel aus einem deutschen Drei-Sterne-Restaurant. Ich bekam dort ein Carpaccio von Jakobsmuscheln, auf denen Nussstücke lagen. Die Grundidee einer solchen Kombination ist zunächst nicht schlecht. Man sagt ganz allgemein, dass Jakobsmuscheln ein »nussiges« Aroma haben. Es ist also naheliegend, dieses nussige Aroma durch die Kombination mit Nüssen zu unterstützen. Das Problem war, dass die Stücke zu groß waren. Wenn man sie in der servierten Form mit den darunter liegenden Muschelscheiben aß, bekam man von der Muschel kaum noch etwas mit. Das Einzige, was von ihnen blieb, war eine gewisse weich schmelzende Wahrnehmung irgendwo im Mittel- oder Hintergrund. Das Aroma aber war verschwunden, weil die Nuss alles überlagert. Wenn Sie den Abschnitt über die Geschmackskurven gelesen haben, werden Sie die Zusammenhänge erahnen. Das Nussstück produziert im Mund einen dominanten Effekt, und das gleich auf zweierlei Weise. Neben dem Überlagern wird durch das Zerkauen das Aroma der Nuss aufgeschlossen, das mit seinen adstringierenden Bestandteilen ebenfalls dem Muschelaroma entgegenwirkt. Hinzu kommt zu allem Überfluss noch, dass der Geschmack (also Aromen, Textur und Temperatur) der Nuss eine große sensorische Länge hat. Bis man die Nuss zerkaut, aufgeschlossen und verarbeitet hat, ist von der Jakobsmuschel längst nichts mehr da. In dieser Form machte die Kombination also keinen Sinn. Das wiederum bedeutet aber keineswegs, dass die Verbindung von Nuss und Jakobsmuschel keine Perspektive hat. Man muss nur die Form wählen, die die beiden Elemente sinnvoll miteinander verknüpft. Die Nussstücke können kleiner sein oder auch einen anderen Aggregatzustand annehmen, zum Beispiel in ein Mousse oder ein Gelee verwandelt werden.

Das neue Problem mit Dekoration und Beilagen geht aber noch weiter. Auch Köche, die sehr moderne Kompositionen machen, neigen dazu, hier noch ein Kräuterblättchen und da noch etwas »Erdiges«, hier noch einen Tupfer einer intensiven Würzsauce und da noch etwas Krosses anzufügen. Es gibt immer Dekorationsmoden, auch in einer Küche, die sich eigentlich mit der Sensorik intensiv beschäftigt und ihre Kompositionen jeweils mit einem breiten Spektrum von Texturen, Temperaturen und Aromen bestückt. Das Problem ist, dass eine gut entwickelte Sensorik keine Fehler oder unbedachte Dekorationen verzeiht. Und weil die Esser auch nicht automatisch perfekte Esser sind, die eine Komposition betrachten und sofort wissen, wie sie das Beste an Genuss aus ihr herausholen, geht oft eine Menge schief. Wie groß der Unterschied zwischen einer perfekt konzipierten kulinarischen Konstruktion, die auch adäquat gegessen wird, und einer schlechten ist, ist schwierig zu beziffern. Normal dürfte sein, dass man bei oberflächlichem Essen vielleicht nur zwanzig oder dreißig Prozent dessen wahrnimmt, was eigentlich möglich wäre. Und das gilt nicht nur für avancierte Kreationen der Spitzenküche, sondern durchaus auch für populäres Essen.

WIE WICHTIG MIKROELEMENTE SEIN KÖNNEN

Die Wichtigkeit auch kleinster Elemente in einer Komposition wird oft heillos unterschätzt. Das gilt sogar für die Körner Fleur de Sel, die nach dem Anrichten auf ein Scheibe Rindfleisch gelegt werden. Wer diese etwas dickeren Salzkörner als Würze einsetzen will, müsste sie eigentlich völlig gleichmäßig auf dem Fleisch verteilen, damit jeder Bissen die gleiche Dosis der Würze bekommt und nicht ein Bissen ohne Salz auskommen muss, ein anderer aber glatt versalzen ist. Das hat der französische Starkoch Joël Robuchon schon vor vielen Jahren so praktiziert. In einer französischen Fernsehsendung namens »Cuisiner comme un grand chef« stand Robuchon, der in Frankreich (und nicht nur dort) als kochtechnisches Gewissen schlechthin gilt, immer eng neben dem eingeladenen Gastkoch und befragte ihn bei jedem Schritt des Rezepts ganz genau, was man machen müsse und vor allem warum und was man falsch machen könne. Diese optisch im Vergleich zu den heutigen kulinarischen Show-Veranstaltungen äußerst karge Sendung war inhaltlich ausgezeichnet. Dort konnte man wirklich Dinge lernen und vor allem ein Bewusstsein dafür entwickeln, wie man kulinarische Qualität realisieren kann. Schon kleinste Elemente können den Akkord entscheidend verändern. Schon kleinste Fehlproportionen können dafür sorgen, dass man ein vielleicht sehr kostbares, teures Produkt nicht mehr so schmecken kann, wie es das verdient. Und es geht nicht nur um die Proportionen, sondern auch um Räumlichkeiten und zeitliche Verläufe, um all die Elemente des »Mundkinos«, das entsteht, wenn eine Komposition wirklich stimmig ist.

DIE SENSORISCHE STRUKTUR ALS GRUNDQUALITÄT GUTEN ESSENS

Die sensorische Struktur eines Gerichts ist eine der Grundqualitäten guten Essens. Natürlich müssen zuallererst die verwendeten Produkte von guter Qualität und gut zubereitet sein. Aber das sind im Grunde die Bausteine, die erst zu einem Gebäude zusammengesetzt werden müssen. Wenn diese Architektur nicht gelingt, hat man kein schönes oder funktionsfähiges Haus. Und die Architektur gelingt nur dann, wenn der Koch sie gut aufgebaut hat, und der Esser sie richtig nutzt. Um bei dem Architekturvergleich zu bleiben: Die Menschen benutzen schließlich auch nicht ein Fenster statt der Tür als Eingang, versuchen an der Decke hängend zu schlafen, kochen im Badezimmer und benutzen die Küche anderweitig. Gutes Essen besteht nicht nur aus dem angerichteten Teller, sondern vollendet sich erst dann, wenn es adäquat gegessen wird.

WARUM AUCH PRIVATKÖCHE AUF DIE SENSORIK ACHTEN SOLLTEN

Die Leistungen der Privatköche (um das Wort »Hobbyköche« zu vermeiden) können von jenen der professionellen Köche mehr oder weniger weit entfernt sein. Wohlgemerkt: Wir reden hier von der Qualität einzelner Gerichte und nicht der Fähigkeit, professionell und auf hohem Niveau ein Restaurant zu bekochen. In früheren Zeiten waren die Übergänge auch schon fließend, zum Beispiel zu Zeiten, in denen es viele täglich kochende Hausfrauen oder viele private Köchinnen und Köche gab. Im 19. Jahrhundert und teilweise auch noch im 20. erschienen nur sehr selten Bücher von Spitzenköchen aus Spitzenrestaurants, dafür aber viele von Köchen, die für Privatleute (oft den Adel) arbeiteten oder Lehrer bzw. Lehrerinnen an gewerblichen Schulen waren. Für die letzten Jahrzehnte muss man sich aber vor Augen halten, dass sich gleichzeitig immer mehr Gourmetrestaurants und Spitzenköche herausbildeten und die Fähigkeit zu gutem Kochen im häuslichen Rahmen abnahm. Die Distanz zwischen kochenden Privatleuten und den Profis wurde also ziemlich groß. Dass sie heute bei dem Überangebot an Fernseh-Kochsendungen wieder geringer wird, halte ich für fraglich. Das, was dort gekocht wird, hat mit kulinarischen Weiterentwicklungen aller Art kaum etwas zu tun, sondern befasst sich mit einer Art mittleren Küche, die im Grunde noch sehr traditionell und einfach ist. Viel zu lernen gibt es da nicht.

Die professionelle Küche hat sich vor allem in ihren kreativen Teilen in den letzten Jahren unter kochtechnischen Aspekten so gewaltig verändert, dass der Abstand zu den Privatköchen riesig geworden ist. Verfahren wie die Vakuumgarung oder die Fermentierung werden von kreativen Köchen mittlerweile seit Jahren perfektioniert.

Bei den Privatköchen kommt das Vakuumgaren gerade erst in seinen einfachsten Grundzügen an.

Im Bereich der Sensorik ist die Diskrepanz sogar noch größer. Dieses Thema ist bei Privatköchen noch kaum vorhanden und taucht in Fernseh-Kochshows nur äußerst selten auf, und wenn, dann in eher banalen Zusammenhängen. Diese Diskrepanz ist im Grunde unverständlich. Viele Regeln der Sensorik lassen sich in der Praxis realisieren, ohne dass man jahrelang trainieren müsste. Es ist eine Verständnisfrage, bei der die praktische Umsetzung oft gar nicht so schwierig ist. Das Beachten guter Proportionen etwa hat keine andere Voraussetzung als ein entsprechendes Verständnis. Man muss ganz einfach überlegen, wie man ein Produkt mit einem bestimmten Aroma begleiten kann, ohne es aromatisch oder texturell zu überlagern. Privatköche könnten also ohne große Probleme das Niveau ihrer Arbeit beträchtlich steigern, wenn sie mehr auf sensorische Aspekte achten würden. Wenn bestimmte Dinge, wie etwa dünne Blätterteigschichten in einem kleinen Schichttörtchen von geschmortem Gemüse mit verschiedenen aromatischen Cremes dazwischen, bewusst eingesetzt werden, kann ein sensorisch gutes und interessantes Produkt entstehen.

Eine große Distanz zwischen Profis und Privatköchen besteht im Moment vor allem in den vielfältigen, kleinteiligen Gerichten, wie sie moderne Köche wie etwa die Drei-Sterne-Köche Bühner, Bau, Elverfeld u. a. präsentieren. Sie sind einerseits sensorisch hochkomplex, andererseits aber so arbeitsintensiv, dass sie eine große, hart arbeitende Küchenbrigade voraussetzen. Solche Gerichte überfordern Privatköche natürlich schnell – obwohl einzelne Gerichte in diesem Stil durchaus zu Hause reproduzierbar sind. Das Hauptproblem ist, dass die komplexe sensorische Logik solcher Gerichte längere Beschäftigung mit der Materie voraussetzt. Wenn diese Logik nicht verstanden, sondern nur auf die Optik hingearbeitet wird, ist das Resultat schnell eine wenig erfreuliche Versammlung von verschiedenen Texturen und Temperaturen. Wie schwierig dieses Thema ist, sieht man auch daran, dass es selbst unter guten Köchen Nachahmungen solcher Gerichte gibt, die im Grunde ziemlich unsinnig sind. Der Privatkoch sollte sich da nicht überheben, sich aber dennoch unbedingt bei seinen Gerichten Gedanken um die Sensorik machen – und das übrigens auch dann, wenn es sich um nachgekochte Gerichte handelt.

SENSORIK

Von der Variation der Aggregatzustände

In vielen Restaurants gibt es schon seit langem Gerichte mit Titeln wie »Variation von der Aubergine« oder »Feines vom Taschenkrebs«. Es handelt sich dabei normalerweise um verschiedene Zubereitungen rund um ein Hauptprodukt, die oft ganz besonders spektakulär demonstrieren, zu welchen Leistungen der Koch und seine Küchenbrigade in der Lage sind. Variationen der umfangreicheren Art, mit oft mehr als fünf verschiedenen Zubereitungen, sind normalerweise weit außerhalb dessen, was ein Privatkoch zu Hause leisten kann. Der kulinarische Sinn solcher Variationen hält sich allerdings bisweilen ziemlich in Grenzen, weil meist darauf verzichtet wird, zwischen den einzelnen Zubereitungen einen spezifischen Zusammenhang herzustellen.

Vor einigen Jahren änderte sich unter dem Einfluss der spanischen Kreativen rund um Ferran Adrià das Bild solcher Variationen. Zu den wichtigsten »Forschungsergebnissen« aus der Küche dieses bisher größten kulinarischen Experimentators aller Zeiten gehören Dinge, die ich als »Variation der Aggregatzustände« bezeichnet habe. Der Ausdruck »Aggregatzustände« ist natürlich aus den Naturwissenschaften entlehnt und wird dort recht eng definiert. Es gibt in der traditionellen Definition Materie nur flüssig, fest und gasförmig. Als ich begann, den Begriff »Aggregatzustände« für kulinarische Zwecke zu benutzen und dabei erheblich auszuweiten, habe ich übrigens auch Leserbriefe von Naturwissenschaftlern bekommen, die das monierten. Aber im kulinarischen Bereich kann man eben sehr viel mehr »Zustände« beobachten: Sie sind im Mund ausgesprochen klar wahrzunehmen und haben eine eindeutige sensorische Wirkung. Allein Gelees gibt es in allen möglichen Abstufungen: von einer fast flüssigen, schnell schmelzenden Ausführung bis zu schnittfesten und weitgehend temperaturresistenten. Unter dem Einfluss der Arbeit Adriàs befasste man sich also ausführlich damit, alle möglichen Produkte in alle möglichen Aggregatzustände zu bringen und damit viele »normale« Essgewohnheiten zu irritieren. Legendär wurde zum Beispiel Adriàs gemischtes Gemüse in Geleeform. Auf dem Teller liegen keine Gemüsestücke, sondern ein paar identisch geformte, farblich unterschiedliche Gelees. Man findet die bekannten Aromen wieder, aber es schmeckt in dieser Form dann doch völlig anders, als man das gewohnt ist. Und weil es ziemlich spannend war, einmal zu erleben, wie man eigentlich schmeckt und welches »Mundkino« dabei zustande kommen kann, richtete sich die Aufmerksamkeit zum ersten Mal in der Geschichte der Kochkunst in dieser intensiven Form auch auf das, was sensorisch möglich ist und nicht nur auf den Nachvollzug und die Analyse dessen, was es schon gibt.

Im Laufe der Jahre habe ich in allen möglichen Restaurants eine große Menge von Experimenten in dieser Richtung probiert. Um einen kleinen ersten Eindruck von dem zu bekommen, was sich da tut, kann man auch zu Hause und ohne neuartige technische Hilfsmittel ein wenig mit der Wahrnehmung spielen. Servieren Sie ein paar identisch große Kirschtomaten, und zwar in drei verschiedenen »Zuständen«: Nummer eins ist eine ganz normale Kirschtomate, die Zimmertemperatur hat. Nummer zwei ist eine Kirschtomate, die in einem Wasserbad von etwa 60 Grad rund 10 Minuten erwärmt wurde. Nummer drei ist ein Exemplar, das Sie – ebenfalls für 10 Minuten – in das Tiefkühlfach gelegt haben. Probieren Sie die Kirschtomaten und verfolgen Sie dabei, was sie alles schmecken. Sie werden sich wundern.

Bei meinen Restaurantbesuchen fiel mir mehr und mehr auf, dass die Variation der Aggregatzustände eines einzelnen Produkts nicht nur überraschende Texturen erbringt (wie etwa Pulver oder »trockenes« Eis), sondern auch noch andere Informationen transportiert. Je nachdem bekommt man sehr viel mehr von dem Produkt mit, als man jemals wahrgenommen hat, und es entstehen dabei unter günstigen Umständen sogar neue Aromen, die man so noch nie wahrgenommen hat. Wenn man zum Beispiel ein Produkt wie Lauch noch nie als Pulver gegessen hat, ist es sehr wahrscheinlich, dass man sich nicht nur kurz darüber wundert, sondern es auch zum Beispiel auf seinen kulinarischen Wert hin bedenkt und vielleicht bemerkt, dass es als Pulver wegen der Konzentration der Aromen stärker »grün« schmeckt. Der Grund liegt darin, dass die verschiedenen Aggregatzustände jeweils einen anderen zeitlichen Verlauf haben und ihr Zusammenspiel so ungewöhnlich ausfallen kann, dass man meint, Neuland zu betreten (siehe dazu auch Seite 181ff.). Man erlebt ein Produkt auf diese Weise sehr viel komplexer und vielfältiger als jemals zuvor, man hat – im Fall des folgenden Beispielrezepts – sozusagen mehr Tomate denn je. Und nicht nur das. Das Geschmackserlebnis einer solchen Zubereitung hat, was das verwendete Produkt angeht, eine Art »emanzipatorische« Wirkung. Plötzlich wirken selbst »einfache« Gemüse wie absolute Edelprodukte, die ein spannendes Essen ermöglichen. Für solche Variationen von einem Produkt innerhalb eines Gerichts und mit Bezug der einzelnen Elemente zueinander habe ich den Begriff »Sensorisches Ragout« gewählt. Das Beispiel eines sensorischen Ragouts von der Tomate trifft den Kern der Idee präzise. Das Produkt ist allgemein bekannt, nicht besonders teuer und ausgesprochen gut zu verarbeiten. Hier das Rezept:

Sensorisches Ragout von der Tomate oder: Zwölfmal Tomate

ZUTATEN UND ZUBEREITUNG
(FÜR 2 PORTIONEN)

Tomatenconcassé: 2 Tomaten, 1 TL Zitronensaft, 3 größere Basilikumblätter, ½ TL fein gezupfte Thymianblättchen

✻✻ Die vom Stielansatz befreiten Tomaten erst in Stücke schneiden und dann mit einem großen Messer in nicht zu kleine Würfel hacken. Das Tomatenconcassé mit Zitronensaft, fein geschnittenen Basilikumstreifen und Thymianblättchen aromatisieren. ✻✻

Im Prinzip kann man hier jede gute Tomate verwenden. Der Anteil der zusätzlichen Aromen sollte so hoch sein, dass die Aromatisierung sofort schmeckbar wird. Nach der Fertigstellung bei Zimmertemperatur 15 Minuten ziehen lassen. Vor dem Servieren nochmals umrühren.

Tomatengelee: 100 ml handelsüblicher Tomatensaft, knapp ½ TL Agar-Agar

✻✻ Den Tomatensaft erhitzen, das Agar-Agar einrühren, einmal kurz aufkochen und in eine rechteckige Form füllen. Zum Festwerden in den Kühlschrank stellen. ✻✻

Der Tomatensaft sollte keine weiteren Zusätze haben. Die Dosierung des Agar-Agar muss so sein, dass sich nach dem Erkalten Würfel schneiden lassen, die stabil, aber nicht wirklich fest sind. Es ist wichtig, dass sie immer noch schmelzend wirken.

Tomatenluft (Air): 2 Tomaten, ½ TL Sojalecithin

✻✻ Die Tomaten nach Entfernen des Stielansatzes pürieren und durch ein feines Sieb passieren. Das Lecithin einrühren und mit dem Mixer gut durchmischen. Zum Servieren wird der Saft mit dem Mixer auf höchster Stufe aufgeschlagen. Dabei bildet sich ein feiner Schaum, der durch die Zugabe des Lecithins stabilisiert wird und auf diese Weise nicht so schnell zusammenfällt. ✻✻

Eine »Air« gehört zu den von der Textur her feinsten Elementen. Sie wird von Gegnern der modernen Küche gerne als »Schäumchen« geächtet, ist tatsächlich aber ein sehr wichtiges Element in sensorisch durchdachten Kompositionen, weil es mit einer Air gelingt, feinste aromatische Dosierungen vorzunehmen. Es ist eben ein »Hauch von Tomate«. Dazu noch eine kleine Anmerkung: Ich unterscheide manchmal zwischen »Schäumchen alt« und »Schäumchen neu«. Viele Kritiker der neuen Schäume scheinen vergessen zu haben, dass vor gar nicht so langer Zeit auf fast jedem Teller in jedem Restaurant, das sich der gehobenen Küche zurechnete, gleich mehrere aufgeschäumte Sahne- und Buttersaucen zu finden waren. Eine »Air« ist ganz anders. Dort werden nicht Fette aufgeschlagen, um etwas luftiger zu erscheinen, sondern es geht um sehr zurückhaltende Intensitäten des Aromas.

Kerngehäuse: 2 Tomaten
Die Tomaten halbieren und mit einem kleinen Löffel die Kerngehäuse auslösen. Je nach Größe die Stücke eventuell halbieren.

Dass das Kerngehäuse von Tomaten in vielen Rezepten einfach herausgeschnitten und weggeworfen wird, ist kulinarisch kompletter Unsinn. Neben der Schale findet sich im Kerngehäuse der Großteil des Tomatenaromas. Das Aroma des Kerngehäuses gehört zu den intensivsten und komplexesten Aromen, die es gibt, mit einem hohen Anteil von natürlichem Glutamat (auch Umami genannt).

Erst in den letzten Jahren hat sich dieses aromatische Wunderwerk »emanzipiert« und wird auch in der Spitzenküche bisweilen als Einzelelement eingesetzt.

Kleine San-Marzano-Tomaten, halbiert und aromatisiert: 2 EL Olivenöl, 1 gehäufter TL Kastanienhonig, ½ TL Pfeffermischung (siehe Anmerkung), 4 kleine längliche San-Marzano-Tomaten
✳✳ Das Olivenöl in eine beschichtete Pfanne geben, erhitzen und den Honig darin auflösen. Die Flüssigkeit mit der Pfeffermischung aromatisieren, die halbierten Tomaten hineinlegen und ganz langsam leicht karamellisieren. Die Tomaten müssen auf jeden Fall ihre Form behalten, damit sie im Zusammenhang des angerichteten Tellers eine definierte Rolle spielen können. Die fertigen Tomaten warm halten. ✳✳

Die besonders aromatischen San-Marzano-Tomaten reagieren exquisit auf eine leichte Karamellisierung. Die selber hergestellte Pfeffermischung besteht zu etwa gleichen Teilen aus besonders aromatischen Pfeffersorten wie Kubebenpfeffer, Langer Pfeffer, Szechuanpfeffer und etwas Kardamom, die ich in einer eigens für diesen Zweck vorgesehenen elektrischen Kaffeemühle mahle. Der Anteil an ätherischen Ölen ist bei diesen Pfeffern bzw. Gewürzen besonders hoch. Sie wirken deshalb wie eine Belüftung des komplexen Tomatenaromas.

Püree von getrockneten Tomaten: Handelsübliche Produkte aus dem Glas
Dieses Püree gehört zu meinen Lieblingszutaten. Es ist sehr typisch im Aroma, funktioniert aber auch dann sehr gut, wenn man es »versteckt«, also zum Beispiel ein wenig davon in einer Sauce auflöst. Hier allerdings soll es pur wirken. Es gibt dieses Püree mittlerweile auch bei uns von allen möglichen Herstellern. Ich bevorzuge Sorten, die möglichst wenig zusätzliche Aromen haben. Im Zusammenhang mit dem sensorischen Ragout soll das Püree ein wenig die herben, erdigen Noten beitragen.

Tomatenmarmelade: Die Tomaten, aus denen die Kerngehäuse gewonnen wurden (siehe oben), 2 EL Olivenöl, 1 gehäufter TL Buchweizenhonig
✳✳ Die Tomaten in Streifen schneiden und in einer beschichteten Pfanne im erhitzten Olivenöl schmelzen. Wenn sie gerade zu schmelzen beginnen, den Honig dazugeben. Unter mehrmaligem Rühren etwa 15 Minuten kompottieren. Gegen Ende leicht reduzieren. Warm halten. ✳✳

Wie die Kombination von San-Marzano-Tomaten und Kastanienhonig ist auch diese Kombination wie für die Tomate gemacht. Der Buchweizenhonig mag für den einen oder anderen Gaumen gewöhnungsbedürftig schmecken, entwickelt aber zur Tomate einen ganz charakteristischen Aspekt. Er scheint einen Bereich des Spektrums der Tomate zu verstärken, den andere Aromen nicht erreichen.

Getrocknete Tomatenhaut: Haut von 2 Tomaten (Rest anderweitig verwenden).
Man erhält die Haut, indem man die Tomaten an den Enden kreuzweise leicht einschneidet und in heißes Wasser gibt. Nach einigen Minuten kann man die Haut abziehen. Die Haut im Backofen bei 90 Grad trocknen. Das dauert – je nach Dicke – nur wenige Minuten.

Coulis von Tomate und Olive: Tomaten und schwarze Oliven im Verhältnis 3:1
✳✳ Beide Elemente werden mit ein paar Tropfen Olivenöl in einem kleinen Topf konfiert und anschließend durch ein feines Sieb passiert (siehe Seite 80). Warm halten. ✳✳

Diese Zubereitung ist eine der einfachsten und effektivsten Saucen, die ich kenne. Natürlich braucht man gute, reife Tomaten und gute, reife Oliven. Ich empfehle die Sorte Taggiasca. Die Sauce nimmt eine ganz eigene, leicht bräunlich-rote Farbe an und hat eine enorme Würze. Wohlgemerkt: Es kommen keine weiteren Zutaten dazu. Es geht nur um Tomate und Olive. Die Verwendbarkeit dieser Sauce ist fast universell und sorgt vor allem dafür, dass Zubereitungen (egal ob Fisch, Fleisch oder Geflügel) sehr mediterran schmecken.

Warme Kirschtomaten: 4 Kirschtomaten
✳✳ Die Kirschtomaten komplett etwa 10 Minuten in circa 60 Grad heißem Wasser erhitzen. Die Haut soll nicht platzen, damit die Tomate im Mund platzen kann. Bei zu hoher Hitze platzt die Haut schon vorher und beginnt sich abzulösen. Nach Fertigstellung warm halten. ✳✳

Den Effekt mit den Kirschtomaten kennen Sie schon aus der Einleitung zu diesem Abschnitt, also dem kleinen sensorischen Experiment mit den drei unterschiedlich behandelten Kirschtomaten.

Eiskalte Kirschtomaten: 4 Kirschtomaten
Die Tomaten mindestens 2 Stunden im Kühlschrank vorkühlen oder für etwa 10 Minuten in den Eisschrank legen.

Tiefgekühltes Tomateneis: 150 ml handelsüblicher Tomatensaft, 1 EL Pflaumenmarmelade, einige Spritzer Zitrone
✳✳ Den Tomatensaft mit Pflaumenmarmelade und Zitrone vermischen und im Tiefkühlfach zu Eis gefrieren lassen. Dabei zu Beginn zweimal nach je 30 Minuten umrühren. Nach etwa 3 Stunden ist das Eis einsatzbereit und kann in Spänen abgekratzt werden. ✳✳

Im professionellen Bereich besteht die Möglichkeit, ein »trockenes« Eispulver oder Eiskügelchen herzustellen, die eine entsprechende Wirkung haben. Zur Vereinfachung kann man aber auch – wie hier – von einer tiefgefrorenen Zubereitung Späne abschaben.

ANRICHTEN

Das Ragout sollte vorsichtig angerichtet werden, und zwar am besten auf einem Teller mit einer leichten, aber gleichmäßig abfallenden Vertiefung, auf dem die Elemente relativ dicht beieinander und übereinander liegen können. Festere Elemente, Marmeladen und Saucen kommen nach unten und in den Mittelgrund. Von den Saucen und der Marmelade etwa 2 knappe EL einsetzen. Die weicheren, etwas empfindlicheren Elemente – wie etwa die San-Marzano-Hälften – kommen in den Mittelgrund. Den Abschluss bilden die besonders empfindlichen Elemente wie die Tomaten-Air, die Späne vom Tomateneis und die getrocknete Tomatenhaut. Diese empfindlichen Elemente sollten erst unmittelbar vor dem Servieren aufgebracht werden. Ansonsten wie auf dem Bild anrichten.

Klassische Aromen und moderne Sensorik: Steinbutt, Buchenpilze, Spargel

ANMERKUNGEN

Die Degustation sollte vorsichtig beginnen, um ein zu frühes Vermischen der Elemente zu verhindern. Dennoch ist genau diese Vermischung etwas später ein wichtiges Ziel. Im Verlauf des Essens vermischen sich die Aromen unweigerlich zu recht komplexen Gebilden, und was am Ende auf dem Boden des Tellers übrig bleibt, hat ein ganz besonders vielfältiges Aroma.

Die Wirkung eines solchen sensorischen Ragouts kann eine grundlegende kulinarische Erfahrung sein, weil unweigerlich differenziert gegessen wird und dabei die Schattierungen des Tomatenaromas in vielen Details erfahrbar werden. Ich finde vor allem auch die Idee faszinierend, dass man sich – von den Aromatisierungen abgesehen – im Prinzip mit einem einzigen Produkt befasst. Es ist ein Weg in die Tiefe des Geschmacks und gleichzeitig auch ein Stück weg von Luxusprodukten oder einem Oberflächenglanz, der keine wirkliche Anziehungskraft entwickelt, weil er nicht komplex genug an die Sinne gekoppelt ist. Ich halte solche sensorischen Ragouts für genuin kulinarisch.

Das Verhältnis von Klassik zu Moderne oder Avantgarde ist oft noch von vielen Missverständnissen geprägt. Manchmal blicken die »Klassiker« missbilligend auf das, was die Avantgarde macht und halten das, was Adrià oder Redzepi tun, für »keine richtige Küche«. Ich persönlich bedauere das sehr, weil ich immer schon ein großes Interesse an beiden Welten hatte und es faszinierend finde, beide zu genießen. Gerade die klassisch orientierten Köche haben allerdings oft auch Grund zur Sorge, weil die Öffentlichkeitswirkung von neuen Ideen natürlich meist beträchtlich ist. Manch ein großartiger Koch wartet jahrelang darauf, dass über ihn wieder einmal irgendwo ein großer Bericht erscheint, während die Medien wieder auf ihrer Jagd nach Novitäten sind. Zu allem Überfluss kommt noch hinzu, dass die Publizität und Popularität der bekannten Fernsehköche sich mehr oder weniger umgekehrt zu ihren kulinarischen Leistungen entwickelt hat. Auch das ist eine wunde Stelle bei dem einen oder anderen Spitzenkoch, der Tag für Tag in seiner Küche steht, um Tag für Tag eine optimale Qualität zu produzieren. Vor diesem emotional manchmal ziemlich aufgeladenen Hintergrund wird oft übersehen, dass es in den letzten Jahren eine ganze Reihe von Entwicklungen gegeben hat, die eigentlich für jeden Koch interessant sein müssten. Die Moderne bringt eben auch sehr viel Interessantes und Nützliches. Angekommen ist weithin die Sous-Vide-Garung (Garung in Vakuumbeuteln), vielleicht auch deshalb, weil sie die Arbeitsabläufe in der Küche durchaus vereinfachen kann und eine bestimmte Qualität sicherer erzeugt, als das vorher der Fall war. Angekommen sind auch eine Reihe anderer Dinge, von technischen Geräten bis zu Zutaten wie dem Bindemittel Xanthan, das wegen seiner präzisen Dosierbarkeit längst die Gelatine abgelöst hat.

Die interessanteste Sache ist aber das neue sensorische Verständnis, das Durchdenken von Gerichten unter sensorischen Aspekten, weil damit eine neue Art von Präzision in die Küche eingezogen ist. Und diese Präzision ist in der Hand der guten Küche durchaus keine »kalte«, technologische Präzision, sondern etwas, das sehr nah am Gast stattfindet. Mit einem präzisen Aufbau und einer präzisen Struktur wird das Essen für ihn spannender und ermöglicht ihm Erlebnisse, die ohne diese Präzision nicht möglich wären.

Viele der modernen Köche arbeiten in dieser Richtung, in Deutschland etwa Christian Bau, Thomas Bühner, Sven Elverfeld, Nils Henkel, Joachim Wissler oder Harald Wohlfahrt – um wirklich nur einige wenige Namen zu nennen. In Österreich ganz besonders Heinz Reitbauer jr. vom »Steirereck« in Wien, in der Schweiz zum Beispiel Andreas Caminada von »Schloss Schauenstein« in Fürstenau. Auch international haben sich die typisch kleinformatigen und vielfältigen Kompositionen weitgehend durchgesetzt. Das ist gut und interessant, auch wenn es mittlerweile überall auch schlechte Kopien davon gibt. Das vielleicht Spannendste aber findet sich bei Weitem noch nicht so häufig. Es ist die Verbindung von Klassik und modernem sensorischem Denken, eine Küche also, die das Beste präsentiert, was die Kochkunst insgesamt heute zu bieten hat. Selbstverständlich sind viele klassische Zubereitungen immer noch absolut faszinierend (etwa ein Steinbutt mit Beurre blanc), nicht zuletzt weil sie auf entwickelte Geschmacksbilder zurückgreifen können, die für viele Gäste emotional stark besetzt sind oder – wie ich das lieber nenne – einen hohen assoziativen Anteil haben. Manche Kompositionen der Avantgarde wirken für klassisch geschulte Gäste spröde und schwierig und sind kaum zugänglich. In dem Moment aber, wo eine klassische Basis ihnen beim Essen auch eine sichere assoziative Basis beschert, reagieren sie oft deutlich anders. Dann werden die neue Zutat, die neue Technik und neue Zusammenhänge zu einer spannenden Interpretation, bei der viele Esser auch durchaus beurteilen können, in welchem Verhältnis sie zu dem steht, was man kennt und schätzen gelernt hat. Diese »State of the art«-Gerichte, die das Beste der beiden Welten verbinden, sind leider immer noch selten. Viele eher klassisch orientierte Köche halten die Moderne gerne für etwas Modisches, das schnell vergeht, und haben noch nicht erkannt, dass die sensorische Ausweitung nichts mit Mode, sondern vor allem mit einem optimierten Handwerk zu tun hat. In dem folgenden Beispiel bringe ich ganz konsequent eine Reihe von Elementen zusammen, die auf ganz unterschiedliche Weise das sensorische Spektrum des Gerichts ausweiten. Die Möglichkeiten, die sich heute in dieser Richtung bieten, sind riesig. Man sollte sie viel mehr nutzen, weil sie das Essen enorm spannend machen können. Hier das Rezept:

ZUBEREITUNG UND ZUTATEN (ALS MENÜGANG FÜR 4 PERSONEN, ALS HAUPTGERICHT FÜR 2 PERSONEN)

Gemüsemousse: 2 Stangen Grünspargel, 100 ml Sahne, 100 ml Gemüsefond, 2 EL Tiefkühlerbsen, 1 TL Agar-Agar

✳✳ Den Grünspargel im unteren Drittel schälen und die Stangen vierteln. In einem kleinen Topf Sahne und Gemüsefond aufkochen. Erbsen und Spargelstücke dazugeben und circa 5 Minuten garen. Die Zubereitung mit einem Mixstab pürieren und durch ein normales Sieb in eine kleine Sauteuse passieren. Das Agar-Agar einrühren, einmal aufkochen und durch das Sieb in eine kleine ofenfeste Form füllen. Die Masse sollte darin etwa 1½–2 cm hoch stehen. Zum Festwerden in den Kühlschrank geben. Durch die Dosis Agar-Agar wird die Masse recht fest. ✼✼

Sauce: 15 g ungesalzene Butter, 10 g fein gewürfelte Schalotte, 50 ml trockener Weißwein (z. B. Colombard), 100 ml Fischfond, 100 ml Sahne, Zitrone
✼✼ Die Butter aufschäumen lassen. Die Schalotte dazugeben und anschwitzen. Mit dem Weißwein ablöschen, den Fond angießen und auf ein Drittel reduzieren. Die Sahne zugießen und bei mittlerer Hitze wiederum auf ein Drittel reduzieren. Durch ein feines Sieb passieren und warm halten. Kurz vor dem Servieren aufschlagen und mit einigen Spritzern Zitrone abrunden. ✼✼

Steinbutt: 10 g ungesalzene Butter, Olivenöl, pro Person 1 Stück Steinbutt-Filet ohne Haut (am besten von einem Fisch von mindestens 2½ kg Gewicht; die Größe des Stückes kann variieren)
✼✼ Die Butter und einige Spitzer Olivenöl in einer Pfanne bei mittlerer Hitze erwärmen, die Filets einlegen und zuerst auf der Innenseite, dann auf der Hautseite garen. Wenn die Innenseite eine leichte Kolorierung zeigt (nach etwa 6–8 Minuten), das Filet wenden. Nochmals etwas frische Butter nachgeben und den Fisch mit der geschmolzenen Butter überglänzen. ✼✼

Weiße Buchenpilze, gegart: 10 g ungesalzene Butter, 100 g weiße Buchenpilze, 50 ml Geflügelfond, 50 ml Sahne
✼✼ In einer kleinen Sauteuse die Butter schmelzen lassen, die gesäuberten, aber nicht zerkleinerten Pilze hineingeben und einseitig leicht kolorieren.

Mit dem Fond ablöschen, aufkochen. Dann die Sahne dazugeben und etwa 10 Minuten leicht köchelnd unter regelmäßigem Umrühren reduzieren. ✼✼

Grünspargelspitzen, gegart: 8 Grünspargelspitzen, grobes Meersalz
✼✼ Die Spargelspitzen in kochendem Salzwasser knapp al dente garen. ✼✼

Grünspargel, roh mariniert: 4 obere Drittel von Grünspargelstangen, Olivenöl, Apfel-Balsamessig (Gegenbauer)
✼✼ Die Spargelstücke längs dritteln. In einer Schüssel mit Olivenöl und Essig beträufeln, mehrmals vorsichtig umrühren, bei Zimmertemperatur bereithalten. ✼✼

Krosse Mini-Croûtons: 1 Scheibe Toastbrot, 20 g ungesalzene Butter
✼✼ Das Toastbrot entrinden und in feine Streifen, dann diese in kleine Würfel von etwa 5 mm Kantenlänge schneiden. In einer kleineren beschichteten Pfanne die Butter schmelzen. Die Toastwürfel dazugeben und die Hitze etwas erhöhen. Unter regelmäßigem Umrühren die Würfel leicht kolorieren. Zum Trocknen auf Küchentuch geben. Die Croûtons werden mit Zimmertemperatur eingesetzt. ✼✼

Zum Anrichten: Fenchelgrün (möglichst jung), Veilchenblüten, Mandelsplitter, rohe Buchenpilze
✼✼ Vom Gemüsemousse mit einem runden Ausstecher oder Anrichterring je nach Verwendung als Menügang oder Hauptgericht kleinere oder größere Formen ausstechen (ca. 3 oder 6 cm Durchmesser). Ansonsten wie auf dem Bild anrichten. ✼✼

ANMERKUNGEN

Entscheidend für eine Denkweise, die sensorische Zusammenhänge stärker im Blick hat, sind die Verhältnisse der Elemente eines Gerichts zueinander. In diesem Beispiel steht im Mittelpunkt ein traditionell gegartes Hauptprodukt, das keinerlei spezielle Behandlung erfahren hat, sondern ganz simpel mit Butter in der Pfanne gegart wurde. Auch die Sauce dazu bleibt im klassischen Rahmen, sodass im Kern des Gerichts ein Geschmacksbild steht, das viele Leute kennen – zumindest wenn sie sich schon in der Gastronomie bewegt haben, wo ein gutes, unverfälscht frisches Produkt wie der Steinbutt überhaupt vorkommt.

Dazu ein kleiner Exkurs. Viele Leute kennen die bessere Küche überhaupt nicht und haben daher auch keinerlei Ahnung, wie gut die Produkte schmecken können. Das ist beim Fisch besonders eklatant. Vor einigen Jahren war ich in einer Schulklasse, um den Unterricht zu beobachten, in dem es um Essen ging. In einer Pause ergab sich ein Gespräch zwischen den Schülern und mir. Ich habe sie gefragt, wer schon einmal bestimmte Fischsorten gegessen habe. Das Ergebnis war erschütternd. Keiner der Jugendlichen (sie waren etwa 14 oder 15 Jahre alt) hatte jemals einen Wolfsbarsch, eine Seezunge, einen Petersfisch oder einen Steinbutt gegessen. Sie kannten nur Fischstäbchen und gaben an, Fisch nicht zu mögen.

Aber zurück zu unserem Teller. Man sollte sich bei der Zusammenstellung von Gerichten immer wieder klar machen, welchen geschmacklichen Verlauf bestimmte Produkte haben (siehe dazu Seite 181ff.). Der Steinbutt ist in dieser Form zum Beispiel für einen Fisch relativ fest und hat damit ein klein wenig Biss. Man kann ihn zwar auch mit der Zunge zerdrücken, wird aber bei dieser Textur normalerweise kauen. Weil die Festigkeit aber nur von kurzer Dauer ist, schließt sich sein Aroma schnell auf, und weil das Aroma eher mild ist, ist der Geschmack insgesamt nicht besonders nachhaltig. Durch die Sauce wird das Aroma des Fisches zwar etwas komplexer und länger, bleibt aber eher zurückhaltend. Die Frage, die man sich nun stellen sollte, ist zuerst, was man machen kann, um den Fisch zu begleiten, ohne ihn zu überlagern. Dann geht es darum – eine grundsätzliche Entscheidung –, welche Struktur man dem Gericht geben will. Soll es ausschließlich auf das Hauptprodukt konzentriert bleiben oder soll es zwischen Hauptprodukt und den anderen Elementen eine Interaktion geben, die zum Beispiel zu einer Art Interpretation des Aromas des Hauptproduktes führt? Oder kann das Hauptprodukt zeitweilig auch in die Defensive geraten, wenn das – andererseits – einen ganz besonders interessanten Akkord ermöglicht? Wenn man die Bestandteile dieses Beispielgerichts erst einmal auf solche Verhältnisse untersucht, kann man verschiedene Zusammenhänge erkennen. Hier eine Übersicht über einige Elemente – immer im Verhältnis zum Steinbutt definiert und einmal etwas weiter ins Detail gehend erläutert.

SENSORIK KALTES GEMÜSEMOUSSE

Das Mousse mit seinem hohen Fettgehalt von der Sahne und den eingearbeiteten Aromen von Erbsen und Grünspargel hat zwei Hauptfunktionen. Es schmilzt im Mund und liefert dadurch eine Begleitung für den Fisch, die sich im Mittel- und Hintergrund abspielt. Um diesen Effekt noch deutlicher vom Fisch zu trennen, ist das Mousse kalt. Dadurch bekommt man im Akkord mit dem Fisch (immer vorausgesetzt, die Proportion ist so gewählt, dass nicht übermäßig viel Mousse einer winzigen Portion Fisch gegenübersteht) erst einmal eine Temperaturinformation. Diese Information überlagert aber nicht den Fisch, weil der ein paar Sekunden braucht, um sein Aroma freizugeben. Es kommt also zu einem Durchblenden von dem kühlen, sich im Mund erwärmenden Mousse und dem Fisch, bei dem sich das Aroma und die Textur des Fisches sozusagen aus dem Mousse »entwickelt«. Ein solches Durchblenden ermöglicht immer ein sehr feines sensorisches Erlebnis.

SENSORIK GEGARTE BUCHENPILZE

Die »glatte« Textur der Buchenpilze ist zunächst eine Ergänzung zum Fisch, die von ihrer Dichte her dem Fisch stark ähnelt. Sie vermischen sich schnell mit dem Fisch und geben fast gleichzeitig ihr Aroma frei. Dadurch kommt es zu einer dezenten Vermischung der Aromen, die aber eher als ergänzende Interpretation wirkt, weil das zurückhaltende Aroma der Pilze das Aroma des Fisches nicht überlagern kann. Die Information »glatt« unterstreicht die Zartheit des Fisches. Weil der gegarte Buchenpilz die gleiche Temperatur wie der Fisch hat, wird die unmittelbare Vermischung der Texturen und Aromen begünstigt.

SENSORIK ROHE BUCHENPILZE

Ganz anders sieht es beim rohen Buchenpilz aus. Weil er nicht gegart ist, gibt es einen Texturkontrast zum Fisch. Weil er roh und damit kühler ist, gibt es auch einen – kleinen – Temperaturkontrast, und weil er sich durch seine festere Textur beim Kauen langsamer zerlegt als der gegarte Pilz und als der Fisch, gibt es auch dort einen gewissen Kontrast.

Ihn – wie das Mousse – ebenfalls herunterzukühlen, wäre nicht unbedingt sinnvoll, weil die Rolle des kühlen Elements auf dem Teller durch das Mousse bereits besetzt ist. Auch an solche Zusammenhänge sollte man denken. Ist der rohe Buchenpilz in der Lage, den Fisch zu überdecken, ist er also ein zu expressives Element? Nein, weil hier ein anderes Phänomen entsteht, das ich »das kontrastierende Prinzip« nenne. Wenn es eine klare Trennung von einem Element zum anderen gibt, sie sich also weder von der Temperatur noch von der Textur her schnell vermischen können, nehmen wir solche Elemente parallel und klar voneinander getrennt wahr. Auch das ist – wie das Durchblenden – ein deutlich wahrnehmbarer und sehr interessanter Effekt. Die Verbindung zwischen dem rohen Buchenpilz und dem Fisch ist dennoch vorhanden. Das typische Aroma des rohen Pilzes ist eine Variante des Aromas der gegarten Fassung und bringt eine zusätzliche frische, präsente Note in den Zusammenhang.

SENSORIK GRÜNSPARGEL GEGART UND ROH MARINIERT

Die Wirkung dieser beiden Elemente verläuft analog zu der Wirkung der beiden Pilzelemente. Die gegarten Spargelspitzen bewirken eine schnelle Vermischung der Texturen und damit auch der Aromen, wobei die Aromenstruktur verhindert, dass sich die beiden zu einem »neuen« Aroma verbinden. Es wird immer klar bleiben, dass es sich um Fisch und Spargel handelt. Die roh marinierten Streifen funktionieren nach dem kontrastierenden Prinzip, wobei hier gegenüber dem rohen Buchenpilz die größere Festigkeit eine wichtige Rolle spielt. Die unterschiedlichen Festigkeiten von Elementen sorgen für eine vertikale Staffelung der Akkorde.

Was hart ist, nehmen wir im Vordergrund wahr, was schmelzend weich ist, eher im Hintergrund – vor allem dann, wenn die Elemente kombiniert werden und die räumlichen Distanzen klar werden. Man kann das durchaus analog zu einer guten Musikaufnahme verfolgen.

SENSORIK KROSSE MINI-CROÛTONS

Krosse Croûtons können in einem solchen texturell eher weichen Geschmacksbild oft ein großes Problem werden. Croûtons haben eben nicht nur die Eigenschaft, vordergründig eine überaus auffällige Textur zu haben, die ein paar Sekunden lang alles andere überdecken kann. Auch wenn man sie zerkaut, bleiben sie sehr dominant, und zwar oft bis zu einem Zeitpunkt, wo sich die anderen Elemente im Hintergrund längst verflüchtigt haben. Ist ein Croûton im Verhältnis zu groß und zu fest, kaut man auf ihm herum, ohne irgendetwas anderes ernsthaft wahrzunehmen. Es geht also erst einmal darum, die richtige Größe und Härte zu finden. Aus diesem Grunde sind die Croûtons hier sehr klein und eben nur kross, also im Kern noch eher weich, was vor allem dadaurch erreicht wird, dass man sie in Butter röstet. Würde man die gleiche Größe im Ofen lufttrocknen, ihnen also sämtliche Feuchtigkeit entziehen, wären sie nicht kross, sondern hart und würden selbst als Kleinformat alle anderen Elemente dominieren. Bei Croûtons kommt noch ein weiteres Problem hinzu, nämlich die Röstnoten. Unabhängig von der Härte der Croûtons können zu starke Röstnoten ausgesprochen unangenehm wirken und die Finesse der anderen Aromen deutlich beeinträchtigen. Wir empfinden solche zu starken Röstnoten normalerweise als grob und für einen feinen Zusammenhang ungeeignet. Wenn also bei der Herstellung der Croûtons irgendwo schwarze oder sehr dunkle Stellen sind, sollte man die entsprechenden Stücke aussortieren. Ist es bei dieser »Gefährdungslage« überhaupt sinnvoll, einen feinen Fisch mit Croûtons zu kombinieren? Ja, durchaus, aber nur dann, wenn die Proportionen perfekt stimmen. Auch ein krosses Element kann – wie der roh marinierte Grünspargel – für eine sehr schöne räumliche Tiefe sorgen, darf aber in diesem Fall nie so dominant werden, dass er sekundenlang alle anderen Wahrnehmungen blockiert. Am besten wirkt ein Croûton, wenn es einen kleinen, feinen Kross-Effekt produziert und sich anschließend im Mittelgrund bewegt, das dezente »Knirschen« also zu einer Art räumlichen Unterlage für die anderen Elemente wird.

Nach dieser Beschreibung könnte man auf die Idee kommen, dass Kochen doch ziemlich kompliziert ist. Das ist richtig. Wohlgemerkt: das Kochen. Das Essen dagegen kann wunderbar spannend und leicht sein, und zwar gerade dann, wenn Köche äußerst präzise arbeiten und ihren Gästen alles buchstäblich perfekt in den Mund legen. Dann isst man vom einen und vom anderen und wundert sich über die fantastischen Dinge, die sich am Gaumen abspielen. Kochen auf einem solchen Niveau ist in der Tat komplex und von Anfängern nicht ohne Weiteres zu realisieren. Umgekehrt kann man allerdings auch sagen: Wenn sich der Koch die Sache leicht macht und es mit der Präzision nicht ganz genau nimmt, wird es für den Esser schwierig, weil er sich selbst aussuchen muss, was

Seite 204: Steinbutt, Buchenpilze, Spargel (Seite 198).
Seite 205: Überraschungskroketten (Seite 206).

Überraschungskroketten

wie in welcher Proportion gut zusammengeht und wie er auf diese Weise ein Maximum an Genuss erzielen kann.

Und es geht noch weiter, und zwar in den assoziativen Bereich, der bei jedem Gericht eine große Rolle spielt. Da gibt es einmal konkrete, quasi »selektive« Wahrnehmungen, die meist etwas damit zu tun haben, dass der Esser mit einem der Elemente Probleme hat. Theoretisch kann davon jedes Element betroffen sein. Hier könnten es die rohen Pilze sein, die zwar in der modernen Küche häufig vorkommen, die aber manche Leute nicht gerne essen. Oder vielleicht auch die Blüten, die von vielen Leuten als Dekoration zur Seite geschoben werden, obwohl sie zum Beispiel bei modernen Gemüseköchen (wie Andree Köthe und Yves Ollech vom »Essigbrätlein« in Nürnberg) längst als genuine Bestandteile ihrer Gerichte eingesetzt werden. Interessant ist aber vor allem eine andere, wesentlich kulinarischere Ebene. Hier geht es um eine Art assoziativen Horizont, also darum, dass bestimmte Produkte Frische oder Erdigkeit oder Natürlichkeit oder auch eine gewisse Leichtigkeit ausstrahlen. Das Bild dieses Beispielrezepts wirkt eher frühlingshaft, weil verschiedene Signale solche Assoziationen hervorrufen können: Blüten, Spargel, junges Fenchelgrün oder auch Mandelsplitter, von denen man vielleicht annehmen kann, dass sie von frischen Mandeln stammen, signalisieren entsprechende Zusammenhänge. Tatsächlich wurde das Gericht für dieses Buch im tiefsten Winter gekocht und fotografiert. Je nach Akkord ergeben sich eher natürliche Aspekte (Fisch, Blüten, Fenchelgrün) oder auch eine Art von Erdigkeit (Fisch, rohe Buchenpilze, Croûtons). Wenn man verfeinernd kocht und vor allem auch verfeinert wahrnimmt, hat man unglaublich viele Möglichkeiten.

Bei der Sensorik spielen neben den kulinarischen Faktoren im engeren Sinne auch psychologische Faktoren eine Rolle. Sie stehen hier nicht im Mittelpunkt der Betrachtungen, sind aber nicht zu unterschätzen. Am besten macht man einmal ein kleines, eher spielerisches Experiment, das ganz schnell klar macht, in welchen Bereichen wir uns da bewegen. Ich bringe hier ein technisch ganz einfaches Beispiel, das man in seiner inhaltlichen Dimension jederzeit erheblich komplexer gestalten kann. Es handelt sich um gefüllte Kroketten aus Kartoffelpüree, denen man äußerlich nicht ansehen kann, was sich im Innern befindet. Das klingt harmlos, kann aber schnell schwierig werden – je nachdem, was man im Innern der Kroketten versteckt hat. Das Rezept ist ganz einfach:

ZUTATEN UND ZUBEREITUNG

Notwendiges Küchenzubehör: Fritteuse
Kartoffelpüree von etwa 500 g Kartoffeln, 50 ml Milch, 30 g Butter, Salz; Räucherfisch, Käsewürfel, Rosinen; Mehl, 1 verquirltes Ei, Paniermehl

∗∗ Ein normales Kartoffelpüree mit Milch und Butter zubereiten. Bei der Fertigstellung nur wenig Salz verwenden, damit später die Aromen der Füllung besser zur Geltung kommen. Auf einer Unterlage (ich habe dazu ein Edelstahltablett, GN ⅓ benutzt) etwa 1 cm hoch ausstreichen, um es ein wenig anzutrocknen, und etwa 2–3 Stunden bei Zimmertemperatur stehen lassen. Dann aus dem Püree Kugeln von etwa 3 cm Durchmesser formen und mit einem Stückchen Räucherfisch, einem Käsewürfel oder einigen Rosinen füllen. Die Füllung dabei gut in die Mitte der Kugel bringen. Die Kugeln in Mehl, dann in Ei, schließlich in Paniermehl wälzen und das Paniermehl leicht andrücken. Frittieren, bis sie goldbraun sind. ∗∗

ANMERKUNG

Das also ist die vergleichsweise einfache Form. Man könnte auch gut Füllungen wie Melonenwürfel, Korianderblätter, Garnelenstückchen, Speck oder Treets (ja, die Süßigkeit) nehmen. Der Fantasie ist da keine Grenze gesetzt. Für eine weitere Verfeinerung kann man Füllungen wählen, die in diesem Zusammenhang, also verpackt in einem Püree und mit der leicht krossen Kruste etwas schwieriger wahrzunehmen sind. Das können Geflügel- oder Fleischstücke sein oder auch ungewöhnlichere Gemüse. Je ähnlicher ihre Textur dem des Pürees ist, desto schwieriger werden sie zu identifizieren sein, weil sich eine schnelle Vermischung ergibt. Bei weichen, normal gegarten Fischfilets wird zum Beispiel kaum zu unterscheiden sein, was vom Seelachs oder was von der Seezunge ist. Wenn die Füllung – wie bei den Treets – eine deutlich nachhaltigere Textur hat, ist das natürlich sehr viel einfacher. In Anlehnung an die Erläuterungen zu den Geschmackskurven (siehe Seite 181ff.) könnte man dann sagen, dass sich festere Texturen gegenüber der Krokette durchblenden. Mein persönlicher Favorit wäre eine Kollektion, bei der in der einen Krokette eine eher normale Füllung zu finden ist, während in anderen vielleicht rohe Austern, Muscheln oder ein weiches Stück Speck verborgen ist. Das könnte ein interessanter Auftakt eines Menüs werden, weil dann quasi der Zustand einer Blindverkostung mit der entsprechenden Spannung erreicht wird.

Dazu noch eine kleine Geschichte aus der Praxis, die viel darüber sagt, was die Gäste essen, wenn sie wissen, was es ist, und was sie essen, wenn sie nicht wissen, was sie sich in den Mund stecken. Ich habe schon oft mit Spitzenköchen darüber gesprochen, warum so traditionsreiche Gerichte wie Kalbskopf nicht mehr angeboten werden. Gemeint ist damit nicht, dass – wie es früher vorkam – ein ganzer Kalbskopf auf den Tisch kommt, sondern zum Beispiel eine gegrillte Scheibe Kalbskopf, die exzellent schmecken kann (etwa im Bistro des »Chambard« von Olivier Nasti in Kaysersberg im Elsass), unter anderem durch die wunderschöne, »glatte« Textur der sogenannten Maske, wie man die oberen Hautpartien nennt. Die Antwort war bei allen Köchen ähnlich: »Wenn wir irgendwo Kalbskopf hinschreiben, essen viele Gäste das nicht. Wenn wir aber zum Beispiel als Teil eines Salats eine Kalbskopfpraline einsetzen und nicht sagen, dass es sich um eine solche handelt, essen es alle und fragen hinterher vielleicht sogar, was das denn gewesen sei, es habe so gut geschmeckt.« Wenn Sie also einmal irgendwo ein paar Insekten unterbringen wollen, verpacken Sie sie in Kroketten!

Tramezzini 1: Bolognaise und Tapenade

Die folgenden vier kleinen Abschnitte befassen sich mit der praktischen Vertiefung einiger sensorischer Aspekte, und zwar an einfachen Beispielen, die überall sehr gut zu realisieren sind und jederzeit variiert werden können. Als Basis benutze ich Toastbrot, das vor der Verwendung leicht kross angeröstet wird und die Basis für verschiedene Beläge bildet. Den Begriff »Tramezzini« benutze ich nicht nur, weil es besser klingt als »Canapé«, sondern auch deshalb, weil die Tradition trickreich belegter Weißbrotscheiben in Italien höher entwickelt ist als bei uns. Andererseits können unter sensorischen Aspekten natürlich auch manche »Canapés« interessant sein. Vielleicht verdanken sie ihre Beliebtheit genau dem Umstand, dass man gezwungen ist, ein Häppchen zu gestalten, das sozusagen durchkomponiert ist und auf engstem Raum dem Esser Vergnügen bereitet. Für die Demonstration einiger typischer sensorischer Effekte sind sie ähnlich gut geeignet wie die Löffelgerichte, um die herum ich meine »Geschmacksschule« aufgebaut habe. Vielleicht sind sie in manchen Fällen sogar besser, weil man zwei oder drei Bissen nehmen kann und nicht – wie bei einem Löffelgericht – meist nur einen. Andererseits muss man bei den Tramezzini auf Saucen verzichten. Zur Abgrenzung von diversen »Türmchen«: Tramezzini sind keine Türmchen, sondern ermöglichen durch saubere Schnitte (oder Bisse) jeweils klare Akkorde in der geplanten Zusammensetzung.

Zur Behandlung des Brotes: Ich benutze größere Toastscheiben, aus denen ich jeweils zwei Unterlagen ausstechen kann. Die Toastscheiben werden mit reichlich Butter in einer beschichteten Pfanne von beiden Seiten dezent koloriert und dann zum Nachtrocknen auf Küchentuch gelegt. Sie sollten an der Oberfläche leicht kross sein, aber nicht durchgetrocknet und hart. Harte Brote haben in diesem Zusammenhang eine kontraproduktive Textur. Auch die Röstnoten sollte man unter Kontrolle behalten. Wenn sie zu dunkel werden, ist dies für den Zusammenhang ebenfalls kontraproduktiv.

ZUTATEN UND ZUBEREITUNG (FÜR 2 TRAMEZZINI)

Ofentomaten: 4 Tomatenscheiben, Olivenöl, Zitrone, provenzalische Kräuter, Fleur de Sel
∗∗ Den Ofen auf 130 Grad (Unter- und Oberhitze) vorheizen. Die Scheiben aus der Mitte von mittelgroßen Tomaten schneiden, in eine Gratinschale legen und mit Olivenöl und etwas Zitronensaft beträufeln, 1 Prise provenzalische Kräuter und etwas Fleur de Sel darübergeben. Im Ofen erhitzen, bis sie gerade eben beginnen, ihre Form zu verlieren. ∗∗

Hackfleisch: Rinderhack
∗∗ In einer beschichteten Pfanne das Hackfleisch flach ausbreiten und unter mehrmaligem Wenden anbraten. Das Hackfleisch wird abgekühlt eingesetzt. ∗∗

Tramezzini 2: Schweinefilet »tonnato«

Anrichten: Toastrechtecke von 8 x 4 cm Größe, Tapenade noir (hier: Château d'Estoublon), Hackfleisch, Ketchup, Ofentomaten-Scheiben, Thymian
✴✴ In eine rechteckige Ausstechform (8 × 4 cm) als Basis eine der mit dieser Form ausgestochenen Toastscheiben legen. Dann folgt eine dünne Schicht Tapenade, darauf eine Schicht Hackfleisch. Über das Hackfleisch einige Fäden Ketchup geben. Den Abschluss bilden passend zurechtgeschnittene Scheiben der Ofentomaten und einige Blättchen Thymian. Unmittelbar vor dem Servieren die Ausstech- bzw. Anrichteform entfernen. ✴✴

ANMERKUNGEN

Hier gibt es im Prinzip zwei verschiedene Texturtypen. Die Brotscheibe und das angebratene Hackfleisch leisten einen gewissen Widerstand, Tapenade, Ketchup und Ofentomaten sind weich. Weil aber die Kontraste nicht besonders groß sind, gehen beide schnell ineinander über, verschmelzen also relativ schnell zu einer Masse. Weil Brot und Hack aber kein besonders auffälliges Aroma haben, setzen sich im aromatischen Bereich die anderen Elemente durch, wobei die milden Tomaten und das süßliche Ketchup eher früh bemerkt werden und die kräftige Tapenade sozusagen das letzte Wort hat. Weil sich das alles auf eher engem Raum abspielt, entsteht ein kompakt-mediterranes Geschmacksbild, das von einer dezent krossen Textur angereichert wird. Wäre die Textur der Brotscheibe kräftiger oder würde man statt Hack ganze Fleischwürfel einsetzen, würde vor allem das feine Aromenspektrum zwischen Tapenade, Ofentomate, Thymian und dem Hintergrund von Ketchup leiden, weil diese festeren Texturen etliche Sekunden dominant bleiben würden.

Bei diesem Beispiel geht es um eine typische, gute Inszenierung, die sowohl über angepasste Geschmackslängen wie über Temperaturen und Aromen bestens funktioniert und dabei auch noch das Brot als echte Ergänzung benutzt. Es ist eine Abwandlung des »Vitello tonnato« mit Schweinefleisch, in den anderen Elementen aber durchaus nahe am Original. Hier das Rezept:

ZUTATEN UND ZUBEREITUNG

Schweinefleisch:
✴✴ Das Schweinefleisch so zubereiten wie auf Seite 92 beschrieben, also in grobem Meersalz mariniert und in Nussbutter gegart. Das Schweinefleisch durchgaren und abkühlen lassen. Dann einige dünne Scheiben abschneiden. ✴✴

Thunfischcreme: Thunfisch bester Qualität aus Dose oder Glas, etwas Sahne, etwas Gemüsefond
✴✴ Den Thunfisch mit den beiden Flüssigkeiten zu einer dicklichen Creme pürieren. Bei Zimmertemperatur bereithalten. ✴✴

Anrichten: Toastscheibe wie bei Tramezzini 1 vorbereitet, Stückchen von Taggiasa-Oliven, Kapern, Salbei, Rucola
✴✴ In der für die Toastscheiben verwendeten rechteckigen Ausstechform das Törtchen anrichten mit dem Brot als Basis, dann mit passend zurechtgeschnittenen Scheiben vom Schweinefilet und anschließend mit einer nicht zu dünnen Schicht Thunfischcreme. Den Abschluss machen unregelmäßig darauf verteilte Olivenstückchen, Kapern, Salbeiblättchen und etwas Rucola. ✴✴

ANMERKUNGEN

Die klassische Sensorik des »Vitello tonnato« wird hier ein wenig verändert, weil Schweinefleisch etwas mehr Aroma mitbringt als Kalbfleisch und somit nicht nur als quasi reine Textur wirkt. Der Ablauf beim Essen ist klar. Die einzige etwas auffälligere Textur ist das leicht krosse Brot, das für einen gewissen »Biss« sorgt. Was folgt ist die schmelzende Thunfischcreme, die man zügig aromatisch wahrnimmt, weil sie weder einen Textur- noch einen Temperaturwiderstand besitzt. Diese Creme bildet nun einen Hintergrund, weil sie mit ihrem Fettgehalt und ihrem Aroma durchaus längere Zeit im Mund präsent bleibt. Das Fleischaroma zeigt sich erst nach einigen Sekunden, und zwar nachdem man es durch Zerkauen aufgeschlossen hat. Weil es kräftig genug ist, wird es vor dem Hintergrund der Thunfischcreme wahrnehmbar. Die weiteren Elemente kommen nun als kleine Aromenschwerpunkte dazu – je nachdem wann und wie man sie zerkaut. Sie können dabei kurzfristig – wie etwa die Kapern – alles Übrige überlagern, aber eben nur für wenige Momente. Diese mittlere Phase der Wahrnehmung wird abgelöst durch die Schlussphase, in der sich die Mischaromen ergeben und alle Elemente eine mehr oder weniger ähnliche Textur haben. Dabei kommt es zu einer recht belebten Szenerie, in der es immer wieder einmal mehr nach Fleisch, nach Olive, nach Kapern oder nach den Kräutern schmeckt. Soweit die Beschreibung der Sensorik in einer Art Zeitlupe. Inwieweit man das so wahrnimmt, ist in erster Linie eine Frage der Übung. Im Lauf der Jahre habe ich gelernt, dass man solche Details erleben kann, wenn man sich wirklich auf den Geschmack konzentriert. Und wenn ein Gericht ganz besonders gut gemacht ist, kann man das nicht nur feststellen, sondern auch nachvollziehen, wie es dazu gekommen ist, was immer eine ganz eigene, zusätzliche Qualität darstellt. Wenn man dazu neigt, ganz einfach mit »Oh, das schmeckt aber lecker« zu reagieren, sollte man nicht vergessen, dass die Gründe für diesen schönen Eindruck genau in dem liegen, was ein gutes sensorisches Konzept ausmacht. Ein schwächerer Eindruck ergibt sich dann, wenn die Sensorik nicht so gut funktioniert – zum Beispiel wenn die Thunfischcreme stark salzig ist (beim »Vitello tonnato« ein klassischer Fehler). Und für jeden, der selbst etwas Gutes zubereiten will, ist es natürlich ebenfalls von größtem Interesse, die sensorische Struktur zu reflektieren und sensorische Überlegungen gezielt in die Zubereitungen einfließen zu lassen.

Tramezzini. Schweinefilet »tonnato« (links; Seite 209), Muscheln, Crème fraîche, Forellenkaviar (rechts; Seite 212).

Tramezzini 3: Muscheln, Crème fraîche, Forellenkaviar

Bei Tramezzini 2 ging es um einen kompakten sensorischen Ablauf. Hier nun geht es um eher transparente Ereignisse, bei denen die Temperatur und rohe Elemente eine Rolle spielen. Es überlagern sich hier zwei charakteristische Kombinationen, einmal Toast, Forellenkaviar und Crème fraîche (bei uns meist Sauerrahm genannt) und Muscheln, Fenchel, Staudensellerie, eine Kombination, die vor allem in Belgien oft zu finden ist. Hier das – sehr einfache – Rezept:

ZUTATEN UND ANRICHTEN

Toastbrot wie bei Tramezzini 1 beschrieben, kalte Crème fraîche, kalter Forellenkaviar, vorgegarte (z. B. in Court-Bouillon) oder handelsüblich eingelegte und abgespülte Miesmuscheln, Fenchelgrün, dünne, minimal in wenig Olivenöl erhitzte Scheiben Staudensellerie
✻✻ Auf die Brotbasis kommt eine gleichmäßig dicke Schicht Crème fraîche (etwa 2–3 mm dick), dann eine Schicht Forellenkaviar. Darauf werden mit etwas Abstand 3 Muscheln gelegt. Abgerundet wird mit kleinen Stückchen Fenchelgrün und den Staudensellerischeiben (siehe Bild). ✻✻

ANMERKUNGEN

Natürlich ist zu Beginn erst einmal wieder die Wirkung der Brotscheibe präsent. Dann aber verlagert sich die Wahrnehmung schnell zu der kalten Crème fraîche, die gegenüber dem leicht krossen Brot durchaus eine deutliche sensorische Position einnimmt. Sie bildet nun die Basis, auf der man den ebenfalls kalten Forellenkaviar sehr präzise wahrnehmen kann und sogar das Platzen der Eier bemerkt. Die Muscheln brauchen etwas Zeit zur aromatischen Entwicklung und folgen ein paar Sekunden später, flankiert dann nicht mehr durch das Brot (das zu diesem Zeitpunkt eher einen wie Sand wirkenden Hintergrund abgibt), sondern durch die rohen Elemente Fenchelgrün und Staudensellerie (der durch die ganz kurze Garung ebenfalls noch roh wirkt). Das entstehende Bild ist im Gegensatz zu Tramezzini 2 eher transparent und vielfältig, was an den unterschiedlichen Texturen, Temperaturen und natürlich auch Aromen liegt.

Tramezzini 4: Ein schlechtes Beispiel?

Nach einigen positiven Beispielen nun der Versuch, das Gegenteil zu demonstrieren, ein Tramezzino mit einer schlechten Sensorik. Die Zutatenliste klingt dabei auf den ersten Blick keineswegs so abenteuerlich, dass man sich sofort mit Grausen abwenden muss. Sie klingt von den Produkten her eher harmlos und die Elemente hat man alle schon einmal irgendwo zusammen angetroffen.

Die Basis bildet wieder die vorbereitete rechteckige Toastscheibe, die in diesem Fall mit einer Art Ragout von Croûtons, Gurkenstückchen, Apfelwürfeln, Walnussstückchen und getrocknetem Schinken belegt wird. Für die Croûtons röstet man kleine Toastwürfel so in Butter, dass sie nicht zu dunkel werden, und den getrockneten Schinken erzeugt man im Ofen bei 95 Grad auf einem Rost liegend.

ANMERKUNGEN

Im Prinzip findet man solche Kombinationen, die viel zu viele prägnante Texturen auf viel zu engem Raum vereinen, in der Gastronomie beinahe regelmäßig, vor allem bei Salaten. Selbst in sehr guten Restaurants kann man sich immer wieder die Frage stellen, ob da nicht ein Koch aus optischen Gründen noch etwas hier und etwas da platziert und nicht daran gedacht hat, wie man das eigentlich essen soll und ob es da Überlagerungen oder Auslöschungen gibt. Hier also ist sogar das leicht krosse Brot weitgehend in der Defensive, weil es – je nach Festigkeit – schon allein von den Croûtons überlagert wird. Dazu kommen dann knackige Apfelstücke, die sehr nachhaltigen, lange im Mund bleibenden Nüsse und die extrem krossen Schinkenstücke, die mit beträchtlichem Krachen zerkaut werden. Was passiert beim Essen? Es sind die initialen Informationen (siehe Seite 181ff.), die hier die Oberhand haben, und es scheint keinerlei weitere Regie für das zu geben, was danach kommt. Man erlebt das reinste Gewitter an Texturen, ohne zunächst die Möglichkeit zu haben, auch aromatische Informationen wahrzunehmen. Sie kommen, aber sehr stark verzögert, und zwar in dem Moment, wo man sozusagen die Texturspitzen abgearbeitet hat und es nicht mehr an allen Ecken und Enden knackt und knirscht. Ist das nun komplett daneben? Im Prinzip ja, zumindest wenn man in den klassischen Regeln der Kochkunst denkt.

Allerdings kann man auch diskursiv denken und überlegen, ob in solchen oder ähnlichen Zusammenhängen nicht doch etwas Spezielles möglich wäre. Dem ist so, indem man zum Beispiel die Not zur Tugend machen könnte. Wenn sich die Aromen nicht entfalten können, weil man zu viele Texturinformationen bekommt, könnte man dafür sorgen, dass sich nach dem Texturgewitter irgendein wunderbarer Aromenstrauß entfaltet. Sozusagen wie Phönix aus der Asche. Das wäre zum Beispiel

Tramezzini (von links nach rechts): Bolognaise und Tapenade (Seite 208), Schweinefilet »tonnato« (Seite 209), Muscheln, Crème fraîche, Forellenkaviar (Seite 212) und »Ein schlechtes Beispiel?« (Seite 213).

Spargel und Mikroelemente

möglich, wenn man den Texturen kräftige Aromen gibt, die sich am Ende zu einer Art Curry mischen. Die kräftigen Aromen würde man zu Beginn aus den genannten Gründen nicht wahrnehmen. Aber sie kämen, und wenn man es unbedingt will auch so kräftig, dass man sich geradezu den Mund verbrennt (z. B. durch einen dichten Gewürzmix, bei dem ein paar vordergründige Aromen die Schärfe etwas kaschieren). Ich habe das bei den Geschmackskurven schon erläutert. Das Durchblenden oder auch Aufblenden von Aromen fällt in die Abteilung der gesteuerten zeitlichen Verläufe und kann von extrem fein bis explosiv angelegt werden. Insofern kann man auch aus diesem mit Absicht überzogenen Beispiel noch eine Kleinigkeit mitnehmen und das Fragezeichen hinter der Überschrift ist eben doch nicht ganz unberechtigt. Auf Seite 259 werde ich bei den Degustationsreihen noch ein Stück weiter in diese Richtung denken.

Ein ganz wesentlicher Punkt beim Aufbau von Gerichten mit einer guten und interessanten Sensorik sind minutiös funktionierende Proportionen. Auf Seite 186ff. ging es vor allem darum, dass man bei der Begleitung vieler Hauptprodukte vorsichtiger und kleinformatiger werden muss, um sie zu begleiten und nicht in Bedrängnis zu bringen. Natürlich kann es auch immer das Ziel sein, ein Mischaroma zu erzielen, bei dem jedes Produkt seinen Teil zu der Mischung beiträgt. In einem Ragout wird man nicht unbedingt nach der Qualität der Einzelaromen suchen. Im Normalfall geht es aber um die präzise Inszenierung eines Hauptprodukts und klar definierte Verhältnisse zwischen Hauptprodukt und Begleitung.
In diesem Rezept habe ich ein vergleichsweise empfindliches Hauptprodukt genommen, das auch noch in einer im Vergleich zu traditionellen Zubereitungen geradezu minimalistischen Menge auftaucht. Es gibt zwei dicke Stangen Spargel und nicht ein Pfund mit einem Berg Kartoffeln dazu. Eine Spargelstange so »ernst« zu nehmen, dass man sie als Hauptprodukt einsetzt und mit einer ganzen Reihe von feinen Aromen und Texturen begleitet, habe ich zum Beispiel auch einmal bei Patrick Bertron gegessen, dem Nachfolger des verstorbenen Bernard Loiseau in Saulieu im Burgund. In Frankreich pflegt man beim Spargel schon fast eine Art Kult, oft um die Produkte des Hauses Robert Blanc in Villelaure, die man hier und da auch als normaler Kunde zu horrenden Preisen bekommen kann. Die Stangen sind meist recht dick und von ausgezeichneter Qualität. Weil man von einer Stange Spargel immer einen Bissen abschneidet, bietet es sich natürlich an, für diesen Bissen auch eine jeweils variierende Begleitung zu haben. Insofern macht es für dieses Rezept Sinn, dicke Stangen zu nehmen und sie eher al dente zu garen. Wenn

man mit einem spitzen Messer hineinsticht, sollte es noch einen gewissen Widerstand spüren, aber ohne Weiteres wieder herauszuziehen sein. Der Spargel eignet sich auch von seiner aromatischen Seite her für sehr viele unterschiedliche Begleitungen. Mit seinem individuellen, bei guten Exemplaren recht vielschichtigen Aroma lassen sich ganz verschiedene Aromen »andocken«. Hier das Rezept:

ZUTATEN UND ZUBEREITUNG (FÜR 2–4 PORTIONEN)

Orangenreduktion: Saft von 2 Blutorangen, 1 gehäufter TL tasmanischer Leatherwood-Honig
✳✳ Den Orangensaft in einer kleinen Sauteuse erhitzen. Den Honig darin auflösen und circa 1 Stunde langsam reduzieren, bis der Saft eine leicht dickliche Konsistenz annimmt. Dabei einige Male umrühren. ✳✳

Orangen-Mayonnaise: 1 Ei, 1 EL Sherry-Essig, 1½ EL Orangensaft, 1 Msp. Senf, 1 Prise Zucker, 1 Prise Curry, Sonnenblumenöl
✳✳ Von dem Ei das Eiweiß weitgehend entfernen. Das Eigelb mit dem Rest Eiweiß in ein Rührgefäß geben. Essig, Orangensaft, Senf, Zucker und Curry dazugeben und mit dem Mixstab auf hoher Geschwindigkeit gründlich vermischen. Es ergibt sich dabei bereits eine leichte Bindung. Etwa 1 EL Öl dazugeben und ebenfalls gründlich vermischen. Wenn die Mischung stabil ist, kann man weiteres Öl in zwei bis drei Dosen recht schnell dazugeben, bis die gewünschte Bindung erreicht ist. ✳✳

Eigelb: 2 Eier, Salzwasser
✳✳ Die Eier etwa 10 Minuten hart kochen. Das Eigelb auslösen und bei Zimmertemperatur bereithalten. ✳✳

Garnelen: Je 20 g Karottenwürfel, Lauchabschnitte, Staudenselleriewürfel, 1 grob gewürfelte Schalotte, 1 Lorbeerblatt, 1 Sternanis, pro Portion 3 große Tiefkühl-Garnelenschwänze, Olivenöl, Curry
✳✳ Die Gemüse und Aromen mit etwa 1 Liter Wasser in einen kleinen Topf geben, aufkochen und 10 Minuten köcheln lassen. Die Garnelen unter fließendem heißem Wasser antauen. In die Court-Bouillon geben, aufkochen und neben dem Herd 15 Minuten ziehen lassen. Die Garnelen entnehmen und abtrocknen lassen. In der Mitte tief einschneiden und auseinanderklappen. Olivenöl in einer beschichteten Pfanne erhitzen, die Garnelen auf der Schnittfläche hineinlegen und anrösten. Mit etwas Curry bestreuen. Die Garnelen sollen klare, aber nicht zu dunkle Röstkrusten entwickeln, die ihnen im Zusammenhang mit dem Curry ein ganz spezifisches Aroma geben. Warm bereithalten. ✳✳

Mikro-Schinken: Je eine Scheibe Kochschinken und rohen Schinken
✳✳ Beide Schinkensorten in etwa 3 cm breite Streifen schneiden. Stücke von 5 cm Länge davon aufrollen. Beim Kochschinken diese Rollen noch einmal quer in drei bis vier Stücke teilen. ✳✳

Spargel: Pro Portion 2 dicke Spargelstangen, 20 g ungesalzene Butter, Zitrone, 1 Prise Zucker
Den Spargel vorsichtig schälen, die letzten 1–2 cm abschneiden. Die Stangen in einen passenden flachen Topf legen und so viel Wasser angießen, dass die Stangen nicht ganz bedeckt sind. Butter, ein paar Spritzer Zitrone und 1 Prise Zucker dazugeben und ohne Hast garen. Nach dem Messertest (siehe Einleitung) entnehmen, auf Küchentuch abtrocknen lassen und sofort servieren.

Anrichten: Eigelb, Estragonblättchen, Lachs- oder Forellenkaviar, Blüten (hier: Löwenzahn, Raps und Taubnessel), einige erwärmte Tiefkühlerbsen
✴︎✴︎ Pro Teller 2 Spargelstangen, das vorgegarte Eigelb, Lachskaviar oder Forellenkaviar, 2 Rollen rohen Schinken, einige Röllchen gekochten Schinken, Orangenreduktion mit Estragon, 3 Garnelen, Orangen-Mayonnaise, einige Blüten und Erbsen anrichten (siehe Foto). ✴︎✴︎

ANMERKUNGEN

Bei dieser Komposition habe ich eine Reihe von klassischen Begleitelementen für Spargel mit modernen sensorischen Überlegungen verknüpft. Die Mayonnaise wird in Frankreich häufig zu Spargel benutzt – hier ist sie in eine dezent fruchtige, leicht gewürzte Fassung gebracht, die auf diese Weise besser mit der Orangenreduktion und dem Estragon korrespondiert. Auch das ist übrigens eine Art Klassiker. Spargel mit Orangenbutter und Estragon wurde schon vor Jahrzehnten von Heinz Winkler (»Residenz Heinz Winkler« in Aschau) angeboten und gehörte zu meinen Lieblingsrezepten, als ich gerade angefangen hatte, mich mit dem Kochen zu beschäftigen. Kochschinken und normaler Schinken sind ebenfalls Klassiker zu Spargeln, hier aber so niedrig dosiert, dass sie in das neue Bild passen und nicht zu starke Erinnerungen an traditionelle Geschmacksbilder produzieren. Das neue Bild hat etwas mit der Grundüberlegung zu tun, dass jede sensorische Rolle nur einmal besetzt sein sollte. Auf diese Weise bekommen die Aromen Platz zur Entfaltung und das Geschmacksbild wird vielfältig und gleichzeitig transparent. Auch das Anrichten folgt dieser Überlegung. Es sollen sich – ohne dass der Esser einen Plan braucht, nach dem er sich dem Gericht nähert – ganz automatisch eine Vielzahl von unterschiedlichen Kombinationen ergeben. Und weil dabei natürlich viele Zufälle eine Rolle spielen, zahlt sich ganz besonders aus, dass man die genannte Rollenverteilung hat. Jeder Akkord wird gut schmecken, weil nicht die Gefahr besteht, dass sich Überlagerungen bzw. Auslöschungen ergeben. Eine kleine Ausnahme ist vielleicht die Garnele, die mit dem Spargel zusammen schon ein kräftiges »Standing« hat, weil ihre Textur fester ist. Aber auch das ist kein Problem, weil sich hier das kontrastierende Prinzip durchsetzt: Die beiden sind so verschieden, dass man sie getrennt wahrnimmt und erst gegen Ende eine dezente Vermischung eintritt.

Eine Idee für die Zukunft, keine skandinavische Marotte

Zunächst etwas zum Begriff »Nova Regio«. Ich habe diesen Begriff in Abstimmung mit René Redzepi vom »Noma« in Kopenhagen eingeführt, weil ich es etwas merkwürdig fand, dass deutsche Köche (oder auch einige in anderen Ländern) ihre von René Redzepis Arbeit beeinflussten Kreationen wie der Meister selbst »Neue skandinavische Küche« nannten. Was war passiert? Dass es in Kopenhagen einen Koch gab, der ganz neue, faszinierende Gerichte kochte, war schon vor einer Reihe von Jahren bekannt. Dann aber löste Redzepi 2010 in einem wichtigen internationalen Ranking auch noch Ferran Adrià als Nummer eins der Welt ab und wiederholte diesen Erfolg in den Jahren 2011, 2012 und 2014. Redzepi hatte ursprünglich den Auftrag übernommen, für eine Organisation, die sich mit der Kultur der nordischen Länder befasste, in einem neu zu gründenden Restaurant eine nordische Küche anzubieten, »nordisk mad« auf Dänisch, abgekürzt zum Restaurantnamen »Noma«. Zu Studienzwecken machte er sich auf die Reise, unter anderem auch nach Grönland und zu den Eskimos. Das Ergebnis war eine revolutionäre Küche, die so gut wie nichts mehr mit den klassisch-französischen Einflüssen zu tun hatte, die in früheren Zeiten fast überall dominierten. Auf einmal ging es nun um die heimatlichen Ressourcen, um die Wiederentdeckung alter Rezepte und Produkte, mit denen lange niemand mehr gekocht hatte oder mit denen sich überhaupt noch nie jemand ausführlicher beschäftigt hatte. Auf einmal ging es also um Moose und Flechten, seltene Muscheln und was immer in der näheren Umgebung des »Noma« an Essbarem aufgetrieben werden konnte. In der Hand von Redzepi entwickelten sich daraus hochinteressante Gerichte, die auch davon geprägt sind, dass er bei einigen der modernsten Köche ausgebildet wurde – natürlich auch bei Ferran Adrià. Diese Mischung aus Avantgarde und neuer Regionalität hat die spannendste und einflussreichste Küche nach Adrià hervorgebracht. Bei meinem letzten Besuch im »Noma« habe ich zum Beispiel Folgendes gegessen:

– Nordic Coconut: ein mit Gemüsesäften gefüllter Kohlrabi, in den ein Fenchelstängel als Strohhalm gesteckt war
– Moss and Cep: frittiertes Moos, das mit einem Pilzpulver bestreut war
– Karamellisierte Milch und Dorschleber
– ein wunderbar fein gegarter Hechtkopf (Experten wissen, dass sich am Kopf des Fisches die besten Teile befinden)
– eine Art Lauch-Sarkophag, eine dicke schwarze, von der Garung äußerlich verbrannte Lauchstange, in deren Innerem sich eine dünne, extrem fein schmeckende Lauchstange befindet
– Shrimps aus Skagen (roh natürlich) mit Bärlauch, Rettich und Rhabarberwurzel in einem wunderbar differenzierten, sensibel angelegten Sud
– Zwiebel und fermentierte Birnen (im »Noma« wird sehr viel mit der Fermentierung experimentiert)
– Rote Bete und aromatische Kräuter (wobei die Kräuter quasi alle unbekannte lokale Gewächse waren)
– Blaubeeren und Ameisen (eine Paste von fermentierten Ameisen, die hier sowohl asiatisch-fermentierte Produkte wie in manchen Verwendungen auch Zitrusfrüchte ersetzen)

Dies sind nur ein paar Gänge aus einem Menü von rund 25 kleinen Gängen. Es kann nun nicht das Ziel sein, Redzepi zu kopieren und ebenfalls Shrimps mit Bärlauch und Rettich anzubieten. Ohnehin wäre es auch kaum möglich, diese tatsächlich in einer sehr engen Region verankerte Küche an anderer Stelle zu reproduzieren. Aber die Idee dahinter ist faszinierend und durchaus in andere Regionen zu übertragen. Nur kann man es dann nicht mehr »Neue Skandinavische Küche« nennen und auch nicht »Neue Deutsche Küche« oder »Neue Französische Küche«, weil diese Begriffe schon häufig genutzt wurden und mangels Präzision nicht mehr greifen. Ich habe Redzepi gefragt, wie man denn in Skandinavien eine Küche nennen könnte, die nach der »Neuen Skandinavischen Küche« kommt. Er zuckte mit den Achseln. Meinen Begriff der »Nova Regio«-Küche hat er sofort akzeptiert, weil er über den einzelnen Koch hinausgeht und das Prinzip bezeichnet, bei dem man sich den Ressourcen seiner Region nähert – durchaus so, wie Redzepi das bei sich macht, und durchaus so, wie es mittlerweile andere Köche an anderen Orten machen, in Deutschland zum Beispiel ganz intensiv Matthias Schmidt in Frankfurt

Die Beschränkung der Nova-Regio-Küche auf die jeweilige Region ist aus Sicht der Kochkunst keineswegs eine Beschränkung, sondern eine enorme Ausweitung. Wenn nicht mehr über den Großhandel die Produkte aus aller Welt eingeflogen werden, richtet sich alle Kreativität auf das, was man mit dem machen kann, was zur Verfügung steht. Unabhängig davon, dass das auch ökologisch sehr interessant ist, fördert ein solcher Ansatz vor allem die Kreativität. Es hat sich schnell herausgestellt, dass die Nova-Regio-Köche zum Beispiel Gemüse in einer enorm ausgeweiteten Form angehen und viel mehr aus den Ressourcen herausholen, als das bisher der Fall war. Wenn in der aktuellen Diskussion kritisiert wird, dass heute viel zu viel Essen weggeworfen wird, ist die Antwort auf dieses Problem zum Teil schon in der Nova-Regio-Küche vorgegeben. Man wirft den Strunk des Wirsings nicht weg, weil man ganz ausgezeichnet mit ihm kochen kann. Im ersten Kapitel über das Gemüse (Seite 28ff.) habe ich dazu schon eine Reihe von Dingen gesagt.

Die Nova-Regio-Küche ist im Moment sicher noch sehr avantgardistisch, weil sie teilweise weit von der normalen bürgerlichen Küche entfernt ist. Während diese aber längst unmerklich in die Fallen industrieller Geschmacksbilder geraten ist, beschreitet die Nova-Regio-Küche einen Weg, der in die Zukunft führt. Und das nicht nur unter Aspekten der Kochkunst, also nicht nur als eine elitäre Avantgarde, sondern unter Aspekten, die etwas mit der Ernährung der Menschheit in einem ökologischen und kulturellen Gleichgewicht zu tun haben. Wenn wir alles Mögliche sorgfältig und schonend in eine wunderbar zu essende Küche verwandeln können, tun wir etwas Gutes für die Zivilisation und den Planeten. Insofern ist die Idee der Nova-Regio-Küche keine skandinavische Marotte, sondern eine der ganz großen Ideen für die Zukunft.

Als Lektüre ist übrigens das neue Buch von René Redzepi bestens zu empfehlen. Es trägt den Titel »A Work in Progress – Noma Recipes« und ist bei Phaidon erschienen. Neben dem Rezeptband und einem kleinen Fotoband bekommt man dazu auch ein hochinteressantes Tagebuch, in dem Redzepi ein Jahr lang seine Gedanken festgehalten hat.

Im nächsten Abschnitt werde ich am Beispiel eines ziemlich unbeachteten und wenig geschätzten Produkts, nämlich der Steckrübe, erläutern, was man mit ihr unter Nova-Regio-Aspekten alles anstellen könnte. Und in den folgenden Abschnitten geht es um zwei Fassungen eines Gerichts unter Nova-Regio-Gesichtspunkten.

Steckrübe: Zur Emanzipation eines Produktes

Die Steckrübe hat ein schlechtes Image, und das nicht unbedingt wegen ihres Geschmacks (den viele Leute gar nicht mehr kennen), sondern weil sie als ein Produkt gilt, das man eigentlich nur in Notzeiten isst. Dieses Image kommt aus Kriegszeiten und den Jahren kurz danach, wo man auf solche extrem robuste, in großer Menge zu bekommende und gut zu lagernde Gemüse zurückgreifen musste. Für mich ist die Steckrübe ein sehr gutes Produkt, weil sie ein ganz individuelles Aroma hat und vielseitig zu verwenden ist. Sie schmeckt weder billig noch schlecht – und im Grunde sogar ganz besonders interessant, wenn man sich für Aromen jenseits der klassisch-französischen Küche oder der normalen Regionalküche interessiert. Im Folgenden möchte ich sie dem unterziehen, was ich die »Nova-Regio-Analyse« nenne, sie also unter den Aspekten der Nova-Regio-Idee auf ihre Verwendbarkeit überprüfen und auflisten, was man alles damit machen kann. Die Liste enthält keine Rezepte im eigentlichen Sinne; das ist wieder etwas ganz anderes und im Übrigen unbegrenzt. Sie enthält grundsätzliche Bearbeitungen, und zwar sowohl aus der traditionellen Küche, als auch aus der modernen oder avantgardistischen. Ich habe im Folgenden einige Möglichkeiten aufgelistet, ohne mir dabei allzu lange Gedanken zu machen, wohl wissend, dass man allein aus dem Bereich der Molekularküche ohne Weiteres noch Dutzende weiterer Varianten anführen könnte – von Gels, Gelees und Sphären über Trockeneis-Zubereitungen oder gefriergetrocknetes Steckrübenpulver bis zu hauchdünnen Karamellplättchen mit dem Aroma der Steckrübe, um nur ein paar Beispiele zu nennen. Es geht hier also primär darum, sich einmal vor Augen zu führen, in welche Richtungen man denken kann, um den Fundus für die Küche erheblich zu vergrößern.

- Püree von der Steckrübe, klassisch, eventuell mit Fond und Sahne angereichert
- Würfel von der Steckrübe, klassisch in Salzwasser gegart
- Würfel von der Steckrübe, in aromatisiertem Wasser gegart, zum Beispiel angesäuert mit diversen Essigen
- Im Ganzen über offenem Feuer gegarte Steckrübe, eventuell in einer Salzkruste oder Teigkruste, um die Saftigkeit zu erhalten, und kräftig angeröstet, um in den äußeren Schichten entsprechende Aromen zu erzielen (wie es Kobe Desramaults vom »In de Wulf« in Dranouter, Belgien, mit Sellerie macht)
- Geräucherte Steckrübe, im Ganzen oder in Teilen, über offenem Feuer oder im Räucherofen nach Vorgarung fertiggegart
- Geschälte und klassisch vorgegarte Stücke, über offenem Feuer kurz nachgeröstet
- Getrocknete Stücke
- Getrocknete Chips aus dem Fruchtfleisch und aus der Schale
- Pulverisierte Steckrübe
- Steckrübenasche
- Geeiste Würfel von vorgegarter Steckrübe
- Klassische Steckrübensauce »mit einem Hauch von Steckrübe« und einer an das jeweilige Gericht angepassten Fond-Grundlage, die klassisch-französische, »elegante« Version
- Parfait von der Steckrübe
- Steckrübeneis
- Vorgegarte, dann panierte und ausgebackene »Steckrüben-Pralinen«
- Sauer eingelegte, »gepickelte« Steckrübenwürfel
- Fermentierte Steckrüben und alle entsprechenden weiteren Verwendungen
- Steckrübensaft

Fasan und Mais I:
Moderne Klassik

- Rückstände vom Entsaften von Steckrüben und weitere Behandlungen dazu
- Geeister Steckrübensaft
- Reduzierter Steckrübensaft bis hin zu Sirup
- Carpaccio von der Steckrübe
- Steckrüben-»Nudeln«, im japanischen Stil roh gezogen
- Steckrüben aus der Erdmiete
- Steckrübe langsam im Ofen oder an der Sonne reduziert/getrocknet

Wesentlich für die Nova-Regio-Idee und die Nova-Regio-Analyse ist, dass man sich jedem Produkt mit einer neuen Freiheit nähert und nicht alles an klassischen Maßstäben misst, um dann zu dem vorschnellen Schluss zu kommen, dass es keine Bereicherung sei. Wie gut eine einzelne Zubereitung ist, entscheidet sich – bei korrekter technischer Umsetzung – erst in einem Rezept. Und dort kann – auch das ist sicherlich eine der wichtigsten Erkenntnisse aus der Nova-Regio-Küche – ein geräuchertes Stück Steckrübe in höchst intelligentem Einsatz ohne Weiteres genauso gut sein wie Trüffel oder Foie gras. Dass man mit dieser Analysemethode den Fundus von Zubereitungen gigantisch ausweiten kann, gilt also selbst für Produkte, die man eigentlich bisher kaum irgendwo antrifft.

Man kann die Nova-Regio-Idee unterschiedlich umsetzen – mal ziemlich radikal, mal weniger radikal. Ich habe hier mit dem gleichen Hauptprodukt beides versucht, und zwar bezogen auf meine rheinische Heimat. Für die Nova-Regio-Idee ist das Rheinland ein guter Prüfstein, weil es eine nicht unbedingt von kulinarischem Überfluss bestimmte Gegend ist. Zum Rheinland unter kulinarischen Gesichtspunkten dürfte den meisten Leuten – wenn überhaupt – vor allem das einfallen, was in den Brauhäusern von Köln oder Düsseldorf zu finden ist, also vielleicht der »Rheinische Sauerbraten« oder »Himmel und Erde« (eine Mischung aus Apfel und Kartoffel). Auf dem platten Land am Niederrhein ist es tatsächlich schwer, überhaupt ein Restaurant zu finden, das sich explizit der Regionalküche widmet, schon gar nicht solche, die eine Art modernisierte Regionalküche anbieten, und überhaupt kein Restaurant, bei dem bisher die neue Nova-Regio-Idee angekommen ist. Auch die Zahl der Produkte, die für die Gegend typisch sind, hält sich in Grenzen – wenn es denn überhaupt etwas gibt, das aus dem Rahmen fällt. Ich habe also nicht aus dem Vollen schöpfen können. Und trotzdem hat es mir viel Spaß gemacht und ganz exzellent geschmeckt. Das Hauptprodukt ist ein Fasan aus heimischer Jagd. Dazu kommen Mais, Trockenpilze aus dem Wald, Marone, Steckrübe, Walnüsse, Minze, ein Balsamessig von Zuckerrübensirup und Rübenkraut. Hier das erste Rezept – eher an Zubereitungen orientiert, die einer Art fortgeschriebener Moderne entsprechen:

ZUTATEN UND ZUBEREITUNG
(FÜR 2–4 PORTIONEN)

Gelee von Balsamessig und Rübenkraut:
100 ml Gemüsefond, 1 EL Rübenkraut,
1 EL Balsamessig von Rübenkraut, ½ TL Agar-Agar
✲✲ Den Gemüsefond erhitzen, das Rübenkraut darin auflösen und den Balsamessig dazugeben. 5 Minuten ziehen lassen, dann das Agar-Agar einrühren, einmal aufkochen und in eine rechteckige Form füllen. Im Kühlschrank fest werden lassen (das dauert etwa 30 Minuten). ✲✲

Maronenbrot: Für den Teigansatz: 150 g Mehl, 15 g Hefe, 50 ml Milch, 1 Prise Zucker
✲✲ Das Mehl in eine große Rührschüssel geben, in der Mitte eine Vertiefung bilden und die zerbröselte Hefe hineingeben. Die Milch erhitzen (aber keinesfalls aufkochen, weil sie sonst ein anderes Aroma entwickelt) und über die Hefe gießen. Eine Prise Zucker über die Hefe streuen und an einem warmen Ort gehen lassen.
Zur Fertigstellung: 1 Ei, Milch, Olivenöl, 10 Maronen (Fertigprodukt), Salz – Das Ei, etwas Milch und Olivenöl zu dem Teigansatz geben und gut verrühren. Der Teig sollte zu einer homogenen, leicht flüssigen Masse werden. Die Maronen grob zerteilen und zugeben, mit 1 Prise Salz würzen und das Ganze mit weiterem Mehl nach Bedarf zu einem festeren Teig verarbeiten. Daraus runde, aber nicht zu glatte Bällchen von 5–6 cm Durchmesser formen. Im vorgeheizten Ofen bei 200 Grad Umluft etwa 14 Minuten backen. Die Brötchen sind fertig, wenn sie die ersten Stellen mit einer leichten Bräunung haben.

Geschmorte Fasanenkeulen: 2 Fasanenkeulen, 15 g ungesalzene Butter, 10 g Schalottenwürfel, 20 g Lauchabschnitte, 20 g Staudenselleriewürfel, 2 EL gemischte Trockenpilze (inklusive Totentrompeten), 2 Wacholderbeeren, 100 ml Pilzfond
✲✲ Die Keulen säubern und das Muskelfleisch in Längsrichtung einige Male einschneiden. Die Keulen in einer Kasserolle in der aufschäumenden Butter leicht kolorieren. Entnehmen. Schalotte und Gemüse anschwitzen. Die Keulen wieder dazugeben und alles zusammen einige Minuten anbraten. Mit Fond ablöschen, die Pilze und Wacholderbeeren zugeben und alles etwa 30 Minuten bei geschlossenem Deckel und mehrmaligem Wenden garen. ✲✲

Steckrübenpüree: 200 g Steckrübenwürfel, 3 mittlere, grob gewürfelte Kartoffeln, ca. 50 ml Gemüsefond, ca. 2 EL Sahne
✲✲ Die Steckrübenwürfel und die Kartoffelwürfel in leicht gesalzenem Wasser garen. Mit etwas Gemüsefond und Sahne (zu gleichen Teilen) pürieren. Es sollte ein glattes, nicht zu flüssiges Püree entstehen. ✲✲

Maissalat: Maiskörner aus dem Glas (Handel), Walnussstückchen, Minze, Kardamom, Rapsöl
✲✲ Einen Salat herstellen aus 2 Teilen rohen Maiskörnern, 1 Teil Walnussstückchen (nicht zu groß) und in feine Streifen geschnittener Minze. Mit wenig Rapsöl benetzen. Mit Kardamompulver so abschmecken, dass das Gewürz mit seinen ätherischen Ölen einen frischen Hintergrund bildet. ✲✲

Mais, gepoppt: Wenig Olivenöl, 2 EL Mais
✻✻ Olivenöl in einem kleinen Topf erhitzen. Den Mais dazugeben und den Deckel auflegen. In kurzer Zeit springen die Maiskörner auf. ✻✻

Geröstete Maisscheibe: 1 Maiskolben, 15 g ungesalzene Butter
✻✻ Aus der Mitte des Maiskolbens mit einem scharfen Messer einige dünne Scheiben schneiden. Die Butter in einer beschichteten Pfanne erhitzen, die Scheiben einlegen und ohne Hast anrösten. ✻✻

Fasanenbrust: 2 Fasanenbrustfilets ohne Haut, 20 g + 20 g ungesalzene Butter
✻✻ 20 g Butter in einer beschichteten Pfanne erhitzen, aber nicht aufschäumen lassen. Die Fasanenbrust einlegen und bei etwas mehr als mittlerer Hitze langsam und nicht zu stark kolorieren. Wichtig ist, dass die Brust nicht zu viel Hitze bekommt. Wenn die Brust auf beiden Seiten koloriert ist, die Hitze zurücknehmen, die zweite Portion Butter zugeben und die Fasanenbrust immer wieder mit der Butter überglänzen. Sie soll nun eher gar ziehen als weiterbraten. Sie ist fertig, wenn man beim Druck einen Widerstand spürt, also nicht das Gefühl hat, sie wäre im Kern noch vollständig weich. Neben dem Herd 5 Minuten ruhen lassen und auch dabei noch mehrmals überglänzen. ✻✻

Anrichten: Wie auf dem Bild.
✻✻ Das Maronenbrot wird halbiert und von unten leicht abgeflacht, damit es fest steht. Auf das Brot passend ausgelöste Stücke von den geschmorten Keulen legen. Auf das mit einem Löffel ausgestrichene Steckrübenpüree kommt etwas von dem Maissalat. Popcorn und Geleewürfel gleichmäßig verteilen. Die schwarzen Elemente auf dem Fleisch sind Totentrompeten aus der Mischung von Trockenpilzen beim Schmoren der Keulen. ✻✻

ANMERKUNGEN

Dies ist die gemäßigte Nova-Regio-Fassung des Fasanengerichts. Im Mittelpunkt steht das klassisch à point kolorierte und gebratene Brustfleisch und die ebenfalls klassisch geschmorten Keulen. Die Aromatisierung der Keulen mit Pilzen und Wacholder soll den leichten Wildcharakter des Fleisches unterstützen. Die weiteren Elemente sind insofern unter modernen Gesichtspunkten angelegt, als sie deutlich sensorische Aspekte berücksichtigen. Die trockene Brottextur, das aromatisch intensive Gelee mit seiner klaren Säure, Rohes im Salat, Röstnoten von den Maisscheiben und die krosse Textur vom gepoppten Mais sorgen für ein sehr abwechslungsreiches Bild, das dennoch aromatisch klar auf klassischer Grundlage bleibt.

Seite 228: Fasan und Mais I: Moderne Klassik (Seite 225).
Seite 229: Fasan und Mais II: Avantgarde (Seite 230).

Fasan und Mais II: Avantgarde

Diese Nova-Regio-Fassung des Fasanengerichts geht ein gutes Stück weiter in Richtung Avantgarde und nutzt bereits das ausgeweitete Verständnis der Nova-Regio-Küche. Hier geht es bei den Produkten und bei fast allen Zubereitungen in spezifischere Bereiche, die in der üblichen Regionalküche fast nie vorkommen. Das schafft ein deutlich verändertes Geschmacksbild, das aber im Grunde näher an den regionalen Ressourcen ist als die traditionelle Küche. Man merkt das schon am Titel vieler Zubereitungen: Rübencarpaccio, Altbierlack, Speck-Mais-Sand, Schafgarbenjus, Fenchelasche. Hier das Rezept:

ZUTATEN UND ZUBEREITUNG (2–4 PORTIONEN)

Rübencarpaccio: Einige etwa 2–3 mm dünne, unregelmäßige Scheiben von 1 großen, geschälten Steckrübe, 100 ml Gemüsefond
❊❊ Die Scheiben in Hälften und Segmente schneiden. In einen flachen Topf legen, den Fond angießen und langsam erwärmen. Etwa 15 Minuten ziehen lassen. Die Scheiben sollen noch al dente und nicht durchgegart sein. ❊❊

Altbierlack: 100 ml Altbier, 1 gehäufter EL Rübenkraut
❊❊ Das Altbier in einem kleinen Topf erhitzen. Das Rübenkraut darin auflösen und zusammen reduzieren, bis eine lackartige Konsistenz erreicht ist. ❊❊

Speck-Mais-Sand: 1 Scheibe Toastbrot ohne Rinde, klein gewürfelter Speck, Popcorn, 1 EL Sojasauce
❊❊ Das Toastbrot im Ofen bei 95 Grad trocknen. Die Speckwürfel in einer Pfanne rösten, bis sie kross werden (es sollte 1 gehäuften EL ergeben). Das Popcorn herstellen (siehe Seite 227). Brot, Speck und Popcorn im Verhältnis 2:1:1 im Mörser zu sandartiger Konsistenz zerstoßen. Mit der Sojasauce verrühren, in eine Gratinschale geben und im Ofen bei 95 Grad trocknen. Dabei einige Male umrühren. ❊❊

Fasanenbrust: 2 Fasanenbrustfilets ohne Haut, 20 g + 20 g ungesalzene Butter
❊❊ 20 g Butter in einer beschichteten Pfanne erhitzen, aber nicht aufschäumen lassen. Die Fasanenbrust einlegen und bei etwas mehr als mittlerer Hitze langsam und nicht zu stark kolorieren. Wichtig ist, dass die Brust nicht zu viel Hitze bekommt. Wenn die Brust auf beiden Seiten koloriert ist, die Hitze zurücknehmen, die zweite Portion Butter zugeben und die Brust immer wieder mit der Butter überglänzen. Die Brust soll nun eher gar ziehen als weiterbraten. Sie ist fertig, wenn man beim Druck einen Widerstand spürt, also nicht das Gefühl hat, sie wäre im Kern noch vollständig weich. Neben dem Herd 5 Minuten ruhen lassen und dabei noch mehrmals überglänzen. ❊❊

Polentabruch: 200 g Polentamasse (Maismehl)
❊❊ Die Polenta mit Wasser bedecken und unter ständigem Rühren erhitzen. Nach 5 Minuten vom Herd ziehen und abkühlen lassen. ❊❊

Schafgarben-Petersilien-Jus: Blätter von etwa 15 Stängeln Blattpetersilie, 1 Handvoll Schafgarbe, Salzwasser
✻✻ Die Kräuter in einem kleineren Topf in Salzwasser blanchieren, entnehmen, unter kaltem Wasser abschrecken, etwas abtupfen und mit etwas von dem Blanchierwasser pürieren. ✻✻

Fenchelasche: Samenstände und kurze Stängelstücke von getrocknetem Fenchel aus dem Vorjahr
✻✻ Den getrockneten Fenchel auf Alufolie mit einem Gasbrenner in Asche verwandeln. Dabei die verbrannten Samen nicht zerdrücken. ✻✻

Karamellisierte Petersilienwurzelspitzen: 6–8 Petersilienwurzeln mit dünn auslaufender Spitze, 15 g ungesalzene Butter, Zitrone, Rapshonig
✻✻ Die Petersilienwurzeln mit einer Wurzelbürste abreiben, nicht schälen. Die Spitzen in etwa 6–8 cm Länge abschneiden. In einen flachen Topf legen und so viel Wasser angießen, dass sie nicht ganz bedeckt sind. Die Butter schmelzen, beigeben und einige Spritzer Zitrone dazugeben. Etwa 5 Minuten garen. Dann den Honig dazugeben und auflösen. Die Hitze erhöhen, die Flüssigkeit reduzieren und die Wurzeln bräunlich karamellisieren. ✻✻

Anrichten: Einige getrocknete Fenchelstängel, Schafgarbenblättchen
✻✻ Auf dem Tellergrund ein Carpaccio von Rübenscheiben auslegen. Die Fasanenbrust in Streifen schneiden (»Aiguillettes«) und wie auf dem Bild anrichten. Von der Polenta Stücke abbrechen. Alle anderen Elemente gleichmäßig (aber mit Lücken) auf der gesamten Fläche verteilen. ✻✻

ANMERKUNGEN

Diese Avantgarde-Fassung hat zwar im Kern immer noch das klassisch gegarte Hauptprodukt, stößt dann aber in weitgehend ungewöhnliche aromatische und teilweise auch in ungewöhnliche texturelle Bereiche vor. Wenn man Stücke vom Fleisch, von der Polenta oder den karamellisierten Petersilienwurzeln abschneidet, nimmt man durch die Anordnung automatisch immer etwas Steckrübencarpaccio und etwas von den kleineren Elementen wie Altbierlack oder Schafgarbenjus oder Asche mit auf. Die Asche hat dabei neben der »stumpfen« texturellen auch noch eine aromatische Funktion, weil sie wie viele Gemüse-Aschen immer noch nach dem Ausgangsprodukt schmeckt. Eine Voraussetzung für das Zusammenwirken dieser ungewöhnlichen Elemente ist, dass – wie fast immer in meinen Rezepten – auf Salz und Pfeffer als »Geschmacksverstärker« verzichtet wird. Durch den Verzicht auf diesen homogenisierenden Hintergrund werden die einzelnen Produkte klarer in ihrer Individualität bemerkbar und können sich zu einem erstaunlich homogenen und logischen Gesamtbild zusammenfinden. Insofern werden hier wichtige Grundregeln der Kochkunst eher noch expliziter eingehalten als bei vielen klassischeren Zubereitungen. An die andersartigen Aromen gewöhnt man sich übrigens schnell und lernt sie auch schätzen, weil sie mangels Fett und unnötiger Salz- und Pfeffergaben sehr leicht schmecken und trotzdem eine große Intensität ausstrahlen.

Grundsätzliches 5
Der Aufbau von Gerichten

Wenn es um richtig gutes Kochen geht, und selbst dort, wo es nur um einen kleinen Hauch davon geht, wie ihn sich jeder ambitionierte Privatkoch wünscht, führt kein Weg an einem geschickten Aufbau der Gerichte vorbei. Es ist bizarr: Angaben über eine sinnvolle »kulinarische Konstruktion« (wie ich das in meiner »Geschmacksschule« nenne) finden sich in fast keinem traditionellen Lehrbuch, obwohl die Qualität eines Gerichtes ganz entscheidend davon abhängig ist. Und es geht dabei nicht nur um kreatives Kochen und das Strukturieren neuer Gerichte, sondern durchaus auch um ganz normale Gerichte, wie man sie zu Hause zuweilen kocht oder in einfacheren Restaurants bekommt. Über dieses Thema könnte man ohne Weiteres ein ganzes Lehrbuch verfassen. Weil das hier zu weit führen würde, greife ich nur einige wichtige Punkte heraus, die aber in jeder Form der Küche ihre Gültigkeit haben und für Profis wie Amateure von Bedeutung sind. Sie erfordern etwas, was gerade beim Kochen relativ selten stattfindet, nämlich den kritischen Blick auf die eigene Arbeit. Vielleicht sollte man dazu eine vertraute Person zu Rate ziehen und – sehr wichtig – immer davon ausgehen, dass jede Bemerkung, die man über ein Essen machen kann, irgendwo ihre Gründe hat. Bei mir ist es zum Beispiel meine Frau, die fast immer bei den Restaurantbesuchen dabei ist und im Laufe der Jahre längst eine Expertin geworden ist. Sie hat die Angewohnheit, auch die kleinsten Probleme in meinen Gerichten sofort zu bemerken. Es ist wirklich eine harte Schule, aber in den meisten Fällen hat sie einfach Recht. Natürlich kann ich mittlerweile auch meine eigenen Gerichte mit großer Distanz essen und präzise beurteilen. In meinem Fall ist das auch wichtig, weil ich als Profi keinerlei Interesse daran haben kann, irgendetwas zu übersehen. Dieser Reflex auf meine Arbeit war auch früher schon ein wichtiger Motor für ständige Verbesserungen. Nun also ein paar Punkte, die beim Aufbau von Gerichten eine große Rolle spielen.

HAUPT- UND NEBENDARSTELLER

Zu fragen, was bei einem Gericht die Hauptrolle und was die Nebenrollen spielt, scheint selbstverständlich zu sein, ist es aber keineswegs. Ein Beispiel. Wenn man ein Schnitzel Wiener Art und einen grünen Salat auf dem Teller hat, scheint der Fall klar zu sein: Natürlich ist das Fleisch das Hauptprodukt und der Salat die Beilage, der Nebendarsteller. Aber auch bei dieser Kombination kann der Nebendarsteller den Hauptdarsteller in den Hintergrund drängen. Das wäre zum Beispiel der Fall, wenn das Schnitzel extrem dünn geklopft ist und eine relativ dicke Panade hat, der Salat aber sehr knackig ist und vor allem aus den kräftigeren Blattgraten im Kern des Salatkopfes besteht. Wenn man dann die beiden zusammen isst, kann es gut passieren, dass man vor lauter Textur des Salats das Fleisch nicht richtig mitbekommt. Wer ist da also Haupt- und wer Nebendarsteller? Da wurde vermutlich nicht genügend nachgedacht, da sowohl das dünn geklopfte Schnitzel als auch der knackige Salat jeder für sich einen positiven Wert darstellen. Und wenn man beides zusammenbringt, kann es ja so falsch nicht sein. Tatsächlich aber kann die Kombination unter sensorischen Aspekten schnell unsinnig werden, zumindest wenn man möchte, dass das Fleisch klar wahrgenommen wird. Zur Lösung eines solchen Problems müsste zunächst bedacht werden, was man eigentlich will. Will man ein dominantes, nur dezent von etwas Salatfrische begleitetes Fleisch, müsste man entweder auf die weicheren Salatblätter zurückgreifen oder den Salat in kleinere Streifen o. Ä. schneiden, damit er nicht dominant wird, oder man müsste das Fleisch wesentlich dicker belassen.

Noch ein weiteres, ganz einfaches Beispiel aus dem Imbissbereich. Bestellt man eine Currywurst und bekommt sie am Stück, und zwar mit einem obenauf applizierten dicken Streifen von Gewürzketchup, ist man automatisch geneigt, sie so zu belassen, wie sie da liegt, und jeweils ein Stück von der Wurst mit der entsprechenden Dosis Gewürzketchup abzuschneiden. Vielleicht stellt sich aber heraus, dass das Ketchup eine starke Würze mit einem scharfen Nachhall hat, und weil die Verkäuferin in falsch verstandener Großzügigkeit einen besonders dicken Streifen aus der Flasche gedrückt hat, schmeckt man vor lauter Ketchup die Wurst nicht mehr. Die Frage nach Haupt- und Nebenrolle wurde nicht bedacht – ganz abgesehen davon, dass auch noch ein »Gewürzraum« erzeugt wurde (siehe weiter unten), der dem Gewürzketchup für die gesamte Zeit des Essens eine große Dominanz gibt. Natürlich könnte man sagen, dass es eben nicht nur um den Currywurst-Geschmack, sondern um einen Mischgeschmack geht, halb Fleisch, halb Gewürzketchup. Aber auch das wäre nicht ganz so einfach und würde ebenfalls die angesprochene sensible Planung der Proportionen voraussetzen.

Man sollte sich auch darüber klar werden, welche Beweggründe man für den Einsatz bestimmter Elemente in einer Komposition hat. Selbst in der Spitzenküche und selbst bei Köchen, die die Sensorik normalerweise gut im Griff haben, kann sich immer wieder der Verdacht aufdrängen, dass sie vor allem an die Optik denken. Sie kennen die Bilder der Gerichte vieler internationaler Spitzenköche und wollen etwas produzieren, das mindestens ebenso gut aussieht. Dabei gehen dann schon mal ein paar genuin kulinarische Prinzipien über Bord. Das Ergebnis mag herausragend aussehen, hat aber sensorisch Schwächen.

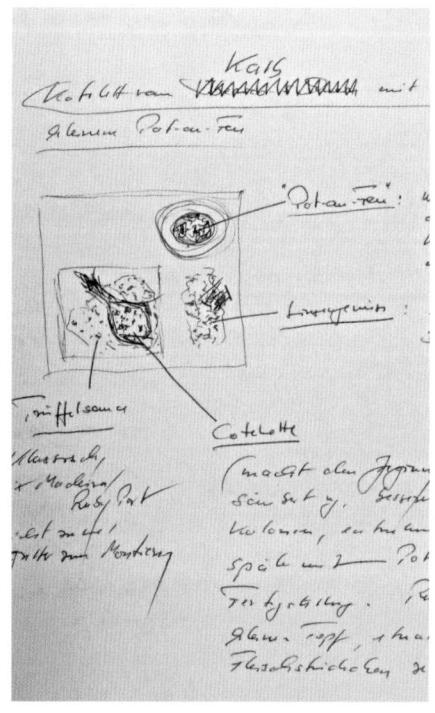
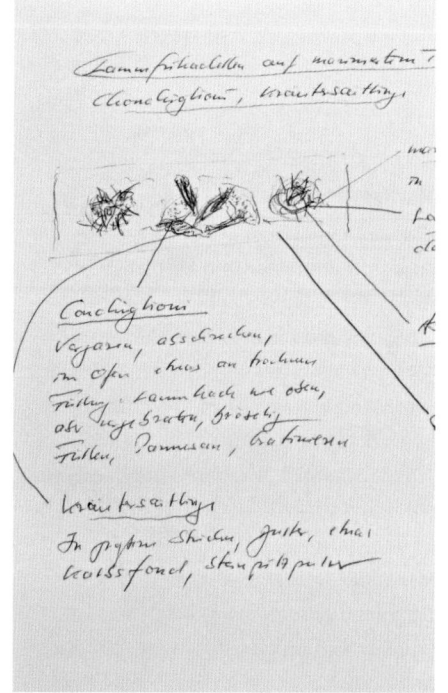
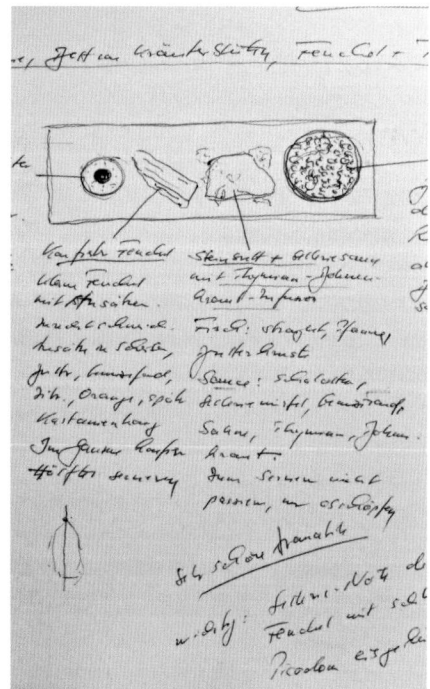
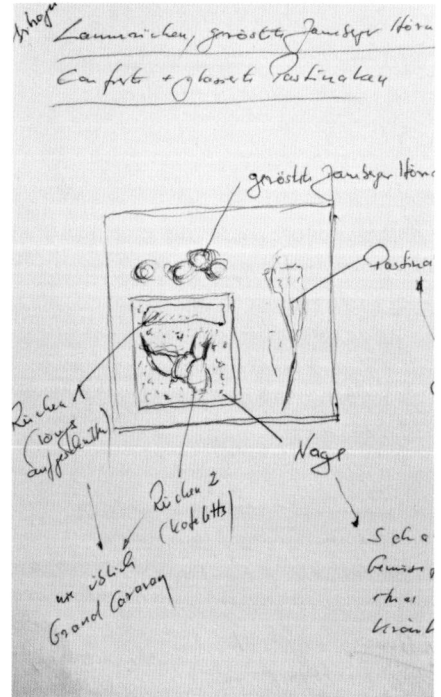

KONZEPTION VERSUS BAUCHGEFÜHL

Das Kochen leidet oft darunter, dass zu viel Bauch und zu wenig Kopf im Spiel ist. Genauso ist es beim Essen: Viele Leute meinen, das Essen wäre vor allem eine Bauchsache und hätte ausschließlich etwas mit Emotionen und Assoziationen zu tun. Tatsächlich gehen aber alle Entscheidungen grundsätzlich erst einmal über den Kopf. Bis man dazu kommt, überhaupt etwas in den Mund zu stecken, was irgendwelche Emotionen oder Assoziationen hervorrufen könnte, hat man schon eine ganze Reihe von kognitiven Prozessen durchlaufen. Manchmal erschreckt schon der Titel eines Gerichts, und manchmal haben Leute auch eine riesige Liste von No-Gos, die sie von vielen Gerichten und Produkten abhält. Und selbst wenn das Essen serviert wird, gibt es noch eine ganze Reihe von kognitiven Hürden, die möglicherweise erst einmal zu nehmen sind. Vielleicht ist das Fleisch zu roh oder eine Beilage zu schwabbelig, irgendetwas auf dem Teller riecht befremdlich oder hat sonst etwas an sich, das stört.

Beim Kochen kommt ein anderes Problem dazu, nämlich eine gewisse Hinwendung zu Automatismen. Man macht das so, weil man es immer so gemacht hat oder – als Profi – es so gelernt hat, und außerdem muss es schnell gehen, und überhaupt will man sich nicht so viel Arbeit machen. Ich gebe zu, dass mir das selbst auch immer wieder passiert. Der Ablauf bekommt eine gewisse Vordergründigkeit, man macht noch schnell dies und das, hat vielleicht noch einen Rest von Zucchini oder ein Stück Ziegenfrischkäse, und schon beginnt das Gericht unsinnige Strukturen zu bekommen. Wenn man an guten Ergebnissen und vor allem an ständigen Verbesserungen interessiert ist, muss man bewusst den Kopf einschalten, muss reflektieren, und das nach Möglichkeit häufig. Und – um gleich einem möglichen Missverständnis vorzubeugen – dennoch geht es dabei nicht um eine »verkopfte« Küche, die »konstruiert« wirkt. Die Forderung nach einem gut durchdachten Aufbau eines Gerichts ist universell und hat mit dem Stil einer Küche überhaupt nichts zu tun. Die rustikalsten Gerichte können davon genauso profitieren wie die feinsinnigsten strukturalistischen Kompositionen.

Im Detail sollte man – auch wenn das die Sache ein wenig verwirrend macht – immer daran denken, ob sich bestimmte Regeln wirklich generalisieren lassen. Beim bereits erwähnten Beispiel des Schnitzels Wiener Art ging es schon einmal um Überlagerungen. Selbst dieser Effekt, der fast immer kontraproduktiv ist, kennt seine Ausnahmen. Wenn Sie zum Beispiel ein Stück Blutwurst auf einen Sockel von Kartoffelpüree geben, das Sie mit Apfelkompott angereichert haben, geht es vermutlich nicht um Überlagerungen, sondern um einen Mischgeschmack. Es soll – möglichst ausgewogen natürlich – nach allen drei Elementen schmecken, wobei im Detail von jedem der drei Elemente gewisse Abstriche gemacht werden. Man schmeckt die Kartoffel eben nicht so gut, dass man vielleicht Rückschlüsse auf die Sorte machen könnte, und vom Apfel hat man möglicherweise nur eine gewisse fruchtige Säure, die entfernt an Apfel erinnert, und die Blutwurst schließlich mag ihre rustikale Würze verlieren und erscheint eingebettet und mild.

Dennoch: Überlagerungen, die zu Auslöschungen führen, gehören zu den häufigsten Fehlern einer kulinarischen Konstruktion. Definieren Sie also, was ein gewünschter Akkord ist, und vermeiden Sie

Aus einem meiner Notizbücher.

GRUNDSÄTZLICHES

alle Irritationen, die Sie nicht auch so vorgesehen haben. Wenn Sie mit verschiedenen Aggregatzuständen arbeiten (also Texturen und Temperaturen), achten Sie darauf, wie sich die einzelnen Elemente zueinander verhalten, ob sich also zum Beispiel Vordergründe oder Hintergründe ergeben, ob es zeitliche Verläufe gibt oder Durchblendungen. Auch Kontraste lassen sich mit Absicht einsetzen, und das schon erwähnte kontrastierende Prinzip mit seiner parallelen Wahrnehmung kann faszinierende Effekte bringen. Im Abschnitt über die Geschmackskurven (Seite 181ff.) finden Sie dazu die Basis und detailliertere Erläuterungen.

Ein spezieller Fall ist der schon erwähnte Gewürzraum. Er entsteht natürlich auch dann, wenn man nicht – wie im Beispiel der Currywurst – irgendwelche extremeren Aromen verwendet. Ganz allgemein steht er für das, was sich an Aromen während des Essens im Mund bildet und gegebenenfalls auch länger hält. Das können durchaus auch Fette sein, die nachhaltig am Gaumen kleben und sich auf alle möglichen »neuen« Aromen negativ auswirken können. Den Gewürzraum kann man auch absichtlich einsetzen, indem man zum Beispiel vorschlägt, erst eine bestimmte Flüssigkeit aus einem Glas zu trinken und dann einen Bissen vom Essen zu nehmen. Wer seinen Gaumen etwa mit intensiven Zitrusnoten »tapeziert«, wird damit mindestens die nächsten Bissen deutlich beeinflussen. Die Arbeit mit solchen Effekten gehört schon zur »hohen Schule« der Sensorik, die bis heute kaum ein Koch wirklich virtuos beherrscht (mit am besten wohl Eric Menchon, der im »Le Moissonnier« in Köln kocht).

WIE ISST MAN SO ETWAS?

Essen ist letztlich ein kommunikativer Prozess, und zwar im Sinne der Kommunikationstheorie. Der Koch macht etwas, was er anderen präsentiert, er ist also der Sender. Die Gäste sind die Empfänger und haben – egal ob bewusst oder unbewusst – damit zu tun, diese Botschaft zu entschlüsseln. Statt eines längeren Ausflugs in die Kommunikationstheorie möchte ich lieber zu konkreten Beispielen greifen. Gehen wir noch einmal zu dem Bratwurst-Beispiel zurück, dieses Mal in einer leicht veränderten Form und noch etwas genauer analysiert. Nehmen wir an, die Bratwurst wird in einem länglichen Pappschälchen serviert. Daneben steht noch ein weiteres, kleineres Schälchen mit einer größeren Menge Ketchup. Es ist klar, dass dieses Ketchup offensichtlich dazu gedacht ist, mit der Currywurst zusammen gegessen zu werden. Wir sollen also vermutlich die Wurst entweder in die Sauce tauchen oder etwas von der Sauce nehmen und über die Wurst geben. Aber – stopp! Ich habe geschrieben, »etwas« von der Sauce nehmen.
Wer sagt uns, wie viel wir nehmen sollen? Unsere Erfahrung mit Ketchup? Mag sein, aber es gibt sehr viele verschiedene Ketchup-Sorten von ganz milden bis zu höllisch scharfen. Sollen wir nun erst einmal probieren, wie die vorgesetzte Sorte schmeckt, um dann zu entscheiden, wie viel nach unserer Meinung die Wurst verträgt, um uns gut zu schmecken? Oder meint der Koch (oder Verkäufer) vielleicht, dass wir auf alle Fälle die gesamte Sauce mit der Wurst essen sollen, um sozusagen die richtige Proportion zu haben? Vermutlich ist die Menge ein Angebot für alle Fälle. Wenn das so ist, hat der Kunde den »Schwarzen Peter«. Der Koch legt sich

nicht fest, sondern sagt quasi nur, dass Ketchup zu der Wurst vorgesehen ist. Was wir daraus machen, ist unsere Sache. Werden wir nun hingehen und genau ausprobieren, in welcher Proportion die Sauce zur Wurst passt, wann sie die Wurst optimal würzt und dabei die Wurst immer noch klar als Wurst zu erkennen ist? Werden wir darauf achten, dass die Aromen der Wurst (um die sich schließlich der Hersteller auch so seine Gedanken gemacht hat) auch zur Geltung kommen, oder nur irgendwie die beiden Elemente verkoppeln, weil es uns nicht wirklich interessiert, ob es etwas mehr nach Bratwurst oder mehr nach Ketchup schmeckt? Vermutlich wird es so sein. Das wiederum kann bedeuten, dass wir Geld für etwas bezahlen, was wir in seinen Qualitäten nicht wirklich ausschöpfen. Wir haben die Wurst gegessen und wissen unter Umständen gar nicht, dass es bestimmte Proportionen gibt, bei denen die Wurst hervorragend schmeckt und andere, bei denen wir davon nur einen Bruchteil bemerken. Dieses extrem einfache Beispiel deutet schon an, dass die Synchronisation von Angebot/Botschaft und Entschlüsselung ein sehr komplexes und hochinteressantes Gebiet ist. Werden wir nochmals ganz praktisch. Es kann ohne Weiteres sein, dass bei einem normalen Gericht der bürgerlichen Küche der Unterschied zwischen den optimalen Proportionen und den schlechtesten gravierend ist – je nachdem, wie man die Elemente zu sich nimmt und ob die Elemente so angelegt sind, dass sie dem Esser das Erreichen einer möglichst guten Proportion erleichtern oder eher erschweren. Wenn bei einem Wiener Schnitzel das Verhältnis von Panierung zu Fleisch so ungünstig ist, dass man das Fleisch gar nicht schmecken kann, kann man natürlich nicht mehr viel ausrichten – es sei denn, man löst die Panade vom Fleisch und stellt sich die beiden Teile so zusammen, dass der Anteil des Fleisches höher ist.

Bei Gerichten der avancierteren Küche ist es noch viel differenzierter. Natürlich bedenken viele gute Köche mittlerweile sehr genau, wie man dem Gast die Dinge möglichst präzise »in den Mund legt«, also die Elemente zum Beispiel so präsentiert, dass bestimmte Kombinationen einfach naheliegend sind. Andererseits werden die Kompositionen mit vielen verschiedenen Texturen, Temperaturen und Aromen oft so komplex, dass die Zahl der möglichen Variablen ins Unendliche steigt. Und dann passiert es zu allem Überfluss in manchen Fällen auch noch, dass ein Gericht mit dem Hinweis serviert wird, um möglichst viel Genuss von dem Gericht zu haben, schlage der Koch vor, erst das eine und dann dieses zweite und schließlich die anderen Elemente zu essen – die meisten Gäste verbitten sich solche »Belehrungen«.

All das läuft darauf hinaus, dass die Rolle des Essers in diesem kommunikativen Prozess stärker werden sollte. In dem Maß, wie er erkennt, welche Genussmöglichkeiten er auf einem Teller vorfindet, wird sich auch das kulinarische Erlebnis vergrößern. Und das gilt nicht nur für komplexe Gerichte der Spitzenküche, sondern für jedes Gericht, also auch für die häusliche Küche. Es gilt vor allem auch für das eigene Kochen. Wer beim Aufbau von Gerichten die sensorische Struktur und natürlich auch die Art und Weise, wie sich die Esser mit dem Gericht beschäftigen können, im Visier hat, wird einen erheblichen Zugewinn an Qualität erzielen.

NEUE KONZEPTE

Die Gedanken sind frei

Wenn man viele Jahre lang immer wieder intensiv über kulinarische Kompositionen aller Art und über die Grundlagen der Kulinarik nachdenkt, bleibt es nicht aus, dass man neben vielen Details auch auf andere, weitergehende Fragen stößt. Es fällt zum Beispiel auf, welche Art von Restaurants fehlt, und man denkt immer wieder darüber nach, warum das so ist. Ein wichtiges Thema in diesem Bereich ist auch, ob und wie es gelingen kann, eine hervorragende Küche preiswerter zu machen, als das heute meistens der Fall ist. Weil ich kulinarisch immer sehr konkret denke, ergeben sich vor allem immer wieder Ideen zu neuen Gerichten. Im Laufe der Jahre habe ich Unmengen von Dingen entwickelt, und das in alle Richtungen. Die auf Seite 234 abgebildeten Seiten aus meinen Notizbüchern geben davon einen kleinen Eindruck. In diesen Sammlungen gibt es auch eine Menge von Ideen, die mit dem, was heute in den Restaurants angeboten wird, kaum eine Ähnlichkeit haben. Sie sind eben frei von jeglichen Zwängen entstanden und zunächst sozusagen ohne eingebautes, einengendes Marketingkonzept.

Besonders viel Vergnügen bereitet mir das freie Nachdenken, das oft auch mit dem zu tun hat, was vielleicht in Zukunft einmal möglich sein wird. Nach wie vor finde ich unter kreativen Aspekten die Arbeit des Spaniers Ferran Adrià grandios. Ich kenne ihn ziemlich gut und weiß, dass er darunter gelitten hat, oft so gründlich missverstanden zu werden. Adrià hat geforscht um der Forschung willen und danach erst über Geld nachgedacht. Er war einer der ersten oder vielleicht der erste Koch überhaupt, der das in so großen Dimensionen und so konsequent getan hat. Seine Bücher sind ein klares Dokument dieser Arbeit. Sie sind keine Kochbücher mit pädagogischem Impetus, sondern Dokumente seiner Arbeit. Wer dort genauer hinsieht, wird auch entdecken, dass er sich durchaus nicht nur mit Mitteln befasst hat, die schon längere Zeit in der Lebensmittelindustrie eine Rolle spielen, sondern sein forschendes Interesse auch zum Beispiel auf den Produktbereich ausgedehnt hat. Er besitzt riesige Sammlungen von Produkten aus aller Welt, die er auf ihre Verwendbarkeit für eine kreative Küche untersucht hat. Mich verwundert in diesem Zusammenhang immer wieder, wie relativ wenige Köche mit wirklich neuen Ideen kommen, die sich deutlich vom Kurs ihrer Kollegen unterscheiden. Ich bin mir aber sicher, dass das nicht das reale Bild ist und dass sie wesentlich kreativer sein könnten, wenn sie den Mut dazu hätten. Aber man darf eben nie vergessen, dass sie kommerziell arbeiten müssen, also alles, was sie machen, auch verkaufen müssen. Und das ist natürlich eine gewisse Kreativitätsbremse – auch wenn manche Gäste sicher der Meinung sind, dass das so auch gut ist. Wenn man so will, werden viele Köche in die Rolle des Handwerkers gezwungen, der nur macht, was er auch verkaufen kann. Sie sind nicht in der Rolle des Künstlers, der – wie Picasso das einmal gesagt hat – verkauft, was er gemacht hat. Und noch gibt es auch keine staatlichen Einrichtungen, die – ähnlich wie Opernhäuser – ein breites kulinarisches Programm inklusive kreativer Abteilungen anbieten, auch wenn es nicht für alle kreativen Ergebnisse ein großes Publikum gäbe, weil viele Esser eben Redundanzesser sind. So nenne ich den Typus von Esser, der eigentlich immer nur das Gleiche essen will und jede Veränderung ablehnt.

Monasterio

Die komplexen Bilder und Assoziationen, die sich rund um Essen einstellen können, sind meist mit bestimmten Erinnerungen verknüpft. Klassisch sind dabei die Urlaubsbilder, etwa eine Terrasse in südlicher Landschaft mit einem Tisch voller Delikatessen und Weinen, mit Freunden, gutem Wetter und blendender Stimmung. Wenn dann später über das Essen geredet wird, wird es schnell zu einer Art Vorbild, dem man in unseren Breitengraden dann immer wieder vergebens nacheifert. Ich kenne solche Bilder natürlich auch. Was mich zum Beispiel oft beschäftigt, sind Vorstellungen von einem puristischen Essen, das ohne Luxusprodukte auskommt und das Luxuriöse in der Einfachheit entdeckt. Vielleicht hat diese Vorstellung etwas mit Besuchen in Klöstern zu tun, wo es ab und zu immer noch eine Küche gibt, die mit einfachsten Zutaten eine merkwürdige Überzeugungskraft entfaltet. Wenn man den Gedanken weiter verfolgt, kommt man schnell zu Erinnerungen wie die an Fastentage, oder wie es ist, wenn man vielleicht nach einer Krankheit wieder langsam beginnen kann, eine Kleinigkeit zu essen. In vielen Fällen ist das dann ein einfaches Kartoffelpüree, das mit einem Minimum an entfetteter Milch und einem Hauch Butter, vielleicht auch mit etwas Olivenöl und etwas gutem Meersalz zubereitet wird. Man isst es ganz vorsichtig, weil der Magen geschont werden muss. Bei mir war es dann immer so, dass ich zu diesem Zeitpunkt längst wieder Appetit hatte, aber eben noch nicht so viel essen durfte. Ich genoss jeden Bissen, nein, jedes Molekül. Nie schmeckte Kartoffelpüree besser, nie das Apfelkompott, das man dann einen Tag später vielleicht dazunehmen durfte, oder ein paar einfach zubereitete Champignons (die für mich als Kind immer der Inbegriff von Diätessen waren). An diese Sensibilität erinnere ich mich immer wieder, und sie ist in gewisser Weise so etwas wie ein Vorbild geworden. Wenn man immer so sensibel essen würde, würde man dann irgendwelche Sachen sinnlos in sich hineinstopfen? Würde man grauenhaft schlechtes Essen aus Imbissstuben anfassen? Oder die völlig überwürzten Produkte aus industrieller Herstellung? Vor einem solchen Hintergrund und meinen diversen Überlegungen zu Geschmack und Essen musste ich früher oder später auf ein Konzept wie das »Monasterio« (spanisch für »Kloster«) kommen. Die Frage war, wie denn eigentlich ein Restaurant- oder Essenskonzept aussehen könnte, das einerseits etwas mit den ganz einfachen Produkten, andererseits aber auch etwas mit einer ganz besonders sensiblen Wahrnehmung zu tun hätte, die auf feinste Nuancen auch im Einfachen achtet. Gerade im Zusammenhang mit einer ausgeweiteten Sensorik, die eben nicht mehr in Bausch und Bogen von »lecker« oder »nicht so lecker« spricht und bei der endlich einmal die ganze Palette der Wahrnehmungen und der Wahrnehmungsmöglichkeiten des Menschen eine Rolle spielen, muss man irgendwann auch einmal bis in die Grenzbereiche denken.

Im Folgenden habe ich einige Beispiele für Gerichte aufgeführt, die ich jeweils näher erläutern werde. Darüber hinaus habe ich mir auch die Frage gestellt, wie denn ein Restaurant aussehen könnte, in dem eine solche Küche angeboten würde. Natürlich könnte es ein alter Refektoriumssaal in einem realen Kloster sein. Es könnte aber auch jede andere, karg ausgestattete Räumlichkeit sein, bis hin zu alten Industriebauten. Und sie könnte durchaus auch – vielleicht in einer unserer größten Städte – einmal völlig »in« werden. Ich stelle mir das Restaurant eher dunkel oder ganz in Weiß vor, fast ohne Schmuck, ein wenig mit Zen-Attitüde. Tische und Geschirr müssten sehr einfach sein, aber in jedem Fall ohne einen Anflug von »shabby chic«. Im Grunde müsste die einzige Farbe von den Gerichten kommen, die im abgedunkelten Raum durch Spot-Beleuchtung auf die Tische vielleicht noch besonders hervorgehoben würden.

Brotgulasch

Zu den einfachsten Formen, irgendetwas Kaubares auf den Teller zu bekommen, gehörte in Notzeiten wie bei vielen ärmeren Menschen vergangener Zeiten immer die Verwendung von Brot. Fleisch war zu teuer oder für die Feiertage reserviert, und so war das vergleichsweise billige Brot das einzige Material, mit dem man eine Suppe oder Brühe anreichern konnte. Auch wir haben davon immer noch etwas in unseren Essgewohnheiten behalten – zum Beispiel wenn wir zu einer Suppe Brot essen und damit schnell auch in den Bereich der Sättigung geraten. Auch das Brot zum Käse und das Baguette zum Salat folgen irgendwie noch diesem Prinzip. Mich interessiert innerhalb des Monasterio-Konzepts aber weniger die Sättigung als die Emanzipation des einfachen Materials, nicht die Rückkehr in Notzeiten, sondern die Wiedererlangung der Sensibilität für Produkte und Zubereitungen, die nicht dem üblichen Verständnis von gutem Essen entsprechen. In den letzten Jahren habe ich immer wieder Rezepte unter Verwendung von Brot entwickelt (siehe dazu auch Blut oder Bete, Seite 172), und das sowohl wegen der spezifischen Textur als auch wegen des Aromas. Beides ist für mich hochinteressant, vor allem dann, wenn man modernere Rezepte entwickelt.

Beim Brotgulasch geht es ganz einfach darum, ein Rezept zu entwickeln, bei dem Brot das Fleisch als tragendes Hauptprodukt ersetzt und dennoch ein klares »Gulasch-Bild« entsteht. Natürlich spielt dabei eine Rolle, dass bei vielen Versionen von Gulasch im Grunde nicht wirklich das Fleisch herauszuschmecken ist. Viele solche Gerichte sind so zubereitet, dass die Würze der Sauce und anderer Zutaten deutlich über dem Fleischaroma liegt, wenn es nicht ohnehin überschmort ist und sich komplett mit der Sauce vollgesogen hat.

Das Ergebnis meines Versuchs hat mich ziemlich überrascht. Einerseits klappt die Assoziation zum Gulasch problemlos, andererseits entwickelt das Brot ein erstaunliches Eigenleben. Es wirkt eben nicht unbedingt als Ersatz, sondern bekommt mit seinem Aroma und seiner Textur ein eigenes Gewicht, bodenständig, aber durchaus nicht unfein und auf keinen Fall wie irgendein Notbehelf. Brot in der warmen Küche, in der Gourmetküche und sogar in der Avantgarde-Küche ist ein bei Weitem noch nicht ausgereiztes Thema.
Beim Brotgulasch wird das Brot ohne zusätzliche Behandlung mit verschiedenen Saucen kombiniert, die alle aus der Geschmackswelt »Gulasch« stammen. Hier das Rezept:

ZUTATEN UND ZUBEREITUNG (FÜR 4 PORTIONEN)

Brot: 1 Graubrot (500 g), 1 Weißbrot (500 g)
✱✱ Die Rinde entfernen und die Brote in leicht unregelmäßige Stücke brechen, die etwa die Größe von Gulasch-Fleischstücken haben. Man benötigt eine Proportion von zwei Teilen Graubrot zu einem Teil Weißbrot. ✱✱

Restesauce: 100 ml Fond, fein gehackte Fleischparüren oder Wurstmasse von einer halben Bratwurst
✱✱ Die Zutaten in einer kleinen Sauteuse erhitzen und die Flüssigkeit um etwa ein Drittel reduzieren. ✱✱

Paprikpüree: 1 Glas geröstete Paprika (Handelsprodukt), Olivenöl
✱✱ Die Paprikascheiben in etwas Olivenöl erhitzen. Pürieren und durch ein normales Sieb passieren. ✱✱

NEUE KONZEPZE 243

Tomatencoulis: 2 Tomaten, 2 EL Olivenöl, 1 gehäufter TL Tomatenmark, 1 gehäufter TL Püree von getrockneten Tomaten, Zitrone
✻✻ Die Tomaten halbieren, den Stielansatz entfernen, dann die Tomaten grob würfeln. In einer kleinen Sauteuse das Olivenöl erhitzen und die Tomaten darin unter regelmäßigem Umrühren anbraten, bis sie deutlich Flüssigkeit abgeben. Tomatenmark, Püree von getrockneten Tomaten und einige Spritzer Zitrone dazugeben. Bei geschlossenem Deckel 10 Minuten köcheln lassen. Durch ein normales Sieb in eine andere Sauteuse passieren, dabei gut ausdrücken. Das Coulis warm halten. ✻✻

Selleriecoulis: 100 g grob gewürfelter Knollensellerie, 10 g ungesalzene Butter, Wasser, 50 ml Gemüsefond
✻✻ Die Selleriewürfel in einer kleinen Sauteuse in Butter anschwitzen, mit Wasser und Gemüsefond ablöschen, bis sie knapp bedeckt sind. 5 Minuten mit aufgelegtem Deckel garen, dann ohne Deckel die Flüssigkeit um die Hälfte reduzieren. Pürieren und durch ein normales Sieb in einen kleinen Topf passieren. Warm halten. ✻✻

Zwiebelsauce: 60 g grob gewürfelte Gemüsezwiebeln, 10 g ungesalzene Butter, 50 ml Gemüsefond, evtl. etwas Wasser
✻✻ Die Zwiebelwürfel in einer kleinen Sauteuse in der geschmolzenen Butter anschwitzen. Mit Fond ablöschen und bei geschlossenem Deckel 10 Minuten kompottieren. Bei Bedarf etwas Wasser nachgeben. Durch ein normales Sieb streichen, dabei gut ausdrücken, warm halten. ✻✻

Anrichten: Kümmelpulver, Paprikapulver
✻✻ Die Brotstücke (im Verhältnis 2 Teile Graubrot, 1 Teil Weißbrot) nebeneinander in einem tiefen Teller verteilen. Die vorbereiteten Saucen über die Stücke geben, und zwar pro Brottück jeweils nur eine Sauce. Dabei nicht zu viel Sauce verwenden, damit sich die Aromen im Teller nicht sofort vermischen, und an eine gleichmäßige Verteilung der unterschiedlichen Saucen denken. Über alles 2–3 Prisen Kümmel- und Paprikapulver pro Portion geben.
Am besten isst man den Teller etwa zur Hälfte auf und rührt dann die Stücke um, sodass sich die Aromen vermischen. ✻✻

ANMERKUNGEN

Dieses Brotgulasch ist eine Basisversion, die man in alle möglichen Richtungen ausbauen kann. Sehr »sophisticated« wird es zum Beispiel, wenn man die Brotsorten (die hier ganz einfach sind) variiert und eventuell auch Saucen verwendet, die sehr viel zurückhaltender im Aroma sind und das Aroma der speziellen Brotsorten weiter nach vorne holen. Selbstverständlich lässt sich auf diese Weise auch eine Kombination aus bestem Brot und Gemüsesäften oder Gemüsesaucen herstellen.

Reis – Wasser – Essig

Dieses Rezept ist vermutlich das extremste in diesem Buch, und das aus einem ganz einfachen Grund. Auf die hypothetische Frage, wie das denn nun schmeckt, muss ich hier einfach antworten, dass dieses Gericht nach herkömmlichen Maßstäben vielleicht interessant, aber nicht unbedingt »gut« schmeckt. Es handelt sich bei dieser ungewöhnlichen Kombination um einen konsequenten Zweig der Monasterio-Idee, der sich dem Luxus von klar unterscheidbaren Spitzenprodukten entzieht und mit Mitteln, die als extrem einfach gelten und in vielen Aspekten geradezu archaisch sind, trotzdem eine interessante Küche hervorbringt. Man wird hier gewissermaßen auf Basiserfahrungen zurückgeführt, auf das reine Schmecken, das sich der Materie anders nähert als das in vielen, meist unbewussten Schichten angezüchtete, scheinbar zivilisierte Schmecken. Der schnelle Abgleich mit unseren kulinarischen Erfahrungen muss hier scheitern. Ist ein solches Gericht deshalb schlecht oder nur im Moment noch außerhalb dessen, womit wir uns beschäftigen und außerhalb dessen, was wir kennen? Ich kann mir durchaus vorstellen, dass man auch Gerichte konzipiert, die man in einem geradezu meditativen Zustand isst, die zu Exerzitien in einem Kloster passen, die einmal nicht – wie bei vielen Diäten – den Körper entschlacken sollen, sondern auch den Geist, der durch industrielle Geschmacksbilder aller Art verkleistert ist. Wohlgemerkt: Dieses Gericht ist ein Experiment. Ich denke nach, komme an solche Stellen und konzipiere ein Gericht dazu, das dies illustriert. Hier das Rezept:

ZUTATEN UND ZUBEREITUNG (FÜR 2–4 PORTIONEN)

Reiscrumble: 35 g + 1–2 EL Reismehl, 3 EL Wasser

✻✻ 35 g Reismehl mit dem Wasser zu einer Paste verarbeiten. Die Paste mit Reismehl weiter verdicken, bis elastische Brösel möglich werden. Im Ofen bei 90 Grad (Ober- und Unterhitze) in etwa 45 Minuten zu Crumble trocknen. ✻✻

Reis-Stärke-Gel: 100 g Reis (Vialone Nano), 400 ml Wasser, 1 Msp. Xanthan

✻✻ Den Reis mit dem Wasser verkochen, bis er sich nicht weiter auflöst; er gibt dabei einen Großteil der Stärke ab. Durch ein normales Sieb passieren. Die Reismasse für die gebackenen Reistörtchen zurückbehalten. Die entstandene Flüssigkeit mit 1 Msp. Xanthan zusätzlich binden und mit dem Mixer homogenisieren. ✻✻

Gebackenes Reistörtchen: Reismasse von der Herstellung des Reis-Stärke-Gels, 1 EL Olivenöl

✻✻ Aus der Reismasse kleine, flache Törtchen formen. In einer beschichteten Pfanne das Olivenöl erhitzen und die Törtchen leicht kross ausbacken. ✻✻

Wassergelee: 150 ml Mineralwasser ohne Kohlensäure, ½ TL Agar-Agar

✻✻ In einem kleinen Topf das Wasser erhitzen. Das Agar-Agar einrühren und kurz aufkochen. In eine rechteckige Form gießen, etwas abkühlen und dann im Kühlschrank fest werden lassen. ✻✻

Reis-Pfeffer-Mehl: 50 g Reismehl, ½ TL Shichimi togarashi (japanische Gewürzmischung), ⅓ TL Poivre Saveur aus der Mühle (französische Pfeffermischung)

✻✻ Die Zutaten vermischen. ✻✻

Gepoppter Reis: 1 EL Olivenöl, 2 EL Reis
✻✻ In einem kleinen Topf das Olivenöl erhitzen, den Reis dazugeben und bei mittlerer Hitze leicht anrösten und soufflieren lassen. ✻✻

Reis-Essig: 50 g vorgegarter schwarzer Reis, 1 EL Reisessig
✻✻ Die Zutaten vermischen und 10 Minuten ziehen lassen. ✻✻

Anrichten: Kürbiskernöl, Olivenöl, Rapsöl, drei verschiedene Essige
✻✻ Die Elemente wie auf dem Bild anrichten. Über alles die Öle und Essige unregelmäßig so verteilen, dass sich beim Essen ein möglichst vielfältiges Bild ergibt. ✻✻

ANMERKUNGEN

Das Rezept verträgt in dieser Fassung eine Reihe von Variationen. Man kann die Reissorten wechseln, sollte aber eine gute Qualität nehmen, also keinen Milchreis und keinen normalen Supermarkt-Reis. Man kann auch die Öle vergleichsweise frei auswählen, wobei das Kürbiskernöl allerdings eine markante Rolle spielen sollte. Es geht hier vor allem darum, Sensibilitäten für Mikro-Abläufe auch im aromatischen Bereich zu entwickeln. Deshalb fehlt hier jedes »normale« Produkt, an dem wir uns normalerweise orientieren können. Es geht um ein vergleichsweise neutral schmeckendes Basismaterial, das in einer minimalistischen Art verarbeitet wird. Man schmeckt Röstnoten, das Stärkegel, den Reis als Crumble oder als aromatisiertes Pulver, es ist eine Konzentration auf Texturen und Öle und Säuren, eine archaische Zurücknahme der Mittel auf der Produktseite, aber eine moderne Auffassung von Sensorik. Deshalb gibt es zum Beispiel auch ein Wasser-Gelee, ein Gelee quasi ohne Aroma (was aber – man wird sich wundern – nicht wirklich stimmt), aber deswegen noch lange kein Null-Produkt. Es ist eben Textur pur und kann im Zusammenhang selbstverständlich eine Menge von hochinteressanten Funktionen haben – nicht nur über die Textur, sondern auch über die Temperatur. An dieser Stelle erinnere ich mich daran, dass Michael Hoffmann vom Berliner »Margaux«, der später zu einem der wichtigsten Gemüseköche Europas werden sollte, einmal ein »Badoit-Gelee« (also mit dem französischen Mineralwasser »Badoit« hergestellt) als Teil eines Gerichts benutzte. Sensorisch ist das völlig einleuchtend und sogar eine gute Idee, die gerade in konventionellen Zusammenhängen für interessante sensorische Verläufe sorgen kann. Das Gewitter der Kritik war aber verheerend und aus meiner Sicht extrem peinlich – allerdings nur für die sogenannten Kritiker.

Die Sinne also haben bei »Reis – Wasser – Essig« eine Menge zu tun – wenn es gelingt, sie von der Macht der traditionellen Erwartungen und dem kulinarischen »Schubladendenken« zu befreien. In einem »normalen« Restaurant wird so etwas wohl kaum serviert werden. Aber ich könnte mir vorstellen, dass es eines Tages Restaurants gibt, die sehr viel experimenteller arbeiten und eher spezielle kulinarische Erfahrungen und Erlebnisse vermitteln als die Vorlieben der Gäste zu bedienen. Es wird sie dann sicher in einer Art multimedialen Rahmen geben. Das »Monasterio«-Konzept wäre in mancher Hinsicht das purifizierte Gegenteil davon: sensible, meditative Erfahrungen in adäquaten Räumlichkeiten.

Kartoffelpüree in Variationen

Im vorigen Abschnitt ging es bereits ein gutes Stück in Richtung Avantgarde. Hier nun möchte ich auf das in der Einleitung zu diesem Kapitel erwähnte Kartoffelpüree zurückkommen und auf eine ganz einfache Form der Sensibilisierung an einem völlig unkomplizierten Produkt und auch auf ein Geschmacksbild, das nicht – wie bei »Wasser – Reis – Essig« – deutlich von dem abweicht, was man normalerweise serviert bekommt. Es gibt ein Kartoffelpüree in acht Variationen, und zwar angefangen bei der puren Kartoffel, die außer mit dem Salz vom Salzwasser mit keinerlei weiterem Aroma Kontakt hatte. Wo wir gerade dabei sind: »Salzwasser« ist nach Joël Robuchon (dem schon mehrfach erwähnten französischen Spitzenkoch und kochtechnischen Gewissen für die eher klassische Küche) ein Wasser mit 10 g Salz pro Liter. Wiegen Sie das einmal ab. Es ist nicht gerade wenig. Und wenn Sie dann – wie ich das üblicherweise mache – als Salz grobes Meersalz benutzen und eine Kartoffelsorte haben, die nicht ganz so festkochend ist, werden Sie staunen, wie viel Würze davon bei der Kartoffel ankommt. Um den indirekten Hinweis noch einmal zu wiederholen: Sehr fest garende Sorten werden durch dieses Salzwasser nicht so stark gewürzt wie nicht so festgarende, und Kartoffeln, die in der Schale gegart werden, natürlich auch nicht. Ganz allgemein sollte man sich einmal auf eine solche, scheinbar unspektakuläre Variation einlassen. Auf die Wirkung von derartigen Degustationen kann man sich immer verlassen, die Sensibilisierung kommt von ganz allein, und am Ende hat man oft mehr Gewinn daraus, als man es vorher vermutet hätte. Bei dieser Variation geht es im Prinzip nicht um das Verstecken von Aromen oder um ein Art Aromenraten. Andererseits werden so ganz ohne Weiteres wohl nicht alle Aromen sofort identifiziert werden. Und wenn Sie noch ein Stück weiter gehen wollen, machen Sie eine Blindverkostung daraus. In einem solchen Fall müssen Sie übrigens damit rechnen, dass selbst scheinbar offensichtliche Aromen nicht ohne Weiteres erkannt werden. Hier das Rezept:

GRUNDZUBEREITUNG KARTOFFELPÜREE (FÜR 2–4 PORTIONEN)

1½ kg festkochende Kartoffeln (La Ratte), Salzwasser

✽✽ Die Kartoffeln schälen, abspülen und in Salzwasser knapp al dente kochen. Sie sind gar, wenn man mit einem spitzen Messer hineinstechen und sie so gerade eben noch anheben kann. ✽✽

ACHT VARIATIONEN:

1. *Zerdrücktes Kartoffel»püree«.* Dazu die Kartoffel lediglich mit einer Gabel etwas zerdrücken.

2. *Zerdrückt mit Olivenöl und Butter.* Die zerdrückten Kartoffeln mit etwas Butter und einem mittelfruchtigen Olivenöl vermischen. Das Olivenöl sollte deutlich zu schmecken sein.

Für die weiteren Variationen ein herkömmliches Kartoffelpüree vorbereiten, das mit Butter, Milch und etwas Salz angemacht ist.

3. *Himmel und Erde.* Zerdrückte Kartoffeln im Verhältnis von etwa 1:1 mit Apfelkompott mischen.

4. *Mit Speckjus.* Dazu in einer beschichteten Pfanne Speckwürfel von eher fettem Speck in etwas Olivenöl anbraten. Das Kartoffelpüree mit Speckwürfeln und Speckjus verrühren.

Kartoffelpüree in Variationen (links), Huhn mit Huhn (rechts; Seite 250).

Huhn mit Huhn

5. ***Mit fein gewürfeltem Wurzelgemüse.*** Das Kartoffelpüree mit sehr feinen rohen Würfeln von Karotte, Sellerie und Petersilienwurzel verrühren.

6. ***Angesäuert.*** Das Kartoffelpüree mit einem Auslese-Essig (von Gegenbauer) ansäuern. Die Säuerung sollte so dezent ausfallen, dass man nachdenken muss, womit das Püree denn behandelt wurde.

7. ***Mit Käse gratiniert.*** Das Püree mit fein geriebenem Parmesankäse bestreuen und unter dem Grill nicht zu stark kolorieren.

8. ***Tomatisiert.*** Das Püree mit einem Püree von getrockneten Tomaten anreichern. Es sollte so dezent eingesetzt werden, dass man wieder – wie oben beim Essig – ein wenig rätseln muss, um was es sich handelt.

ANMERKUNGEN

Diese Variationen lassen sich natürlich in alle möglichen Richtungen verändern. Die ganz hohe Schule wäre es, wenn man statt der Aromatisierungen nur verschiedene Kartoffelsorten einsetzt und diese dann einer Liste zuordnet.

Dieses Rezept ist ziemlich extrem – allerdings nicht im Geschmack, sondern eher in der Konzeption. Es ist gleichzeitig puristisch, wie es puristischer kaum sein könnte, und ziemlich aufwendig in der Herstellung. Es schont einerseits die Ressourcen, weil es das Produkt intensiv nutzt, schont aber umgekehrt unser Zeitbudget in keiner Weise. Man muss es – um das gleich vorweg zu sagen – an zwei Tagen kochen. Der Ansatz ist denkbar einfach. Es geht darum, ein handelsübliches Huhn von guter Qualität möglichst komplett zu nutzen und bis auf minimale, ebenfalls einfache Zutaten, nichts dazuzugeben. Es soll sich selbst tragen und so viele unterschiedliche Aromen entwickeln, dass es an nichts fehlt. Ich erinnere mich, dass ich dieses Rezept schon vor vielen Jahren einmal realisieren wollte, es aber immer wieder aufgeschoben habe. Dann überlegte ich, es mit Mitteln der Molekularküche anzugehen, weil man da sehr schnell eine Menge von spektakulären Variationen erzielen kann. Schließlich bin ich am anderen Ende angekommen, also da, wo man – passend zum »Monasterio«-Konzept – eben nicht mit viel Technik, sondern in einem sehr natürlichen Rahmen arbeitet. Als ich das Gericht dann vor mir hatte, war ich nicht nur optisch überzeugt, sondern vor allem auch geschmacklich. Wieder geht es hier um eine Sensibilisierung in kleinen Schritten, um das Erschmecken von Unterschieden, um das Differenzieren und nicht um möglichst spektakuläre kulinarische Show-Effekte. Hier das Rezept (für 2 Personen), das – wie gesagt – am Vortag beginnt:

STUFE I: ZERLEGEN DES HUHNS UND VORBEREITUNG

1 »Label Rouge«-Huhn (französisches Qualitätslabel für kontrollierte Aufzucht, alternativ eine ähnliche Qualität aus dem Bio-Bereich) von ca. 1½ kg

✳✳ Folgende Teile auslösen: die beiden Brustfilets, die Haut von einem der Brustfilets, die Keulen, die Haut der beiden Keulen, die Flügel, die Fleischstückchen neben dem Rücken im hinteren Teil, Sot-l'y-laisse oder Pfaffenschnittchen genannt. Die restliche Karkasse mit einer Geflügelschere, einem großen Messer oder einem Küchenbeil in kleinere Teile zerhacken, um beim Schmoren möglichst viel natürliche Bindung zu erhalten. ✳✳

STUFE II: SCHMOREN DER KARKASSEN UND GEWINNUNG DES NATURGELEES

2 EL Olivenöl, 10 g Schalottenwürfel, je 15 g Würfel von Karotte und Staudensellerie

✳✳ In einem ovalen Schmortopf bei mittlerer Hitze das Öl erhitzen. Die Karkassen (siehe oben) dazugeben und nicht zu stark anrösten. Gemüse dazugeben und kurz anschwitzen, dann Wasser angießen, bis die Karkassen zu zwei Dritteln bedeckt sind. Den Deckel auflegen und mindestens 2 Stunden leicht köchelnd schmoren. Zwischendurch einmal wenden und nach einer Stunde den Deckel leicht öffnen. Über Nacht mit geschlossenem Deckel stehen lassen. Am nächsten Tag befindet sich in dem Schmortopf ein natürliches Hühnergelee. ✳✳

STUFE III: DIE WEITEREN ZUBEREITUNGEN

Geschmortes Keulenfleisch:
✳✳ Die Keulen entlang der Faser an einigen Stellen einschneiden. Aus dem Schmortopf einige kleine Stückchen von der Karkasse mit etwas anhängendem Fleisch für die Aromatisierung des Sot-l'y-laisse und etwa 50 ml des Naturgelees entnehmen. Dann den Inhalt des Schmortopfs erhitzen. Die Keulen dazugeben und unter mehrmaligem Wenden und eventuell unter Nachgeben einer kleinen Menge Wasser etwa 45 Minuten schmoren lassen. ✳✳

Glasiertes Sot-l'y-laisse: 10 g ungesalzene Butter, einige kleine Stückchen von der Karkasse (siehe oben)
✳✳ In einer beschichteten Pfanne die Butter schmelzen und die Karkassen-Stückchen darin kräftig anrösten. Dann das Sot-l'y-laisse dazugeben und rundum kolorieren. Immer wieder mit dem Röstfond glasieren. ✳✳

Getrocknete Haut:
✳✳ Die Haut von der einen Brust und von den Keulen auf einem Küchenrost auslegen und bei 95 Grad Unter- und Oberhitze im Ofen trocknen lassen. ✳✳

Pulver von getrockneter Haut:
✳✳ Ein oder zwei der getrockneten Hautstückchen mit einem Mörser zu Pulver zerstoßen. ✳✳

Karamellisierte Flügel: 10 g ungesalzene Butter, 1 TL Zucker
✳✳ In einer kleinen beschichteten Pfanne die Butter aufschäumen lassen. Die Flügel einlegen und kräftig anbraten. Dann Zucker dazugeben und schmelzen lassen. Mit dem Sud mehrfach überglänzen, dann die Flüssigkeit reduzieren und die Flügel karamellisieren. ✳✳

Brustfilet ohne Haut: 1 EL Olivenöl, 1 Brustfilet
✳✳ Das Brustfilet ohne Hast im Öl leicht kolorieren, dabei mehrmals wenden und bei niedriger Hitze eher ziehen lassen als braten. ✳✳

Brustfilet mit Haut: 1 EL Olivenöl, 1 Brustfilet mit Haut
✳✳ Das Brustfilet auf der Hautseite bei mittlerer Hitze anbraten. Wenden und bei niedriger Hitze eher ziehen lassen als braten. Zur Fertigstellung die Hitze erhöhen und noch einmal auf der Hautseite braten. ✳✳

Anrichten: Schmorfond
✳✳ Den Schmorfond passieren und (ohne ihn zu entfetten) in kleinen Gläsern servieren. Die anderen Elemente wie auf dem Bild anrichten. Als Saucen kommen zu den fertiggestellten Elementen etwas Jus von der Garung der Keulen und der Brust. ✳✳

ANMERKUNGEN

Für dieses Gericht braucht man ein Huhn, das nicht zu überzüchtet ist und von der Brust bis zur Keule ein ausgewogenes Verhältnis von Fleisch zu Fett hat. Es ist wichtig, dass alle Teile ein ausgewogenes Aroma entwickeln, also nicht etwa die Keulen winzig und die Brustfilets übermäßig entwickelt sind. Wenn diese Grundlage gegeben ist, reagiert das Fleisch auch entsprechend trennscharf auf die unterschiedlichen Garungen, sodass sich ein erstaunlich breites Spektrum von Aromen und Texturen ergibt, bei denen man nie das Gefühl hat, dass etwas fehlt. Im Gegenteil: Die Differenzierung der Teile ist gerade geschmacklich absolut überzeugend. Auch die Jus wird nicht entfettet, um wirklich das pure Aroma zu haben. Von diesem Gericht wäre auch eine Luxusversion möglich, die in meinen Augen allerdings nicht dadurch entstünde, dass man unbedingt ein Bresse-Huhn einsetzt. Die Luxusversion wäre für mich ein Huhn mit allen Innereien. Aber – vielleicht wäre das dann für das »Monasterio«-Konzept schon wieder zu üppig. Aus diesem Gericht lassen sich weitere Schlüsse ziehen. Die Aromenverstärkung durch Garen »im eigenen Saft« ist eine hochinteressante Technik, die vor allem den Vorteil hat, komplett natürlich zu sein. Auch hier gibt es weder Salz noch Pfeffer noch Fonds, die den Hintergrund aromatisch verdichten. In ganz ähnlicher Weise kann man von allen möglichen Produkten (inklusive Gemüse) erst einen Sud o. ä. ziehen, und dann die Garung darin vornehmen. Der Effekt ist verblüffend, weil sich eine glasklare Verstärkung der Intensität ergibt. Diese Technik ist eine Art purifizierte Variante von Techniken der klassisch-französischen Haute Cuisine, wo zum Beispiel viele Gemüse in einem Fond gegart werden.

Essbare Bilder

Die Parallelisierung von Köchen und Malern fand ich immer merkwürdig. Dass etwas »wie gemalt« aussieht, hielt ich als ehemaliger Kunststudent und Maler immer schon für ziemlich seltsam – wenn auch im Grunde für entwicklungsfähig. Das lag vor allem daran, dass lange Zeit das Bild vom Essen mit der modernen Kunst quasi überhaupt nichts zu tun hatte, sondern – wenn überhaupt – eher an niederländische Stillleben aus dem 17. Jahrhundert erinnerte. Viele Kochbücher der Vor-Nouvelle-Cuisine-Zeit sind voll von solchen Abbildungen, und selbst Bücher über französische Regionalküchen aus dieser Zeit glänzen oft mit üppigen Assemblagen aller Produkte, die eine Region hergibt. Wer einmal ein Buch aus etwas neuerer Zeit dazu ansehen möchte, wird vielleicht bei Roland Pierroz vom »Vertiges« in Verbier aus dem Jahre 2002 fündig werden. Üppiger geht es nicht mehr. In den letzten Jahren sah dies völlig anders aus. Vor allem die Forschungen der spanischen Avantgarde rund um Ferran Adrià brachten Bilder vom Essen, die die Welt so noch nicht gesehen hatte – allerdings mit dem kleinen und nicht unwichtigen Nebeneffekt, dass viele Gourmets und Köche diese oft abstrakt wirkenden Konstruktionen nicht für Essen hielten. In gewisser Weise haben sie da auch durchaus recht, weil es Adrià in vielen seiner experimentellen Arbeiten nur um das Experiment ging. Man konnte bestimmte Dinge in eine solche Form bringen, und er war der Erste, der das machte, und zwar ohne den Anspruch, damit ein besonders tolles Objekt erfunden zu haben, und schon gar nicht mit dem Anspruch, damit besonders hervorragendes Essen zubereitet zu haben. In der Folge von Adrià und anderen entwickelte sich aber geradezu explosionsartig ein neues Bild vom Essen, das mit der traditionellen Präsentationsform wenig zu tun hatte. Wie fast immer bei neuen Tendenzen schießen einige Köche gerne über das Ziel hinaus und präsentieren Dinge, die spektakulär aussehen, aber kulinarisch wenig Sinn machen – unter anderem deshalb, weil die sensorische Struktur der Gerichte nicht durchdacht und damit nicht gut ist. Im Kapitel über den Aufbau von Gerichten (siehe Seite 232ff.) habe ich den Zusammenhang erläutert.

Aber auch mich interessiert die Optik von Gerichten heute sehr viel mehr als zu Zeiten, in denen ich nur gemalt und mich noch nicht so intensiv mit der Kochkunst auseinandergesetzt habe, und ich bin mittlerweile der Meinung, dass die Kochkunst dabei ist, eine ganz eigene Ästhetik zu entwickeln, die weder etwas mit der bildenden Kunst noch mit grafischen Moden zu tun hat. Die Desserts von Christian Hümbs gehören zum Beispiel dazu, aber auch Arbeiten von Sergio Herman oder Christian Bau, von Thomas Bühner, Nils Henkel, Joachim Wissler und vielen anderen Köchen aus der ersten Garde der Kreativen. Meinen drei Beispielen habe ich den Titel »Essbare Bilder« gegeben, weil sie einerseits bildnerische Oberflächen aufnehmen, wie man sie von verschiedenen Kunstrichtungen her kennt, andererseits aber das »Essbare« eine sehr deutliche Rolle spielt. Es sind gewissermaßen Bilder mit »Tiefgang«. Die Oberfläche ist so angelegt, dass sie eine gewisse bildnerische Wirkung hat. Wenn man dann isst, stößt man auf das, was darunter ist und was der optischen Oberfläche (die natürlich auch ihren speziellen Geschmack hat) einen stets variierenden geschmacklichen Hintergrund gibt. Auch hinter diesem Konzept stecken moderne sensorische Prinzipien, aber ebenso psychologische. Die Esser wissen nicht, was kommt und werden bald feststellen, dass eine ganze Reihe von aromatischen Überraschungen auf sie wartet. Und weil es sich um gut essbare Dinge handeln soll, ist der Geschmack der Oberfläche auf das abgestimmt, was in der Tiefe »unsichtbar« versteckt ist.

Schmorbraten

Der Schmorbraten ist unter den »Essbaren Bildern« sozusagen das abstrakte Bild, das an verschiedene Aspekte des Informel (der informellen Kunst) erinnert. Er basiert auf dem geschmorten Tafelspitz des US-Beef von Seite 107ff. Es hat mich stets fasziniert, welche Strukturen sich an der Oberfläche von geschmortem Fleisch beim Anschneiden zeigen, und es war für mich immer schon eine zusätzliche ästhetische Dimension, die vor allem genuin kulinarisch war, also nicht etwas, wo jemand »mit dem Essen herumgespielt« und es als Ersatz für die üblichen Malmaterialien benutzt hat. In einem Text für die »Kunstzeitung« habe ich vor einiger Zeit dieses »Malen mit Ketchup« auf den Tellern schon einmal deutlich kritisiert. Weil wir aber hier beim Kochen sind, halte ich es nicht für ausreichend, einfach nur den Braten aufzuschneiden und ihn anschließend zum Bild zu erklären. Deshalb gibt es hier einen adäquaten kulinarischen Tiefgang (siehe Einleitung). Hier das Rezept:

Schmorbraten
∗∗ Wie auf Seite 107ff. beschrieben. Es ist ohne Weiteres denkbar, Reste vom Schmorbraten für die essbaren Bilder zu benutzen. ∗∗

Aromatische Elemente
∗∗ Zitrusstückchen, Kapernbeeren (kleine, »Nonpareilles« genannt), Rosinen, halbierte kandierte Kirschen, konfierte Schalottenstückchen (größere Schalottenwürfel in Olivenöl anbraten und konfieren, bis sie weich sind), kleine angeröstete Speckwürfel, kleine Croûtons ∗∗

Anrichten
∗∗ Kartoffelpüree wie auf Seite 248 beschrieben zubereiten und auf vorgewärmten Tellern (am besten mit einer rechteckigen Anrichteform oder in einer rechteckigen Vertiefung) etwa 1 cm hoch ausstreichen und mit einer Palette egalisieren. Alle aromatischen Elemente in einer ausgewogenen Mischung, jedes für sich, aber in einigermaßen gleichmäßigen Abständen hineindrücken und danach die Oberfläche noch einmal glätten. Gezupftes Schmorfleisch auflegen und ebenfalls leicht flach andrücken. Unter dem Grill kurz erwärmen. Auf dem Teller mit etwas Jus vom Schmoren überglänzen. ∗∗

ANMERKUNGEN

Es handelt sich bei den aromatischen Elementen um Aromen, die ohne Weiteres auch variiert werden können. Es empfiehlt sich aber, den Überraschungseffekt nicht ganz aus dem Auge zu verlieren. Die Suche nach der Identifizierung der Aromen ist schon ein ganz besonderes Spiel. Der Effekt ist dann am größten, wenn man zunächst ein paar kleine Schwierigkeiten mit der Identifizierung hat und natürlich in den Fällen, wo es sich um besonders ungewöhnliche Aromen handelt. Diese Fassung bleibt vergleichsweise homogen im Bereich von Aromen, die in verschiedenen Zubereitungen mit Schmorfleisch eine Rolle spielen. Weitere Varianten könnten ins sehr luxuriöse klassische Fach gehen, also zum Beispiel unter Verwendung von Foie gras und Trüffel. Es könnte aber auch ins asiatische Teriyaki-Gebiet gehen oder in den Bereich von Innereien.

Kräuterkissen

Dieses essbare Bild ist vielleicht aus künstlerischer Sicht nicht ganz so künstlerisch-abstrakt wie der Schmorbraten, dafür aber kulinarisch besonders interessant. Der Grund liegt in den enormen Möglichkeiten, die man mit einer Kräuterauflage hat, speziell wenn man eher seltene, aromenstarke Kräuter wählt. Es empfiehlt sich, bei einem Gericht, bei dem es auf einen Akkord von einem oder zwei Kräutern mit unbekannten Aromen ankommt, Kräuter zu verwenden, die genügend Charakter haben. Löwenzahn zum Beispiel ist mangels Prägnanz in diesem Zusammenhang eher kontraproduktiv, Rucola aber sehr gut. Auch wenn es bei der Konzeption dieses essbaren Bildes wesentlich um das Bild ging, ist es ein willkommener Nebeneffekt, dass man auf diese Weise Kräuter ganz besonders gut inszenieren kann. Bei den versteckten Aromen geht es allerdings etwas anders zu als beim Schmorbraten. Beim Kräuterkissen geht es um Akkorde, nicht um Hauptprodukt und Begleitung wie beim Fleisch. Man muss also – auch texturell – eher etwas zurückhaltend vorgehen. Hier das Rezept:

Kräuter
✳✳ Eine Sammlung sehr aromatischer Kräuter, die sich optisch möglichst klar voneinander unterscheiden. In diesem Fall waren es: Salbei, Blattpetersilie, Kerbel, Weinraute, Majoran, Pimpernelle, Schafgarbe, Minze, Thymian, Koriander und Fenchel. ✳✳

Aromatische Elemente
✳✳ Kleine Stückchen, maximal 1 cm Höhe, von eingemachtem Kürbis, Melone, geräucherter Entenbrust, Tomaten-Kerngehäusen, kleinen, knackigen Salatherzstückchen, Würfel von saurem Apfel, Birnenwürfel ✳✳

Anrichten
✳✳ Kartoffelpüree, wie auf Seite 248 beschrieben zubereiten und auf vorgewärmten Tellern (am besten mit rechteckiger Anrichteform oder in einer rechteckigen Vertiefung) etwa 1 cm hoch ausstreichen und mit einer Palette egalisieren. Die Elemente in einer ausgewogenen Mischung, jedes für sich, aber in gleichmäßigen Abständen hineindrücken und danach die Oberfläche noch einmal glätten. Die Kräuter getrennt voneinander so auflegen, dass sich eine möglichst dichte Schicht ergibt, die Kräuter sich aber trotzdem nicht überlappen. Um eine gute Deckung zu erreichen, sollten sie daher nach Möglichkeit wenig Stängel haben. ✳✳

ANMERKUNGEN

Wie beim Schmorbraten im vorhergehenden Abschnitt können die Elemente ohne Weiteres variieren, sowohl die Kräuter als auch die verdeckten Aromen. Es ist auch denkbar, das vergleichsweise neutrale Kartoffelpüree durch ein anderes Püree zu ersetzen, und zwar sowohl aus dem Bereich der Gemüse (etwa ein leicht mit Kartoffelpüree gestrecktes Püree von Wurzelgemüsen wie Sellerie, Petersilienwurzel, Pastinake) wie aus dem Bereich der Früchte. Bei Letzterem empfiehlt sich dann allerdings, das Fruchtpüree etwas abtropfen zu lassen, um ein wenig mehr Festigkeit zu bekommen, oder es ebenfalls mit Kartoffelpüree zu strecken.

*Essbare Bilder: Schmorbraten (oben links; Seite 254), Kugeln und Kugeliges (oben rechts; Seite 258).
Rechte Seite: Kräuterkissen (Seite 255).*

Kugeln und Kugeliges

Das dritte essbare Bild ist ein Mix aus herzhafter und süßer Küche. Ich fand es naheliegend, die schönen bunten Kugeln in einem Bild zusammenzufassen, und orientierte mich am Aufbau der ersten beiden essbaren Bilder. Aber die Kugeln in ein Kartoffelpüree zu drücken, erschien mir dann doch wenig effektiv. Außerdem wollte ich die Verbindung von sichtbarer Oberfläche und aromatischem Hintergrund noch etwas verstärken. Die Lösung waren sehr aromatische Saucen, die jeweils unter einer Kugel liegen und ihr eine ziemlich deutliche Aromatisierung geben. Der Einfachheit halber habe ich hier drei handelsfertige Saucen genommen. Das muss natürlich nicht sein. Es könnte auch unter jeder Kugel eine andere Sauce liegen. Hier das Rezept:

Kugeln und Kugeliges
✲✲ Halbierte Mini-Tomaten, Physalis, abgewaschene Amarena-Kirschen (um den Sirup-Anteil zu reduzieren), eingemachte Süßkirschen, um ein Drittel eingekürzte Zwergorangen, mit einem Parisienne-Ausstecher ausgelöste Melonenkugeln, mit einem Parisienne-Ausstecher ausgelöste Birnenkugeln ✲✲

Aromatische Saucen
✲✲ Ein handelsübliches Pesto, ein Basilikum-Tomaten-Relish (hier ein Produkt von Kattus), eine Mango-Curry-Sauce (Grashoff) ✲✲

ANMERKUNGEN

Im Sommer bieten sich eine ganze Reihe von Früchten für diese Verarbeitung an. Man kann dann sogar recht spezielle Fassungen produzieren, zum Beispiel mit seltenen oder alten Früchten, die man mit herzhaften Saucen verbindet. Im Winter könnte man ausgestochene Wurzelgemüse wählen und diese vielleicht in der Begleitung ausschließlich in den herzhaften Bereich verlegen. Selbst eine Molekularküchen-Fassung ist denkbar, bei der mit »künstlichen« Texturen gearbeitet wird, also die Produkte mithilfe von verschiedenen Verfahren in eine Form gebracht werden, die sie von Natur aus nicht haben (etwa hauchdünne Zuckerplättchen mit Selleriearoma). Man kann hier einen nahezu unbegrenzten Aufwand treiben. Meine Fassung mit den Fertigsaucen ist dagegen eher einfach, aber recht effektiv. Trotzdem lohnt es sich, mit dem Gedanken zu spielen, möglichst viele verschiedene Saucen einzusetzen, also zum Beispiel auch ein Püree von getrockneten Tomaten, schwarze und grüne Tapenade oder eine mit Zitrone oder Essig angesäuerte Avocadocreme.

Noch eine Schlussbemerkung zu den »Essbaren Bildern«: Diese drei Rezepte sind vereinfachte Beispiele und als ein experimentelles Spiel zur Sensibilisierung für die Idee zu verstehen. Sie sind daher kulinarisch mit Absicht ohne Probleme realisierbar und effektiv gehalten.

Degustationsreihen

In meinen Texten in der »FAZ Geschmackssache« habe ich immer wieder darauf hingewiesen, dass es nicht nur die oft genannten emotionalen Verbindungen zu einem Essen gibt, sondern auch so etwas wie einen »Zustand der reinen Degustation«. Sie kennen das vielleicht von Weinproben oder ähnlichen Situationen, wo es vor allem darum geht, bestimmte Dinge zu probieren und zu vergleichen, vielleicht den einfacheren (und billigeren) Wein von einem teureren zu unterscheiden oder Ziegenkäse von Schafskäse und dort vielleicht auch noch unterschiedliche Reifestufen. Man kommt bei solchen Gelegenheiten schnell in ganz andere gedankliche Gefilde, als man das bei einem »normalen« Essen tut. Und in vielen Fällen spielen Vorerfahrungen eine deutlich geringere Rolle als sonst, weil der situative Kontext einen gewissen Druck ausübt. Wer zum Beispiel sein Leben lang abgewinkt hat, wenn es um Austern ging, wird im fröhlichen Freundeskreis in der Bretagne anlässlich eines Besuchs in einer Austernfarm vielleicht ganz anders denken und handeln. Dieser degustative Zustand, bei dem es vor allem darum geht, konzentriert zu schmecken und dem Geschmack nachzugehen, ist ein wunderbarer Zustand, der uns ganz neue Welten mit einem ganz neuen kulinarischen Bewusstsein öffnen kann. Ich wundere mich immer wieder darüber, dass solche Degustationen zwar beim Wein oder bei einzelnen Produkten völlig normal sind, beim Essen aber so gut wie nie stattfinden.

Seit Jahren notiere ich mir immer wieder neue Ideen, wie man solche degustativen Gerichte gestalten könnte – und das jenseits der üblichen Variationen, bei denen zwar meist von einem Produkt verschiedene Zubereitungen auf einem Teller liegen, ein intensiverer Zusammenhang aber nicht existiert und meist auch nicht geplant ist. In diesem Kapitel möchte ich zwei von meinen Degustationsreihen vorstellen. Diese Reihen haben alle das gleiche Prinzip: Sie gehen von A nach B, und das in verschiedenen, genau durchdachten Zwischenstufen. Man fängt an einem Ende an und durchschreitet verschiedene geschmackliche Stufen, die jeweils auf der vorhergehenden Stufe aufbauen.

Ich finde es faszinierend (und im Grunde immer faszinierender, je länger ich mich damit befasse), welche Möglichkeiten zur Wahrnehmung der Mensch hat. In solchen Degustationsreihen kann man meiner Meinung nach nicht nur beobachten, was sich von Schritt zu Schritt an Veränderungen ergibt, sondern auch sich selbst dabei beobachten, verfolgen, wie man auf diese Veränderungen reagiert, wie sich Aromen zusammenbauen, wie die Informationen dichter werden und sich in verschiedene Richtungen auflösen. Die Rezepte dazu erfordern allerdings schon einigen Aufwand, auch wenn ich versucht habe, diesen so gering wie möglich zu halten. Ich nutze manchmal auch Techniken oder Zubereitungen, die aus der Avantgarde stammen und vielen Leuten einfach noch nicht vertraut sein dürften und deshalb schwieriger wirken, als sie tatsächlich sind. Das Herstellen von Milchhaut zum Beispiel ist vielleicht ein kleines Geduldspiel, kann aber durchaus nebenbei gemacht werden, während man irgendetwas anderes zubereitet. Ganz allgemein bin ich sicher, dass es in absehbarer Zeit Restaurants geben wird, die neben ihrem saisonal-klassischen Menü auch ein Degustationsmenü anbieten werden, das diesen Namen wirklich verdient. »Degustation« muss schließlich nicht immer nur bedeuten, dass man möglichst viele Gerichte eines Kochs probiert, sondern kann sich auch einmal stärker am Gast orientieren und damit daran, ihm wirklich ungewöhnliche Geschmackserlebnisse zu bescheren und ihm vielleicht Genusswelten zu eröffnen, an die er bisher noch nicht einmal gedacht hat.

Milch zu Käse

Die Entwicklung von Milch zu Käse in einer Degustationsreihe zu thematisieren, scheint naheliegend. Aber es geht hier nicht um die Darstellung eines naturwissenschaftlichen Prozesses, sondern um ein komplexes Spiel mit unseren Wahrnehmungen vor dem Hintergrund unseres Wissens über Milch und Käse. Es geht um Süße und Säure, um weichere und festere Texturen, um frische und gereifte Aromen. Und das in einer Reihung, bei der man in wenig kompakten und aromatisch eher milden Bereichen beginnt und im Verlauf der Degustation langsam »konkreter«, also aromatisch und texturell prägnanter wird. Eine solche Reihe sollte man langsam essen und alle Differenzierungen auf sich wirken lassen. Hier das Rezept:

ELEMENTE

- ***Rohmilch/Vollmilch,*** mit Xanthan ganz leicht gebunden

- ***Milchschaum*** aus einer handelsüblichen Sprühdose (Sahne geht auch, sollte dann aber zur besseren Dosierung in eine Spritztüte gefüllt werden)

- ***Milchhaut*** (dazu wird Rohmilch langsam erhitzt und die entstehende Haut mehrmals vorsichtig abgeschöpft), sie wird hier zu etwas mehr Masse zusammengeschoben aber nicht angetrocknet.

- ***Milchpulver,*** handelsüblich

- ***Milch-Gelee,*** mit Agar-Agar gebunden und in Würfel geschnitten

- ***Milch-Malto-Creme,*** dazu Milch mit einer größeren Menge Maltodextrose verrühren, bis sie einen Hauch von gelblich-bräunlicher Farbe bekommt und süßlich schmeckt

- ***Buttermilch-Gel:*** Dazu die Buttermilch mit mehreren kleinen Gaben Xanthan mit dem Mixer so weit verdicken, dass sie eine deutlich dickflüssigere Konsistenz annimmt.

- ***Frischkäse-Bruch*** von nicht zu salzigem Ziegen- oder Schafsfrischkäse (Feta, aber auch zum Beispiel ein frischer Picodon)

- ***Parmesanflocken*** von einem mindestens 24 Monate gereiften Käse, mit einer Microplane-Reibe gewonnen

- ***Parmesanspäne,*** mit Messer oder Trüffelhobel gewonnen

- ***Fester Ziegenkäse,*** zum Beispiel ein schon fester, aber aromatisch noch nicht zu kräftig gereifter Selles-sur-Cher

Anrichten:

✳✳ Die Elemente in der Reihenfolge verwenden, wie sie oben aufgelistet sind. Dabei wird den einzelnen Elementen jeweils eine gewisse »Strecke« zugeordnet, damit sie ineinander übergehen und die Entwicklung fließend wird. Die weicheren Elemente bekommen dabei die größte Strecke, die festen erscheinen nur ganz am Schluss. Man isst von links nach rechts bzw. von unten nach oben. ✳✳

ANMERKUNGEN

Die Elemente entwickeln sich langsam – vorausgesetzt, man isst auch langsam und verfolgt den Weg von der Milch zum gereiften Käse in den verschiedenen Stufen. Die Rohmilch/Vollmilch ist ein wenig gebunden, damit sie nicht vom Teller läuft. Hier könnte man zum Beispiel auch ein kleines Glas Milch einsetzen, das man zuallererst trinkt. Dann hätte man allerdings nicht die ineinander verwobenen Übergänge zu den nächsten Stufen. Die ersten Elemente sind im Prinzip nur in der Textur verändert und bleiben aromatisch erst einmal »normal«. Mit der Milch-Malto-Creme wird der süßliche Aspekt der Milch verstärkt, mit dem darauf folgenden Buttermilch-Gel der säuerliche.

Auf dem Weg zum Käse gibt es danach unterschiedliche Verdickungen (»Konkretisierungen«), bevor am Ende der feste, aber aromatisch noch nicht besonders extreme Ziegenkäse steht. Mögliche Variationen ganz besonders subtiler Art könnten innerhalb einer Milchsorte bleiben, also alle Stufen zum Beispiel mit Ziegenmilch realisieren. Dabei hätte man allerdings schnell ein Problem, zum Beispiel bei der Herstellung eines Milchschaums von Ziegenmilch, den man – mangels handelsüblicher Produkte (soweit ich weiß) – dann von aufgeschäumter (und gegebenenfalls etwas reduzierter) Ziegenmilch mithilfe einer Lecithin-Stabilisierung gewinnen müsste. Auch der Weg von Milch zu einem Blauschimmelkäse wäre interessant, weil man dabei die Entwicklung des Schimmel-Aspektes beschreiben könnte.

Seite 262: Degustationsreihe: Milch zu Käse (Seite 260).
Seite 263: Degustationsreihe: Grün zu Gemüse (Seite 264).

Grün zu Gemüse

Dass Gemüse geschmacklich ein enormes Panorama entwickeln kann, wird mittlerweile vielen Köchen klar. Für meine Begriffe bleiben die Gerichte und vor allem die Wahrnehmung von Gemüse aber oft noch ziemlich an der Oberfläche. Wie vielfältig man mit ihnen arbeiten kann, habe ich zum Beispiel in den Kapiteln »Gemüse« (Seite 25ff.) und »Nova Regio« (Seite 221ff.) darzustellen versucht. Hier nun geht es noch ein Stück weiter in die Tiefe, ein Stück in eine Richtung, wo man die Unterschiede zwischen einzelnen Zuständen von Gemüse schmeckt, die sich ergeben, wenn man es unterschiedlich behandelt oder ihnen unterschiedliche Temperaturen und Texturen gibt. Der grammatikalisch sicher problematische Titel »Grün zu Gemüse« weist auf ein häufig vorkommendes Phänomen hin. Viele Leute (und manchmal auch ich, obwohl ich Spezialist bin) beschreiben den Geschmack von Blättern oder Kräutern, für die sie keinen speziellen Begriff haben, ganz einfach als »grün«. Gemeint ist dabei wohl der Geschmack von Chlorophyll, dem Blattgrün, für den wir keine Bezeichnung haben. Andererseits kann man ihn sofort identifizieren, weil er so riecht wie grünes, nasses Gras oder frische Blätter am Baum nach einem Regen. Dieser »grüne« Geschmack ist auch in meiner Degustationsreihe im Prinzip die Basis. Dann geht es weiter wie bei der »Milch zu Käse«-Reihe, also mit langsamen Verdichtungen aromatischer und texturaller Art bis hin zum anderen Extrem, kräftig angerösteten Gemüsen, die im Grunde in ihrer Komplexität und auch Kräftigkeit einem Stück Fleisch gar nicht so unähnlich sind. Hier das Rezept, aufgebaut wie in der vorherigen Degustationsreihe, also mit den Elementen in der Reihenfolge des Anrichtens und trotz des Differenzierungsgrades von den Produkten her möglichst einfach gehalten:

ELEMENTE

- ***Schaum von Erbsen und Spargel:*** Der Schaum wird von dem Ansatz für das folgende Mousse von Erbsen und Spargel abgezweigt. Zutaten: 100 ml Sahne, 100 ml Gemüsefond, 2 EL Tiefkühlerbsen und 2 Stangen Grünspargel – Den Grünspargel im unteren Drittel schälen und die Stangen vierteln. In einem kleinen Topf Sahne und Gemüsefond aufkochen. Erbsen und Spargelstücke dazugeben und circa 5 Minuten garen. Die Zubereitung mit einem Mixstab pürieren und durch ein Sieb passieren. Etwa die Hälfte für das Mousse (siehe unten) bereithalten. Den Rest sorgfältig mit ½ TL Sojalecithin vermischen und bereithalten. Zum Servieren mit dem Mixer auf höchster Stufe an der Oberfläche Schaum aufschlagen.

- ***Mousse von Erbsen und Spargel:*** In die zweite Hälfte des Ansatzes für den Schaum (siehe oben) ½ TL Agar-Agar einrühren, einmal aufkochen und die Flüssigkeit in eine kleine, rechteckige Form geben. Etwa 30 Minuten kalt stellen. Zum Servieren in Würfel schneiden.

- ***Chlorophyll-Jus:*** Spinat und Blattpetersilie im Verhältnis 2:1 (z. B. 100 g Spinatblätter, 50 g Blattpetersilie inkl. Stängel) mit so viel Wasser vermischen, dass sich die Blätter gerade eben pürieren lassen. Durch ein normales Sieb passieren, verbleibende Masse gut ausdrücken. Jus und Chlorophyll-Püree im Kühlschrank bereithalten.

- ***Chlorophyll-Püree:*** Siehe oben

- ***Streifen von Romana-Salatherzen:*** Etwa 8–10 mm breite Streifen, quer von den Salatherzen geschnitten und ohne weitere Behandlung verwendet

- ***Erbsenpüree:*** 100 g Tiefkühlerbsen für 5 Minuten in heißes Wasser geben, dann das Wasser bis auf einen dünnen Bodensatz abgießen, 2–3 EL Sahne dazugeben, pürieren und durch ein normales Sieb passieren

- ***Halbierte und ganze Erbsen:*** Frisch oder tiefgekühlt, Tiefkühlerbsen nur kurz in heißem Wasser auftauen lassen

- ***Salatherzen,*** in unregelmäßige Stücke geschnitten (siehe Foto), in Butter leicht angeröstet und dabei mit etwas Curry bestreut

- ***Wirsing-Scheiben,*** mit einem 4-cm-Ausstecher aus den äußeren Blättern eines Wirsings ausgestochen und in kochendem Salzwasser einige Sekunden blanchiert, dann unter kaltem Wasser abgeschreckt

- ***Grünspargel, geröstet:*** Dazu einige kleine Stückchen Grünspargel in einer beschichteten Pfanne mit Butter langsam anbraten. Nach 5 Minuten die Hitze erhöhen und die Stücke deutlich kolorieren.

Anrichten

✲✲ Die Elemente in der Reihenfolge ihrer Erwähnung anrichten. Wie bei der vorherigen Degustationsreihe darauf achten, dass sich eine Überblendung von Aromen, Texturen und Temperaturen ergibt. Die ersten Elemente bleiben am längsten in der Reihe, also etwa von Beginn bis etwas über die Hälfte, die am stärksten behandelten (wie die gerösteten Salatherzen und der geröstete Spargel) kommen im Wesentlichen nur am »anderen Ende« vor. ✲✲

ANMERKUNGEN

Es gilt im Prinzip das Gleiche wie bei der Degustationsreihe »Milch zu Käse«, wobei hier insgesamt die Texturen und Temperaturen eine etwas größere Rolle spielen. Mögliche Variationen können gerade bei diesem Thema in ganz verschiedene Richtungen gehen, zum Beispiel »Gemüse roh zu gegart«, eine Idee, die man ausgesprochen differenziert und feinfühlig, aber auch mit recht kräftigen Akzenten realisieren kann – und das bevorzugt innerhalb einer einzelnen Gemüsesorte, also etwa Karotten, Sellerie, Spargel, Artischocken usw. Eine völlig andere Möglichkeit wäre die Reihung von Sommer- zu Wintergemüse oder – sehr »Nova Regio« – von der Wurzel bis zur Krone (was ein wenig in Richtung des Schweizer Kreativen Stefan Wiesner in Escholzmatt ginge).

Andere Formate

DAS NEUE HAUPTGERICHT?

Wenn man vergleicht, wie in bestimmten Ländern gegessen wird (zumindest dann, wenn es um ein angenehmes Essen in einem Restaurant geht), kommt man zu sehr aufschlussreichen Ergebnissen und vor allem erheblichen Unterschieden. In Frankreich zum Beispiel scheinen sich oft alle Klischees zu bestätigen: Selbst in ganz schlechten Restaurants in ganz schlechten Einkaufszentren scheint das Mindestmaß einer Bestellung ein dreigängiges Menü zu sein: eine Vorspeise, ein Hauptgericht und ein Dessert, zelebriert auch unter nicht besonders edlen Umständen und immer auch unter Einsatz von Wasser, Brot und Wein. In Italien gehört meist sogar noch ein Gang mehr zur »Grundversorgung«, also Antipasto, Primo Piatto, Secondo Piatto und Dolce – gerne auch zu Hause praktiziert, wann immer es der Anlass erlaubt. Und auch in Italien sind Restaurantbesuche und ihr Ablauf oft von dieser Folge geprägt. Deutschland hat da einen ganz schlechten Ruf. Etwas überspitzt formuliert kommt der deutsche Gast in ein Restaurant, will schnellstens bedient werden und bestellt ein einzelnes Hauptgericht. Er erwartet, dass das Essen sehr zügig serviert wird, und das in einer großen Portion und natürlich zu einem hervorragenden Preis-Leistungs-Verhältnis. Dass man gute Gerichte nicht in dieser Geschwindigkeit herstellen kann, interessiert ihn meist überhaupt nicht. Das mag ein wenig überspitzt klingen, ist uns aber schon häufig exakt so begegnet.

Während es in anderen Ländern eine gewisse Dramaturgie gibt, also quasi eine Art verzögerten Höhepunkt, geht es bei uns um schnell, viel und reibungslos den Erwartungen entsprechend. Überraschungen sind normalerweise nicht gewünscht. Und, ach ja, es muss vor allem »lecker« sein. Dies soll hier nicht weiter ausgebreitet werden, auch wenn man sich über manche Essgewohnheiten trefflich auslassen könnte und auch wenn ich über genügend Beispiele von mangelnder Sensibilität bis zu mangelnder Wertschätzung für die Produkte und die Arbeit der Gastronomie berichten könnte. Ich denke da anders oder besser gesagt: in alle Richtungen. Im nächsten Kapitel geht es um mögliche Menüformate, die vielleicht das ersetzen könnten, was wir heute oft erleben und was vielen Gästen Probleme macht. Hier geht es erst einmal darum, die Konzentration auf ein Hauptgericht zu überdenken. Wenn so viele Leute so gerne in dieser Form essen, muss sie zumindest irgendwo einen sinnvollen Kern haben – egal, ob es sich für die verfeinerte Lebensart à la française eignet oder nicht. Könnte man die beiden vielleicht verbinden? Also kulinarische Finesse und Genusserlebnisse mit der beliebten einzelnen großen Portion?

Ja, das könnte klappen, und zwar besonders dann, wenn man das »neue« Hauptgericht konsequent unter sensorischen Aspekten angeht. Wo im alten Hauptgericht vor allem Menge von vergleichsweise wenigen Elementen zu finden ist, könnte im neuen Hauptgericht eine sorgfältig durchdachte Vielfalt herrschen, die das Essen zu einer spannenden Reise durch ein ebenso spannendes Gelände macht. Auch das neue Hauptgericht wäre groß, um nicht zu sagen, sehr groß, und man bräuchte wirklich nur diesen einen Teller und sonst weder ein Gericht vorher noch nachher. Und es könnte etwas erreichen, was nur dann entsteht, wenn man viele sensorisch nach bestimmten Prinzipien geordnete Elemente auf einem Teller vereint. Für den Esser könnte das sehr spannend werden, für die Restaurants unter Umständen sehr schwierig, zum Beispiel weil die »Temperaturregie« eines solchen Mega-Hauptgerichts nicht ganz einfach ist. Aber das Spiel mit vielen Elementen ist schließlich in anderen Esskulturen durchaus nicht unbekannt. In Asien und Vorderasien gehört das gleichzeitige Servieren von größeren Mengen von Gerichten zum Alltag. Jeder kann sich – wie bei einem Büfett – bedienen, wie er will, und hat eine große Auswahl. Ob die einzelnen Dinge im Detail besonders gut zusammenpassen, spielt dabei allerdings keine so große Rolle, wie das bei modernen sensorischen Überlegungen der Fall ist. Alles, was ich in dieser Richtung in Restaurants bisher gegessen habe, wirkte – aufs Ganze gesehen – doch mehr oder weniger unstrukturiert.

Bei meinem Vorschlag zu einem neuen Typus von Hauptgericht geht es aber um etwas anderes: Alles, was auf dem Teller zu finden ist, soll in einer klar bestimmten Beziehung zueinander stehen, es sollen also auch die verschiedensten Kombinationen einen Sinn machen, der ohne die entsprechenden Vorüberlegungen kaum möglich wäre. Die Freiheit des Essers bleibt erhalten, er soll nach wie vor so essen, wie er will, von links nach rechts oder kreuz und quer. Aber er soll mehr und Besseres mitbekommen, als das bei den klassischen Hauptgerichten mit Hauptzutat, Sauce und Beilagen der Fall ist. Dafür gibt ein paar Grundregeln. Bei dieser Art von »neuem Hauptgericht« müssen alle Elemente zusammenpassen. Wenn man also mit mehreren Hauptprodukten arbeitet, sollte es gut schmecken, wenn man sie zusammen isst. Um die Überlegungen gleich mit einem konkreten und nicht zu schwierigen Beispiel zu füllen, nehmen wir also Huhn, Wachtel, Pute. Die nächste Frage wäre, was man mit ihnen machen kann, um ein klares Profil zu behalten und gleichzeitig nichts zu verdoppeln. Hühner- und Wachtelbrust sollten »straight« gegart werden, weil sie ein klares aromatisches Profil haben. Auch geschmortes Keulenfleisch sollte es von Huhn wie Wachtel geben (dort allerdings noch am Knochen). Die eher neutrale Putenbrust dagegen kann von vornherein in Richtung eines Ragouts aus Putenbruststreifen gedacht werden. Dieses Prinzip der Zuordnung von klaren Rollen ist sehr wichtig, und vieles spricht dafür, dass eine Rolle auch nur jeweils einmal besetzt wird. Für die Zuordnung weiterer Elemente spielen dann nicht nur die Überlegungen eine Rolle, ob zum Beispiel ein Putenbrustgeschnetzeltes mit Currysauce auch zu den anderen Hauptprodukten »passt« (was der Fall ist) oder ob der Linsensalat, den man mit der Wachtel gerne machen möchte, auch zu Pute und Huhn schmeckt (was der Fall ist). Es spielt auch eine Rolle, ob man zum Beispiel rohe und gegarte Elemente hat, ob Geröstetes oder Geräuchertes dabei ist, ob Warmes und Kaltes, Schmelzendes oder besonders Nachhaltiges, ungewürzte Texturen, eine kalte Vinaigrette oder stark gewürzte, warme Saucen auf dem Teller sind – von allerlei Mikroelementen der verschiedensten Arten einmal abgesehen. Der Clou bei solchen Kompositionen mit vielen verschiedenen, aber sorgfältig aufeinander abgestimmten Elementen ist, dass die Anzahl der möglichen Variablen beim Essen gigantisch wird. Ein solches Hauptgericht kann also zu einer sensorischen Wundertüte allererster Güte werden. Natürlich muss man für ein solches »neues Hauptgericht« einen ziemlich großen Teller haben, und zum Beispiel darauf achten, dass sich nicht alle Elemente auf dem Teller beim Essen in kürzester Zeit zu einer Art Ragout vermischen. Aber je länger ich ansonsten darüber nachdenke, desto mehr kann ich der Sache abgewinnen, zumindest für bestimmte Arten von Essen, die nicht sehr lange dauern, aber doch das Gefühl produzieren sollen, man hätte ein spannendes Essen bekommen und hätte auch in dieser Form etwas wirklich Genussvolles erlebt. Wie gesagt: Es liegt irgendwo zwischen der asiatisch-vorderasiatischen »Viele-Schälchen-Kultur« und dem großen deutschen Hauptgericht.

REGIO-TAPAS

So könnte das neue Hauptgericht aussehen, wenn man die guten alten Essgewohnheiten einmal in eine kulinarisch etwas interessantere Richtung denkt und lenkt. Es könnte aber auch alles ganz anders sein. Neulich saßen wir wieder einmal abends in einem Hotelrestaurant und wollten noch etwas essen. Der letzte berufliche Termin mit einigen nicht allzu schweren Degustationen war am Nachmittag gewesen, und so hatten wir noch etwas Hunger. Ich bestellte eine Selleriecremesuppe und danach ein Rehgericht mit zwei Scheiben Rehrücken, einem geschmorten Stück und ein paar Beilagen. Meine Frau wählte einen Rindertafelspitz. Dazu kamen Wasser und drei Gläser von einem offen angebotenen eher einfachen Wein, und das Ganze kostete schließlich fast hundert Euro. Es war wieder einmal einer dieser Punkte, wo wir anfingen, über die Formate von Essen und über die Preise zu diskutieren. Das Restaurant findet durchaus positive Erwähnung und entsprechende Punkte in Restaurantführern; die Bewertungen sind nicht besonders hoch, aber die Texte dazu lesen sich im Grunde positiv, freilich ohne genauere Details zu nennen. So schmeckte dann auch das Essen. Es war handwerklich nicht schlecht, es gab keine verunglückten Details, »man konnte es essen« – wie man das manchmal salopp sagt. Das bedeutet gleichzeitig aber auch, dass es ohne jede Besonderheit war, dass wir uns an keiner Stelle über besonders gut gelungene Dinge freuen durften. Und dafür haben wir dann fast hundert Euro bezahlt! Ich habe in einem Text in der FAZ schon einmal die rhetorische Frage gestellt, was eigentlich der Wert eines misslungenen Gerichtes ist. Der Wert des hier zitierten Essens war eigentlich nur, dass wir keinen Hunger mehr hatten. Reicht das? Oder ist hier etwas gründlich verdreht?

Nachdem ich immer wieder auch über einfachere Restaurants schreibe, geht es hier nicht darum, ob ein verwöhnter Kritiker, der nur in Spitzenrestaurants isst, mit Einfacherem nicht zufrieden sein kann. Nein, ich weiß das sehr wohl einzuschätzen und bin im Übrigen immer auf der Suche nach der Formel »einfach, aber überzeugend«. Ich glaube zum Beispiel, dass die 22 Euro allein für die Portion Reh wegen des Preises des Materials irgendwie ihre Berechtigung haben. Aber wie bewertet man es, wenn das Gericht dann langweilig und austauschbar schmeckt? Wäre es nicht viel interessanter, man würde statt eines nicht besonders anregenden Gerichts vielleicht vier kleine mit interessanten Zubereitungen bekommen? Die mittlerweile quasi standardisierten Hauptgerichte ähneln sich bei uns landauf landab beträchtlich, sie sind meist weder in der Qualität herausragend noch so spezifisch regional orientiert, dass sie irgendwie interessant sind. Es ist – und das nicht nur in der bürgerlichen Gastronomie – oft eine Art Standardessen, Mainstream, und das eben auch dort, wo man vorgibt, sich mehr Mühe zu geben.

Dazu kommt noch ein anderer Aspekt. Viele Gäste studieren die Speisekarte und haben durchaus Interesse daran, verschiedene Dinge zu probieren. Dieser Wunsch trifft oft auf ein Angebot, das außer Vorspeisen und Hauptgerichten keine Alternativen kennt. Viele Gäste essen nur ein Hauptgericht und haben – oft zu Recht – Bedenken, eine Vorspeise dazu zu nehmen, weil sie wissen, dass man bei den üblichen Portionsgrößen damit seine Schwierigkeiten bekommen kann. Kann man das nicht ändern? Der zweite Vorschlag neben dem neuen Hauptgericht wäre also, zu einer Art Essen überzugehen, bei dem der Tapas-Charakter stärker im Vordergrund steht, es also statt Vorspeisen und großer Hauptgerichte eher Menüs, zusammengesetzt aus speziellen, kleinen Gerichten gibt.

Ich habe im vergangenen Jahr in der »FAZ Geschmackssache« mit einem Projekt namens »FAZ Regio-Tapas« begonnen, das in der Folge der »FAZ Gourmetvisionen« steht. Es sind dies Menüs, die in enger Zusammenarbeit mit dem jeweiligen Koch konzipiert werden und immer eine ganz besondere Qualität haben. Nach der kreativen »FAZ Gourmetvision« und ihrem Ableger, der »Gourmetvision Regional« (zur Förderung der neuen Regionalküche auf dem Niveau von Spitzenrestaurants) geht es dieses Mal um die Regionalküche in der bürgerlichen Form, also um das, was in vielen guten Restaurants mit regionaler Küche in Deutschland angeboten wird. Die Menüs bestehen meist aus etwa sieben bis acht kleinen Gängen, weichen also in ihrer Struktur erheblich von den üblichen Essgewohnheiten ab. Um diese Menge einschätzen zu können, habe ich übrigens für die erste Folge (in der Bareiss-»Dorfstube« in Düsseldorf) mehrfach ausprobiert, wie man mit dieser Länge (und den Mengen) leben kann und welche Größe die einzelnen Gänge haben dürfen. Es war – durchaus ein wenig überraschend – kein Problem. Man sollte vielleicht noch erwähnen, dass ich für die Menüs grundsätzlich versuche, einen bestimmten Typus Koch zu gewinnen. Ich suche Köche, die im Prinzip zu den Spitzenköchen zählen, aber gleichzeitig mit der Regionalküche und mit der bürgerlichen Küche Erfahrungen haben. Das trifft vor allem auf Sterneköche zu, die in ihren Zweitrestaurants mit der bürgerlichen Küche und den entsprechenden Essgewohnheiten zu tun haben. Die Gäste bekommen also bei den »FAZ Regio-Tapas-Menüs« nicht nur einfach ein paar Gänge in kleinerer Portion, sondern regelmäßig auch Regionalküche in optimierter Form, um die Vielfalt der Küche einer Region in adäquater Form genießen zu können. Hier zwei Beispiele:

FAZ Regio-Tapas in der »Dorfstube« in Düsseldorf
Verantwortlicher Küchenchef war Sebastian Mülders. Das Restaurant ist ein Ableger der »Dorfstube« im Hotel Bareiss in Baiersbronn im Schwarzwald, in dem sich auch das Drei-Sterne-Restaurant von Claus-Peter Lumpp befindet. Die »Dorfstube« in Düsseldorf ist komplett mit altem Holz vertäfelt und mit vielen Schwarzwälder Antiquitäten dekoriert. Leiter des Restaurants ist Christian Bareiss, einer der Söhne von Hotelchef Hermann Bareiss.

Vorab: Brot, Schwarzwälder Schinken, Radieschen
1. Gang: Tatar vom Weiderind mit Wachtelspiegelei, Kartoffelrösti und hauseigenem Ketchup
2. Gang: Maultasche in einer geschmälzten Brühe mit Gartenkräutern
3. Gang: Schwarzwaldforelle auf Brunnenkresse-Kartoffelstampf mit Nussbutter
4. Gang: Badische Hechtklößchen mit Rieslingschaum, Tomatennudeln, Forellenkaviar und Mikro-Tomaten
5. Gang: Roulade vom Weiderind auf einem Gemüsebett mit Rotweinsauce
6. Gang: Gefüllte Kalbsbrust mit Pilzen und Cognac-Rahmsauce
7. Gang Kirschwasserbömble mit Schattenmorellen

Bei diesem ersten Menü der Folge (das übrigens 38 Euro kostete) handelte es sich weitgehend um kompakter gestaltete Gerichte aus dem Programm der »Dorfstube«, die in allen Details auf die Verwendung in einem solchen Tapas-Menü abgestimmt wurden. Das betraf nicht nur die Portionsgröße, sondern auch die immer leicht gehaltenen Beilagen. Das Ergebnis war für mich eine aromatisch traditionelle Küche, die mit viel Augenmaß optimiert und unter modernen sensorischen Gesichtspunkten realisiert wurde.

Das zweite Menü, das ich hier zitieren möchte, stammt von zwei Köchen, von denen der eine, Hubert Retzbach, einer der besten deutschen Spezialisten für Regionalküche ist.

FAZ Regio-Tapas »Jagstmühle« in Mulfingen

Die Köche waren Hubert Retzbach und Markus Reinauer. Hubert Retzbach hatte zu diesem Zeitpunkt sein Sternerestaurant in Bad Mergentheim verlassen und das Team von Markus Reinauer ergänzt. Die Qualität dieses Menüs erreichte – Regionalküche hin oder her – immer wieder ein Niveau, bei dem man sich fragen muss, warum solche Gerichte nicht genauso hoch bewertet werden wie viele Gerichte in den absoluten Spitzenrestaurants, die zwar vielleicht teure Luxusprodukte verwenden, aber von der Kochleistung her oft gar nicht so viel zu bieten haben. Die »Jagstmühle« liegt übrigens sehr schön mit Fluss und Teichen in einem kleinen Ort an der Jagst.

1. Gang: Gebackene Tomate mit Langenburger Ricotta, mariniertem Gartengemüse und Rucolapesto
2. Gang: Brust vom Mäusdorfer Landgockel mit Alblinsen
3. Gang: Auf Rebholz geräucherter Bachsaibling mit seinem Kaviar, Selleriepüree und Nussbutter
4. Gang: Spinatknödel auf Baumpilzen
5. Gang: Kalbskutteln in Rieslingsauce mit Waller
6. Gang: Geschmorte Rinderbäckchen mit Petersilienwurzel
7. Gang: Terrine von wilden Zwetschgen mit Pfefferkrauteis

Das Menü hatte eine sensationelle Qualität. Und das zum Preis von 42 Euro. Wer ab und zu in bekannteren Restaurants isst, wird wissen, dass man für einen solchen Preis dort kaum mehr als ein Hauptgericht erwarten darf – wenn überhaupt. Und selbstverständlich ist ein solches Menü ein echtes Erlebnis, weil man sich bei diesen Köchen darauf verlassen kann, dass auch die Gerichte hervorragend schmecken, die manche Gäste vielleicht nicht so ohne Weiteres bestellen würden (wie etwa die Kombination von Kutteln und Waller). Meine Kritik an dem eingangs erwähnten, völlig austauschbaren Essen für einhundert Euro wird vielleicht jetzt noch verständlicher. Aus kochtechnischer Sicht ist die Planung und Realisierung eines Menüs wie die beiden oben genannten übrigens ein sehr heilsamer Vorgang. Hier geht es nicht mehr darum – wie dies leider oft in der bürgerlichen Küche der Fall ist –, mit ein paar Beilagen und etwas Deko Eindruck zu schinden oder nicht mehr ganz so optimale Produkte unter größeren Mengen Sauce zu verstecken. Hier muss man auf den Punkt kommen und eindeutige Akzente setzen, mit Präzision und klaren Ideen beeindrucken. So etwas wäre sicherlich auch zu Hause beim Kochen für die Familie oder für Gäste eine gute Schule. Der Erfolg dieser »FAZ Regio-Tapas« war groß. Die Möglichkeit, auf diese Weise die Vielfalt regionaler Küche zu entdecken, war offensichtlich sehr attraktiv.

NEUE MENÜKONZEPTE

Manchmal, wenn es mit den Restaurantbesuchen etwas anstrengender ist, beschreibe ich meine Arbeit vor allem als Warten. Man bekommt immer wieder das Gefühl, man würde vor allem sitzen und auf das Essen warten. Dann isst man ein Gericht und wartet wieder lange auf den nächsten Gang. Und das ist nicht alles. Manchmal gibt es diverse Kleinigkeiten vorweg, die oft nur zum Teil interessant sind und nach denen man eigentlich schon dankend und gesättigt aufstehen könnte, oder die Portionen sind überhaupt so groß, dass schon ein Zehntel davon genügen würde, um das Gericht beurteilen zu können. Und was macht man mit den weiteren neun Zehnteln? Man isst zumindest den größeren Teil – eigentlich aber nur aus Höflichkeit. Oder man absolviert in gutem Zustand den Hauptgang eines Menüs, bekommt dann aber von Vor- bis Nachdessert so viel Süßes, dass man das Restaurant in einem bleischweren und definitiv übersättigten Zustand verlässt. Redet man mit Gästen und Freunden, erfährt man immer wieder, dass es ihnen ganz ähnlich geht, dass sie also mit den Abläufen in Restaurants oft nicht wirklich zufrieden sind und deshalb auch nicht unbedingt dazu neigen, speziell größere Menüs regelmäßig zu essen. Ist dies im Sinne der Restaurateure?

Das alles hat dazu geführt, dass bei mir die Überlegungen zu guten Menüabläufen ein Dauerthema sind. Für mich ist dabei einer der wichtigsten Aspekte, dass der Gast einen optimalen Spannungsbogen erlebt, der Wartezeiten und ein Durchhängen jeder Art verhindert. Das kann manchmal ein zu zögerlicher Beginn sein, manchmal aber auch Zwischengerichte, auf die man lange wartet, die dann nicht besonders aufregend sind und nach denen man abermals lange auf den nächsten Gang wartet. Es können Portionsgrößen sein, die kontraproduktiv sind oder zu viel Fett enthalten und damit viel zu früh Sättigung eintreten lassen. Mich erstaunt in diesem Zusammenhang immer wieder, dass selbst in hervorragenden Restaurants, wo man sich ständig jedes Detail überlegt, immer wieder die Wirkung bestimmter Dinge scheinbar nicht bedacht wird. Gut ist zum Beispiel, dass man hier im Unterschied zur bürgerlichen Küche sofort zu Beginn kleine Snacks bekommt, dank deren die Wartezeit auf den ersten Gang gar nicht weiter auffällt. Schlecht ist oft, dass man die angebotenen Mengen aller Speisen in einer Menüfolge nicht wirklich im Griff hat, was häufig daran liegt, dass die Verantwortlichen ihre eigenen Menüs nie so erleben, wie sie der Gast erlebt, also in Form eines viel-

Seite 272: Ein paar Speisekarten aus meiner großen Sammlung.
Seite 273: Illustrationen von Oliver Sebel aus meiner wöchentlichen Kolumne »Geschmackssache« im Feuilleton der FAZ.
Ab und zu kommen auch meine Frau und ich darin vor.

Les Maisons de Bricourt

Relais Gourmand O. Roellinger
Cancale

Giancarlo Perbellini

Ohauer

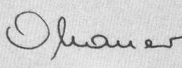

Gerard Puvis pour Karl & Rudolf

Clos St. Denis

Auberge de l'Ill

RESTAURANT
Im Schiffchen

Comme chez Soi

leicht dreistündigen Essens mit viel Leerlauf, bei dem sich langsam, aber sicher auch noch eine unerfreuliche Übersättigung einstellt. Die Wissenschaft kennt das längst: Wenn man nach dem letzten Bissen eines Gerichts (und vor dem nächsten Gang) eine zu lange Pause einlegt, werden bereits Verdauungsenzyme freigesetzt, die dann signalisieren, dass es jetzt eigentlich genug ist. Sind die Pausen kürzer, kommt es erst einmal lange Zeit nicht zu diesem Sättigungsgefühl. Wie kompliziert das alles sein kann, wird klar, wenn man sich an Essen erinnert, die vom ersten bis zum letzten Moment hochspannend waren und nie auch nur den leisesten Verdacht aufkommen ließen, man würde irgendwie strapaziert. Ich denke da zum Beispiel an einen Besuch bei René Redzepi im »Noma« in Kopenhagen, wo wir – mittags – das große Einheitsmenü mit über 20 Gängen be- kamen. Das Essen dauerte etwa dreieinhalb Stunden, also bis in die Mitte des Nachmittags. Abends bekamen wir tatsächlich schon wieder Appetit und Hunger ... Das lag natürlich daran, dass die »Gänge« bei Redzepi teilweise echte Kleinigkeiten sind, die kaum Kalorien haben. Die Konzentration auf eine Naturküche und der grundsätzliche Verzicht auf viele Fette oder sättigende Beilagen produziert hier eine Art Reduktion auf das geschmacklich Wesentliche. Und weil das alles auch noch höchst kreativ und damit spannend ist und man bei diversen Gerichten auch psychisch-assoziativ stark eingebunden wird, empfindet man das Menü nie als etwas Langwierig-Schweres, dem man kaum folgen kann. Nein, es ist kurzweilig bis zum Ende, und wir hatten eher das Gefühl, wir könnten noch ein paar Gänge mehr probieren. Dass Kreativität ein sehr guter roter Faden ist, habe ich auch bei Ferran Adrià oder Joan Roca, in gewisser Weise auch bei Joachim Wissler erlebt, wo es ebenfalls zwischen zwanzig und bis über dreißig Gänge (Adrià) gab, die man mit großem Interesse verfolgte. Die Einschränkung bei Wissler liegt darin, dass er in seinen Menüs nicht nur Kleinigkeiten, sondern durchaus ganze Gerichte mit diversen Elementen serviert, die zwar sehr leicht angelegt sind, aber doch eine deutlichere Sättigung hinterlassen als etwa die Aneinanderreihung von Kleinigkeiten bei Adrià. Neben der Kreativität ist es natürlich auch die schiere Qualität, durch die man in den ganz großen Restaurants so gefesselt werden kann, dass man mit großem Interesse auf den nächsten Gang wartet. Kreativität und Qualität können Essen also kurzweilig machen – neben den schon genannten Aspekten einer gewissen Leichtigkeit, klar strukturierten Abläufen und durchaus auch einer gewissen Geschwindigkeit beim Service. Falls die Gäste anders essen wollen, empfiehlt sich übrigens grundsätzlich eine Abstimmung über den Ablauf (was ich kaum jemals in einem Restaurant erlebt habe). Es wäre sicherlich ein großer Vorteil, wenn der Service sich mit den Gästen darüber unterhalten würde, wie man den Ablauf am liebsten hätte. Dass das aber auch seine Grenzen hat, müsste dann gegebenenfalls auch vermittelt werden. Wer etwa als Vorspeise ein Rindercarpaccio bestellt und als Hauptgericht einen Kalbsrücken, sollte wissen, dass man das Carpaccio zwar sehr zügig servieren kann, der Kalbsrücken aber seine Zeit braucht. Auch für die Küche wird das nicht unbedingt einfacher. Wer sich auf solche individualisierten Ablaufplanungen einließe, müsste dann auch bei vollem Haus dafür sorgen können, dass das Essen unter Umständen sehr schnell serviert wird.

Wenn ich zu Hause für Gäste koche, haben die Menüs mittlerweile meist einen Ablauf, der solche Gesichtspunkte berücksichtigt. Ich sage »mittlerweile«, weil ich in früheren Jahren auch gerne einmal mehr als zehn Gänge servierte – allerdings immer mit einem guten Timing, bei dem sich nie ein Gast irgendwo ausgeklinkt hätte und alle am Ende die Leichtigkeit des Essens lobten. Der Ablauf ist folgendermaßen: Zu Beginn gibt es – üblicherweise noch im Stehen – in der Küche einen kleinen Aperitif (zum Beispiel einen fünfzig Jahre alten Ingwerwein, von dem ich noch ein paar Flaschen habe). Grundsätzlich bitte ich die Gäste (es sind in der Regel nur zwei, selten mehr) um pünktliches Erscheinen oder darum, bei etwaiger Verzögerung sich rechtzeitig zu melden. Zu früh zu kommen, geht natürlich gar nicht. Man läuft Gefahr, dass dann die Vorbereitungen noch nicht abgeschlossen sind. Diese gewisse Rigidität bei der Ankunftszeit hat ausschließlich mit dem Essen zu tun. Ich koche recht aufwendig und minutiös. Wenn ich die gewünschte Qualität über ein paar Gänge halten will, muss ich einfach einen guten Zeitplan haben. Nach dem Aperitif beginnt das Essen recht zügig. Zusammen mit dem Brot (eine Art Brötchen aus einem Hefeteig, der nicht nur mit Milch und Butter, sondern auch mit Olivenöl hergestellt wird) gibt es üblicherweise einen kleinen Gang zu Beginn, dann eine Vorspeise, ein Fischgericht und ein Fleischgericht. Alle Gerichte enthalten eine ganze Anzahl von Zubereitungen, die auf dem Teller nicht immer als größere Mengen auftauchen, aber in der Küche natürlich viel Arbeit verursachen. Ein Beispiel aus einem der letzten Menüs sind etwa die »Umami-Jakobsmuscheln« (siehe Seite 128). Bei diesen vier Gängen ergeben sich schnell etwa 30 bis 35 Elemente. Das funktioniert nur mit guter Planung und ohne dass zu viele Zubereitungen auf unbestimmte Zeit warm gehalten werden. Ein Vorteil bei diesen Menüs für Gäste ist, dass sie immer an einem Tisch in unserer Küche beginnen. Ich kann während der Arbeit mit den Gästen reden, verschwinde also nicht irgendwo in der Küche. Nach dem Fleischgang geht es in einen anderen Raum zu Käse und einem guten Rotwein. Das kann dauern, weil jetzt eindeutig die Kommunikation im Mittelpunkt steht, manchmal eine Stunde, manchmal aber auch zwei. Dann kommt das Dessert, das abermals aus einer ganzen Reihe von Elementen besteht, in der Regel aber weitgehend vorbereitet ist. Zum Schluss gibt es vielleicht den »Zaubertrank« (siehe Seite 290) oder noch ein paar andere Kleinigkeiten aus dem süßen Bereich – gerne auch gute Chocolats oder Tafeln von intensiver Schokolade, wie etwa von Patrick Roger in Paris/Brüssel, die wir einmal zufällig im Haus hatten und stückchenweise mit großem Vergnügen im Munde zergehen ließen. Den Abschluss des Menüs bildet dann der klassische Espresso. Im privaten Bereich hat sich dieser Ablauf bewährt. Er macht offensichtlich Spaß und strapaziert an keiner Stelle – es sei denn, man spricht dem Wein etwas stärker zu ... Auch diese Erfahrungen fließen natürlich in meine Überlegungen zu guten Menüabläufen ein.

Und nun der Stand der Überlegungen zu dem, was ich mir für die Zukunft als einen Menütypus vorstellen könnte, ein Ablauf, wie wir ihn noch nicht erlebt und auch noch nicht in allen Details probiert haben – unter anderem deshalb, weil er zu Hause vielleicht doch etwas zu schwierig zu realisieren wäre. Er weicht ein gutes Stück von dem ab, was man heute bekommt, ist aber das Ergebnis sehr vieler Erfahrungen.

Beginnen sollte das Menü nach einigen minimalen Snacks mit einer Kollektion von kreativen Kleinigkeiten, gleichzeitig serviert, am besten auf mehreren kleinen Tellern. Es ist eine der faszinierendsten Erfahrungen, zu Beginn eines Essens gleich eine ganze Reihe von Zubereitungen zu bekommen, die ungewöhnlich sind und das auf vergleichsweise kompaktem Raum. Viele Esser – zumindest jene, die die sehr guten Restaurants besuchen – sind sehr neugierig und neuen Dingen gegenüber aufgeschlossen. Mit einer solchen Vorspeise bekommt man eine Art kulinarisches Adrenalin, Überraschungen, Neuland, Sensationen, was auch immer. Die Zubereitungen sollten »kurz« sein, also vor allem von einer guten Idee getragen werden und noch nicht allzu komplexe Anforderungen an den Esser stellen. Sie sollten auch demonstrieren, dass jemand in der Küche arbeitet, dem etwas einfällt und der einen umfassenden Blick auf das Essen hat. (Dazu eine Randbemerkung: Wenn ich Restaurants besuche, signalisiert mir das Amuse-Bouche oft schon eine ganze Menge. Ist es langweilig oder handwerklich nicht wirklich überzeugend, deutet das fast immer auf eine entsprechende »Qualität« bei den weiteren Gängen hin.)

Der zweite Teller sollte seinen Schwerpunkt im Bereich der Sensorik haben, also einen ausgeprägt degustativen Charakter besitzen. Hier ist der Platz für spannende, außergewöhnliche vergleichende Zubereitungen (also Variationen im weitesten Sinne) oder auch für Degustationsreihen. Der Demonstration von Neuigkeiten durch den Koch folgt also sozusagen der Gang nach innen, zur eigenen Wahrnehmung, ein Schärfen der Sinne, eine stärkere Wechselbeziehung zwischen dem Gericht und der Wahrnehmung. Dieser Gang sollte von der Menge her knapp gehalten sein und nach Möglichkeit keinerlei unnötige Kohlehydrate oder Fette besitzen, also leicht sein.

Es ist dann folgerichtig, dass als dritter Gang die bisherigen Aspekte zusammengefügt werden. Es folgt also ein »State of the Art«-Gericht, bei dem ein Maximum an handwerklichem wie zeitgenössischem Verständnis zusammenkommt. Wenn man so will, trifft sich hier das Beste der Klassik mit der Avantgarde, um zu zeigen, wie weit die Kochkunst mittlerweile entwickelt ist und welche faszinierenden Ergebnisse und Erlebnisse sie ermöglicht.

Der vierte Gang sollte in Richtung Klassik gehen und vor allem einem ganz exzellenten Produkt gewidmet werden. Es sollte dabei idealerweise der Eindruck entstehen, man habe ein solches Produkt kaum jemals in dieser Qualität bekommen. Viele Köche haben gute Beziehungen zu Produzenten, und häufig finden sich darunter auch solche, die wirklich außerordentliche Qualitäten anzubieten haben. Ich meine hier allerdings nicht unbedingt das, was man bisher in der Spitzenküche oft darunter versteht, also etwa Bresse-Geflügel der Firma Miéral anzubieten. Man bekommt dort sicher ausgezeichnete Produkte, aber was ich mir hier vorstelle, sind ausgezeichnete Produkte, die auch noch Charakter haben, was im Kulinarischen bedeutet, dass man etwas von ihrer individuellen Herkunft schmeckt, dass man sie mit dem Begriff »Terroir« verbinden kann. Das kann beispielsweise ein wunderbares, besonders sorgsam erzeugtes Huhn aus bäuerlicher Produktion sein oder Fleisch, das von der Aufzucht des Tieres auf besonders guten Wiesen profitiert. Es kann aber durchaus auch Gemüse sein, das alles in den Schatten stellt, was man normalerweise aus dem Handel kennt. Auch bei diesem Gang geht es also um den »State of the Art«, aber gleichzeitig auch um eine absolut klassische Auffassung der Kochkunst, die technisch brillante Arbeit mit exquisiten Produkten, die von sich aus so gut tragen, dass man sie nur zurückhaltend zu begleiten braucht, das aber dann in sensationeller Art und Weise realisiert. Wenn dieser Gang richtig gut ist, sollte er eher miniaturisierte Beilagen haben.

Nun folgt nur noch der süße Bereich, also keine weiteren Gänge. Und wenn man einen solchen Ablauf zu kürzen hätte, würde ich ihn – aber wirklich nur notfalls – um den zweiten Gang kürzen. Mehr Gänge braucht man eigentlich nicht, vor allem dann nicht, wenn sie wie hier den Esser in ganz unterschiedlicher Weise beschäftigen und ihm ein breites Spektrum der Kochkunst anbieten. Den Abschluss sollten drei oder vier kleine, gleichzeitig servierte und Vielfalt demonstrierende Desserts sein. Man kann hier getrost klassische mit modernsten Elementen kombinieren, sollte aber grundsätzlich auf zu viel Zucker und andere Füllmaterialien verzichten. Eine solche Dessertlösung habe ich – wenn auch etwas umfangreicher – schon mehrfach bei Pierre Gagnaire in Paris bekommen. Auch er konzentriert sich vor allem auf die Idee einer Kleinigkeit, den guten, innovativen Akkord und nicht darum, die Gäste mit viel Zucker und Sahne zu malträtieren.

Das alles ist natürlich jederzeit auch in Variationen denkbar. Wichtig sind die Prinzipien, die Begrenzung der Menge, die Konzentration auf Vielseitigkeit, den degustativen Charakter und – sagen wir – eine gewisse Sinnhaftigkeit in dem, was man macht. Heute kommt es noch viel zu oft vor, dass man den Eindruck hat, die Köche hätten vor allem das gute Image ihrer Küche im Sinn, wollen gute Bilder produzieren und die Gäste irgendwie mit diesen Bildern beeindrucken. Weil sie das aber zu sehr von ihrer Seite aus denken, passiert oft das Gegenteil. Sie arbeiten an den Gästen vorbei und beeindrucken sie bei weitem nicht so, wie sie es eigentlich vorhaben. Ich bin dezidiert der Meinung, dass man bei der Menügestaltung in Hinblick auf die oben genannten Aspekte noch eine große Menge von Dingen nutzen kann, die bisher nur vereinzelt bedacht werden.

DESSERTS

Auf der Suche nach andersartigen Desserts

Bei den Desserts stellen sich selbst auf höchstem Niveau schnell eine ganze Reihe von kritischen Überlegungen ein – und zwar unabhängig davon, ob es sich um ein eher klassisch-französisch ausgerichtetes Restaurant handelt oder um eines, das der Avantgarde nahesteht. Es fällt zum Beispiel auf, dass viele sehr gute Köche kaum ein Interesse an Desserts haben, und wenn sie selbst einmal ein gutes Menü essen, auch schon mal gerne auf das Dessert verzichten. Die organisatorische und personelle Trennung der Pâtisserie von der herzhaften Küche erscheint da ziemlich vernünftig. Was viele Gäste nicht wissen, ist, dass die Pâtissiers tatsächlich oft ein sehr »eigenes« Leben führen, auch räumlich gesehen. Der Pâtissier hat sein eigenes Reich, und der Koch, der schließlich am Ende auch die Pâtisserie nach außen als seine Leistung »verkauft«, ist da außen vor. Unabhängig davon, dass es mittlerweile ein paar ganz ausgezeichnete Pâtissiers gibt (wie etwa den überragenden Christian Hümbs vom »Haerlin« in Hamburg), die die gleichen Fähigkeiten besitzen wie absolute Spitzenköche, kann schnell der Verdacht aufkommen, dass die Desserts in vielen Fällen nicht mit dem gleichen gedanklichen Aufwand angegangen werden wie die herzhafte Küche. Aber in dem Maß, wie die Avantgarde-Küche Menüs mit vielen kleinen und oft sehr leichten Gängen macht, kommt der Gast bei größeren Menüs auch in einem anderen Zustand als früher bei den Desserts an. Man ist heutzutage eben nicht mehr grundsätzlich bis zum Kragen gefüllt, hat oft auch keinen Käse gegessen und ist auch nicht vom vielen Alkohol auf Zucker-Entzug. Die »alten Zeiten« waren da noch ganz anders. Ein großes Menü traditioneller Art entwickelte sich immer in Richtung einiger typischer physiologischer Effekte. Am Ende eines klassischen Menüs mit allerlei Alkohol brauchte man dringend etwas Süßes, auch wenn der Körper schon längst genug Kalorien aufgenommen hatte. Heute geht es sensibler zu. Und da geht es nach den herzhaften Gängen – im günstigsten Falle und leider noch selten – genauso sensibel und fein weiter wie vorher.

Die Dessertkreationen sind in den letzten Jahren vor allem unter dem Einfluss der spanischen Avantgarde oft sehr spektakulär geworden und haben eine eigene ästhetische Qualität entwickelt, die sich deutlich von früheren Zeiten unterscheidet. Es gibt bizarre Formen (ich denke da etwa an eine prächtige Zuckerkugel, die mit den Aromen der Schwarzwälder Kirschtorte in abgewandelter Form gefüllt ist) und eine ganz eigene Ästhetik des Anrichtens. Aber im Grunde genommen wirken auch bei den modernsten Desserts noch viele alte Automatismen. Sie sind oft immer noch sehr süß und drehen sich um Sahne und Schokolade und eigentlich um die gleichen Bestandteile wie immer. Echte Finesse, die im aromatischen Bereich feinste Nuancen entwickelt, findet sich eher selten. Es gibt zum Beispiel bei den besten Chocolatiers der Welt (also den Herstellern von »Pralinen«, wie man das bei uns meist nennt) zwar immer wieder Versuche, mit Gewürzen oder auch Kräuter-Infusionen zu arbeiten. Aber selbst dort sind die Ergebnisse oft sehr unausgeglichen. Man kann jederzeit darüber diskutieren, ob nun die Balance zwischen Schokolade und Aroma wirklich so gut getroffen ist, dass sich etwas Einzigartiges ergibt. Meistens ist dies nicht der Fall – egal ob bei Pierre Marcolini, Pierre Hermé, Christian Constant, Patrick Roger, Edouard Hirsinger oder Henri Le Roux. Auch die aktuellen Desserts mit Gemüsearomen setzen meist nur einen Hauch von Gemüsearomen in ein nach wie vor sehr süßes Umfeld und haben oft noch nicht einen Punkt gefunden, der wirklich anders und gleichzeitig überzeugend ist. Ich habe für Desserts mit Aromen, die man üblicherweise im herzhaften Bereich ansiedelt, vor über zehn Jahren den Begriff »Gastronomische Desserts« benutzt. Angesichts der Entwicklung der Desserts vor allem bei Christian Hümbs habe ich den Begriff dann aber geändert. Ich nenne Desserts mit Elementen aus dem Herzhaften wie aus dem süßen Bereich nun »Crossover-Desserts«.

Das Problem bei einer Ausweitung der Dessertpalette ist, dass man schlicht und einfach anders denken muss. Es gab zum Beispiel lange Zeit kaum ernsthafte Versuche, den Zuckeranteil gegen alle möglichen Aromen auszubalancieren oder ihn in stark kontrastierenden Zusammenhängen einzusetzen. Und je länger man darüber nachdenkt, desto klarer wird, dass man bei den Desserts noch komplett neue Welten entdecken kann – immer vorausgesetzt, man kann sich von traditionellen Geschmacksbildern ein gutes Stück befreien. Im Prinzip haben viele Menschen da durchaus schon Vorerfahrungen, die sie freilich meist gar nicht mit Desserts in Verbindung bringen. Salatsaucen werden zum Beispiel häufig mit etwas Zucker angereichert. Geraspelte Möhren mit Zucker und Zitrone zu verbinden, war eine meiner frühesten Erfahrungen in dieser Richtung. Bei winterlichen Wildgerichten greift man häufig zu süßen Fruchtzubereitungen, und die Zahl der Menschen, die hartnäckig Käse mit Marmelade kombiniert, dürfte riesengroß sein. Trotzdem: Weil wir in dieser Richtung im Vergleich zu der »klassischen« Pâtisserie so gut wie keine Erfahrungen haben, muss man mit großer Offenheit an die Sache herangehen und mit immer wieder neuen Optimierungen versuchen, einen ersten Blick auf die möglichen Perspektiven dieser »Crossover-Desserts« zu gewinnen.

Noch eine Bemerkung nebenbei: An dieser Stelle öffnet sich auch für Hobbyköche (oder besser: Privatköche) ein erstaunlich weites und ohne allzu viel Schwierigkeiten zu bearbeitendes Feld. Es geht wirklich um Neuland, und da spielt es erst einmal keine so große Rolle, ob alles so virtuos aussieht wie bei den Meistern der Avantgarde. Bei diesen kreativen Dingen hat der Privatkoch den entscheidenden Vorteil, dass er machen kann, was er will, und nicht daran denken muss, dass seine Gäste ihre festgezurrten Erwartungen erfüllt bekommen. Wie überhaupt im privaten Rahmen Kreatives oft sehr gut »verkauft« werden kann. Ein gut gemachtes Parfait mit hervorragend originell abgestimmten Kräutern und Gewürzen kann da schon eine höchst beachtliche Sache sein.

Exotische Früchte mit Kräutern, Curry und Frucht-Gewürz-Coulis

Bei diesem aromatisch vielleicht ziemlich überraschenden Dessert kommen einige grundsätzliche Überlegungen zusammen, die auch in der herzhaften Küche eine Rolle spielen und viel mit modernen sensorischen Aspekten zu tun haben. Eine entscheidende Rolle spielt dabei eine »Sauce«, die ich »Summen-Jus« genannt habe.

»SUMMEN-JUS«: PRINZIP UND FUNKTION

Einen »Summen-Jus« gibt es nicht nur bei Desserts, sondern im Prinzip auch in der herzhaften Küche, wo zum Beispiel bei einem Schmorgericht mit Rindfleisch am Ende Flüssigkeit, Wurzelgemüse und Aromaten durch ein Sieb passiert werden und dann eine Sauce abgeben, die aus allem besteht, was an dem Schmorprozess beteiligt war – inklusive des Hauptprodukts, das während des Schmorprozesses Aromen an die Flüssigkeit abgibt. Genutzt wird diese »Summe« dann allerdings meist in einer einfachen Funktion: Man hat das Hauptprodukt und die Sauce, also bei jedem Bissen das gleiche Ergebnis, den gleichen Geschmack.

Anders wäre das zum Beispiel bei einem Gemüsegericht mit verschiedenen Sorten von geschmortem Wurzelgemüse, die man einzeln und ohne viele weitere Zutaten schmort, damit sie ihren Eigengeschmack möglichst gut behalten. Auf dem Teller liegen dann geschmorte eindeutig schmeckende Sorten, sozusagen mehrere Hauptprodukte. Wenn man nun hingeht und eine Sauce zubereitet, in der jedes beteiligte Gemüse vorkommt, erhält man ein Mischaroma, das den Vorteil hat, mit allen Hauptprodukten etwas zu tun zu haben. Die Wirkung beim Essen kann hervorragend sein, weil nun jedes Gemüse von dieser Sauce aromatisch ergänzt und erweitert wird und sich eine Art gemeinsamer Hintergrund bildet. Das ist aber noch nicht alles. Die Wirkung eines solchen Jus lässt sich noch steigern, wenn man ihn sensorisch optimiert einsetzt.

Wenn also die Gemüse al dente gegart sind und der Jus die Konsistenz einer dickeren Sauce oder eines leichten Pürees hat, ergibt sich ein klarer sensorischer Ablauf. Man nimmt zuerst die komplexen Aromen der Sauce wahr, weil man das Gemüse erst durch Zerkauen aromatisch aufschließen muss. Dann blendet das Gemüse durch und dominiert einen Moment, bevor man wieder den Hintergrund bemerkt, also einen räumlichen Eindruck hat. Zum Schluss vermischt sich das Hauptaroma (also das Gemüse) mit denen des Jus zu einem »neuen« Aroma. Wie gesagt: Wenn so etwas ausgetüftelt und mit viel Übersicht gemacht wird, schmeckt es verblüffend vielfältig und originell.

Diese Wirkung lässt sich auch bei Desserts erzielen, und zwar ganz besonders gut mit exotischen Früchten und ein paar zusätzlichen Aromen in der Sauce. Für mein Beispielrezept habe ich für das Coulis einen Mix aus heimischen und exotischen Früchten gewählt – natürlich auch das wieder, um das aromatische Spektrum zu erweitern. Apfel, Birne, Papaya, Ananas und Melone werden von Lorbeer, Piment und Sternanis angereichert und am Ende mit Kardamom abgeschmeckt. Durch Lorbeer und Piment ergibt sich eine klassische Note, durch Sternanis und das mit seinen ätherischen Ölen »belüftende« Kardamom eine exotische Note.

Ebenfalls eine wichtige Rolle spielen bei diesem Dessert die Kräuter, und das selbst dann, wenn man es im Prinzip offen lässt, welche Kräuter benutzt werden. Das mag im ersten Moment völlig unsinnig klingen, hat aber eine ganz klare Logik.

KRÄUTERMIX: PRINZIP UND KATALYSATORFUNKTION

Gehen wir gleich ins Extrem. Ein Zweig Liebstöckel mit einem Stück Birne, Papaya oder Cavaillon-Melone kann schnell ein Problem werden, weil die Elemente partout nicht zusammenkommen wollen. Dass wir das so empfinden, hat allerdings nicht den Rang eines Naturgesetzes. Aber wir haben uns an bestimmte Kombinationen gewöhnt, und vermutlich gehört die Mischung aus Liebstöckel und Papaya nicht dazu. Ist nun eine solche Kombination völlig sinnlos, weil sie einfach schlecht ist? Nein, keineswegs. Ich habe, was die möglichen und unmöglichen Kombinationen angeht, sogar eine ganz extreme Theorie. Ich glaube, dass jedes Aroma zu jedem anderen passt. Es ist nur eine Frage, ob man den Schnittpunkt findet, an dem sich die beiden zu einem wunderbaren neuen Aroma verbinden. Eine solche Verbindung kann man nur dann sicher herstellen, wenn man eine feste Kombination hat, also – um beim Dessert zu bleiben – ein Würfel von einem Quadratzentimeter einer Frucht mit einem 0,8 mm langen Blättchen Liebstöckel. Jede »freie« Version auf dem Teller, bei der man ein paar Kräuter über ein paar Fruchtstücke streut, läuft Gefahr, wegen zu vielen Zufälligkeiten zu einem unbefriedigenden Ergebnis zu führen.

Die Lösung ist: Man verwendet einen Katalysator – und natürlich einigermaßen hilfreiche Proportionen, die nicht von vornherein jeden gut funktionierenden Akkord ausschließen. Dieser Katalysator, der es ermöglicht, die verschiedensten Kräuter mit den Früchten zusammenzubringen, ist der Summen-Jus bzw. das Fruchtcoulis. Es bettet die Aromen der Kräuter ein und stellt einen so stabilen Zusammenhang her, dass sie wie wunderbar exotisch-spannende Aromenpunkte wirken – egal ob es sich um Thymian, Koriander, Basilikum oder um Salbei, Blattpetersilie und Liebstöckel handelt. Immer vorausgesetzt natürlich, dass sie sich in den Proportionen nicht von diesem Zusammenhang entfernen, also einfach zu groß sind.

Es gibt noch weitere sensorisch relevante Verbindungen. Aber nun zuerst einmal das Rezept mit seinen verschiedenen Bestandteilen, also »Exotische Früchte mit Kräutern, Curry und Frucht-Gewürz-Coulis«:

ZUTATEN UND ZUBEREITUNG

Coulis: 25 g ungesalzene Butter, 1 Apfel (Granny Smith), 1 Birne, 1 Papaya (oder notfalls eine andere exotische Frucht), 2 etwa 1½ cm dicke Scheiben aus der Mitte einer frischen Ananas, 1 Cavaillon- oder Galia-Melone, 1 großes Lorbeerblatt, 5 Pimentkörner, 1 Sternanis, 2 Stangen Zitronengras, Kardamompulver, Mineralwasser

** Apfel und Birne entkernen und grob würfeln. Die Papaya, eine Scheibe Ananas und die halbe Melone schälen, entkernen und ebenfalls grob würfeln. Etwa 1 knappen EL Butter in einem Topf schmelzen, die Fruchtstücke dazugeben, die Hitze etwas erhöhen und die Stücke unter regelmäßigem Rühren leicht anschwitzen, bis sie beginnen ihr

DESSERTS

Wasser abzugeben. Dann bei aufgelegtem Deckel und mittlerer Hitze langsam kompottieren.
Für diese Arbeit eignet sich am besten ein Topf, bei dem die Menge der Zutaten den Topf nur zu etwa einem Drittel füllt. Wenn die ersten Fruchtstücke sich aufzulösen beginnen, Lorbeer, Piment, Sternanis und das in kleine Stücke geschnittene Zitronengras dazugeben. Gegebenenfalls etwas Mineralwasser dazugeben. Den Deckel wieder auflegen und alles unter mehrmaligem Rühren circa 30 Minuten konfieren lassen. Durch ein grobes Sieb passieren und mit Kardamompulver so abschmecken, dass sich dessen Aroma klar bemerkbar macht. Erkalten lassen. ✻✻

Im Prinzip kann man auch die eine oder andere Frucht austauschen. Wichtig sind eine gute aromatische Breite und ein gewisser Süße-Säure-Ausgleich. Die relativ große Menge an Aromen (also Lorbeer, Piment usw.) wird eingesetzt, weil sich die Aromen nicht – wie bei einer Sauce oder einem Fond – in einer Flüssigkeit entfalten können. Durch den Mix von klassisch-herzhaften (Lorbeer, Piment) und etwas exotischen Aromen (Sternanis, Zitronengras, Kardamom) entsteht ein tiefes, variables, »reaktionsfreudiges« Hintergrundspektrum.

Fruchtstücke: Melonenwürfel und -stücke unterschiedlicher Größe, Ananasmedaillons und -streifen, aus der Mitte geschnittene etwa ½ cm dicke Scheiben von Karambole (Sternfrucht), 20 g ungesalzene Butter, Zucker, ½ Schote Madagaskar-Vanille (oder eine ähnliche Spitzenqualität) ✻✻ Mit einem Ausstecher von etwa 4–5 cm Durchmesser Ananas-Medaillons ausstechen und Streifen von etwa 4–5 cm Länge und 1 cm Dicke schneiden. Die Butter in einer flachen Pfanne (ich nehme dazu eine Crêpe-Pfanne) auflösen, Zucker und Vanille dazugeben und leicht karamellisieren. Die Flüssigkeit sollte beginnen, ganz leichte Blasen zu entwickeln. Die Ananaswürfel dazugeben und von allen Seiten dezent anrösten und karamellisieren. Die anderen Fruchtstücke unbehandelt lassen. ✻✻

Dass hier von Ananas und Melone unterschiedlich große Stücke und Streifen eingesetzt werden, hat mit der Sensorik zu tun. Es mag vielleicht etwas unordentlicher aussehen als manche millimetergenau abgezirkelte Dessertkonstruktion, macht aber sensorisch Sinn. Die unterschiedlichen Massen erzeugen im Mund unterschiedliche Proportionen gegenüber den anderen Zutaten. Ist die Masse des Fruchtstücks relativ groß, wird die Frucht dominanter sein. Ist sie relativ klein, wird es eher ein Mischaroma mit dem Coulis usw. geben. Sind die Stücke unterschiedlich, hat man also ein variantenreicheres Geschmacksbild. Um ein rustikales Beispiel für diesen Effekt zu bringen: Es ist wie bei guten Bratkartoffeln, die in unterschiedlicher Größe und mit unterschiedlichen Röstnoten sehr viel intensiver schmecken, als wenn sie alle gleich groß sind.

Datteln und Kumquats: 4 Datteln von guter Qualität, 3 kandierte Kumquats, Curry (z. B. Roellinger »Retour des Indes«), 1 TL Coulis (siehe oben) ✻✻ Datteln und Kumquats längs aufschneiden, entkernen und in etwa 3–4 mm breite Längsstreifen schneiden. Die Streifen mit dem Coulis vermischen und unter mehrfachem Wenden mit dem Curry aromatisieren. ✻✻

Ich benutze hierfür Datteln, die wie Pralinen einzeln in eine Schachtel gelegt sind, damit sie nicht zusammenkleben. Sie sind deutlich frischer und weniger kandiert als andere handelsübliche Datteln und damit auch deutlich weicher. Die kandierten Kumquats

bekommt man am ehesten in Geschäften, die diverse Trockenfrüchte führen, oft auch in Geschäften mit türkischen/vorderasiatischen oder nordafrikanischen Waren. Als Curry benutze ich eine Mischung des ehemaligen bretonischen Drei-Sterne-Kochs Olivier Roellinger, die er für sein berühmtes Fischgericht »Saint-Pierre retour des Indes« erfunden hat. Diese Mischung ist relativ mild und äußerst angenehm. Man kann sie durch ähnliche Mischungen ersetzen.

Orangen-Honig-Reduktion: Frisch gepresster Orangensaft von 2 mittleren Orangen, 1 EL Tasmanischer Leatherwood-Honig
✼✼ Den Orangensaft in einem kleinen Topf erhitzen, dann den Honig im Orangensaft auflösen und reduzieren, bis eine deutlich angedickte Konsistenz erreicht ist. Je nach Süße der Orangen gegen Ende noch einmal die Balance zwischen Süße und Säure kontrollieren. Die Säure sollte nicht zu dominant sein. Im Notfall die Reduktion noch einmal vorsichtig mit etwas Honig abschmecken. ✼✼

Den tasmanischen Honig habe ich von Johann Lafer bekommen. Er stammt aus seiner Produktlinie und ist vor allem in Kaufhäusern zu bekommen. In seiner originellen, aber unaufdringlichen Fruchtigkeit bereichert er das Orangenaroma perfekt.

Kräuter: Ein Mix aus etwa einem Teil »Dessert-Kräuter« (Basilikum, Koriander, Zitronenverbene, verschiedene Minzsorten) und 2 Teilen kräftige Küchenkräuter (Blattpetersilie, Liebstöckel, Weinraute, Salbei, Majoran, Bohnenkraut, Schafgarbe, Pimpernelle)
✼✼ Die Kräuter werden zu etwa einem Drittel in kleine Stücke gehackt. Die anderen zwei Drittel sollten auch optisch schöne Stücke von einer begrenzten Größe sein (siehe Bild). ✼✼

Der Kräutermix ist die eine Sache, die Größe der Stücke eine ganz andere. Man könnte die Kräuter sehr fein hacken und hätte dann im Zusammenhang mit den Fruchtstücken und dem Coulis eine Art weitere aromatische, aber sehr gleichbleibende Ebene. Die Sorten würden sich vermischen, eventuell sogar ein Mischaroma bilden, in jedem Fall aber wenig aromatische Variabilität zeigen. Je größer die Stücke werden, desto deutlicher wird man die Einzelaromen auch im Zusammenhang wahrnehmen. Was also tun? Wieder gilt etwas Ähnliches wie bei der Größe der Fruchtstücke. Am besten nutzt man unterschiedlich große Stücke, die manchmal Begleitung sind und sich mit den Aromen von Früchten und Coulis vermischen, manchmal aber durchaus auch deutlich durchschmecken und/oder durchblenden. Was man dabei auch noch berücksichtigen muss, ist die Intensität des jeweiligen Krauts. Beim Liebstöckel, der im Mund sehr nachhaltig sein kann, muss man zum Beispiel besonders vorsichtig sein, weil er die gesamte Degustation beeinflussen kann. Andererseits dürfen kräftige Aromen durchaus einen klaren Akzent setzen und eindeutig wahrgenommen werden. Erst wenn andere Elemente »keine Chance mehr haben«, werden Grundregeln der Kochkunst verletzt. Die Proportionen dürfen keine Auslöschungen bewirken. Die Kombination von zerhackten und ganz belassenen Kräuterstücken hat in diesem Zusammenhang also eine klare Funktion. Die gehackten Kräuter liegen mehr auf dem Coulis, wo sie sich schnell mit der Sauce vermischen und einen schillernden Mischgeschmack erzeugen. Die Stücke liegen mehr bei den Fruchtstücken und sollen dort klar wahrgenommen werden.

Anrichten: Brombeeren oder Himbeeren, kleine Physalis, teilweise halbiert, mit einer Microplane-Reibe geriebene, sehr feine Walnussflocken
※※ Zum Anrichten beginnt man am besten mit der Assemblage der Fruchtstücke, der Beeren und der Physalis-Stücke. Das Coulis wird neben den Früchten ausgestrichen, die Zubereitung mit Datteln und Kumquats kommen getrennt davon in eine Ecke, eine »Sonne« von der Orangen-Honig-Reduktion in die andere. Die gehackten Kräuter liegen primär auf dem Coulis und der Dattel-Kumquat-Mischung. Die Kräuterstückchen werden sorgfältig mit einer Pinzette verteilt. Zum Schluss gibt es einen Hauch von Walnuss-Flocken. ※※

ANMERKUNGEN

Dieses Dessert ist so aufgebaut, dass im Prinzip nichts schief gehen kann. In welcher Kombination man die Elemente auch immer isst, es wird immer gut und interessant schmecken. Das bedeutet aber nicht, dass man als Esser das Optimum erreicht, wenn man einfach von links nach rechts oder umgekehrt den Teller freiräumt. Wie bei jedem Gericht sollte man sich zuerst durch winzige Proben von den einzelnen Elementen einen Überblick verschaffen, um die Funktionsweisen und die Perspektiven zu begreifen. Dann kann man kombinieren und im Übrigen ruhig einmal einen Vollakkord mit allen Elementen versuchen. So kann man zum Beispiel feststellen, wie variantenreich sich ein Akkord aus Fruchtstücken, Coulis und Kräutern plus einigen Stückchen der Dattel-Kumquat-Zubereitung entwickelt – unter anderem weil er über die Nachhaltigkeit der kandierten Kumquats eine große Nachhaltigkeit (»Länge«) ergibt. Im Detail hat man dabei den Eindruck, als würde es rund um ein durchgehendes Aroma und eine durchgehende Textur (also die Dattel-Kumquat-Zubereitung) zu unterschiedlichen Vermischungen, zu klar zu beobachtenden Schmelzvorgängen oder allgemein zu zeitlich-räumlichen Verläufen kommen. Oder man stellt fest, warum die Orangen-Honig-Reduktion isoliert an der Seite platziert ist: Sie entfaltet ihre überraschende Wirkung am besten in einem Wechselakkord zu den anderen Elementen. Dann funktioniert diese Reduktion wie ein sehr gut passender Wein: Im Mund befinden sich noch allerlei Aromen von dem, was man vorher gegessen hat, dann kommt die Reduktion dazu und bringt zunächst einerseits einen wunderbaren Aromen-Flash. Andererseits wird dann die Reduktion von den noch verbliebenen Aromen angereichert und es ergibt sich ein sehr weites, komplexes Spektrum.

Trébizonde

Hinter dem geheimnisvollen Begriff »Trébizonde« verbirgt sich nicht etwa das historische Reich am Ufer des Schwarzen Meers auf heute türkischem Boden. Gemeint ist die Bezeichnung für eine Gewürzmischung, die es vielleicht nie mehr geben wird und die für mich mit einer ganz speziellen Geschichte verbunden ist.

Zu tun hat das Ganze mit Olivier Roellinger, dem ehemaligen Drei-Sterne-Koch aus Cancale in der Bretagne. Roellinger galt schon als Weltstar seiner Zunft, als er noch keine drei Michelin-Sterne besaß. Dann bekam er den dritten Stern doch noch, ausgerechnet zu einem Zeitpunkt, an dem er aus gesundheitlichen Gründen eigentlich aufhören wollte, noch weiter am Herd zu stehen. Roellinger war als junger Mann von einer Jugendbande überfallen und schwer verletzt worden. An den Spätfolgen litt er immer mehr, bis er sich in der Küche kaum noch schmerzfrei bewegen konnte. Trotzdem gönnte er sich noch ein paar Jahre als Drei-Sterne-Koch, um diesen Erfolg so gut wie möglich zu genießen. Kulinarisch war Roellinger ein sagenhaft sensibler Fischkoch und gleichzeitig ein großer Gewürzspezialist. Dazu muss man wissen, dass St-Malo, der Hauptort der Region, schon immer der wichtigste französische Gewürzhafen war und dass es in der Familie von Roellinger Gewürzhändler gab. Im Jahr 1994 brachte Roellinger ein Buch heraus, das bis auf den heutigen Tag zu den ganz wesentlichen kulinarischen Werken zählt und immer noch enorm kreativ und zeitgenössisch wirkt. Ich hatte dieses Buch gelesen und war absolut fasziniert. Wenig später fuhren wir in die Bretagne, zum ersten von einer ganzen Reihe von Besuchen und Gesprächen mit Roellinger. Zu diesem Zeitpunkt verkaufte Roellinger einige wenige Gewürzmischungen im Restaurant, darunter die längst legendären Mischungen »Retour des Indes« (für seinen »St-Pierre retour des Indes«) und »Grand Caravan«, mit dem er das berühmte Agneau de pré salé würzte, das von den Salzwiesen in der Nähe des Mont St-Michel stammt. Ich fragte nach mehr Gewürzen und bekam die Information, dass es in St-Malo einen Gewürzladen gebe, mit dem Roellinger eng zusammenarbeite. Es war »Le Comptoir« in der Nähe des kleinen alten Fischmarktes »intra muros«. Wir fuhren hin und waren sofort hellauf begeistert. Ich kannte zwar die berühmte »Epicerie Izrael« in Paris, hatte hier aber sofort das Gefühl, nun wirklich endgültig da gelandet zu sein, wo es etwas ganz Besonderes von bestmöglicher Qualität gab. Es war sagenhaft. Buchstäblich alle Gewürze hatten eine Qualität, die ich so noch nicht kannte. Das fing bei den normaleren Sorten wie zum Beispiel Nelken an und endete bei seltenen Pfeffern, von denen man sonst nie etwas zu sehen bekam. Langen Pfeffer oder Kubebenpfeffer bekommt man heute in vielen besseren Feinkostgeschäften in fast jeder großen Stadt. Damals bekam man ihn fast nirgends. Die Besitzerin, Madame Annick Royer-Noël war etwas knorrig, verstand aber eine ganze Menge von ihrem Fach und führte zum Beispiel auch Produkte wie die zwei Kilogramm schweren Valrhona-Guanaja-Blöcke, eine damals ebenfalls noch weitgehend unbekannte Sorte, die Roellinger zur Basis verschiedener Dessertzubereitungen gemacht hatte. Unter den Mischungen, die sie anbot, fand sich auch eine mit dem rätselhaften Namen »Trébizonde«. Ich roch daran und war hochgradig fasziniert. Es roch einerseits ein wenig in Richtung Curry – aber was heißt das schon. Tatsächlich roch es so komplex und unglaublich anziehend, dass man sofort den Eindruck bekam, man hätte einen kulinarischen Schatz von allergrößtem Wert ausgegraben. Ohne auch nur zu fragen, was man damit anfangen kann, kaufte ich eine größere Menge davon und nahm sie mit nach Hause. Dort stand ich dann eines Tages und roch zum wiederholten Mal an diesem wunderbaren Gewürz. Und irgendwie hat sich der Duft in meinem Kopf mit dem der Valrhona-Guanaja-Schokolade verbunden, deren Aroma mich ebenfalls immer wieder zu neuen Ideen angeregt hatte. Ich machte also einen Kakao unter Einsatz dieser Schokolade und Trébizonde (und noch ein paar anderen Kleinigkeiten). Diese »Chocolat chaud« nannte ich dann erst »Trébizonde« und wenig später nur noch – pardon – den »Zaubertrank«, weil er mit seinem nahezu süchtig machenden Aroma noch jeden unserer Gäste vollständig überzeugt hat.

Ich war also mit meinem »Trébizonde« glücklich und zufrieden und hatte viel Freude daran, etwas im Haus zu haben, was anscheinend kaum jemand kannte. Das war aber noch nicht alles. Nachdem ich in ein paar aufeinanderfolgenden Jahren in St-Malo immer wieder größere Mengen der Gewürzmischung gekauft hatte, fragte mich Madame eines Tages, was ich denn eigentlich damit mache. Ich sagte: »Eine ›Chocolat chaud‹.« »Eine ›Chocolat chaud‹!!!???« echote sie fast ein wenig entrüstet und gab mir wortlos ein Blatt mit einer Rezeptempfehlung. Es war die Empfehlung für Huhn mit Trébizonde. Irgendwann fragte ich sie nach dem Rezept, worauf sie nach hinten ging, in einen Raum, in dem man sich vor lauter Gewürzsäcken kaum bewegen konnte, etwas herumkramte und mit einem alten Zettel zurückkam, auf dem eine schier endlose Liste von Zutaten stand. Das sei die Liste, meinte sie, aber es sei schon ziemlich kompliziert. Beim nächsten Besuch war der Laden plötzlich verschwunden – wie viele interessante Geschäfte im alten Kern von St-Malo. Madame Royer-Noël hatte noch einen zweiten Laden in der alten Markthalle von Rennes, gesehen haben wir sie aber nicht mehr.

Jahre später, als wir uns wieder einmal mit Roellinger über Gewürze unterhielten, fragte ich nach Madame und erwähnte die Gewürzmischung »Trébizonde« und wie gut ich sie fände. »Wissen Sie, von wem die Mischung ist«, fragte Roellinger, »sie ist von mir. Es ist eine meiner ersten Mischungen. Damals habe ich noch sehr viele verschiedene Gewürze für die Mischungen benutzt, wollte sie dann aber nicht verwenden und habe sie an Madame weitergegeben. Sie kam dann immer wieder bei uns vorbei, weil wir die Mischung nach wie vor für sie hergestellt haben.« Nun denn, die Welt ist klein. Roellinger selbst stellt sie leider heute nicht mehr her.

Nun aber zu dem »Zaubertrank«-Rezept und zu einem kleinen Wermutstropfen. Sie können »Trébizonde« nicht kaufen, und auch ich habe nur noch einen musealen Rest, den ich – auch wenn er mit den Jahren schwächer wird – als Erinnerung behalte. Aber mit den unten genannten Zutaten kann man in die Nähe der originalen Gewürzmischung kommen, und das sogar vergleichsweise unproblematisch, weil es diese Zutaten mittlerweile durchaus zu kaufen gibt.

ZUTATEN UND ZUBEREITUNG

(für 4 Portionen von jeweils etwa einer halb gefüllten kleinen Kaffeetasse dickflüssigen Kakaos, den man mit einem kleinen Löffel isst)

Ansatz: 200 ml Rohmilch, 100 g Valrhona Guanaja, 1 TL Zucker, 8 cm Zimtstange, ½ TL Vanillepulver (von gemahlener Schote), ½ TL Kardamompulver, 1 Msp. Curry, 1 Msp. Ingwerpulver, 1 Msp. Ras-el-Hanout

∗∗ Die Milch und die Kuvertüre in einen kleinen Topf geben und langsam unter regelmäßigem Rühren erhitzen, bis sich die Kuvertüre aufgelöst hat und die Masse homogen und deutlich dickflüssiger geworden ist. Zucker, Gewürze und die grob zerbrochene Zimtstange hinzugeben. Umrühren und noch einmal kurz unter Rühren aufkochen. Den Deckel auflegen und bei Raumtemperatur mindestens 4 Stunden ziehen lassen. ∗∗

Fertigstellung: 3 EL Rohmilch

Die Milch zum obigen Ansatz geben und vorsichtig unter ständigem Rühren erwärmen, bis der Ansatz wieder dünnflüssiger ist. Durch ein normales Sieb passieren, dabei auch den Zimt gut ausdrücken.

ANMERKUNGEN

Hier gelten die Anmerkungen vor allem der Produktqualität. Ich plädiere immer wieder für Rohmilch von Bauern, deren Kühe im Sommer auf den Wiesen grasen, und es interessiert mich dabei nicht im mindesten, dass sie nicht sterilisiert ist. Uns haben solche Produkte bisher genauso wenig geschadet wie Rohmilchkäse, nämlich gar nicht.

Ein direkter Vergleich des Aromas sagt eigentlich alles, ganz davon abgesehen, dass die Milch einen ganz anderen Fettgehalt hat und nach dem schmeckt, was die Kühe gegessen haben. Wenn Sie keine Rohmilch bekommen können, nehmen Sie die beste Bio-Vollmilch, die sie bekommen können. Bei der Kuvertüre gibt es keine Alternativen, weil das Aroma der Guanaja-Kuvertüre von Valrhona mit seiner tiefen Würze einfach zu charakteristisch ist. Ich kaufe sie üblicherweise in 2-kg-Blöcken, die sich sehr gut aufbewahren lassen. Ebenfalls extrem wichtig in diesem Rezept ist die Zimtstange, die man nur in allerbester Qualität benutzen sollte. Diese bekommen sie zum Beispiel beim »Alten Gewürzamt« von Ingo Holland oder bei Olivier Roellinger (Adressen im Anhang). Beide führen verschiedene Zimtsorten; die besten sind die sehr ungleichmäßig und dick wirkenden Stangen, die – wenn man sie bricht oder am Ende ein Stückchen abbricht – ein unvergleichliches komplexes Aroma aufweisen. Sie werden den Unterschied zu den üblichen Stangen sofort bemerken, es liegen Welten dazwischen. Das Problem ist, dass nicht jeder Ceylon-Zimt so gut wie der andere ist. Daher sollte man sich an die Spezialisten halten. Für die Infusion sollte man die Stange gut zerdrücken, um die Oberfläche, die das Aroma abgeben kann, zu vergrößern. Bei der Herstellung ist ansonsten vor allem darauf zu achten, dass die Flüssigkeit nicht ansetzt, weil sonst schnell Bitternoten entstehen. Das Endergebnis ist – wie gesagt – recht dickflüssig, aber sehr aromatisch und fein. Man sollte unbedingt Abstand davon nehmen, den Kakao weiter zu verdünnen.

Trébizonde, der »Zaubertrank« (links; Seite 288). Ein paar Exemplare aus unserer Sammlung von Dosen berühmter Chocolatiers (rechts).

Ungebackener Kuchen

Das letzte Kapitel dieses Buches hat etwas mit den frühesten kindlichen Erinnerungen kulinarischer Art zu tun, an die ich denken kann. Es geht um den Teig, der beim Kuchen- oder Plätzchenbacken in den Schüsseln übrig blieb und der dann von meiner Mutter oder Großmutter den Kindern überlassen wurde. Ich fand das immer ganz wunderbar, vor allem, weil es in meiner Kindheit sonst so gut wie keine Süßigkeiten gab und dieser Kuchenteig so etwas wie der kulinarische Himmel auf Erden war. Die fertigen Kuchen oder Plätzchen kamen jedenfalls überhaupt nicht an ihn heran. Sie waren ein irgendwie matter Abglanz, trocken oder zu süß oder sonst irgendetwas, was mit den wahren Freuden nichts zu tun hatte. Tatsächlich finde ich auch heute noch Kuchen- oder Plätzchenteig wunderbar, auch wenn ich das längst auf die Brotteige ausgedehnt habe. Und es ist mir allen Ernstes immer schleierhaft geblieben, warum der rohe Kuchenteig in der Pâtisserie keine Rolle spielt. Warum muss man so etwas Wunderbares in einen anderen Zustand versetzen?

Gesagt, getan. Hier also mein Vorschlag, wie man sich den Umweg über das Backen von Teig ersparen kann und trotzdem das Gefühl hat, Kuchen zu essen. Ich benutze also rohen Teig und verbinde ihn mit den Aromen von vier verschiedenen Kuchensorten. Den Rest macht die Psyche. Wenn sie die Kuchenaromen identifiziert, wird sie auch das Kuchenerlebnis haben – zusätzlich zu dem Erlebnis mit dem Teig.

Die Basis ist ein ganz einfacher Teig, wie man ihn für ganz normale Plätzchen benutzt, die man normalerweise zum Beispiel nach dem Backen mit einer Puderzucker-Zitronen-Glasur bepinselt. Hier das Rezept für den Grundteig:

ZUTATEN UND ZUBEREITUNG

Grundteig (aus technischen Gründen muss man eine etwas größere Menge Teig zubereiten): 250 g Mehl, 60 g Zucker, Mark von ½ Vanilleschote, 1 Prise abgeriebene Zitronenschale, 1 Prise Salz, 1 Eigelb, 150 g ungesalzene Butter
✳✳ Das Mehl in einer Rührschüssel mit Zucker, Vanillemark, Zitronenschale und Salz vermischen. Eigelb und Butter dazugeben und einarbeiten, dann auf einem Backbrett zu einem homogenen Teig kneten. ✳✳

Aromatisierung
✳✳ Um ein wenig Varianz zu bekommen, habe ich den Teig für zwei der vier »Ungebackenen Kuchen« zusätzlich aromatisiert. Der für die »Schwarzwälder Kirschtorte« wird mit etwas Schokoladenpulver und 1 Schuss Kirschwasser behandelt, der für den »Apfelkuchen« mit ein wenig frisch gemahlener Zimtstange von gutem Ceylon-Zimt. ✳✳

Fertigstellung
✳✳ Der Teig muss, damit er sich besser ausstechen lässt, erst einmal für etwa 1 Stunde in den Kühlschrank. Danach auf einer Anti-Haft-Matte gleichmäßig etwa ½ cm dick ausrollen und mit Ausstechringen von circa 6 cm Durchmesser runde Platten herstellen. Sie bilden die Basis und werden nun mit folgenden Zutaten belegt: ✳✳

»Schwarzwälder Kirsch«: Kirschen, Schokoladencreme aus 1 Teil Valrhona-Guanaja-Kuvertüre und 1 Teil Vollmilch, geschlagene Sahne, Schokospäne von Valrhona-Guanaja-Kuvertüre
✳✳ Diese Elemente in Proportionen wie auf dem Bild anrichten. ✳✳

Als Kirschen eignen sich vollreife Süßkirschen, aber auch eingelegte Kirschen bester Qualität ergeben ein gutes Ergebnis. Die Valrhona-Guanaja-Kuvertüre ist mein Standardprodukt für die Küche. Wenn sie ersetzt werden muss, dann durch eine Kuvertüre mit einem Kakaogehalt zwischen 60 und 70 Prozent. Kuvertüren unterhalb dieses Kakaogehalts haben nicht genügend Herbheit für diese Zubereitung, solche mit einem höheren Gehalt zu viel Bitterstoffe. Der Kakaogehalt ist ganz allgemein nur eine Teilinformation; es kommt bei den Spezialisten längst darauf an, welche Kakaosorten verarbeitet worden sind und aus welchem Anbaugebiet sie kommen. Der Akkord dieser »Schwarzwälder Kirschtorte« wird erst einmal davon dominiert, dass man mit dem Effekt »roher Teig« plus klassische Aromen beschäftigt ist. Im Mund wirken die »Ungebackenen Kuchen« erst einmal ziemlich süffig, weil der leicht feuchte, elastisch-weiche Teig ein ganz spezifisches Mundgefühl verursacht. Hat man sich von diesem ersten Eindruck »erholt«, wird man feststellen, wie überraschend authentisch das Geschmacksbild an die Torte erinnert. Weil sich hier die Aromen etwas puristischer entfalten können und die großen Mengen an Teig, Sahne usw. fehlen, die in der Originalfassung verarbeitet werden, schmeckt das Ganze in meinen Augen noch verführerischer als das Original. Mein Fazit ist ganz klar: Das ist kein Gag, der etwas aus der Kindheit mit den Kuchenerinnerungen des späteren Lebens verknüpft, sondern ein kulinarisch absolut »ernst« zu nehmendes Gebilde.

»Käsekuchen«: Mit Zitronenzesten angereicherte Mascarpone, Mandarinenstückchen (ausgelöst), geriebene Zitronenschale, Stückchen von Ziegenfrischkäse (Picodon)
❋❋ Die Elemente in Proportionen wie auf dem Bild anrichten. ❋❋

Beim »Käsekuchen« kann man im Grunde schon an den Zutaten erkennen, dass sich hier eine deutlich bessere Qualität entwickelt, als es die homogene Masse eines »normalen« Käsekuchens oder einer »normalen« Käsesahnetorte ist. Der Grund hat sich erst im Laufe der Entwicklung dieses »Ungebackenen Kuchens« gezeigt: Der feuchte Teig verhält sich sensorisch anders als die trockenen Teige und erreicht vor allem eine andere Vermischung mit den übrigen Zutaten. Diese engere Verbindung gibt den frischen Zitronen- und Käsenoten einen süffig-süßlichen Hintergrund und wirkt insgesamt sehr viel differenzierter und in sich bewegter als ein »normaler« Käsekuchen.

»Früchtebrot«: Stückchen von in Sirup eingelegtem Ingwer, Stückchen von kandiertem Ingwer, Dattelstückchen, Zesten von Zitrone und Orange, Orangeat, Zitronat
❋❋ Die Elemente in Proportionen wie auf dem Bild anrichten. ❋❋

Vorbilder für das »Früchtebrot« war einerseits das »Mendiant« genannte Konfekt, auf dem sich meist Trockenfrüchte und Nüsse befinden. Dann aber auch zum Beispiel die Früchtebrote, wie sie im Elsass zu bekommen sind (»Berawecka« genannt). In diesem Fall habe ich den Schwerpunkt auf die Aromen gelegt und deshalb auf Nüsse verzichtet, weil Nüsse mit ihrer auffälligen Textur schnell einen großen Teil der Aromen dominieren. Dafür wurde der aromatische Bereich etwas »aufgerüstet«. Während sonst bei Kuchen und Plätzchen oft ausschließlich Zitronat und Orangeat (und auch oft die berüchtigten kleinen Glasfläschchen mit Aromen) den Geschmack bestimmen, habe ich hier die Qualität mit frischen Zesten noch etwas verbessert. Den Ingwer bekommt man in Asia-Läden; er ist normalerweise recht gut.

Ungebackene Kuchen (von links): Apfelkuchen (Seite 296), Schwarzwälder Kirsch (Seite 292), Käsekuchen (Seite 293), Früchtebrot (Seite 293).

DESSERTS

»Apfelkuchen«: In Butter und Zucker nicht zu dunkel karamellisierte Apfelstückchen (Golden Delicious), dünne Apfelstäbchen von etwa Streichholzdicke, in gutem Rum (siehe unten) eingeweichte Rosinen, Apfel-Zimt-Kompott (auf 100 g Apfel etwa ½ TL am besten frisch gemahlenes Zimtpulver)
∗∗ Die Elemente in Proportionen wie auf dem Bild anrichten. ∗∗

Auch dieser Kuchen hat seine Vorbilder, die aber jeweils nur teilweise zur Anwendung kamen. Ziel war es, eine Art »Apfelkuchen an sich« hinzubekommen, inspiriert von dem süffigen Gesamtbild, das sich mit dem rohen Teig ergibt. Da war zum Beispiel die Apfel-Blätterteig-Tarte, die es vor über zehn Jahren einmal in einem inzwischen leider verschwundenen Geschäft in Lüttich in Belgien gab, die deutlich von charakteristischen Karamellnoten bestimmt war. Auch bei Wittamer am Grand Sablon in Brüssel haben wir ähnliche Qualitäten bekommen. Diese Noten kommen hier von den karamellisierten Apfelstückchen. Dann gibt es natürlich das Zimt- und das Rosinen-Zitat, beides Elemente, die oft in Apfelkuchen eine Rolle spielen. Ein Unterschied ist, dass ich die Rosinen in einem prächtigen »Rum Agricole« einlege und zur Aromatisierung des Apfelkompotts meinen besten Zimt einsetze. Und mit Blick auf die Sensorik gibt es noch einen Hauch von Frische von den Apfelstäbchen. Sie werden sich jetzt möglicherweise fragen, ob sich der Aufwand lohnt. Ja, er lohnt sich, weil diese »ungebackenen Kuchen« eine ganz überraschend verführerische Wirkung haben. Und wenn wie hier beim Apfelkuchen auch noch mehrere hervorragende Zutaten beteiligt sind, gewinnt das Ganze doch eine erstaunliche Delikatesse.

In diesem Sinne und am Schluss des Buches wünsche ich Ihnen ein nie nachlassendes Interesse an den wunderbaren Dingen, die uns im geschmacklichen Bereich möglich sind, viele schöne neue kulinarische Erfahrungen und Erlebnisse und natürlich immer einen guten Appetit.

Im Text genannte Bezugsquellen

www.antoniewicz.org
Spezialitäten wie Tomatenserum usw.

www.bosfood.de
Spezialitäten aller Art in unglaublicher Breite
und Tiefe

Boucherie Siedel,
78 Grand Rue,
F-68150 Ribeauvillé

www.foodconnect.de
Der Draht zu seltenen Spezialitäten
mit Schwerpunkt Japan

www.fromagerie-st-nicolas.com
in Colmar, Jacky Quesnot

www.ingo-holland-shop.de
Gewürze vom »Alten Gewürzamt«

www.lebeurrebordier.com
in St-Malo – probieren Sie einmal sein Bistro ...

www.lenssenhof.de
Bio-Bauer

www.maisons-de-bricourt.com
Olivier Roellinger, Gewürze

www.philippeolivier.fr
Käse in Boulogne, in Deutschland
auch über www.fromage-online.de

Danksagungen

Ganz besonders danke ich:

Urs Hunziker und den Mitarbeiterinnen und Mitarbeitern des AT Verlages für eine wunderbar offene und entspannte Zusammenarbeit.

Thomas Ruhl für die ebenso souveräne wie meisterliche Begleitung meiner Arbeit.

Angelika Kamphausen dafür, dass sie mit sagenhafter Präzision und Schnelligkeit meine Arbeiten in der Küche unterstützt hat.

Dr. Heinz-Hermann Aretz für das zuverlässige kulinarische Feedback in der Zeit der Vorbereitungen.

den Leuten vom Lenßenhof (www.lenssenhof.de) für ihre gute Arbeit mit Bio-Gemüsen und ein variantenreiches Angebot.

allen Köchen, die mir in unzähligen Begegnungen und Gesprächen immer wieder neue Varianten der Kochkunst gezeigt haben.

Ralf Bos (BosFood), dem Herrn über ein Universum von Produkten, ohne die viele Entwicklungen nicht möglich wären.

den Leuten von Foodconnect, die die Begegnung mit bei uns noch weitgehend unbekannten japanischen Spezialitäten möglich gemacht haben.

Patrick Bahners und Andreas Platthaus von der FAZ für das seit fünfzehn Jahren in mich gesetzte Vertrauen.

Oliver Sebel, dem begnadeten Illustrator der »FAZ Geschmackssache«, der mit seinen hintergründigen Zeichnungen meinen Texten eine weitere Dimension hinzufügt.

vor allem natürlich meiner wunderbaren Frau Bärbel, mit der ich nicht nur seit 35 Jahren quasi jeden Tag zusammen bin, sondern die auch gleichzeitig die wichtigste Instanz für meine Arbeit ist. Ohne ihre Zustimmung verlässt kein Text das Haus, und mit ihren enormen Kenntnissen als Gast und Esserin behält sie immer die richtige Balance zwischen Himmel und Erde – sozusagen.

Sophie, unserer ständigen Begleiterin, auch für ihr zuverlässig perfektes Benehmen im Restaurant und ihre bewundernswerte Geduld unter den Restauranttischen.

Namensverzeichnis

Adrià, Ferran 76, 192, 222, 240, 253, 274
Annick-Royer, Noël 288
Antoniewicz, Heiko 22, 63
Bareiss, Christian 269
Bareiss, Hermann 269
Bau, Christian 105, 189, 199, 253
Beckenbauer, Franz 140
Bertron, Patrick 216
Blanc, Robert 216
Bos, Ralf 127
Boyer, Gérard 177
Bras, Michel 53
Bühner, Thomas 105, 189, 199, 253
Caminada, Andreas 199
Constant, Christian (Koch) 146, 154
Constant, Christian (Pâtissier) 281
Desramaults, Kobe 28, 73, 121, 224
Ducasse, Alain 105, 136, 160
Eckel, Dieter 15
Elverfeld, Sven 105, 189, 199
Gagnaire, Pierre 162f., 277
Gegenbauer, Erwin 22, 114f.
Girardet, Fredy 105
Haas, Hans 120
Henkel, Nils 199, 253
Herman, Sergio 253
Hermé, Pierre 281
Hirsinger, Edouard 281
Hoffmann, Michael 28, 246
Holland, Ingo 37, 290
Hümbs, Christian 253, 280
Izrael (Épicerie) 288
Jeffroy, Patrick 171
Köthe, André 28, 206
Lafer, Johann 64, 286
Le Roux, Henri 281
Loiseau, Bernard 216
Lumpp, Claus-Peter 269

Marcolini, Pierre 281
Martin, Thomas 106
Menchon, Eric 158, 236
Mülders, Sebastian 269
Myhrvold, Jonathan 59
Nastis, Olivier 177, 207
Ollech, Yves 28, 206
Passard, Alain 28, 76
Passedat, Gerard 125
Pierroz, Roland 253
Rabanel, Jean-Luc 120
Redzepi, René 28, 32f., 121, 171, 198, 222f., 274
Reinauer, Marjus 270
Reitbauer jr., Heinz 199
Retzbach, Hubert 270
Robuchon, Joël 42, 48, 74, 95, 105, 147, 163, 187, 241, 248
Roca, Joan 32, 53, 274
Rochat, Philippe 105
Roellinger, Olivier 37, 85, 107, 113, 124, 134, 286, 288ff.
Roger, Patrick 275, 281
Schmidt, Matthias 28, 223
Souvereyns, Roger 74ff.
Thieltges, Helmut 105
Troisgros, Michel 53
Veyrat, Marc 59, 127
Wallenstein, Band 7
Wiesner, Stefan 22, 28, 32, 261
Winkler, Heinz 219
Wissler, Joachim 105, 160, 177, 199, 253, 274
Witzigmann, Eckart 105, 120, 167
Wohlfahrt, Harald 98, 105, 199